에세이소설집

불면증

홍성암

도서출판 바람과 채움

목차

서문: 에세이소설의 장르적 의미 / 5

1부

강릉 남대천의 은어떼 … 10
어머니의 꿈 … 16
숨어서 피는 작은 꽃들 …. 22
언덕 위의 작은 땅 …. 27
평범한 작은 생활 … 31
새로운 가족 … 38
작은 고추 …. 48
황 교장과 깡패 두목 … 54
한 점 바둑돌의 사색 …. 61
한글의 우수성 … 67
대학 진학의 열망과 대학교수 … 71
대학교의 혼란과 총장 직무대행 … 81
어느 화가의 죽음 … 86
달리던 기차도 멈추게 한 송별연 … 90
은사님의 뒷모습 … 100
혜산 박두진 선생님 … 109
문단 데뷔와 창작 동인 … 116
유금호의 〈속눈썹 한 개 뽑고나서〉 … 121
종교문인회와 장백일 교수 … 125

강릉사범학교 그리고 강릉 문인들 … 127
한민족문화학회의 창설과 기대 … 132
성년식 파티 … 135
고향의 꿈 … 140
아파트 … 147
다리가 없는 통닭 … 153
바보식당 … 160
검은 나비 … 166
사랑의 통과의례 … 172
파리들의 웃음소리 … 178
미루나무와 까치집 … 184
귀성(歸省) 버-스 … 189
건망증 … 195
모기 한 마리 … 201
법과 인정 … 209
황소의 반란 … 213
전쟁 이야기 … 220
행운의 겨울등산 … 227

2부

한 줄기 햇살이 되어 … 234
빗줄기 속에서 … 243
지리산 물기둥 … 256
불면증 … 264
생명서설(生命序說) … 278
환상과 환청 … 302
저승 언저리 … 315
의식(意識)의 저쪽 … 339
그대의 콧구멍 … 369
완행버스/ 강원도①(1960년대) … 392
움직이는 산, 또는 제 물길 찾기 … 417
붕새의 출현과 그 울음소리 … 434
아버지의 땅 … 459

* 장르 경계 허물기와 에세이소설 / 김봉진/ 528

서문

에세이소설의 장르적 의미

 이번 작품집에서는 '에세이소설'이란 표제로 작품을 정리해 보았다. '에세이소설'이란 에세이와 소설의 결합을 의미하는 것으로서 근래에 자주 말해지는 장르의 통합개념과도 유사하다. 즉 새로운 유형의 장르를 창출한 것이 아니라 기왕에 행해지고 있는 소설의 다양한 양상을 에세이와 관련하여 통합의 모양으로 묶어 본 것이라 하겠다.
 작가가 소설을 창작할 때 가장 처음으로 행하는 작업은 자신과 세계와의 관계를 천착하는 것이다. 자신의 둘레를 둘러싸고 있는 모든 구체적 사물과 추상적 사상, 그리고 세계가 만들어지고 있는 관계양상의 파악을 통하여 자신의 위치를 확인하는 작업이 될 것이다. 즉 이 우주에서 나의 존재는 무엇인가? 그리고 내가 어떤 영향을 미칠 수 있는가? 하는 구체적인 의문에서부터 인간의 존재 이유 등을 성찰하는 과정을 통하여 삶의 참된 가치를 추구하려는 욕망을 갖게 된다.
 그런 가치 추구의 방편으로 표현하게 되는 언어는 대체로 수필의 영역에서부터 출발하게 된다. 그런 점에서 수필은 모든 글쓰기의 기초며 기본이다. 그런데 그런 수필로 전달할 수 있는 외형적 사실은 완벽하기 어렵다. 우주의 진실은 언어를 뛰어넘는 경우가 많기 때문이다. 이럴 때는 비유나 상징 같은 수사적 언어와 더불어 픽션의 도움을 필요로 하게 된다. 특히 전달의 본체를 감동과 더불어 전달하는데는 픽션의 도움이 절실하다. 그것이 곧 소설의 몫이다.

따라서 '에세이소설'은 수필 영역이 해결하기 어려운 상상적 진실을 전달하는 꼭 필요한 영역이다. 필자는 이런 영역을 수필 유형 내지 꽁트 유형으로 묶어서 다루었다. 수필과 꽁트의 분류는 화자의 설정이나 글의 종결부분에 극적반전을 설정하는 방법상의 차이가 있긴 하지만 서술방향에 있어서나 태도에 있어서 거의 동일하다. 즉 수필에 허구를 가미하거나 꽁트에 사실성을 강화할 경우에 '에세이소설'로 통칭될 수 있을 것이라는 견해다.

이런 수필, 꽁트 유형의 에세이소설을 심화 확대하면 내적독백체의 심리소설과 자서전적 전기체소설 유형이 된다. 내적독백체의 서술은 진솔한 에세이의 모습일 수가 있고 마찬가지로 자서전적 전기체소설도 서술방법에 있어서 수필적 성격이 매우 농후하다. 즉 심리소설이 인간 내적 심리의 서술에 속한다면 전기체소설은 인간 외적 현상의 서술이다. 즉 인간의 내면과 외형을 극단적으로 세밀하게 사실화하여 밀도있게 서술하게 되면 '에세이소설' 양식이 될 것이라는 견해다.

이러한 분류는 특정학자의 전문적 분류법에 의한 것이 아니라 작가의 개인적 필요성에 의한 것이니만큼 앞으로 많은 분들의 논의가 필요할 것이라 여겨진다. 그리고 이런 방법을 '에세이소설'이란 장르로 수용할 수 있을 것인가 하는 문제도 더 많은 토론의 여지를 남긴다고 하겠다. 새로운 장르의 창출이라기보다 소설을 처음 써 보려는 초심자들에게 자기표현의 방법으로 접근해 보기를 권하고 싶다.

'에세이소설'이란 문학적 감동을 극대화하기 위해 수필적 서술에다 픽션의 적절한 활용을 추가하는 모양새라고 하겠다. 그리하여 작가의 개인적인 체험을 극단적으로 객관화하여 모든 인류의 체험으로 공유하는 과정에서 공감을 이끌어내게 된다. 내 체험이 인류의 전통으로 전승되기 위해서는 현재적 우주의 공간과 과거부터 전승되는 전통의 관습까지 모두 수용하고 보편화의 과정을 거쳐야 된다. 그리하여 개인의 경험이 인류의 관습으로 흡수되고 역사적으로 전승될 때 진실의 견고한 틀을 갖게 된다. '에세이소설'이 다른 문학장르에 비해서 독자들에게 매우 친근하게 여겨지는 것은 이런 태생적인 특성을 지니기 때문이라고 하겠다.

　독자들의 많은 관심과 성원을 당부드린다.

2025. 11. 5.
의정부 서실에서
홍성암

1부

강릉 남대천의 은어떼
어머니의 꿈
숨어서 피는 작은 꽃들
언덕 위의 작은 땅
평범한 작은 생활
새로운 가족
작은 고추
황 교장과 깡패 두목
한 점 바둑돌의 사색
한글의 우수성
대학 진학의 열망과 대학교수

대학교의 혼란과 총장 직무대행
어느 화가의 죽음
달리던 기차도 멈추게 한 송별연
은사님의 뒷모습
혜산 박두진 선생님
문단 데뷔와 창작 동인
유금호의 〈속눈썹 한 개 뽑고나서〉
종교문인회와 장백일 교수
강릉사범학교 그리고 강릉 문인들
한민족문화학회의 창설과 기대
성년식 파티
고향의 꿈
아파트
다리가 없는 통닭
바보식당
검은 나비
사랑의 통과의례
파리들의 웃음소리
미루나무와 까치집
귀성(歸省) 버-스
건망증
모기 한 마리
법과 인정
황소의 반란
전쟁 이야기
행운의 겨울등산

강릉 남대천의 은어떼

포장술집은 시끌벅적했다. 자정이 가까운 시간이면 으레 그랬다. 귀가길에 한잔 걸치려는 것이다. 술이 취한 사람은 취한 김에 한 잔 더 걸치려는 것이고 덜 취한 사람은 맹물 같은 맨정신이 싫어서 한잔 더 마시려는 것이다. 아파트 생활이란게 마냥 단조롭기 마련이다. 어제도 그제 같고 오늘도 어제 같은 생활. 내일인들 오늘과 다르게 별로 없다. 그러니 귀가길의 한 잔이야 말로 유일한 변화요 변칙이 아닐 수 없다. 그래서 밤이면 모두들 포장집으로 몰려드는 것이다.

그날도 나는 취했고 그래서 취한 김에 한잔 더 걸치려고 포장집엘 들렀다.

"소주 한 병. 꼼장어 한 접시…. 소주는 그린이요."

나는 습관처럼 그렇게 말했다. 소주는 그린이요. 그린 소주는 대관령 청정수로 빚은 술이라는 바람에 내 단골 메뉴가 되었다. 내 고향이 그곳이기 때문이다. 소주는 그린이요. 그렇게 주문을 할 때면 이상하게 가슴 한 자락이 찌르르 울린다. 고향 떠난 지도 40여 년이 넘고 보니 고향을 떠올릴만한 일도 많지 않다. 그래서인지 별 것 아닌 그린 소주 한병 시켜 놓고 향수에 젖어도 보는 것이다. 소주 한잔 홀짝 마시고는 경포대 해수욕장도 떠올려 보고 또 한잔 홀짝 마시고는 남대천 둑방길도 떠 올려 본다. 한잔 홀짝 마시면 송정리 솔밭이 보이고 또 홀짝 마시면 남문동 시장바닥이 떠오른다.

"강릉이란 곳이 말이지…."

어떤 사내의 목소리가 내 귀에 들려 온 것은 바로 그때였다.
"웃겨도 한참 웃기는 곳인데 말이네."
그는 그런 식으로 말을 이었다.
"사람들이 무뚝뚝하기가 참나무 장작이라. 만약 자네가 강릉엘 온다면 말야. 소문난 음식점엘 들어가서 물어보게나. '이 집 칼국수 맛있소?' 하고 말이야. 그럼 그 여주인이 뭐라는 줄 아나? 대부분의 대답이 '맛없소. 하지 말라우' 그런 식이라고…. 막상 시켜서 먹어보면 기막힌 솜씨인데도 말이네."
"허. 자네 누구 병신 만들 일 있나? 설마 장사꾼이 그러겠어?"
"거짓말이라고? 그래 그렇게 말할 줄 알았어."
그는 그렇게 말하며 뜸을 들이더니 말을 이었다.
"한번은 말이야. 집사람과 어시장엘 갔었지. 길바닥 난전에 생선들이 즐비하더군. 집사람이 명태 한 무더기를 가리키며 묻더군. '아줌마. 이거 얼마요?' 그러자 생선장수가 심드렁한 목소리로 대꾸하더군. '5천 원이요.' 집사람이 생선값을 알 리가 없지만 버릇이 돼서 값을 깎자고 하더군. '5백 원만 깎아 주세요.' '안됩니다. 아침 마수거리라 헐하게 부른거요.' '그래도 그렇지요. 5백 원쯤 깎는걸요.' '그래도 안됩니다.' '아줌마도 어지간하시네. 5백원만 깎아줘요.' 우리가 시장에서 흔히 보는 풍경이 아닌가? 그런데 다음 순간 어떤 일이 일어났는지 아나?"
취객이 눈을 번들대며 동료를 보았다.
"생선장수가 생선이 든 함지박을 땅바닥에다 팍 엎어 버리는 거라. 그리고는 하는 말이 '안 된다면 안 되는 거지. 왜 그리 잔말이 많소. 나는 그렇게는 안 팔겠단 말이요. 한번 말하면 알아들어야지. 귀한 밥 먹고 꼭 두말 세말 되풀이해야겠소?' 하고 길길이 뛰는데 말이네. 집사람이 기가 팍 질려갖고 말이네…."

나는 사내의 말을 귓등으로 들으며 빙긋이 웃었다. 그래. 그게 강릉 사람이다. 그래서 어쨌다는 말이냐? 남에게 아첨할 줄 모르는게 강릉 사람이다. 손님이 없어서 장사를 안 하면 말지 마음에 없는 말로 아양을 떨 수는 없다. 몸에 배지 않은 짓을 새삼 어쩌란 말인가?

"아무튼 남들은 믿지 못할 정도인데 말이네. 서울에서 벚꽃이 만발하는 때가 4월 중순이 아닌가? 날씨가 얼마나 화창하냔 말이네. 어디 벚꽃뿐이던가? 진달래 개나리는 물론이요 목련과 복숭아꽃, 살구꽃이 어우러져서 그야말로 사람을 달뜨게 하는 날씨가 아니냐고?"

"그야 봄인걸."

"그런데 그곳은 어떤지 아나? 봄철 내내 바람이네. 흙먼지를 뿌옇게 날리는 높새바람이 밤이고 낮이고 계속 불어대는 거라. 아주 메마른 바람이어서 나뭇잎이 시들시들 마르고 풀들이 누렇게 죽어간단 말이네. 봄철 내내 말이네."

"그럼 꽃들도 피지 않나?"

"피기야 하지. 그런데 메마른 바람에 비쩍 마르거나 아니면 눈에 푹 파묻히는 거라."

"봄철인데 눈은 무슨?"

"허. 이 사람. 그곳엔 5월에도 눈이 내리는 곳이라고. 벚꽃이 만개한 다음 날엔 으레 눈발이 날리기 마련인데. 눈도 그냥 눈인 줄 아나? 봄눈이라도 내렸다하면 폭설이야. 사람의 키를 넘는 일은 약과고 지붕 처마 위까지 눈으로 뒤덮이는데 그러면 학교도 쉬고 관공서도 쉬게 되지. 집과 집들 사이로 굴을 뚫어야 왕래가 될 정도네. 알라스카도 아닌 대한민국에 그런 곳이 있다는 사실을 지금껏 몰랐겠지?"

"그런데 왜 그런 게 신문이나 테레비에 나오지 않지?"

"허. 이 사람. 뉴스거리가 되자면 새로운 것이어야 하는데 그 지방에선 해마다 다반사로 일어나는 일이어서 아예 뉴스거리로 치지를 않거든."

그의 이야기를 듣고 있노라니 내 고향 강릉은 아프리카의 사막이 되었다가 알라스카의 빙판이 되기도 했다. 취객의 말이 상당부분 과장된 것은 사실이지만 그렇다고 근거가 전혀 없는 말은 아니었다.

"폐쇄된 지역이라 텃세도 심하겠군 그래?"

"텃세도 제법 있지. 자신들의 지역에 대한 자부심이 대단하네. 가장 대표적인게 남대천의 은어떼 얘긴데…. 어릴 때 은어떼가 하얗게 몰려왔다고 자랑들 하거든. 은어떼가 하얗게 몰려오는 남대천. 어때? 그럴듯하지? 그런데 그 남대천이란 개울이 말이네. 서울 정릉천보다 수량이 많지 않아. 그러니 서울사람 같으면 그 개천에다가 감히 대(大)자를 붙일 엄두도 내지 못할 거야. 그런 작은 개천에 무슨 수로 은어떼가 하얗게 몰려들겠나? 어느 장마 때 한 번 몰려온 걸 갖고 두고두고 자랑하는 거지. 아니면 예전 부모들 시대에 있었던 이야기를 갖고 전설처럼 뒤로 물려주고 있던지."

비록 그게 취객의 말이긴 하지만 말이 그렇게 되어서야 나는 참을 수 없었다. 나는 소주잔을 들고 취객 옆으로 자리를 옮겼다. 나는 우락부락한 표정으로 윽박지르듯이 사내에게 물었다.

"이보시오. 그곳은 내 고향이요. 댁은 그곳에 몇 년이나 살았소?"

내가 그렇게 따지듯 묻자 사내는 당황한 표정을 지었다.

"한 삼년 됩니다."

"그럼 그곳의 가을을 겪었겠구려? 가을 하늘이 어땠소?"

"가을이야 좋지요. 공기가 맑고 하늘도 맑지요. 공장이 없어서 매연이 없는 도시지요."

"감나무는 구경했소?"

"물론이지요. 도시의 가로수가 온통 감나무입니다. 감은 나뭇잎이 모두 떨어진 다음에도 여전히 달려 있지요. 그러니 도시가 온통 빨간 감나무 숲입니다."

"강릉 남대천 물이 어느 바다로 빠져나가는지 보았소?"

"안목쪽이라는 말만 들었소."

"직접 보지는 못했구려?"

"못했소."

"여름철에 한번 가보시오. 그러면 하얗게 밀려오는 은어떼를 보게 될 것이요."

나의 말에 사내는 긴가민가 하는 표정을 지었다.

"강릉사람이 그렇다면 그런 거요."

나는 그린 소주를 입속으로 털어 넣으며 말했다.

"겨우 삼년 살고서 댁이 뭘 안다는 게요. 경포호수에서 부새우 뜨는 것 보았소?"

"부새우가 뭐죠?"

"부새우가 부새우지 뭐라니?"

나는 핏대를 세웠다.

"거기서 어떤 조개가 잡히는지는 아오?"

"그 호수에 무슨 조개가 있다는 겁니까?"

"젠장. 아무것도 모르면서 뭘 그래?"

나는 소줏잔을 팍 엎었다.

"강릉사람 순하지요?"

"그러요."

"화내면 무섭지요?"

나의 말에 사내는 주위를 두리번거렸다. 그러더니 친구의 옷자락을 끌며 서둘러 포장집을 떠났다.

"젠장. 제놈이 뭘 안다고 그래."

나는 엎었던 소줏잔에 다시 술을 채웠다. 그리고 그린 소주를 다시 입속으로 쏟아부었다. 한 잔 소주에도 강릉 남대천에 은어떼가 하얗게 몰려오기 시작했다. 은어란 놈은 그 이름 그대로 하얗고 깨끗한 물고기다. 몸뚱이에 파르스름한 가로줄이 있고 물빛처럼 투명해서 떼를 지어 다니지 않으면 얼른 식별해 내기가 어려울 정도다.

한여름이면 그 투명한 은어들이 떼를 지어 몰려온다. 바다에서 강으로 거슬러 오른다. 그러다 한여름의 기온이 턱없이 높아서 민물의 온도가 갑자기 높아지기라도 하면 은어들은 뜨거운 민물에 기절해서 흰 배를 드러내고 하얗게 떠오른다. 발가숭이 아이들은 환호성을 지르며 수면 위로 떠오른 기절한 은어들을 건져낸다. 은어들은 기절한 채 물 따라 흐르다가 바닷물의 찬 기운을 만나면 다시 살아나서 퍼덕인다. 그게 은어다.

나는 다시 술잔을 홀짝였다.

"강릉 사람도 아닌 주제에 제놈이 뭘 안다고?"

그렇게 중얼거리는 나의 눈에는 40년 전의 은어떼들이 다시 하얗게 몰려오는 것이었다.

어머니의 꿈

어머니께서 돌아가신 지도 어언 50여년이 되었다. 내 나이도 어머니 생전의 나이보다 훌쩍 지났다. 그런데도 나는 늘 유년기적 마음에 머물러 있고 어머니 또한 예전 그 모습으로 나의 기억에 생생히 떠오른다.

자식들이 성장하고 자식들 키우기가 어려울 수록 나를 낳아서 기르신 어머님의 크신 은혜가 더욱 절실해 온다. 어머니는 하늘의 해나 달처럼 유년기적 모든 기억의 중심에 있다. 그래서인지 나의 취향이나 습관 중의 많은 부분은 어머니의 것을 그냥 닮아있다. 된장찌게나 창란젓을 좋아하는 음식에서부터 절간이나 약수터를 즐겨 찾는 취향이라든지 집안에 사람들이 북적대는 것을 좋아하는 마음씨까지도 너무나 닮았다. 심지어는 꿈꾸는 방식이나 꿈의 내용까지도 비슷했다.

어머니는 꿈을 많이 꾸셨다. 그리고 그 꿈은 대부분 물과 관계가 있었다.

"물이 너무나 맑더구나. 맑은 물이 자꾸만 차올랐지. 넘실거리는 물에 몸을 적시면 그렇게 상쾌할 수 없었단다."

어머니는 그런 꿈의 설명 뒤에 으레 덧붙이는 것이었다.

"오늘은 무슨 좋은 일이 있을려는가 보다."

그래서 우리는 종일 무슨 좋은 일을 기다렸다. 그러다 보면 누군가에게 좋은 일이 있었다. 우리 집은 3남 4녀나 되는 대가족이었고 그러다 보니 종일을 지내다 보면 누구에겐가 좋은 일 한두 가지는 있기 마련이었다. 어머니는 한번도 악몽에 대해서 말씀하신 일이 없다. 그래서 우리는 꿈이란 으레 좋은 징조만으로 되어있는 것으로 알았다. 때때로 우리는 벼랑으로 떨어지는 꿈을 꾸거나 도둑에게 쫓기는 꿈을 꾸기도 했는데 그럴 때 어머니는 '크느라고 그런다'라고 말씀하셨다. 아이 때는 키가 자라는 것만큼 즐거운 일이 없었기 때문에 그런 꿈을 꾸고 나면 기분이 매우 좋았다.

그런 어머니의 영향 때문인지 나도 물에 몸을 담그는 꿈을 자주 꾼다. 내가 살던 유년기적의 집은 언덕 위에 있었다. 문을 열면 아직 레일이 깔리지 않는 철뚝길이 곧게 뻗어 있고 그 벌판의 한가운데에 시냇물이 흘렀다. 그리고 벌판 저 너머에 솔숲이 병풍처럼 둘러 있고 그 너머로 동해바다의 검푸른 물결이 일렁이고 있었다.

그 유년기적 고향풍경이 밤마다 나를 찾아오는 것이다. 나는 그 개울에서 멱감고 그 바닷가에서 조개를 줍는다. 물은 부글부글 끓어오르고 그리하여 나의 발목을 핥고 아랫도리를 적시고 때로는 목까지 차오른다. 물은 정답고 맑고 산뜻했다. 저만치 모랫벌엔 미소를 지은 어머니의 모습이 있다. 걱정하지 말아라. 여기에 에미가 있느니라. 어머니의 미소는 그렇게 말한다.

나는 잠이 깨서도 어머니의 다정한 미소를 그대로 기억한다. 그 온화하고 부드러운 표정이 못내 그리워 왈칵 눈물을 쏟기도 한다.

이제 내 나이 고희(古稀)도 한참 지난 터이니 어머니의 품을 그리워하기보다는 자라는 아이들을 품어 주어야 할 입장에 있다고 보아야 한다. 그럼에도 늘 어머니를 잊지 못하는 것은 무엇 때문인가?

어머니는 바로 내 생명의 근원이기 때문일 것이다. 고향의 바다.

고향의 산. 고향의 흙을 뭉쳐서 나를 빚고 거기에 생명의 입김을 불어넣어 주신 분이 곧 내 어머니시다. 나는 때때로 어머니의 말씀을 흉내내어 애들에게 들려준다.

"바닷물이 부글부글 끓더니 온통 나를 휘감더구나. 맑고 깨끗한 물이었지. 필연 너희들에게 좋은 일이 있을께다."

그러나 대학물을 먹은 아들놈은 피식 웃기 일쑤다.

"물은 죽음의 상징이라던데 좋긴 뭐가 좋아?"

딸년도 한몫 거든다.

"성수대교처럼 잠실대교가 무너질려는가 보지."

집이 잠실대교 옆이라 딸년이 그렇게 비아냥거린 것이다. 나는 그만 말문이 막히고 말았다. 같은 물인데도 예전 고향의 물과 현재의 서울의 물은 이처럼 다른 모양이다. 아이들의 입에서 나오는 살벌한 말들도 나를 크게 위축시킨다.

어머니의 죽음은 정말 뜻밖이었다.

내가 결혼하고 한 달이 채 되지 않아서였다. 서울에서 나와 함께 살기로 하셨던 어머니께서 갑자기 강릉 고향집으로 가시겠다고 하셨다. 고향에는 형님과 누님이 사셨는데 형수님과 누님이 한 달 간격으로 아이를 낳을 예정이어서 그 출산 뒷바라지를 해야 한다는 것이었다. 평소 같으면 자취하는 나를 위해서 서울에 머물 수도 있었겠지만 결혼해서 아내까지 있으니 밥 못먹고 지낼 걱정은 없으리라는 계산이기도 하셨다.

우리는 그때까지도 어머니가 고혈압 환자인 줄을 알지 못했다. 머리가 늘 아프셨고 걸음걸이가 뒤뚱거리는 모습이긴 했지만 연세가 높고 체중이 늘면 모두 그렇게 되는 것으로 막연히 느끼고 있었던 것이다. 그러니 한번도 혈압이란 것을 재어 본 일도 없었다.

우황청심환이 몸에 좋다고 말씀하시길래 그게 특별한 영약이라도 되는 것으로 여겨서 두 알 사 드린 것밖에 어머니를 위해서 해드린 일은 아무것도 없었다. 어머니는 그렇게 고향 강릉집으로 내려가셨다. 형수는 딸을 낳았고, 한 달 간격으로 누님은 아들을 낳았다. 혈압이 높으신 어머니로서는 여간 힘든 일이 아니었을 것이다.

그날도 그랬다. 어머니는 형님의 둘째인 손녀딸을 등에 업고 누님의 출산 뒷바라지를 위해서 집을 나섰다. 날씨는 추웠고 손녀는 무거웠다. 대문을 여시던 어머니께서 갑자기 비명과 더불어 그 자리에 쓰러지셨다. 퍽이나 많은 피를 쏟으셨다고 한다. 향년 63세였다.

퇴근하여 집으로 오니 아내가 어머니의 죽음을 알렸다. 나는 놀라서 형님께 전화를 걸었다. 서울에서 멀쩡하시던 어머니께서 그렇게 갑자기 돌아가실 수 있느냐고? 항의성 비슷한 전화를 받고 형님은 퍽도 섭섭하셨다고 한다. 어머니의 죽음으로 아픈 마음의 상처는 형님이 나보다 덜할 이유가 없었던 것이다.

어머니의 갑작스런 죽음은 자식들의 마음에 잘 모시지 못한 죄의식을 느끼게 했다. 나의 결혼만 해도 그랬다. 대학을 졸업하고 직장생활을 시작한지 얼마 되지 않아서 모아놓은 돈이 없었다. 돈 없이 대사를 치르자니 어머니는 자식 몰래 퍽도 속을 태우셨을 것이다. 형님이나 누님의 입장은 더욱 심했다. 손녀와 외손자의 출산 뒷바라지로 인한 피로의 누적이 어머니의 죽음을 재촉했을 것이기 때문이다.

장례식을 치르고 얼마 되지 않아서 나는 직장을 인천에서 서울의 중학교로 옮겼다. 5월 8일 어버이날 행사가 있었다. 전교생이 모여서 '장한 어머니상'을 받는 분들을 모셔두고

카네이션을 달아드리고 표창장 전달식도 가졌다. 식의 끝행사로 '어버이날 노래'가 불리어졌다.

    나실제 괴로움 다 잊으시고
    기르실제 밤낮으로 애쓰는 마음

  담임반 학생들의 앞에 서 있던 나는 갑자기 북받치는 눈물을 참을 수 없었다. 그래서 학교 건물 뒤로 달려가서 마음껏 울었다. 눈물이 빗줄기처럼 쏟아져 내렸다. 어버이날 행사가 어떻게 끝났는지 알지 못한다. 지금 글을 쓰고 있는 이 순간에도 갑자기 눈물이 쏟아진다. 어머니께서 돌아가신지 어언 50여년이 되어가지만 어머니에 대한 그리움과 불효한 죄스러움은 조금도 잊혀지지 않는다.

  나는 남자란 쉽게 눈물을 흘려서는 안된다는 교훈을 늘 들어왔다. 그래서 어머니가 돌아가실 때까진 거의 울어본 기억이 없다. 그런데 어머니가 돌아가신 다음부터는 걸핏하면 눈물이 쏟아졌다. 어머니 비슷한 할머니가 뒤뚱거리며 걷는 모습을 보아도 왈칵 눈물이 쏟아졌다. 동료들이 어머니 회갑연이라고 초대를 하면 그 초대장만 보고도 울음이 나왔다. 특히 내 아이들을 기를 때는 더욱 자주 울었다. 맏아들은 체중이 매우 많이 나갔다. 한참을 안고 있으면 팔이 뻐근했다. 내 어머니도 나를 기르실 때 이처럼 팔이 뻐근하셨겠지. 내 어릴 적 별명이 '곰'이었으니까 내 맏아들처럼 제법 체중이 나갔으리라..... 나는 아내가 눈치채지 못하게 으슥한 골방으로 들어가서 혼자 울었다. 나는 나에게 눈물이 그렇게 많은 줄을 전엔 결코 알지 못했다.

  내가 그동안 울지 않았던 것은 어머니가 있어서였다는 것을 어머니가 돌아가신 다음에야 겨우 깨달았다. 어머니가 없는 세상은 눈물의 바다다. 어머니의 따스한 사랑이 우리의 눈물을 녹여주었다. 어머니의 크신 은혜가 우리로 하여금 세상의 슬픔을 잊게 했다. 하늘보다 크시고 바다보다 넓으신 어머니의 은혜란 말이 결코 과장된 말이 아니다.

지금 내 나이도 고희를 넘긴 지 한참이지만 그래도 나는 어머니의 영원한 어린아이다. 어머니가 지켜주시지 않아서 외롭고 불안하다. 어머니의 미소를 보고 싶고 어머니의 음성을 듣고 싶다. 어머니의 산소는 현남면 인구리의 선산에 있다. 나는 죽어서도 어머니의 옆에 묻히고 싶다. 그리하여 영원한 어머니의 어린아이로 남고 싶다. 나는 저승세계가 반드시 있기를 바란다. 그래야 어머니를 만날 수 있을 것이라는 내 마지막 기대가 헛되지 않을 것이기 때문이다.

숨어서 피는 작은 꽃들

봄은 꽃과 더불어 온다.
봄바람이 건들건들 불어온다 싶더니 노란 개나리가 꽃망울을 터뜨리기 시작했다. 곧이어서 화답이라도 하듯 빨간 진달래가 산자락을 물들였다. 그리고 드문드문 복숭아꽃과 살구꽃이 얼굴을 내밀었다.
그러나 난만한 봄의 느낌은 벚꽃이 만개하면서부터 시작된다해도 과언이 아니다. 남쪽에서의 벚꽃 소식과 더불어 날씨는 갑자기 풀어져서 나처럼 계절 감각에 둔한 사람도 봄의 나른함에 젖게 된다. 벚꽃과 거의 동시에 피어나는 목련의 청초함은 화사한 벚꽃과 쌍벽을 이룬다. 목련의 꽃그늘 밑에서 꽃들을 올려다보았을 때 그 특이한 아름다움은 그 어떤 말로도 형용하기 어렵다.
그런 봄날의 변화 중에서 가장 두드러진 것이 여인네들의 옷차림일 것이다. 아니 옷차림보다 마음이 더 변해 있는 것인지도 모른다. 그래서 여학생을 가르치는 나의 경우는 봄에보다 민감할 수밖에 없게 된다.
오늘도 그랬다. 강의실로 들어서니 이제 졸업반이 된 4학년 여학생들이 책들을 접어두고 넋을 빼고 앉아들 있었다. 습관대로 출석을 부르고 강의를 시작하려는데 제일 앞에 앉았던 한 학생이 넋두리처럼 말했다.
"교수님. 이렇게 따뜻한 봄날 오후는 정말 참을 수 없어요."
그러자 강의실 안은 갑자기 까르르 웃음이 퍼졌다.

"그래요. 교수님. 정말 참을 수 없어요."
 학생들이 합창을 해대니 나는 잠시 당황하지 않을 수 없었다. 눈을 들어 학생들을 바라보니 모두들 활짝 핀 꽃들이었다. 산들산들 부는 봄바람과 맑은 봄 햇살에 적셔진 눈부신 떨기꽃이었다. 북향의 그늘진 강의실 안에 그녀들을 잠시라도 가두어 둔다는 것은 참으로 잔인한 짓이 아닐 수 없었다.
 "기왕에 시작한 강의니 조금만 하도록 하겠다."
 나는 그렇게 달래고 타협하여 그럭저럭 시간을 때웠다. 강의를 끝내고 학과실로 들어가니 조교가 눈이 동그래져서 물었다.
 "어쩐 일로 강의를 그렇게 빨리 끝내셨어요?"
 평소 타종시간까지 강의시간을 꽉 채우는 내 성미를 알아서였다.
 "봄날 오후라 학생들이 참을 수 없다고들 하더라."
 내 말에 조교가 생글거리며 말했다.
 "교수님은 남자라서 여학생들의 그런 심정을 잘 모르실 거예요. 이런 날씨에는 정말 참을 수 없다고밖에 표현할 말이 없다고요."
 조교의 말을 듣자 나는 불현듯 내 자신의 대학시절이 떠올랐다. 내 친구의 한 녀석은 유난히 가을을 탔다. 가을만 되면 어떤 큰일을 저지르곤 했다. 술이 취해서 기물을 부순다든지 누구와 심하게 다투어서 다치게 한다든지 하는 종류의 일이었다. 그래서 그는 가을만 되면 학교에 나오지도 않고 이불을 뒤집어쓰고 누워서 끙끙 앓았다. 그리고 별 탈 없이 가을이 어서 가기만을 축원하는 것이다. 그러나 그 가을이 다 가기 전에 녀석은 어김없이 사고를 치고는 어느덧 감옥에 들어가 있는 그 자신을 발견하곤 했다. 가을만 되면 겪게 되는 가을병이었다.
 내 친구가 그처럼 가을을 타듯 여학생들도 봄을 심하게 타는 모양이었다. 봄만 되면 참을 수 없어하는 그녀들이니 말이다. 그래서 옷차림도 전에 없이 화사하고 얼굴 화장 또한 몰라볼 정도로 짙게 하는 모양이었다. 마음의 흔들림을 그렇게 달래 보는 것이리라.

"모처럼 강의를 일찍 끝내셨으니 일찍 퇴근하시지요."

내가 소파에 멍-하니 앉아 있는데 조교가 그렇게 권했다.

"그래 볼까?"

조교의 권유에 나도 솔깃하게 여겨서 일찍 퇴근하기로 마음먹었다. 모처럼 해가 있어서 하는 퇴근이었다. 새벽에 나갔다가 어둠에 묻어서 돌아오는 것이 그동안의 나의 일과였다.

일찍 퇴근하여 내 집이 있는 아파트의 입구로 들어서던 나는 열병식을 하듯 늘어선 벚나무들의 행렬과 만나자 눈이 둥그래지지 않을 수 없었다. 평소 벚꽃이 만개한 것을 보지 못해서가 아니다. 그러나 햇살 속에 보이는 벚꽃의 무리들은 밤에 보던 꽃들과는 느낌부터가 전혀 달랐다. 그것은 햇살 자체였다. 벚나무는 온통 빛살의 다발이었다.

나는 꽃에 취하여 이 나무에서 저 나무로 빙글빙글 돌았다. 나의 마음도 꽃처럼 환해졌다. 행복이란 무엇인가? 이해관계를 따지기 이전의 순수한 즐거움 그 자체가 아니던가? 꽃을 보고 느끼는 이 마음의 풍요로움이야말로 행복의 본질에 가장 가까운 것인지 모른다. 나는 꽃나무 둘레를 빙글빙글 돌다가 마침내 지쳐서 꽃나무 그늘의 잔디에 털썩 주저앉았다.

내가 잔디밭에 자라고 있는 작은 풀꽃들을 발견한 것은 바로 그때였다. 꽃구경 온 사람들이 아무렇게 짓밟고 지나가는 길섶에 무수히 많은 작은 꽃들이 피어 있었던 것이다. 노란 꽃다지꽃, 하얀 냉이꽃, 보랏빛 오랑캐꽃, 앉은뱅이 민들레꽃, 그리고 아직 이름을 기억하지 못하는 그런 작은 풀꽃들이 잔디밭의 잡초들 속에 수줍게 피어 있었다.

  나는 풀섶에 숨듯 피어 있는 작은 꽃들을 보자 이미 세상을 떠난 내 어머니와 누님의 모습이 불현듯 떠올랐다. 어린 시절 이른 봄부터 어머니와 누나는 나물을 캐러 다녔다. 논둑과 밭둑에는 쑥과 냉이가 지천으로 자랐다. 양식이 모자라던 시절이라 봄나물은 춘궁기를 견디는데 매우 요긴했다. 쑥은 밀가루와 버무려 밥솥에 쪄서 쑥범벅을 만들었다. 냉이는 콩가루에 묻혀서 콩국을 끓였다. 쑥범벅과 냉이콩국은 참으로 봄의 별미였다.

  어머니와 누님을 따라 나물 캐러 다니던 그런 기억 때문일까? 작은 풀꽃들을 보자 어머니와 누님의 얼굴이 그 풀꽃들의 한들거림 속에 덩두렷이 살아나는 것이었다. 냉이며 쑥을 캐러 다니던 둔덕에는 늘 이런 작은 풀꽃들이 피어 있었다. 발로 짓뭉개기도 하고 이것저것 꺾어 모으기도 하고 그렇게 무료함을 달래던 풀꽃들이었다.

  이들 풀꽃처럼 평범하고 소박하게 살다가신 내 어머니와 누님의 인생이었다. 고되고 힘든 삶이었다. 아무도 알아주지 않았지만 열심히 살았다. 그리고 마침내 병들어 남보다 일찍 세상을 뜨고 말았다. 희생과 헌신만이 있었던 그런 삶이었다.

  "허, 이게 누구야."

  누군가가 그렇게 반겼다. 눈을 들어 바라보니 이웃 동에 살고있는 조 화백이었다. 조 화백은 비디오 작가이기도 했는데 손에 카메라를 들고 있었다.

  "이 아름다운 꽃들을 그냥 놓질 수 있어야지."

  조 화백이 비디오 카메라의 렌즈에 눈을 가져갔다. 카메라의 렌즈가 겨냥하고 있는 곳에 그의 부인이 있었다. 곱게 단장한 모습이었다. 꽃나무와 화사한 옷차림이 아주 잘 조화를 이루었다.
 "어때, 볼만한 앵글이지?"
 조 화백은 어깨를 으쓱하며 자랑스럽게 말했다.
 "그래, 볼만하군."
 입으로는 그렇게 말하면서 나는 이미 시선을 풀섶으로 향하고 있었다. 마른 잔디들 사이로 어머니와 누님의 얼굴이 보였다. 이름 석자마저도 이제는 희미해지는 그런 삶을 살다가 간 인생이었다. 그러나 누가 감히 이들의 인생을 화사한 저들의 인생보다 못하다고 할 것인가? 나는 작은 풀꽃들의 소중함을 새삼 느끼는 것이다.

언덕 위의 작은 땅

나는 종종걸음으로 뒤따르고 있는 막내 녀석을 향하여 말했다.
"조금만 참아라. 저기 언덕까지만 가면 된다."
걷는 것에 익숙지 못한 막내는 상을 잔뜩 찌푸린 채 투덜거렸다.
"언제까지가 조금만이람."
그렇게 투덜거리면서도 녀석은 분명 기대에 들떠 있었다. 우리도 시골에 땅이 있다는 것에 대한 호기심과 자부심이었다.
"아빠. 그곳엔 미루나무가 있다고 그랬지?"
"그럼, 사과나무도 있고 배나무도 있단다. 대나무숲도 있고 닥나무숲도 있지."
"닥나무가 뭔데?"
"창호지를 만드는 나무지. 그 나무의 껍질로 창호지를 만든단다."
"창호지가 뭔데?"
막내의 질문에 나는 잠시 말문이 막혔다. 창호지가 뭔지를 어떻게 설명해야 좋을지 얼른 생각이 떠오르지 않아서였다. 유리창이 일반화되어 있는 서울집에서 태어나고 자란 막내로서는 창호지를 한번도 본 적이 없을 터였다. 설명에 궁색해진 나는 그냥 내쳐 말했다.
"아까시아숲도 있고 솔숲도 있단다."
"와- 대단하네…. 그렇게 여러 종류의 숲들이 모두 있단 말이지?"
"그럼."

나는 아주 자랑스럽게 말했다. 내가 태어나고 성장한 나의 시골집은 온갖 나무들로 무성했다. 대문 옆에는 동구 멀리에서도 바라다보이는 미루나무가 두 그루나 있었다. 집 뒤 언덕에는 대나무숲과 닥나무숲이 있어서 바람이 불 때마다 이상한 휘파람 소리가 났다. 집 옆의 비탈로는 아까시아숲과 솔숲이 어우러져서 윤삼월에는 향긋한 송홧가루가 흩날렸고 오월에는 아까시아꽃의 짙은 냄새를 맡을 수 있었다. 집 뒤의 채마밭 옆에는 세 그루의 사과나무와 두 그루의 배나무가 있고 그 뒤로 복숭아나무 한 그루와 살구나무 한 그루도 있었다. 이른 봄이면 복숭아꽃과 살구꽃이 어우러졌고 이어서 배꽃과 사과꽃을 볼 수 있었다. 꽃들이 피었을 때는 멀리서도 그 환히 밝아오는 듯한 빛무리를 볼 수 있었다.

그뿐 아니었다. 내 부모님은 꽃나무를 좋아하셔서 마당 앞에 큰 화단을 만들어서 온갖 화초를 심었다. 키 작은 채송화에서부터 중간키의 백일홍, 그리고 아주 키가 큰 원추리꽃도 있었다. 원추리꽃이 노랗게 다발을 이룰 때면 이웃에서도 꽃구경을 왔다.

"아참, 뽕나무숲도 있었지."

나는 하마터면 잊을 뻔했던 뽕나무 숲을 생각해 내고는 얼른 말했다. 지금까지 들은 나무숲만도 대단한데 뽕나무숲까지 있다고 하니 막내는 입이 함박만큼 벌어졌다.

"뽕잎은 누에가 먹는 거지?"

"그래. 그 누에가 만든 고치에서 뽑은 실로 비단을 짜는 거란다."

우리 집과 옆집의 경계가 되는 비탈에 뽕나무숲이 있었다. 나는 옆집 아이와 뽕나무에 올라가 노래를 불렀다. 뽕나무는 위로 크지 않고 옆으로만 가지가 벌어서 나뭇가지에 올라가 말타듯 흔들고 놀기가 좋았다. 새까만 오디의 맛 또한 얼마나 좋았던가?

나는 걷기에 지쳐 있던 막내 녀석이 새롭게 기운이 살아서 씽씽해진 것을 보고 기분이 좋았다. 그래서 덧붙여 말했다.

"우리 집 것은 아니지만 우리 집 바로 옆집에는 겹벚꽃나무가 있었단다. 우리 집 미루나무만큼이나 컸었는데 어찌나 꽃이 탐스러웠던지 꽃이 만발하게 되면 이웃 마을 사람들까지도 소풍을 왔단다"

"와~ 대단했던 모양이다."

막내는 그렇게 환호성을 울렸다. 정말 대단했었다. 대동아전쟁에서 일본이 패망하자 우리나라에서 살던 일본인들이 자기 나라로 철수하기 위해서 부산까지 가야 했다. 북쪽에 살던 일본인들이 짐보따리를 이고 지고 철둑길을 걸었다. 피란 행렬이나 다름이 없었다. 애들을 걸리며 걷던 어른들이 때로는 마을에 들러 구걸을 했다. 그런 와중에서도 그들은 활짝 만개한 겹벚꽃을 보자 환성을 울렸다. 그들 중에 더러는 짐보퉁이 속에 꿍쳐 든 잔돈푼을 꺼내들고 꽃나무 한 가지만 사게 해 달라고 애걸했다. 망한 자신의 나라에 대한 그리움이 그 꽃나무로 해서 더욱 절실했던지 모른다. 옆집 할아버지는 문자깨나 아는 분이었는데 어찌 꽃을 팔 수야 있겠느냐며 꽃가지를 꺾어서 꽃을 원하는 사람들에게 골고루 나누어주던 것이다. 그런 기억이 지금도 생생했다.

우리는 드디어 언덕 위에 이르렀다. 막내 녀석이 주위를 두리번거리더니 이상하다는 듯이 물었다.

"이 작은 땅이 우리 거라는 거야? 겨우 손바닥만 하잖아."

"그래도 백여 평이 넘을 거다."

"그런데 그 많다던 나무들은 다 어디 있어?"

"글세…. 겨울이라서 그런가?"

내 기억에 그렇게 많던 나무들이 눈 녹듯 사라지고 몇 그루의 뽕나무만이 눈에 들어왔다.

"힝, 아빠는 거짓말장이다."

막내 녀석은 아주 실망해서 화를 내었다.

그러나 나는 이 작은 땅, 너무나 작아서 아무도 살려고 하지 않던 이 작은 집터가 여간 자랑스럽지 않았다. 너무 작지만 않았다면 벌써 남의 수중으로 팔려갔을 것이다. 작아서 영원히 내것으로 남아 주었던 내 예전의 집터…. 지금은 겨울이어서 보이지 않지만 봄만 돼봐라. 아까시아나무에 새잎이 나고, 닥나무와 대나무 숲에선 휘파람 소리가 날 것이다. 복숭아꽃, 살구꽃, 벚꽃들이 다투어 필 것이고…. 예전의 그 화단에선 노란 원추리꽃이 그 아름다운 자태를 드러낼 것이다.

이 작은 땅이 나의 소유로 남아 있는 한 아무도 내 기억 속에 남아 있는 그 무성한 나무숲과 어릴 때의 친구들…. 그리고 지금은 계시지 않지만 근면하고 성실하셨던 내 부모님의 모습을 결코 내 기억 속에서 지워 버리지 못할 것이다.

평범한 작은 생활

이정우 군이 이번 실시한 보궐선거에서 국회의원으로 당선되었다는 소식을 들었을 때 그것은 지극히 당연한 일 같았다. 그만큼 그는 억세게 재수가 좋은 사내였다. 말하자면 행운의 여신이 지겹도록 붙어 다닌다고 할까? 그에게는 안 되는 일이 없었다. 그 자신도 자랑삼아 말하곤 했다.
"벽도 문이라고 밀면 밀리는 판이란 말이다."
그는 매사에 자신만만했다. 그래서 친구들은 그가 국회의원쯤은 하고도 남을 인물로 여기었다. 그의 그런 패기는 친구들의 기를 죽이기에 충분했다. 대학에 함께 다닐 때만 해도 그런 패기는 엿볼 수 없었다. 오히려 조금 답답한 편에 속했다. 남들과 잘 어울리지도 못했고 그래서인지 매우 소심한 듯한 인상을 주었다. 다만 두드러진 점이 있었다면 고집이 세고 한 번 어떤 편견에 사로잡히면 절대로 그 생각을 고치려 들지 않는다는 점이었다. 그의 편견은 공부하는 데에서도 잘 드러났다. 그는 다른 공부는 다 뒷전으로 미루고 영어공부에만 매달렸다.
"지금 현재 세계를 움직이는 것은 누구인가? 미국이지. 그러니 미국말을 잘하는 자가 끝발이 세기 마련이네."
그의 생각은 단순하고 명쾌했다. 그의 그런 주장은 시세에 밝은 자들이 항용 하는 말로 크게 새로울 것도 없었다. 아무튼 정우 군은 시종일관 자신의 지론대로 영어공부에만 매달렸다. 그러더니 대학 졸업과 더불어 주한 미국대사관에 취직했다. 그가 맡은 일은 주로 통역과 번역이었다. 그래서 미국대사관을 출입하는 사람들과

접촉할 기회가 많았고 그것이 출세의 발판이 되었던지 제법 이름도 알려지기 시작했다.

그가 대학을 졸업하고 나를 첫 번째로 놀라게 한 것은 그의 결혼식에 초대받아 가서였다. 결혼식장으로 이르는 모든 도로는 자가용으로 메워져 있고 식장 안은 장사진을 친 하객들로 발디딜 틈도 없었다.

"저 새끼. 굉장한 미인을 나꾸었군."

신부를 보더니 동창생 중의 하나가 귓속말로 속삭였다. 성장을 한 신부는 굉장한 미인이었다.

"여자대학에서 메이퀸으로 뽑힌 여자라는 소문이 있더군."

다른 친구가 귀띔했다.

"집안은 어떻고. 장인 되는 사람이 전직 장관이라던데."

그만한 집안이니 하객들이 그처럼 몰려들었던 모양이었.

이정우 군은 결혼과 더불어 대사관 근무를 그만두고 처가에서 경영하는 무역회사의 전무로 자리를 옮겼다. 친구들의 상당수가 아직도 취직을 못해서 빌빌거릴 때라 그의 그런 출세는 모두의 부러움을 사기에 충분했다. 그러나 이정우 군의 출세는 거기에서 멈춘 것이 아니었다.

"대장부 남자가 처가의 신세나 져서야 되겠냐?"

그는 그렇게 큰소리를 치더니 곧 스스로 회사 하나를 차려서 사장이 되었다. 역시 무역회사였는데 그의 뛰어난 영어실력이 큰 밑천이 되었음은 물론이었다. 그의 무역회사는 매우 번창해서 신문기자들이 탐방기사를 쓸 정도였다. 세칭 '무서운 젊은이들' 또는 '미래의 재벌'이란 식의 타이틀이 붙은 기사였다.

그즈음 그는 교회의 장로가 되었고 사회사업을 한다며 전국적인 봉사단체인 '꿀벌회'를 만들기도 했다. '꿀벌회'의 일로 그는 3.1

문화상 봉사부문의 대상을 받기도 했다. 내가 두 번째로 그에게 놀랐던 것은 바로 이때의 시상식에서였다.
"봉사는 숨어서 해야 하는 건데. 원 창피해서."
그는 축하한다고 손을 내민 나에게 상을 받아서 오히려 창피하다며 능청을 떨었다. 심사를 맡았던 유명인사께서 그의 말을 뒷받침했다. 심사위원장은 심사경위를 설명하는 자리에서 장황한 말로 그의 공로를 치켜세웠다.
"이번 봉사부문에 대상을 받은 이정우 씨는 상 받기를 끝까지 거부한 갸륵한 젊은이입니다. 숨어서 봉사하겠다는 그의 높은 뜻을 생각하면 이 상은 너무나 하찮은 것이기도 합니다."
심사위원장님의 말씀으로 미루어 보건대 그의 겸손이 또한 대상감이어서 상을 주지 않을 수 없었던 모양이었다.
이만한 경력의 소유자인 그가 집권 여당의 공천을 받았다는 소식을 듣자 모두들 그의 당선을 의심하지 않았다. 아무튼 그는 국회의원으로 당선되었고 친구들은 그를 위한 당선축하파티에 초대되었다.
"임마, 대통령 자리만 남았구나."
친구들은 그렇게 그를 치켜세웠다.
"뭐 나라고 대통령 못하란 법이야 없겠지."
정우 군은 아주 천연스럽게 말했다. 하긴, 그는 기십 억 재산가였고, 전국 규모의 지부 조직을 갖춘 봉사단체인 '꿀벌회'의 사조직을 운영하고 있었다. 거기에다 처가의 도움도 막강했다. 장인이 전직 장관 출신의 재벌로서 정치판에 상당한 영향력을 지니고 있었다. 메이퀸 출신인 미모의 부인이 그의 옆에서 미소를 띠고 있었는데, 그것도 하나의 꽃장식처럼 그를 더욱 돋보이게 했다. 조금 한가한 틈을 타서 나는 그에게 슬쩍 물었다.

"이 의원. 친구 좋다는 게 뭔가? 출세 비결이나 좀 가르쳐 주게."
나의 엉뚱한 질문에 그는 파안대소하며 말했다.
"자네같이 소심한 친구가 특별한 비결을 들었다고 해서 실천할 수 있을까?"
"노력이라도 해보자는 게지."
"그럼 몇 가지만 들려주지. 우선 뱃가죽을 키우게. 뱃가죽이 두둑해야 배짱이 생기고 배짱이 생겨야 큰일을 해내는 거야. 내 뱃가죽을 한번 보란 말일세. 식칼로 콱- 찔러 보라고. 칼끝이 들어갈 것 같은가?"
그의 당당하고 자신 있는 목소리는 상대편의 기를 죽이기에 충분했다.
"다음엔 원대한 계획이 있어야지. 먼 장래를 내다보는 계획 말일세. 내가 봉사단체인 '꿀벌회'를 만들었을 때 자네는 비웃었지. 정력과 금전의 낭비라고…. 하지만 어떤가? 이번 선거에서 그들의 역할이 얼마나 컸던가 말이야?"
하긴 그 '꿀벌회'로 인하여 그는 3.1문화상 봉사부문 대상까지 받았고 그것이 그가 정계로 진출하는데 큰 발판이 되었지 않은가.
"그럼 미인 아내를 얻은 것도 그런 계획의 일환인가?"
내가 농담삼아 빈정대자
"물론이지. 이 친구야."
하고 그는 즉석에서 받아넘겼다.
"콧대 높은 미인이 우리의 잠자리에 무슨 필요가 있나. 안 그래? 그건 다만 장식용일 뿐이지."
그러다가 그는 문득 목청을 낮추어 속삭이듯 말했다.
"저기 저쪽 벽 모퉁이에 서 있는 저 여자 보이나? 저 작고 까무잡잡한 계집애 말이네?"

"저 대학생 말인가?"

"대학생 같아 보이지. 그게 진짜 내 잠자리 깔치란 말일세. 여자란 섬세하고 고분고분해야 제맛이지."

"작다고 고분고분하나?"

"허, 아직도 못 알아듣는군. 저 깔치는 내가 주는 돈이 필요한 것일세. 집안이 어렵거든. 모이를 주듯 조금씩 돈을 주면서 길들여 놓은 거란 말일세."

벽 모퉁이의 여자는 우리의 시선을 의식하고는 애써 미소를 지었다.

"저처럼 계집애는 웃고 싶지 않을 때도 웃도록 길들여 놓아야 하는 거야. 자네 할 수 있겠나?"

나는 정우 군의 말에 더욱 기가 죽었다. 월급봉투에서 쥐꼬리만한 월급액수를 몇 번씩이나 다시 헤아리는 아내의 모습이 떠올랐다. 아내가 돈을 헤아리고 또 헤아릴 때마다 돈의 액수는 자꾸만 줄어드는 것 같았고, 그래서 아내의 이마에는 짙은 고랑이 패였다. 그리하여 죄스러워진 남편의 몸은 자꾸만 졸아붙어서 콩알처럼, 팥알처럼 작게 오그라들던 것을.

사람은 태어날 때부터 어떤 계층의 신분으로 살아가도록 예정되었다는 누군가의 말이 새삼 실감되었다. 정우야말로 거인으로 살아가도록 태어난 것이 틀림없어 보였다.

나는 이정우 군이 초대한 국회의원 당선 축하 파티에 다녀온 뒤로 일주일이나 심하게 배를 앓았다. 다른 친구녀석들도 비슷한 쇼크를 받았던지 그 화려한 파티에 대해서 말을 꺼내는 사람은 아무도 없었다. 그러던 얼마 후였다.

이정우 군이 병원에 입원했다는 소식이 들려왔다. 그것은 매우 갑작스럽고 의외의 소식이어서 얼른 믿어지지 않았다. 그는 늘

헬스클럽에 다니며 육체미를 다듬어 왔고 지금껏 한 번도 앓아본 적이 없는 친구였다. 그런데 입원까지 했다니 말이다. 나는 긴가민가 의심하면서 정우 군이 입원했다는 병실을 찾아갔다. 마침 정우 혼자서 입원실에 누워 있었다.

"아니 어떻게 된 건가?"

나는 놀라서 그렇게 물었다. 그의 모습은 몰라볼 정도로 초췌했다. 두어 달 사이에 이처럼 달라질 수 있을까? 그의 육중한 체격은 간 곳 없고 뼈마디만 앙상했다.

"암이라는군."

정우 군은 한참 만에 체념한 목소리로 말했다.

"암이라니?"

"위암이지. 그동안 지나치게 몸을 혹사했던 모양이라."

정우 군이 들려주는 얘기로는 그가 뱃속의 이상을 느낀 것은 겨우 한달 전이라고 했다. 평소 건강에는 자신이 있었던 터라 약간 이상한 느낌이 있어도 그냥 잊고 지나쳤는데 이번엔 아무래도 느낌이 좋지 않더라는 것이다. 그래서 병원에 와서 진찰을 받아 보니 암 증세더라는 것이다. 부랴부랴 정밀진찰을 했는데 이미 손대 볼 수도 없을 정도의 결과가 나왔다는 것이었다.

"그래. 수술도 못할 정도란 말인가?"

나의 물음에 정우 군은 머리를 끄덕였다. 이미 의사마저 포기한 터였음으로 그는 곧 퇴원수속을 밟고 있다고 말했다. 기막히고 딱한 심정이 되어서 우두커니 앉았다가 돌아오려는데 그가 내게 손을 내밀었다.

"자네한테 사과하고 싶군."

"사과라니?"

"전번에 지나치게 큰소리친 것이 생각나서 말이네. 하나님이 빨리 데려가려고 급히 휘몰아쳐 일을 맡긴 것을 깨닫지 못하고."

그는 한참 말을 쉬었다가 다시 말했다.

"작은 집에서, 여러 자식새끼들과 돈 걱정하며 가난하게 살아가던 생활. 그 평범한 작은 생활이 문득 그리워지는군. 예전에 내가 부모님 모시고 살았던 그 생활 말이야. 그게 행복한 참된 가치 있는 생활이 아닐까 하는 생각도 들고…. 그 동안 뭔가를 굉장히 많이 얻고 있다고 믿던 그 순간에도 사실은 금싸라기같이 가치있는 것들이 손가락 틈새로 새어나가는 모래처럼 그렇게 달아나고 있었음을 깨닫지 못했던 것 같기도 하고."

나는 죽어가고 있는 친구의 유령 같은 모습을 보면서 우리의 생활에서 금싸라기같이 가치있는 것들이 무엇인지를 곰곰이 생각해 보고 있었다. 그가 말하는 평범하고 작은 생활들에 대해서.

새로운 가족

얼마 전에 아내는 독서실에 간 딸아이를 기다리다가 강도를 만났다. 집으로 오는 골목길이 어둡고 으슥해서 딸을 마중 나갔던 것인데 봉고차를 몰고온 강도가 칼을 들이대었다. 아내는 큰길까지 끌려갔다가 강도가 봉고차의 문을 열려고 잠시 한눈을 파는 동안 도망을 쳤다. 강도가 칼을 빼들고 뒤쫓아왔는데, 아내가 사람 살리라고 비명을 지르며 달리다가 돌멩이에 걸려 넘어지고 말았다. 강도가 칼을 치켜들고 막 찌르려는 순간에 비명소리를 들은 이웃집에서 외등의 스위치를 올렸다. 갑자기 주위가 환히 밝아지는 바람에 놀란 강도가 그냥 달아나서 봉변을 면할 수 있었다고 했다.

그런 일을 당하고부터 아내는 온통 무서워했다. 밤에는 사람의 그림자만 보고도 화들짝 놀랐다. 어디서 중얼거리는 사람의 목소리만 들려도 놀라고, 한낮에 큰길을 지나치는 봉고차만 보아도 얼굴이 새파래졌다. 날이 어두워지면 문밖 출입을 전혀 못했다. 사람이 무섭다고 했다. 집이 싫다고 했다. 그래서 집을 팔려고 서둘러 내놓기까지 했다.

그런 아내를 위해서 아이들이 친구집에서 발발이 한 마리를 데려왔다. 혼자 집에 있을 때 발발이와 같이 있으면 그나마 위안이 될까 싶어서였다. 아내는 원래 개를 좋아했다. 그런데 개가 털갈이를 하게 되면 털이 온통 사방으로 날리게 되니 자식들에게 병이라도 옮길까 염려하여 개를 키울 엄두를 내지 못했다. 그런데 애들이 개를 데려오니 못 이기는 척 받아들인 것이다.

그렇게 해서 키우게 된 발발이는 온통 집안의 귀염둥이가 되었다. 숫놈이라 이름도 '돌이'라고 했다. 모두들 우리집 '막내'라고 말한다. 아주 재롱둥이다. 돌이는 심심할 때면 공을 물고 와서는 같이 놀자고 조른다. 공을 받아서 벽에 튕겨 주면 돌이는 공중 높이 뛰어올라 잽싸게 공을 가로챈다. 그런 재미에 애들은 숙제도 잊고 돌이와 놀게 된다.

돌이도 자기가 귀여움을 받고 있다는 것을 알고 있다. 그래서 제일 푹신하고 좋은 소파를 얼른 차지하곤 한다. 돌이를 소파에서 내려오라고 하는 사람은 아무도 없다. 돌이는 잠잘 때에도 자기가 원하는 사람의 이불 속으로 들어간다. 아이들 이불 속으로 기어들거나 아니면 아내의 이불을 들치고 들어온다. 어쩌다 문이 닫혀 있으면 문을 열어 달라고 똑똑 두들긴다. 사람이 노크하는 것처럼 그렇게 두들기면 모두들 반겨서 문을 열어 준다.

"우리 막내 왔구나."
"돌이가 오늘은 네 곁에서 잠자고 싶은 모양이지?"
어쩌다가 아이들이 깊이 잠들어서 돌이의 노크 소리를 듣지 못하게 되면 아내가 대신 문을 열어 준다.
"돌이가 내 곁에서 자고 싶은 모양이다."
"돌이를 문밖에 세워두어서야 쓰겠니?"

그렇게 돌이와의 생활이 익숙해질 무렵에 생각지도 않게 집이 팔리게 되었다. 그리고 아파트로 이사를 하게 되었다. 아파트에서는 개를 키우지 못하게 되어 있다. 그러니 돌이를 아파트로 데리고 갈 수는 없고 그렇다고 아무렇게 버릴 수도 없는 일이었다. 그동안 제법 정이 들었다. 생각다 못해서 새로 이사 오는 주인에게 맡기고 아이들이 찾아와 보살피기로 했다. 새로 이사 오는 주인도 개를 좋아하니 그렇게 하라고 했다.

그런데 이사를 하고 나서 다음 날 새 주인에게서 전화가 왔다. 돌이가 주는 음식을 전혀 먹지 않는다는 것이다. 마당 안으로 들어오려고도 않고 문밖에서 이제나저제나 옛 주인이 나타나기만을 기다린다는 것이다. 밤새도록 그런 모양으로 기다리는 모습이 너무나도 안쓰러워서 전화를 하였다는 것이다.
아이들이 학교를 파하고 달려가니 돌이는 와락 달려들어서 조금도 떨어지려고 하지 않았다. 낑낑거리며 그동안 찾아주지 않은데 대하여 원망하는 표정이 역력했다. 아이들이 과자를 사주면서 놀아주다가 집으로 돌아오려고 하니 돌이도 한사코 따라왔다. 골목길을 이리 돌고 저리 돌다가 지나가는 버스에 얼른 올라탔다. 돌이가 낑낑대며 주인을 찾아 헤매는 모습이 보였다. 그렇게 아이들이 돌이의 동무가 되어 주기를 여러 번 되풀이하던 어느 날이었다. 저녁밥을 먹고 있는데 어디에서 개짖는 소리가 컹컹 들려왔다. 아내가 지나가는 말처럼 말했다.
"우리 돌이 목소리 같은데…"
아이들이 창밖으로 내다보더니 진짜 돌이라고 말한다. 돌이가 아파트를 올려다보고 컹컹 짖고 있다는 것이다.
"돌이야. 우리 돌이라고."
"돌이가 어찌 알고 이리로 왔다는 말이냐?"
아내는 믿으려 하지 않았다. 아이들이 신발도 제대로 꿰지 못하고 밖으로 달려갔다. 그러자 돌이가 아이들의 가슴팍으로 달려들었다. 아이들이 돌이를 안고 방으로 돌아오자 아내가 놀라서 말했습니다.
"어쩌면. 정말 돌이로구나. 그 집에서 여기가 십리도 넘을 텐데."
돌이가 낑낑거리며 아내의 가슴을 파고들었다.
"어이구. 내 새끼. 우리 막내. 여긴 어찌 알고 찾았니?"

아내가 기뻐서 어쩔 줄을 몰랐다. 아이들도 마찬가지다. 개에 대해서 무덤덤한 편이었지만 나도 그놈이 참 대견하다는 생각을 하지 않을 수 없었다.

"허, 그놈. 대단한데. 알려주지 않은 집을 혼자서 찾아내다니."

그리하여 돌이는 다시 우리와 합치게 되었다. 아파트 사람들의 눈을 피하기 위해서 낮에는 방안에 갇혀 있다가 밤이 되면 몰래 데리고 나갔다. 개도 하루에 한 번은 오줌을 누어야 하니까. 밖으로 나갈 때는 목줄로 묶어서 나가지만 일단 밖으로 나가면 풀어주었다.

처음에 돌이는 주인과 같이 있게 된 것만이 기뻐서 좀체로 떨어지려고 하지 않았다. 그러나 시간이 지나고 이곳 생활에도 익숙해지기 시작하자 차츰 제멋대로 돌아다니는 시간이 길어지게 되었다. 어떨 때는 마냥 밖에서 기다릴 수만도 없어서 집으로 그냥 돌아오면 뒤늦게 나타나서 아파트를 쳐다보고 컹컹 짖어댄다. 자기가 나타났으니 데려가라는 신호다. 그러니 자연히 아파트 주민들에게도 돌이의 정체가 드러나게 되고 말았다. 주민들의 여론이 들끓게 되었다.

"아파트에서는 개를 키우지 못하게 되어 있습니다."

"주먹만큼 작은 개도 아니요. 제법 큰 발발이입니다. 거기에다 사람을 보면 짖기까지 합니다. 어서 신고를 하세요."

아파트에서 개를 키운 사실이 드러나면 벌금 2백만 원을 물게 되고 개는 잡혀간단다.

"염치가 있어야지요. 개인주택도 아니고 여러 사람이 함께 사는 아파트가 아닙니까? 너도나도 개를 키우려 든다면 아파트는 아예 개의 집이 되겠지요."

아파트의 주민들이 반장을 통하여 항의를 하였다. 통장을 통해서도 경고를 보내왔다. 그러나 천신만고 끝에 찾아온 돌이를 어찌할 것인가? 아이들이 단독주택으로 이사 가자고 졸랐다.

"아파트를 팔고 단독주택으로 다시 이사 가요."

"집이란 게 그렇게 금방 팔리냐?"

"그럼, 우선 전셋집으로라도 나가요."

"허. 이사란 게 그리 쉬운 게 아니란다."

"그럼 어떻게 해요. 돌이 생각도 해야지요."

"허 참, 개 한 마리 때문에 큰 걱정이구나."

돌이는 이제 집안에 큰 걱정거리가 되었다. 돌이는 그런 줄도 모르고 더욱 신나게 뛰어논다. 한 번 밖으로 나가면 아파트 단지를 온통 휘젓고 다닌다. 돌이가 짖을까 보아 온 식구가 나가서 돌이를 맞이할 준비를 한다. 온 식구가 그처럼 열심히 노력했기 때문인지 주민들의 거센 항의도 조금 누그러들었다. 어쩌면 집을 팔지 않아도 그런대로 넘기게 될런지도 모른다는 생각마저 들게 되었다.

그런데 어느 날 돌이의 행적이 묘연해졌다. 처음엔 금방 돌아오겠거니 여기었지만 며칠이 지나도 종적을 찾을 길이 없었다. 모두가 돌이를 찾아 나섰다. 그러나 허탕이었다. 돌이가 없어진 아파트는 너무나 적적했다. 식구들이 모두 풀이 죽었다. 평소 돌이가 좋아하던 소파가 텅 비어 보였다. 돌이가 자주 들락거리던 방도 텅 빈 것 같았다.

일주일이 지나고 열흘이 지나도 돌이의 소식은 알 길이 없었다. 2주일째 되어 학교 도서관엘 나갔던 딸아이에게서 전화가 왔다. 우연히 인터넷 동물보호소 쪽 사이트에 들어갔다가 돌이와 비슷한 개를 보았다는 것이다. 서둘러 인터넷 동물보호소 사이트에 들어가서 버려진 개들을 검색하니 얼굴이 반쪽이 된 돌이가 보였다. 자동차 사고를 당한 것 같다고 기록되어 있고, 길거리에 쓰러져 있는 것을 지나가는 행인이 신고를 했다고 기록되어 있었다. 나는 아내와 함께 양주의 산골에 있는 동물보호소를 찾아갔다.

돌이가 틀림없었다. 얼굴 반쪽이 이상하게 찌그러져 있었다. 한쪽 눈에서 진물이 흘렀다. 왼쪽 눈부분이 함몰되어 있는 것으로 보아서 교통사고라기보다 막대기로 심하게 얻어맞은 모습이다. 돌이는 주인을 보고도 눈을 마주치지 않았다. 반갑지만 섭섭한 모양이다. 오랫동안 찾지 않아서라고 생각한 모양이다.

집으로 돌아온 돌이는 며칠 동안 심하게 앓았다. 먹지도 않고 잠만 잤다. 이틀이 지나서야 주인들과 눈을 맞추기 시작했다. 그동안 섭섭했던 마음이 많이 가신 모양이다. 그동안 스트레스로 만들어진 병을 앓고 나을 줄 알았던 돌이가 이번에는 기침을 하기 시작했다. 잠을 자지 못한다. 아무래도 이상해서 동물병원을 찾았다. 동물병원에서 의사는 홍역이라고 진단했다. 동물보호소에 수용되어 있는 동안 다른 개로부터 홍역이 전염된 모양이다. 의사는 머리를 절래절래 흔들었다.

"개의 홍역은 사람과 달라서 낫는 경우가 거의 없습니다."

"그러면 어떻게 하지요?"

"안락사를 시키는 게 좋습니다. 개가 앓는 모양이 너무 애처로워서 그냥 볼 수가 없거든요. 흔히들 안락사를 시킵니다."

"차마 그럴 수 없습니다. 우선 입원시켜서 치료해 주세요."

"입원비도 만만치 않습니다. 하루에 5만원이거든요. 거기에다 다른 개에게 병이 옮길지 모르니 격리를 시켜야 합니다. 그런데 우리 병원은 격리시킬 시설도 없습니다."

하는 수 없이 우리는 매일 개를 병원으로 데려가기로 했다.

그런데 하루가 지날수록 돌이의 기운은 더욱 쇠잔해지고 3일째부터는 아무것도 먹지 않았다. 그냥 소파에 널부러져서 끙끙 앓기만 한다. 헝겊조각처럼 널부러진 모습이 너무나 불쌍하다. 그러나 다른 방법이 없었다. 의사의 말대로 안락사시키는 게 어떠냐는 내 물음에 가족들 모두가 반대다.

동물병원에서는 링거주사를 꽂아주었다. 먹지를 못하니 그렇게라도 영양 공급을 해야 한다는 것이다. 개는 바짝 마르고 가죽만 남았다. 안아보면 헝겊 조각처럼 부피가 느껴지지 않았다. 집안이 온통 우울하다. 그런데 딸애가 어디서 들은 소식이라며 개의 홍역만을 전문적으로 치료하는 병원이 있다는 것이다. 사방 수소문해 본 결과 길동역 부근의 동물병원이란 걸 알게 되었다. 급히 차에 태워서 그리로 갔다. 그곳은 버려진 개들을 집중적으로 치료해 주는 병원인데 거기에서 개의 치료를 맡아주겠다고 했다. 그래서 그 병원에 돌이를 입원시켰다.

일주일 후에 병원의 연락을 받고 찾아가니 개는 여전히 링거병을 등에 달고 있었다. 그러나 눈의 총기가 조금 살아나고 있었다. 의사는 이번 주가 고비라고, 이번 주의 고비를 넘기면 살 수 있을지도 모르겠다고 말했다. 일주일이 지나서 다시 찾아갔다. 개의 눈에 훨씬 총기가 살아났다. 의사는 고비를 넘겼다고 했다. 그렇다고 완전히 살아난 것은 아니라고 했다. 그런데 더욱 나쁜 것은 검사 결과 심장에 사상충이라는 기생충에 감염되어 있다는 것이다. 그것은 홍역보다 더욱 고치기 어려운 병이란다. 의사가 위로조로 말했다.

"어려운 홍역을 이겨낸 놈이니 사상충도 이겨내겠지요."

사상충 치료는 기생충이 심장에 기생하고 있기 때문에 척추주사를 놓아서 심장에 붙은 기생충을 제거해야 한다는 것이다. 개의 엉덩이 털이 빡빡 밀어졌다. 그리고 꼬리뼈에 가까운 쪽의 척추에 바늘구멍이 큰 주사로 사상충 제거 약물 주사를 맞아야 했다.

또 일주일이 지났다. 개의 원기가 조금씩 살아났다. 주인이 방문해도 좋다는 허락을 받고 찾아가니 돌이는 그동안 자주 찾아와 준 딸애에게만 꼬리를 칠뿐 나와 아내는 본 척도 않는다. 반갑다고 안아주고 쓰다듬어 주어도 꼬리를 흔들지 않았다. 시선이 부딪치면 얼른 시선을 비킬 정도였다.

"어쩜. 그러냐? 섭섭하다고 눈도 마주치지 않으니 말이다"

그렇게 또 일주일이 지나서 마침내 퇴원해도 좋다는 허락이 떨어졌다.

"백만 원도 넘게 잡아먹은 놈이다. 제 몸값은 만원도 안 되는데."

"그래도 살아났으니 다행이다. 어이구 내 새끼."

아내는 돌이를 막내처럼 여겨 뽀뽀도 한다. 우유에 커피도 타 준다. 앓고 난 다음이라 입성이 까다롭다. 그 비위를 모두 맞추어 준다. 큰 병을 앓고 난 다음이라서 그런지 돌이는 전보다 어른스럽다. 그러나 제 버릇 남 주지 못한다고 여전히 만만해 보이는 아이들이나 노인을 만나면 껑충 뛰어올라 놀래킨다. 다른 개들을 만나도 그냥 지나치는 법이 없다. 반드시 찾아가서 킁킁거리며 입맞춤을 한다. 그래서 개를 가진 사람들은 모두 돌이를 안다.

"오늘 돌이가 안 보이네요."

"벌써 산책 끝냈나요?"

돌이 때문에 우리 가족이 모두 알려질 정도다. 홍역도 이겨내고 사상충 병에도 이겨낸 돌이는 이제 매우 밝아져서 꾀돌이란 별명과 장난꾸러기란 별명을 함께 갖고 있다. 돌이 때문에 우리

집은 화목하고 즐겁다. 언제나 화제가 풍부하다. 나도 직장에서 돌아오시면 돌이 안부부터 묻게 된다.

"오늘은 돌이가 말썽을 부리지 않았던가?"

그러면 아내는 돌이 흉을 보기 시작한다.

"그놈이요, 내 양말 한 짝을 찢어 놓았네요. 내가 양말 신은 꼴을 보지 못해요. 그냥 달려들어서 벗기려 들지요."

"개 사료는 떨어지지 않았소?"

"사료를 먹나요? 커피를 달라지요. 커피도 우유를 타 주어야 하고요. 또 따끈따끈해야 먹는다니까요. 오늘따라 밥을 달라기에 김에다 싸주었지요. 김밥만 먹거든요. 빵도 내가 입에 넣어서 씹어주는 것만 받아먹고요. 그냥은 먹지 않아요. 갓난아기 시늉을 한다니까요. 아직 손자가 없으니 제가 대신 하자는 거지요."

아내의 돌이 이야기는 끝이 없다.

"한번은요, 내 휴대전화에서 시간을 알리는 차임벨 소리가 들리니 말예요. 돌이도 따라서 노래를 부르는 거예요. TV에서 어느 절간의 개들이 주지스님의 피리에 맞추어 노래 부른다는 뉴스는 보았지만요. 돌이가 그러더라고요. 그러니 돌이는 '노래 부르는 개'가 된 거지요. 한번은요, 밖에 나갔다 와서 소시지 하나를 주었지요. 하나를 더 달라고 조르는 것을 묵살하고 말았는데 한참 후에 이놈이 갑자기 컹컹 짖으며 달려들겠지요. 알고보니 소시지 한 개 더 안준 게 섭섭했던 거죠. 한참 생각해보고 나서 화가 난다고 짖는 개라고요. '생각할 줄 아는 개'라니까요."

아내의 말을 어디까지 믿어야 할지 모르지만 아무튼 돌이 때문에 우리 집안은 늘 훈훈한 봄바람이 분다. 돌이가 늘 재미있는 이야기거리를 몰고 다녀서다. 돌이는 어떨 때는 내 베개를 빼앗아 베고 잔다. 함께 자다가 불편해서 깨어보면 돌이가 나를 밀쳐

내고 제가 대신 베개를 베고 코를 골며 잔다. 어쩔 수 없이 나는 다른 베개를 찾아야 한다. 비록 하찮은 강아지이지만 정을 붙이니 더없이 사랑스럽다. 돌이는 이제 새로 생긴 우리의 가족이다. 우리 가족 모두를 행복하게 만드는 집안의 보배다.

작은 고추

스승의 날을 전후해서 옛 제자들로부터 전화를 받는 일이 흔히 있다. 그동안 잊고 살다가도 막상 스승의 날이 되면 아련한 꿈처럼 과거의 학창시절이 떠오르기 때문일 것이다. 그 날도 그랬다. 수화기를 들자 조용한 어조의 여자 목소리가 들려왔다.

"선생님 강동초등학교 육학년이던 작은 고추를 아십니까?"

뜬금없는 질문에 나는 어안이 벙벙해지지 않을 수 없었다.

"선생님께서 저를 만나보시면 누군지 아실 것입니다."

약속장소에 나가니 문 앞에 지켜 섰던 키 작은 여인이 내게 다가와 인사를 했다.

"제가 바로 작은 고추 손명옥입니다."

"아, 네가 바로 예전의 그 명옥이란 말인가?"

그러나 내가 알던 명옥은 이런 얼굴이 아니었다. 나는 그녀의 얼굴을 잠시도 잊은 적이 없다. 예전의 명옥은 빨간 방한복 같은 털옷을 입고 있었다. 작은 키에 눈만 동그랬다. 그녀는 학급 반장이었지만 허약한 그녀에게는 너무나 힘든 임무였다. 그래서 나에게 야단을 들을 때마다 눈물을 글썽였다. 그런 명옥이 우아한 중년여인의 모습이 되어 내 앞에 나타난 것이다. 가만히 돌이켜 생각하니 그녀는 가끔 학교를 방문하는 그녀 어머니의 모습에 더 가까웠다. 다방에 자리를 잡기 무섭게 그녀가 말했다.

"선생님. 벌써 30년의 세월이 지났습니다."

듣고 보니 그랬다. 우리는 30년만의 해후였다.

"그동안 친구들이 선생님을 퍽도 보고 싶어했습니다."

"나도 그랬다. 너희들을 만나는 꿈을 여러 번이나 꾸었지"

나는 오랜 꿈을 꾸듯 말했다. 정말 꿈을 꾸는 기분이었다. 그동안 많은 제자들을 만났지만 이상하게도 강동초등학교의 6학년이던 이들 중의 어느 누구와도 소식이 닿지 않았다. 나는 스스로를 자책하기도 했다. 어린 그녀들에게 너무 혹독하게 대한 대가가 아니더냐? 사실 나는 이들을 무섭게 다루었다.

당시는 중학교 입학시험이 치열한 때였다. 수십 종의 교과서를 달달 외우게 하는 것이 당시의 학습방법이었다. 잘 외우지 못하는 학생에게는 매질도 서슴지 않았다. 학교 당국도 그것을 원했고 학부형도 그것을 원했다. 중학교 입학 여부에 사활을 걸기라도 한 듯한 것이 당시 6학년 진학반의 분위기였다.

내가 그 학교에 처음 부임해서 6학년 여자반을 맡게 되자 이 학교에 먼저 부임해 있던 친구가 말했다.

"그 애들은 5학년 때 담임이 세 번이나 바뀌었다. 그리고 마지막 담임은 회계를 맡은 분이어서 학생들을 돌볼 기회가 전혀 없었다. 그러다 보니 실력이 말이 아니다. 그걸 알고 있는 아무도 그 학급을 맡고 싶어하지 않는다. 그래서 새로 부임한 네게 맡기려는 것인데 너도 통근 핑계가 있으니 맡지 않도록 해라"

친구가 말하는 통근 핑계라는 것은 이곳이 교외의 변두리여서 내 집이 있는 도심지에서 통근하기가 쉽지 않았기 때문이다. 6학년은 대체로 통근하지 않는 사람에게 차례가 가게 되는데 모두 그 반을 맡지 않겠다고 해서 나에게까지 차례가 온 것이다. 나는 즉시로 교장을 뵙고 통근해야 하는 내 입장을 설명했다. 그러나 교장은 이미 결정된 사항이라서 뒤늦게 바꿀 수는 없다고 고집했다.

3월 말이 되어 첫 월말고사 시험을 보았다. 산수시험이었는데 학급 평균이 23점이었다. 같은 시험문제로 시험을 친 남자반은 48점이었다. 나의 눈에 불이 일지 않을 수 없었다. 나는 학생들을 집합시켜 냇가로 끌고 갔다.

"똑같은 시험지로 시험을 쳤는데도 우리 반은 남학생과 비교하여 학급 평균이 절반에도 미치지 못한다. 나는 지금껏 이런 시험 결과가 있다는 말을 들은 적이 없다. 나는 이런 결과에 대해서 책임을 느끼지 않을 수 없다. 내가 못 가르친 결과라고 내 자신 반성한다. 그러니 벌을 받아야 할 사람은 너희가 아니라 내 자신이다. 이 채찍으로 너희들이 나를 때리도록 해라."

나는 준비한 채찍을 학생들 손에 쥐어 주었다. 그리고 차례로 내 손바닥을 때리도록 강요했다. 차마 때리기 어려워 가볍게 때리는 시늉을 한 학생에게는 그 채찍을 빼앗아 그들의 손바닥을 무섭게 내려쳤다.

"이렇게 아프게 때려라. 그렇지 않으면 본보기로 나는 더욱 세게 너를 때릴 것이다."

그렇게 되니 학생들도 방법이 없었다. 학생들은 울면서 내 손바닥을 때렸다. 50여명의 학생들로부터 매를 맞은 나의 손바닥은 무섭게 부풀어 올랐다. 학생들이 떠나간 냇가에 나는 한참 동안 혼자 있었다. 슬픔 같은 것이 가슴을 치받았다. 기어코 해내고 말리라. 나는 그렇게 마음을 다잡았다.

다음날부터 학생들을 무섭게 다잡기 시작했다. 학생들은 여섯 시면 학교에 와 있어야 했다. 집이 먼 학생들은 학교 주변에서 하숙을 하거나 자취를 하도록 강요했다. 내 자신도 숙직실에서 잠을 잤다. 아버지의 제삿날도 잊을 정도였다. 그야말로 한판의 전쟁을 치르기라도 하는 듯이 각오가 대단했고 어떻게 보면 살벌하기조차 했다. 그렇게 하여 중학교 입학시험에 소기의 목표를 달성할 수 있긴 했지만 그게 어디 교사의 할 짓이던가?
 "그런데 네가 '작은 고추'란 별명을 지닌 줄은 몰랐다."
 "제가 전교 회장에 나서게 되었을 때 선생님께서 써준 원고에 그런 말이 있었습니다. '작은 고추가 맵다고 합니다. 비록 제 키가 작고 연약하지만 저는 누구보다도 학교의 일을 잘해 낼 것입니다' 하는 내용이었지요. 전교생들이 그 말에 모두 웃었습니다. 그 후부터 제 별명이 '작은 고추'가 된 것이지요. 선생님께서 지어주신 셈입니다."
 "참, 네가 전교 회장이었지?"
 "역대 회장 중에서 여자로선 처음이라고 합니다. 선생님 덕분이었습니다."
 명옥은 그렇게 말하며 잔잔하게 웃었다. 그랬었지. 명옥의 말을 듣고 보니 떠오르는 것이 있었다. 명옥은 학급 반장도 버거워하던 처지였음으로 전교 회장 같은 것은 안중에도 없었다. 그러나 목표 지향적인 나의 성격으로 투표도 없이 남학생에게 회장 자리를 그냥 넘겨줄 수는 없는 일이었다. 나는 소견 발표 원고를 작성하는 한편 선거운동을 조직적으로 할 수 있도록 여러 방안을 마련했다. 그리고 그 결과로 아무도 예상하지 못한 승리를 가져올 수 있었던 것이다.
 명옥은 그런 모든 것들을 떠올리며 웃고 있는 것이다. 그녀의 웃는 입매에서도 그녀의 어머니 모습이 덩두렷이 떠올랐다. 나는 자꾸만 머리에 혼란이 일었다. 30년 전의 명옥이와 지금의 그녀 중에서 어느 것이 진짜 명옥인지 가릴 수가 없었기 때문이었다.
 "선생님은 그 길로 학교를 그만두셨지요."
 "그랬었지."
 졸업식날이었다. 사은회 중에 학부형들이 말했다.

"선생님은 가정방문을 한 번도 하지 않았습니다."

"저도 하고 싶었습니다. 하지만 학부형께 폐를 끼치지나 않을까 걱정이 되었지요."

"그렇지만 학생들이 어떻게 사는지 궁금하지도 않으셨습니까?"

학부형들의 그런 항의는 매우 진심에서 우러나온 것이었다.

"그럼 기왕에 말이 나왔으니 오늘 밤새도록 한 번 돌아볼 것입니다."

아마도 술 기분에 그런 말을 했던 것 같다. 그런데 술김에 나는 그런 나의 말을 실천하고자 했다. 사은회가 끝나자 곧 가정방문에 나섰다. 마침 정월대보름 전후여서 집집마다 술이 있었다. 나는 한 집에서 술 한 사발을 대접받고는 곧장 다른 집으로 향했다. 아마 이십여 집 돌았으리라. 그리고 나는 쓰러지고 말았다.

아침에 일어나 보니 심산유곡의 어느 지점에 있었다. 태백산맥의 능선들이 바로 코앞에 있었다. 눈이 쌓인 골짜기로 매운바람이 몰아쳤다. 이 멀고 험한 산골에서마저 학교엘 통학한 학생이 있었구나. 그러자 문득 명옥의 얼굴이 떠올랐다. 내게 집을 비워주고 가족이 모두 이웃 어디엔가로 비켜간 이 집이 바로 그녀의 집이었던 것이다. 그래서 자주 지각했던 모양이구나. 지각한 학생을 엄벌하기로 한 약속대로 나는 사정없이 그녀의 손바닥을 때렸다. 그러나 그녀는 한 번도 변명한 적이 없었다. 수 십리 먼 길을 통학해야 하는 그녀의 입장을 나는 상상도 할 수 없었다. 나는 비정한 나 자신에게 치를 떨었다. 너 같은 놈은 교사의 자격이 없다. 그 어린 학생이 결석하지 않고 학교에 다니는 사실만으로도 너는 칭찬을 아끼지 말았어야 할 일이 아니던가.

꼭 그 일 때문만은 아니었지만 아무튼 나는 교사로서 나 자신에게 심한 회의를 느꼈다. 그리고 마침내 사표를 내고 말았다.

"선생님. 저도 요즈음 초등학교 교사로 근무하고 있습니다. 예전 선생님의 그 열정을 떠올릴 때마다 선생님의 반만큼이나마 할 수 있었으면 하고 반성이 됩니다."

"나는 그때를 떠올릴 때마다 부끄럽기 그지없다."

"아닙니다. 저는 환경이 참을 수 없을 만큼 어려울 때에도 '너는 작은 고추다' 선생님이 그렇게 별명 지어주시지 않았던가 하고 저를 추스렸습니다. 때로는 '너는 전교 회장이 아니더냐? 그런 네가 이만쯤의 일에 좌절해서 되겠느냐' 하고 다잡기도 했습니다. 이 모두가 선생님의 은혜입니다."

"하지만 넌 나 때문에 퍽도 많이 울지 않았더냐?"

학급을 혹독하게 다잡다 보니 반장의 고통이 그만큼 컸던 것이다.

"그런 덕택으로 세상살이에서는 울지 않았습니다."

나는 명옥을 다시 바라보았다. 훌륭하지 못한 스승 밑에서도 이처럼 훌륭한 제자가 나올 수 있다는 것이 도무지 믿어지지 않았다.

황 교장과 깡패 두목

시골 초등학교 운동회는 온 마을의 잔칫날이다. 그래서 학생들은 가을이 되기도 전부터 운동회를 기다렸다. 어른들도 다르지 않았다. 그들도 십 년 전 또는 이십 년 전 초등학교 시절의 먼 운동회의 추억 때문에 아이들이나 다름없이 들뜬 기대 속에 운동회를 기다리는 것이다.

그러다 보니 선생님들도 운동회가 가까워지면 정신없이 바빠지기 마련이었다. 학부형들의 기대에 부응할 수 있도록 여러 가지 다채로운 프로그램을 마련해야 하기 때문이었다. 여학생들은 무용연습에 바쁘고 남학생들도 덤블링 연습이다 기마전 연습이다 하여 바쁘기만 했다. 남녀가 같이하는 것으로는 매스게임이나 농악놀이 등이 있었다.

그러나 정작 어른들의 관심은 마을 대항 릴레이와 마라톤 경주에 있었다. 마을 대항 릴레이는 마을의 자존심이 걸린 것이고 마라톤은 개인적 영웅의 탄생을 가져오기 때문이다. 운동회가 가까워지면 사람들은 제각기 마을 대항 릴레이에서 우승할 마을을 예상하거나 장거리 마라톤에서 누가 우승할 것인지를 두고 내기를 걸기도 했다.

"이번 마을 대항 릴레이는 후평리가 일등일 게다. 작년에도 그들이 우승기를 가져가지 않았남?"

"웬걸, 월송리도 만만찮을걸. 군대갔던 덕출이가 제대하고 돌아왔으니 말이네. 그늠아는 군대에서도 선수였다는 소문인데."

마을 대항 릴레이는 후평리와 월송리가 단연 선두였다. 그러나 마라톤에 이르러서는 의견이 구구했다.

"재대로 하면야 덕출이가 단연 선두일 테지."

"그늠아는 단거리 선수가 아닌감. 제대로 하면야 윤석이가 일등감이네."

이런 구구한 의견 중에서도 으레 '제대로 하면야'가 덧붙었는데 그게 그럴만한 이유가 있었다. 읍내의 깡패들이 마라톤에 참여하고부터는 상황이 전혀 다르게 전개되었기 때문이다. 그들은 앞서가는 자를 협박해서 기권하게 하거나 심지어는 마라톤 코스의 중간에서 자전거를 타거나 아니면 반환점을 제대로 돌지 않거나 하는 방법으로 선두를 조작했다. 그러나 그런 사실을 알고 있어도 그들에게 감히 항의할 수 있는 사람이 없었다.

그 해에도 그랬다. 마라톤을 주관하게 된 나는 새로 부임한 교장선생님께 그동안 있었던 여러 사례를 설명하고 마라톤 경기를 없애는 것이 어떻겠느냐고 건의했다.

"운동경기는 페어플레이의 정신이 생명입니다. 그런데 등수가 조작되는 것을 알면서도 그런 경기를 해야 할 필요성은 없다고 봅니다."

대부분의 교사들도 내 의견에 동조했다. 황 교장은 한참 생각하는 표정이더니 달래듯 말했다.

"마라톤은 운동회의 꽃이 아닙니까?"

"그렇지요."

"지금껏 제법 오랫동안 선생노릇을 했지만 마라톤이 없는 운동회가 있다는 말은 들은 적이 없소."

"교장선생님께서는 새로 부임하셔서 이곳 형편을 몰라서 그렇습니다. 제대로 한다면야 누가 반대하겠습니까만 깡패들이 참여하고부터는 한 번도 말썽이 되지 않은 경우가 없습니다."

"나도 소문은 듣고 있소. 그러니 예전 그대로 한 번 해봅시다."

황 교장은 그렇게 결론을 내렸다. 그래서 운동회의 프로그램에 마라톤 경기도 그냥 포함되었다. 나는 마라톤 경기를 주관하는 입장이라 아무래도 걱정이 되어 개인적으로 교장선생님을 다시 찾아뵈었다.

"아무래도 마라톤 경기를 없애는 것이 좋겠습니다."

"깡패들이 참여하지 못하게 할 수는 없겠지요?"

"물론입니다."

"판정을 내가 직접 하면 어떨까?"

"그런다고 승복할 자들이 아닙니다."

시골 깡패들이라면 교장선생님의 위엄으로 어떻게 해볼 수 있지만 이번에 주도권을 잡은 자는 서울의 역전에서 굴러먹은 놈들이라 하늘 무서운 줄 모르는 자들이었다. 그중에서도 우두머리는 쌍칼이란 별명을 가진 자인데 온몸에 칼자국이 나 있고 그것을 훈장처럼 들어내며 상대편을 위협했다. 그자의 부모나 친척들은 벼락이라도 내려서 그가 죽어주기만을 바랄 정도로 포악했다. 그래서 이곳 깡패 사회에서 그의 권위는 대단했다.

"나도 예전엔 힘깨나 쓴다는 말을 들었었는데."

황 교장은 그렇게 말하며 씁쓸하게 웃었다. 사실 황 교장은 드물게 보는 거구였다. 그가 유도 5단이었니 7단이었니 하는 소문은 일찍부터 퍼져 있었다. 그러나 이미 쉰에 가까운 나이었다. 인자하기 그지없는 환한 얼굴의 그가 독기를 품은 쌍칼과 힘으로 대척한다는 것은 상상도 못할 일이었다.

"아무튼 일단 해보기로 한 것이니 죽이 되던 밥이 되던 밀어붙여 봅시다."

황 교장은 고집을 꺾지 않았다.

운동회 날이 되었다. 모든 프로그램은 순조롭게 진행되었다. 그리고 마라톤은 마을 대항 릴레이의 직전에 맞추어서 골인되도록 계획이 잡혀 있었다. 마라톤의 영웅이 탄생하고 이어서 릴레이의 우승마을이 결정되는 것으로 운동회는 휘날레가 되는 것이다.

마라톤 경기가 시작되기 전에 황 교장은 주관자인 나를 불러서 단단히 주의를 주었다.

"중간중간에 사람을 놓아서 누가 자전거를 탔는지, 누가 반환점을 돌지 않았는지를 정확하게 보고하도록 하시오. 그리고 판정은 보고를 들은 다음에 내가 직접 내리도록 하겠소."

나는 지시를 받은 대로 중간중간에 감시자를 배치했다. 그런 다음에 마라톤 주자들을 출발시켰다. 쌍칼의 부하들은 모두 다섯 명이 참가한다는 정보가 있었고 실제로 출발선에서 그것은 확인되었다. 쌍칼의 부하들이 입은 유니폼은 모두 눈에 띄는 빨간색이었다. 그러니 그들은 5등까지로 되어 있는 마라톤의 상품을 휩쓸겠다는 의지를 공공연히 드러낸 셈이었다.

그들은 반환점을 돌자마자 길옆에 미리 대기시켜 놓은 자전거에 올라서 씽씽 내달리기 시작했다. 땀을 흘리며 뛰던 선수들이 어이가 없어 그들을 쳐다보았다. 그들은 그런 선수들에게 유유히 손을 흔들어 보이기조차 했다.

내가 보고를 종합하여 운동장으로 돌아오니 골인한 선수들이 한 줄로 늘어서 있었다. 일등부터 4등까지가 빨간 유니폼이었다. 황 교장은 판정을 유보한 채 나를 기다리고 있었다.

"어찌 되었소?"

"반환지점 직후부터 자전거를 타고 달리는 것이 목격되었다고 합니다."

그제야 황 교장은 판결을 내리기 시작했다.
"빨간 유니폼들은 자전거를 타고 왔다는 보고요. 그러니 옆으로 비켜서시오. 그러면 이분이 1등이요. 다음이 2등…."
판결이 내려지자 볼멘 표정으로 서 있던 우승자들이 공중으로 뛰어오르며 환호성을 질렀다. 멀찍이에서 지켜보던 마을사람들이 일제히 만세를 부르며 자기 마을 선수의 우승을 환호했다. 이웃 마을 사람도 박수를 아끼지 않았다. 으레 또 깡패들이 상을 휩쓸겠거니 체념했던 터라 그들을 제외한 공정한 판결에 마음이 후련했던 것이다.
그렇게 판결을 내리고 황 교장이 본부석 자신의 자리로 막 돌아왔을 때였다. 씽칼이 곧바로 황 교장의 앞으로 달려왔다. 그는 주먹을 허리에 얹고 으르렁거리듯 말했다.
"마라톤은 먼저 들어 온 자가 우승자가 아니요?"
"먼저 들어오되 규칙을 지켜야 하네. 다리로 달리라는 운동이 마라톤인데 중도에 자전거를 탄 자들을 입상시킬 수는 없는 일이야."
씽칼은 황 교장의 의젓한 태도에 한풀 꺾이는 눈치더니 다시 눈에 독을 품고 말했다.
"그렇다면 자전거를 탄 사람만 제외해야지 타지 않은 사람까지 제외시키는 이유는 뭐요?"
황 교장은 그런 경우는 아는 바가 없었다.
"내가 들은 보고로는 그런 자가 있다는 말을 듣지 못했으니 만일 그런 경우가 있었다면 그 문제는 나중에 적절히 조처하기로 하지."
"뭐욧. 원님 지나간 뒤에 나팔 불자는 거요? 뭘 어떻게 적절히 처리하겠다는 거야? 교장이면 단가? 왜 관례에 없던 짓을 하느냔 말야."

쌍칼은 그렇게 삿대질을 하더니 훌쩍 황 교장 앞의 탁자 위로 뛰어올랐다.

"이 쌍칼이 허수아비로 보여?"

금방이라도 쌍칼의 주특기인 양발치기가 황 교장의 얼굴로 날아들 기세였다. 내빈석 기관장들의 얼굴이 새파랗게 질렸다. 관중석의 마을 사람들이 일제히 숨을 죽였다. 황 교장이 천천히 자리에서 일어났다.

"이 사람아. 이게 무슨 무례한 짓인가? 여기에 읍내의 모든 사람들이 보고 있네. 거기에서 내려와."

"내려와? 이 작자가."

쌍칼이 두 발을 구르며 양발치기 동작을 했다. 다음 순간이었다. 황 교장이 어떻게 손을 움직였는지 쌍칼의 몸이 허공에 붕 떠올랐다. 그러더니 그대로 땅바닥에 패대기쳐졌다. 쌍칼이 미쳐 일어날 틈도 없이 다가간 황 교장이 두 손으로 다시 쌍칼을 번쩍 들어올렸다. 그리고는 성큼성큼 운동장을 가로지르는 것이었다. 아직 제정신을 못 차린 쌍칼이 허공에 들린 채 발버둥질을 쳤다. 그러나 허리춤과 멱살이 움켜잡힌 채 허공에 떠 있는 상태라 힘을 쓸 수 없었다. 마을 사람들이 놀라서 길을 비켰다.

운동장과 경계가 되는 논두렁 옆에 오물을 썩히는 물구덩이 있었다. 황 교장은 그곳에 이르러 들고 있던 쌍칼을 쑤셔박았다. 오물을 뒤집어쓴 쌍칼이 허우적거리며 뭍으로 기어올랐다. 그러자 황 교장의 발길이 거침없이 그를 다시 물속으로 밀어넣는 것이었다. 그렇게 몇 번 계속 밀어넣자, 물속에서 허우적거리며 오물을 잔뜩 들이킨 쌍칼이 살려달라고 애걸했다. 황 교장은 그제야 발길질을 멈추었다. 혼비백산한 쌍칼이 뭍으로 오르자마자 무릎을 꿇었다.

"잘못했습니다. 살려 주십시오."

"이제야 네 잘못을 알겠나?"

"알겠습니다. 다시는 그런 짓 안 하겠습니다."

"알았다니 다행이다. 여기 모인 수천 관중이 네가 잘못을 비는 모습을 보고 있다. 모두 네 약속을 지켜볼 증인들이다. 다시는 그런 짓 마라."

황 교장이 몸을 돌렸다. 구경꾼들은 한여름 무더위 때의 소나기만큼이나 속이 후련했다. 쌍칼은 그 길로 몸을 감추었다. 그가 그런 수모를 당하고 다시는 고향마을에 나타나지 못할 것을 고향 사람들은 모두 알고 있었다.

한 점 바둑돌의 사색

일반적으로 게임의 재미는 돈의 액수와 비례한다. 화투나 마작, 빠징고 같은 투전판은 물론이고 프로 세계에 있어서 복싱이나 야구, 농구, 축구, 골프에 이르기까지 일반인이나 관계자의 흥미를 증폭시키는 것은 돈의 액수라고 할 수 있다.

그런데 게임의 세계이지만 바둑의 경우는 조금 다르다. 돈을 걸고 바둑을 두게 되면 그 긴장의 정도가 상대적으로 강하게 되는 것은 사실이다. 그러나 돈이 걸리지 않았다고 해서 게임이 느슨해지거나 긴장이 줄어드는 게 아니다. 쉽게 져주는 일도 물론 없다. 그런 바둑의 재미는 어디에서 오는 것일까?

바둑판 앞에 앉은 두 대국자의 진지한 모습을 보면 그것이 단순한 승패를 위한 게임이 아니란 생각이 들 때도 많다. 일단 한 점 바둑돌을 놓는 순간부터 대국자는 우주의 운행을 읽기 시작하고 세상의 판세를 논하며 자신의 인생관을 논증하기 시작한다. 따라서 한 판 바둑판의 승리는 대국자의 세상 읽기의 승리가 된다. 그렇기 때문에 돈이 걸리지 않았어도 바둑의 재미는 특별하다. 바둑판 속에 숨겨진 우주의 진리를 해독하는 발견의 기쁨이 곁들여지기 때문이다.

그래서인지 나는 바둑 두기를 좋아한다. 이렇다 할 취미가 별로 없는 나로서는 바둑만이 나의 유일한 취미라고 할 수 있다. 그렇다고 해서 바둑을 잘 두는 것은 아니다. 나의 바둑 실력은 십여 년이 넘도록 4, 5급의 수준에서 결코 더 낳아지지 않는다. 바둑을 좋아하되 기보를 연구하고 몰두할 정도는 아니기 때문이다.

그런 점에서 나의 바둑 취미는 그저 즐기는 정도라고 할 수 있다. 승패에 그리 집착하지 않는 셈이다. 그러다 보니 바둑 두는 속도가 매우 빠르다. 또 흔히 말하는 싸움 바둑이다. 왕창 이기고 왕창 진다. 그리고 얼른 새판을 시작한다. 그야말로 저급한 아마추어 수준이다.

그럼에도 바둑을 좋아하다 보니 누가 바둑을 두면 그냥 지나치지 못한다. 바둑 두는 구경을 하기 마련이고 때로는 참견도 하게 된다. 바둑판에서의 훈수는 엄격히 금하는 바이지만 가벼운 친선게임에서는 그런 선의의 훈수가 바둑의 재미를 배가시키기도 한다. 훈수 때문에 예기치 못한 결과가 나오게도 되고 그것이 게임의 불확실성을 더욱 부채질해서 재미를 증폭시키기 때문이다.

그러나 고수들의 게임에서는 아예 훈수할 엄두를 내지 못하게 되는 경우가 많다. 우선 대국자의 진지한 태도에 기가 질리고, 설혹 훈수를 했다 해도 의견이 받아들여지는 경우가 거의 없다. 참새가 하늘 높이 날고 있는 봉황의 뜻을 어찌 알랴에 해당된다. 실제로 바둑이 두어지는 판세를 보면 마음속으로 예상했던 바와는 전혀 다른 모습으로 전개되기 마련이다.

국어학 전문인 서정수 교수는 바둑의 고수에 속한다. 흔히 일급 바둑이라고 한다.(소문만인지도 모르지만) 일급이란 유단 승급 과정을 거치지 않은 모든 고수들에게 붙여지는 별호다. 그러니 아마추어 5단이나 8단이나 유단 심사를 거치지 않은 일급이나 실력에 있어서는 그게 그거란 말이기도 하다. 그러니 서정수 교수의 바둑 실력은 과히 알만하다.

한 번은 인문대 학장실로 들어가니(서정수 교수님이 인문대학장 보직을 맡고 있을 때였다.) 친구분과 열심히 대국 중이었다. 나는 도장을 받아야 할 서류가 있었지만 대국 분위기에 눌려서 감히 말도 꺼내지 못하고 대국이 끝나기만을 기다려야 했다. 마침 바둑은 끝판이긴 했지만 승패를 점칠 수 없는 미세한 국면이어서 긴장이 팽팽했다. 그런 중에 바둑판세가 조금 불리하다 싶었던지 서정수 교수님이 대마 패를 걸었다. 상대편의 대마를 모조리 잡든지 아니면 자신의 대마가 모조리 죽든지의 큰 싸움이었다. 몇 수의 패싸움이 계속되던 중이었다. 친구분이 패감으로 두던 돌을 갑자기 다시 거두었다.

문제는 여기서부터 시작되었다.

서 교수님은 일단 두었던 바둑돌은 다시 거둘 수 없다고 했고 친구분은 바둑돌을 완전히 놓은 상태가 아니기 때문에 거둘 수 있다고 했다. 안 된다, 된다의 실랑이질이 한참이나 계속되었다. 두 분 모두 얼굴에 핏기가 올랐다. 화기애애하던 바둑판에 살기가 넘치기 시작했다.

"이것 봐. 내가 바둑돌에서 손을 떼지 않은 상태란 말이야."

"분명히 손을 떼었어."

"어. 여기에 증인이 있는데도…?"

갑자기 공이 내께로 넘어왔다. 그러나 나는 그런 분쟁에 휘말릴 이유가 없었다. 나는 미소를 지으며 긍정도 부정도 않았다. 그러니 이해 당사자인 두 분이 어떻게든 결론을 지어야 했다.

"바둑을 그렇게 두는 법이 아니야!"

"원칙대로 하자는 건데 뭘?"

"어느 게 원칙인데?"

이런 팽팽한 접전 양상에서 나에게 조언할 기회가 주어진다면 이번 판은 없었던 것으로 하고 바둑판을 새로 시작하면 어떨 것인가였다. 나처럼 후딱후딱 바둑을 두는 입장이라면 그렇게 지리하게 다투는 동안이라면 한 판을 너끈히 두고도 남을 만하기 때문이었다. 그러나 두 분은 소위 아마추어 고수로서 반나절이나 넘도록 공들여 둔 바둑을 없었던 한 판으로 돌릴 수는 절대로 없었던 모양이었다. 좀 더 다혈질인 친구분이 마침내 자리를 박차고 일어섰다. 그리고 선언조로 말했다.

"너같은 놈하고는 앞으로 절대로 바둑을 두지 않겠다."

"너같은 놈이라니…?"

서 교수님도 발끈하셨다. 그러나 그 친구분은 뒤도 돌아보지 않고 방을 나가고 말았다. 주위가 갑자기 썰렁해졌다. 나는 그제야 어색해진 분위기를 풀어볼 겸 슬그머니 끼어들었다.

"선생님, 한 수 물려주어도 괜찮지 않았을까요?"

바둑이 마무리 단계이긴 했지만 아직 수십 수를 더 두어야 할 판세였기 때문에 한 수의 역할이 그렇게까지 치명적일 것 같지는 않았던 것이다.

"그랬을까?"

"한번 복기를 해 보시지요?"

나의 제안에 선생님도 동의를 하셨다. 그래서 내가 친구분 두시던 백돌을 잡고 나머지 수순을 두기 시작했다. 20여수의 바둑돌이 놓이면서 판세는 보다 분명해졌다. 잘못 놓인 한 수 때문에 바둑판 절반에 가까운 대마가 모두 죽게 되는 결과가 나온 것이다. 그 반대의 경우는 흑돌 대마가 모두 죽는 판세였다. 누구도 양보할 수 없는 한 점이었다. 나는 20여수 앞까지 볼 수 없는 입장이었지만 그것을 내다 볼 수 있었던 두 분 고수께서 서로 한 치의 양보도 할 수 없었던 이유를 확연히 깨달을 수 있었다.

바둑판은 가로 19줄, 세로 19줄이다. 그리고 361개의 돌이 놓일 수 있는 점이 있다. 이것을 흑과 백이 나누어 가진다면 180수가 된다. 180수로 상대방의 대응 수순에 따라 적절하게 활용하게 된다. 대개는 180수의 절반밖에 사용하지 않는다. 그래도 그 수가 무궁무진하다고 한다. 바둑이 생긴 이래로 수천, 수만 번의 대국이 있어 왔지만 처음서 끝까지 똑같은 수순의 바둑판은 없었다. 그것은 무엇을 의미하는 것일까?

바둑을 우주의 운세에다 비기고 세상의 이치와 인생의 전략에 연계시키는 것은 바둑이 지니는 이러한 오묘한 속성 때문일 것이다. 동쪽을 지키는 것같이 하면서 서쪽을 친다든지, 작은 것을 주고 큰 것을 차지한다든지, 싸움하지 않고 집을 차지하는 일이라든지는 바둑의 전략적 측면이라면 과욕이 실패를 자초한다든지, 한 점의 실수가 모든 것을 망친다든지는 바둑의 본질적 속성일 것이다. 남의 집에 먼저 뛰어들지 않는다든지는 예절의 측면이다.

이러한 여러 측면에서 특히 중요한 것은 바둑돌 한 점의 가치다. 고수들이 두는 한 점 한 점의 바둑돌들은 모두 태산과 같은 큰 역할을 한다. 적의 침략을 저지할 수 있고 적의 방어를 돌파할 수 있다. 얼결에 놓은 한 점의 실수는 어떤 방법으로도 보상할 수 없다. 흔히들 한 번 실수는 병가상사(兵家之常事)라 해서 너그러이 보아주어야 한다는 것이 세속 인심이긴 하지만 실제로 인생에 있어서 한 번 실수는 어떤 방법으로도 보상할 수 없는 경우가 너무나 많다. 교통사고의 경우를 생각해 보라. 단 한 번의 운전실수로 생명을 잃거나 영원히 불구로 살아야 하는 사람들이 얼마나 많은가? 한 푼의 뇌물로 패가망신하는 사람들의 이야기를 얼마나 자주 듣는가?

우리가 세상을 살아가는 일은 어쩌면 바둑판에 바둑돌을 놓는 일과도 비슷한지 모른다. 단 한 번 행동의 실수가 인생 전부를 망칠 수도 있다. 과욕이 모두를 망칠 수 있다는 것은 어찌 바둑판에서

만의 일이겠는가? 바둑을 두면서 우주와 세계와 인생을 성찰할 수 있다. 그런 점에서 바둑은 단지 오락만이 아니다.

 한 점의 바둑돌을 양보할 수 없었던 서정수 교수님과 그 친구분의 모습이 지금도 눈에 선하다. 한 점 바둑돌은 양보할 수 없어도 평소 돈독하던 우정까지는 변하지 않았을 것이라 믿는다. 지금쯤 어느 기원에서 또 양보할 수 없는 한 점의 바둑돌을 놓고 계실 것인지.

한글의 우수성

　요즈음 우리 한글의 우수성에 대해서 자주 듣게 된다. 아프리카나 동남아세아의 미개발 국가 중에는 자신의 말을 표현할 글자가 없어서 고통스러운데 시험적으로 우리 한글을 차용하여 큰 효과를 보았다는 성공담이 소개되기도 한다. 세종대왕께서 한글을 창제하실제 백성들이 쉽고 편하게 사용할 수 있도록 의도하셨음을 밝혔고 실제로 한글을 배워 본 사람들은 누구나 한글의 우수성을 실감하게 된다.

　한글 20여 개의 자음은 발음기관인 입모양을 본뜬 것이고 모음은 하늘(0) 사람(l) 땅(_)을 뜻하는 것으로서 우주의 형상을 나타낸 것이다. 그것의 조합으로 이루어진 한글은 사람이 낼 수 있는 모든 언어를 표기할 수 있으니 참으로 놀라지 않을 수 없다.

　오늘날 알파벳 문자가 세계를 석권하고 있지만 컴퓨터가 일반화된 현재에 이르러 가장 적절한 문자가 한글이라는 것이 널리 알려지고 있다. 대부분의 언어가 오랜 세월에 걸쳐 생성되고 발달된 데 비하여 한글은 세종임금과 집현전 학자들이 중심이 되어 과학적으로 연구하여 창제하였다. 우리 인간의 발음기관인 입모양과 혀와 목구멍의 모습이 자음이 되고 우주적인 발상에서 모음을 설정하여 그것을 자유롭게 조합한다는 것은 상식을 뛰어넘는 위대한 발상이 아닐 수 없다.

　내가 이런 우수한 한글을 접한 것은 5살 때로 기억한다. 나의 어머니는 1남 5녀의 셋째 딸이다. 그러니 한 분 외삼촌은 어머니

바로 밑의 남동생인데 딸부자의 외동아들이라 집안의 복덩이다. 그 외삼촌의 맏딸이 초등학교에 입학하려는데 한글을 깨치기 위해 둘째 누님께 개인교습을 받으러 왔던 것이다. 누님은 초등학교 6년을 다녀서 한글을 잘 깨치고 있었고 고향 초등학교 여교사 중에 3명이나 친구가 있었다.

누님은 한글 자모를 적은 글자판을 만들어서 〈가갸 거겨〉 하는 식으로 한글을 가르쳤다. 1946년도라 여겨진다. 해방 직후라 한글책도 없을 때였다. 나에게는 외사촌이 되는 누나는 좀 우둔한 편이었던지 누님의 질책을 받으며 한글 자모를 배우느라 찔끔찔끔 울었다. 그것을 구경하던 5살 된 내가 타박을 했다.

"그게 뭐 어렵냐? '가갸 다음엔 나냐 너녀' 하면 되지."

내 말에 누님은, '그래, 성암이 말이 맞다'면서 어깨너머로 배운 나를 칭찬하고는 이어 말했다.

"너도 같이 배워라."

그렇게 해서 나는 누나가 초등학교에 입학하기까지 한글을 함께 배웠는데 어느 순간에 한글 자모의 제자원리를 훤히 깨칠 수 있었다. 그러니 5살에 한글을 깨치고, 6살 지나서 7살에 초등학교에 입학하게 되니 못 읽는 한글이 없게 된 것이다.

초등학교 1학년 때의 담임선생은 50대의 조금 무뚝뚝한 분이었는데 한글 문제로 나와 종종 논쟁을 벌이는 일이 있었다. 일제에서 해방된 직후라 한글맞춤법 같은 것이 제대로 정립되지 못한 탓도 있었던 것은 아닌가 싶다. 가령 강릉 사투리엔 '영감님' '열기(생선)' 등을 '으'의 이중 모음으로 발음하는 것이 가능했다. 한글은 '소리나는대로 적는다'는 규칙에 따라 '영' '열'을 '으'의 이중모음으로 표기하고 발음해야한다는 내 주장에 대해서 선생님은 그럴 수 없다고 하셨다. 그런데 논쟁을 듣던 학생들이 내 편을 드는 것이다. 초등학교 1학년생들이 그런 모양이니 담임선생님이 얼굴을 붉히지 않을 수 없었던 것이다.

그런데 당시 담임선생님은 그런 나를 상당히 '당돌한 놈' 또는 '엉뚱한 놈'으로 보았을지도 모른다. 그래서 출석을 부를 때 내 이름에 대해서 거론하셨다.

"네 이름은 한자(漢字)로 보니 홍성엄(嚴)이다. 그러니 그렇게 알라."

내가 집에 와서 말하니 부모님이 화를 내며 말씀하셨다.

"네 이름은 홍성암(巖)이다. 담임께 말씀드려라."

일본식 간자에 익숙하셨던 담임선생님은 암(岩)자와 암(巖)자를 혼동하셨던 것으로 보인다. 아무튼 일주일 넘도록 선생님은 출석을 부를 때 '홍성엄'으로 불렀고 나는 대답하지 않아서 결석으로 처리되었다. 나중에 부모님이 학교를 방문해서야 이름이 정정될 수 있었다.

그런 악연이 있었던 터에 학년말이 되어 성적표를 받아 보니 2등으로 되어있었다. 1학기에도 1등이고 2학기에도 1등인데 학기말에 2등이 되었으니 뭔가 좀 이상했다. 그런데 뭐가 잘못되었는지 알 수가 없었다.

오랜 시간이 지나서 동창회 모임에서 내가 6년동안 1등을 했다고 말했더니 옆에 앉았던 여자애가 1학년 때 1등은 자신이었다고 대꾸했다. 먼 옛일이지만 석연치 않던 성적표 생각이 나서 어머니가 장롱 속에 간직한 성적통지표를 찾아보게 되었다. 어머니는 학년말이면 으레 상을 타오는 아들을 대견하게 여겨서 상장은 물론 성적통지표까지도 장농 깊숙한 곳에 잘 보관해 두시곤 했다.

성적통지표를 찾아서 살펴보니 1학기 2학기 성적이 기재되어 있고 학기말은 1,2학기 성적을 합산해서 반으로 나누어 평균치를 내어 기록되어 있었다. 그런데 사회과목인가가 잘못 합산된 것이다. 1학기 96점, 2학기 94점, 학기말 85점 이다. 학기말은 1,2학기 합산 평균이어서 95점이여야 할 것인데 10점이 착오된 것이다. 담임선생의 착오였던 것이다. 다른 학생도 아닌 1등의 순위가 그렇게 될 수 있었다니 믿어지지 않을 정도다. 그런 10점의 착오에도 2등이었으니 참으로 놀랍다. 그런데도 당시에는 그런 착오를 상상도 하지 못했던 것이다.

초등학교 때의 일로 또 하나 기억나는 것은 5학년 때의 일이다. 새로운 문교정책에 월반제도가 생겨서 나를 6학년 진급 없이 바로 중학교에 입학할 수 있도록 교사회의에서 추천하였다. 그 일로 집안 회의가 열렸는데 1년 빠른 것보다 친구들과 함께 1년 더 지내는 것이 낫다는 결론을 내렸다. 그래서 월반을 포기했다. 나는 이 결정을 두고두고 잘한 결정이라고 생각한다. 동창이란 이름으로 6년 동안 함께 공부했던 친구들을 잃는 것은 너무나 큰 손실이라 여겨지기 때문이다.

나는 평소 남보다 지능이 뛰어나다거나 기억력이 우수하다고 생각해 본 적이 없다. 항상 근면하고 열심히 노력했다. 시험 때는 남들처럼 밤새워 공부하고 작은 여유의 시간도 아껴 썼다. 한 번도 천재를 부러워하지 않았다. 남보다 뛰어난 천재는 끈기가 모자란다든지 다른 어떤 곳에 부족함이 있을 것이란 생각을 했다. 하느님은 모든 인간에게 공평하게 자질을 나누어주었을 것이라고 믿는다, 그래서 주어진 천성대로 열심히 살고자 할 뿐이다.

대학 진학의 열망과 대학교수

　중학교를 졸업하고 고등학교를 선택할 때였다. 가정형편이 어려웠기 때문에 부모님은 3년간 등록금이 면제되는 사범학교 진학을 권장했고 나는 대학 진학을 염두에 두고 인문계 고등학교를 고집했다. 부모님과의 의견이 일치되지 못한 가운데 특차시험인 사범학교 입학시험에 합격했고 이어서 인문계 고등학교도 합격을 하게 되니 마음의 갈등이 더욱 커지게 되었다.
　부모님은 입학금을 마련해 주시고는 학교 선택은 알아서 결정하라고 하셨다. 두 학교의 입학금은 동일했다. 나는 입학등록금을 손에 들고 시내의 농업은행과 상업은행이 붙어 있는 큰길 건널목에서 한 시간 동안이나 망설였다. 농업은행은 사범학교 입학금 수납은행이고 상업은행은 인문계고등학교 입학급 수납은행이었던 것이다.
　등록 입금 마감시간에 임박해서 한 시간여를 갈등하던 나는 마침내 부모님이 권하신 농업은행쪽으로 걸어가게 되었다. 대학 진학을 포기해야 하는 심정이 매우 우울했다. 그러나 집안 형편이 그러하니 어쩔 수 없었다. 당시는 전쟁 직후라 경제적 어려움이 매우 심했고 대학 진학이 쉽지 않은 때였다. 흔히 우골탑이라하여 농촌에서 소 팔고 논 팔고 자식 대학 진학시켰다가 집안 망해먹은 예가 매우 많았을 때였다.　사범학교를 졸업하고 1년간 초등학교 교사로 근무하면서 나는 대학에 진학한 친구들에 비하여 경쟁에 뒤떨어진다는 생각을 많이 하게 되었다. 그래서 새학기가 시작되는 때를 기다려 대학진학시험을 치르게 되었다. 사범학교는 대학진학 공부를 시키지 않은 터여서 스스로도 실력이 많이 모자란다고 여겨서 문학특기생을 선발하는 대학에 원서를 넣게 되었다. 그런데 막상 합격자 발표기간이 되어도 아무런 연락이 없었다. 그래서 서울의 친구에게 합격여부를 알아보아달라고 전화로 부탁을 하게 되었다.

며칠 후에 친구에게서 연락이 왔다. 친구의 말인즉 합격자 방을 보니 이름이 없어서 직접 교학과에 확인을 했다는 것이다. 교학과에서는 '이름이 없으면 떨어진 것이지요' 하고 말하길래 '이 친구는 떨어질 친구가 아닙니다. 성적을 확인해 주세요'라고 말했다고 한다. 교학과 직원이 다시 입학서류철을 뒤지더니 "특기장학생과 성적장학생 모두 합격했네요."라고 말하더란 것이다. 성적장학생은 전체 학생 5등 이내의 학생에게 주어지는 특전이었다.

그런 우여곡절 끝에 대학에 입학했지만 바로 5:16 군사혁명이 일어나서 대학생 과외수업이 금지되었기 때문에 고학으로 학교를 다니려던 나의 계획에 큰 차질이 생겼다. 등록금은 물론 하숙비도 감당할 수 없었기 때문이다. 그런 중에 1학기를 마치고 방학이 되어 집으로 돌아오니 마침 교사채용시험 공고가 나왔다. 부모님은 만일의 경우를 생각해서 채용시험에 응시하라고 권하셨다. 채용시험에 응시하고 2학기가 되어 수강을 받던 중에 채용고시에 합격이 되어 발령이 났다는 연락이 왔다. 하숙비 감당도 어렵던 터라 어쩔 수 없이 학업을 포기하고 초등학교 교사직으로 다시 복귀하게 되었다.

젊은 날의 생각엔 대학 진학 포기가 인생의 꿈이 무너진 것으로 여겨질 정도였다. 그래서 술과 실의의 나날을 보내게 되었다. 그러던 차에 나와 같은 직장에 근무한 적 있는 후배가 군에 입대했는데 직속상관인 포병대령의 신임을 받게 되어서 그 아들의 과외지도를 맡게 되었다는 것이다. 대령의 개인집은 서울의 노량진이었고 아이가 학교에 등교한 오전시간에는 할 일이 없어 빈둥대다가 집주위에 있는 학원들을 돌아보았는데 전직 교사 출신인 그를 스카웃하겠다는 제의가 쏟아지고 있다는 것이다. 그래서 제대하는 대로 학원을 차려볼 생각이니 함께 하자는 제의였다.

나는 잠시도 대학 진학의 꿈을 저버린 적이 없던 차여서 그런 제의를 쾌히 승낙하고 사표를 내기로 결심했다. 직장에 사표를 내기 전에 집안회의가 있었다. 부친이 돌아가시고 어머님과 두 동생을 부양하는데 초등학교 교원인 형과 나의 도움이 절실할 때였다. 더구나 형님이 막 결혼한 터여서 나의 대학 진학은 모든 짐을 형에게 미루는 결과가 되기 때문이었다.

그런데 어머님이 먼저 선수를 치셨다.

"제가 돈 벌어서 제힘으로 공부를 하겠다는데 누가 막겠느냐?"

그 한마디 말씀에 모두들 입을 다물고 말았다. 그런 성원에 힘입어 나는 다시 서울로 올라왔다. 그리고 후배 친구와 학원을 차려서 학생들을 모집하고 학생들을 가르치는 한편 대학에도 복학 신청을 하게 되었다. 노량진의 학원은 중학입시를 위한 초등학생 3개 반이었는데 평판이 좋아서 몰려오는 학생들을 특별히 선발해야 할 정도였다. 그러나 1년도 안되어서 군사정권은 과외를 없애는 방안의 하나로 중학교 입시를 원천적으로 없애고 추첨제로 바꾸는 제도개혁을 단행했다. 그리하여 학원도 문을 닫아야 했다.

그렇게 되니 다른 돈벌이가 필요했다. 나는 노량진 시장에 가판대를 하나 빌려서 건어물 생선을 팔았다. 강릉의 바다에서 나오는 신선한 산지 직송이란 이름으로 양메리 건어물을 취급했는데 값이 별로 싸지 않았다. 알고 보니 남대문 중부시장에는 건어물 도매상이 산지의 값과 별로 다르지 않았다.

　대구가 고향인 학과 친구와 함께 대학등록금으로 사과를 기차편으로 사들이기도 했다. 도매시장에서 공판을 한 사과는 화물차 하나 가득 차떼기로 실어서 노량진으로 실어왔다. 여러 다양한 품종의 사과들이어서 사람들의 눈길을 끌었다. 제법 남는 장사인가 싶었다. 그런데 나중에 보니 셋집의 마루에 쟁여놓은 사과상자의 마루 밑으로 쥐들이 들락날락 하면서 사과궤짝 안의 과일들을 모조리 갉아 먹은 것이다. 거실에 높이 쌓인 사과궤짝이 모두 빈 껍질뿐이었다.

　그러다 보니 등록금을 마련할 길이 없어 매 학기 때마다 퇴학을 당했다가 어쩌다 간신히 납부금을 내면 복학하기를 반복하면서 간신히 졸업할 수 있었다. 대학 졸업이 너무나 힘들었던 터라 졸업식에는 어머니를 모시고 반드시 참석하려고 벼르고 있었는데 뜻밖의 일이 터졌다. 대학 졸업전에 취직해야 한다는 생각에 인천의 모 고등학교 채용시험을 보았는데 합격자 면담시간이 대학 졸업시간과 겹친 것이다.

　그 대학은 이사장 면담을 거치지 않으면 합격자를 내지 않는 전통이 있다고 했다. 결국 졸업식 참석을 포기할 수밖에 없었다. 그러나 그동안 대학을 마치기까지 너무나도 고생했던 터라 어머님을 기쁘게 해드릴 한 번밖에 없는 졸업식 참석을 포기할 수 없었다. 결국 취직을 포기하기로 하고 졸업식 참석을 강행했다. 그런데 뜻밖에도 채용 당시 시험 성적이 워낙 월등한 것이 아깝다며 학교측에서 채용통지서를 보내왔다.

　인천의 고등학교에서 1년여를 근무하다가 서울의 변두리 중학교로 전근을 했다. 결혼을 하고 아이를 낳고 생활이 안정되던 차인데 신제 박사제도가 생기면서 교사 중에 대학원을 진학하는 분들이 나오기 시작했다. 동료교사 중에 시인 한 분이 자신이 다니는 대학원에 원서를 내보라고 권했다. 나는 고등학교때 대학 진학공부도 변변히 하지 못했고 대학에서도 등록금 마련하느라 제대로 공부하지 못한 터여서 대학원 진학시험을 칠 엄두를 내지 못했는데 동료교사로부터 소식을 전해들은 친구 시인이 전화를 했다.

"네가 원서를 넣는다는 소식을 들었는데 어떻게 된 거냐?"
"그럴 생각이었지만 아무래도 자신이 없어 그만두겠다."
내 말에 그 친구는 펄쩍 뛰었다.
"단번에 합격할 생각일랑 말고 경험부터 겪어야 하니 시험을 쳐라."

그러나 워낙 아는 것도 없고 따로 공부한 것도 없으니 포기해야 할 것 같다는 나의 겸사에 친구는 여러 말로 나를 설득했다. 밤새도록 같은 말로 되풀이하다 지쳐서 '아무튼 네가 그토록 당부하니 시험은 치르겠다' 하고 전화를 끊었는데 아침에 생각해도 도무지 무리였다. 그래서 근무하던 학교로 출근을 했더니 먼저 출근한 시인 동료가 펄쩍 뛰며 말했다.

"오늘이 시험치는 날이 아닙니까?"
"아무래도 자신이 없어 그냥 출근했지요."
"무슨 말입니까? 조퇴를 하고 어서 가세요."
그때 교감선생이 출근을 하길래 내 사연을 말씀드렸더니
"어서 서무과에 가서 조퇴계를 작성하고 가세요."
하고 내 등을 떠밀었다.

그길로 택시를 타고 시험장에 도착하니 20분이나 지체되었다. 시험 감독관이 딱한 표정을 짓다가 시험을 치라고 허락했다. 첫

시간은 영어시험이었다. 영어실력이 워낙 모자란 편이라 시험지를 받아 보니 아는 단어가 별로 없었다. 주로 해석인데 몇 개의 아는 단어를 서로 연결해서 소설 쓰듯 읽어 쓰게 되니 양심에 털 난다는 격으로 체면이 말이 아니었다. 전공은 현대문학 2문제 고전 1문제 어학 1문제인데 어차피 제대로 아는 것이 없기는 마찬가지여서 소설쓰듯 시험지 가득 된소리 안된소리 늘어놓아 채우고 나니 머리가 어질어질했다.

그런데 합격이란다. 영어를 포함해서 5문제로 종합 500점 만점인데 겨우 낙제를 면한 모양이었다. 내가 합격한 이후의 시험부터는 영어 과목을 따로 선별 채점하여 과락제도를 두었기 때문에 영어 하나만 과락되면 다른 시험은 무효되는 판이라 나로서는 마지막 기회를 잡은 셈이었다.

아무튼 영어는 대학원 내내 골칫거리였다. 수업이 주로 원서독해로 이루어지는데 돌아가면서 원서를 읽어야 했다. 그런데 나의 영어발음은 중학교때 '킹그스' 영국 발음 교본이었고 선생님은 일본식 교육을 받은 분이라 현재의 미국식 발음과는 천양지차로 차이가 있었다. 젊은 대학원생들 앞에서 책읽기가 무안해서 벙어리 노릇을 해야 했다. 누군가의 소개로 부평의 미군부대를 찾아가 현역하사에게 영어회화의 기초부터 다시 배우기도 했다.

근무하던 중학교의 수업을 마치고 원주에 있는 대학에 강의를 나가고 밤늦어서 부평의 미군부대에 들어가 영어화화를 연습하고, 12시가 넘어 통금시간이 지난 막차를 타고 잠실 집으로 돌아오는 일과가 계속되었다. 집에서는 신문을 끊고 영자신문인 코리아타임스를 읽고 뉴스위크 잡지를 들고 다니며 공부했고, 영어 콘사이스는 기본이었다. 말인즉 국문학 전공 대학원생이지만 급한 불을 끄느라 매일 영어공부에만 매달리니 전공은 아예 뒷전이었다.
　그렇게 노력한 결과 박사과정에는 무난히 합격할 수 있었다. 그런데 학위논문이 문제였다. 석사학위는 '심리소설 연구' 쪽으로 방향을 잡았다. 그런데 심리소설을 연구하려면 프로이드나 융의 이론을 읽어야 하는데 영어실력이 일천하여 어림도 없는 노릇이었다. 그래서 박사학위 때는 역사소설론으로 방향을 바꾸었다. 그런데 역사소설론도 그 이론은 서구의 것을 차용해야 하는데 원서해독에 엄청난 시간을 쏟아도 도무지 진도가 나가지 않았다.
　역사소설은 대부분 장편이고 그 분량이 방대해서 그것을 분석하는데 많은 시간을 할애해야 했다. 심사를 맡은 전광용 교수는 서울대 교수 중에서도 깐깐하기로 소문난 분이었다. 그분은 처음엔 내가 중등교사 출신 소설가로 뒤늦게 공부한 것이 당신의 경력과도 일치한 바가 있어서 매우 호의적으로 잘 대해주다가 막상 논문심사에 들어가서는 매우 언짢다는 표정을 지으셨다. 논문 내용은 물론 서술 방법, 띄어쓰기에 이르기까지 꼼꼼히 따지셨던 것이다.
　학위 심사를 맡은 교수들이 대부분 전광용 교수의 제자급이어서 심사위원장인 전광용 교수의 한 마디는 굉장한 권위가 있었다. 그런데 최종심을 앞두고 논문을 보내왔는데 빨간 색연필로 논문의 모든 글에 밑줄이 쳐져 있었다. 나는 소설을 전공하고 국어를 가르치기도 해서 웬만한 문장에는 자신이 있다고 생각했었는데 새빨갛게 밑줄 쳐진 논문을 대하자 기가 질려서 아무것도 할 수 없었다. 논문 지도교수가 오히려 나를 위로했다.
　"한번 잘못 보이면 모든 게 잘못 보입니다. 너무 실망하지 마시고 다시 찬찬히 살피세요."

그런 격려를 받고 논문을 다시 고쳐서 교수님 자택으로 찾아뵈었더니 전광용 교수께서는 그때 와병 중이셔서 논문을 자세히 읽기 어려운 처지였다.

"지도교수가 좋다고 하면 그대로 따르겠다고 전하시오."

전광용 교수님은 그렇게 오케이 사인을 보내셨다. 그 말씀을 지도교수에게 전했더니 도무지 믿어지지 않는다는 듯이 내 앞에서 선생님께 직접 전화를 거셨다. 그리고 내가 전달했던 내용과 같은 대답을 듣자

"선생님이 많이 편찮으신 모양이군요."

하고 말씀하셨다. 그 후 얼마 지나지 않아 선생님께서 소천하셨으니 내가 전광용 교수님께 마지막으로 논문지도를 받은 박사학위자가 된 셈이었다.

박사학위를 받고나니 중학교 교사직이 어색했다. 그래서 대학교수 초빙공고가 나오는 곳마다 이력서를 넣었다. 서울은 물론 제주도와 그 밖의 시골대학까지 모두 원서를 넣었지만 번번이 허탕이었다. 근무하던 중학교에도 눈치가 보여서 그만두어야 할 것 같았다.

그러던 차에 서울의 여자대학에서 채용공고가 나왔다. 나는 아예 포기한 상태였지만 그 대학의 시 전공 교수가 대학원 동학이어서 이력서를 내보라고 적극 권해서 지원서를 냈다. 제주도 같은 먼 거리에서도 외면당한 터라 아예 엄두도 못낼 일이라 잊고 말았는데 채용공고 발표에 임박해서 나를 추천해준 교수로부터 연락이 왔다.

"홍 선생을 포함해서 세명이 최종심사에 올랐습니다. 한 분은 모 대학 경주분교의 총장이고 다른 분은 서울대학교 금년

학위취득자입니다. 그런데 서울대학 출신자의 경우 학위논문이 워낙 출중해서 오늘자 동아일보에 그 발췌본이 게재되었다고 하네요. 그래서 그분을 임용하기로 결정했다고 합니다."

본래부터 큰 기대를 하지 않았던 터이긴 했지만 그래도 섭섭해서 오늘자 동아일보를 구해서 박사논문 발췌본을 읽어 보니 소설론이 아니고 시론이었다. 그리고 기재된 이력에는 석사학위도 시론으로 되어있었다. 채용공고에는 소설론으로 되어있는데 시론으로 석사와 박사학위를 받은 분을 뽑은 것이 이상하다고 생각해서, 그 사실을 추천해 주신 분께 알려 드렸더니 시론 전공인 그 교수가 노발대발했다.

다음날 그 교수가 이사장실로 찾아가 대판 싸웠다고 했다. '내가 시론 전공인데 나를 내쫓으려고 시론 전공을 뽑았느냐? 절대로 수용할 수 없다'고 하면서. 그렇게 되어 채용이 무산되고 금년 국문과 교수 채용은 없는 것으로 결판났다고 했다. 그런데 최종에 오른 3인 중에 한 사람이 이의를 제기한 모양이었다. 부적격자가 나왔으면 다른 두 사람 중에 한 사람을 채용해야 옳은 것이 아니냐, 우리는 둘러리였느냐? 그렇게 항의가 들어가고 그를 추천해준 후배교수의 조력을 받아 학과 학생들을 동원하여 시위까지 벌이는 사태가 벌어졌다. 그는 모 대학 경주분교의 총장까지 역임한 훌륭한 분이었는데 자격이 넘치고도 남는 분이었다. 그런 것이 문제가 되어 교육부에서 감사관이 파견될 정도였다고 한다.

그런데 어부지리란 말이 있다. 그런 대단한 분이 벅차다고 생각했던지 학교측에선 최종 두 사람 중에 나를 낙점한 것이다. 평생 초등학교 교사와 중학교 교사 경력이 전부인 나를 대학교 조교수로 발령낸 것이다. 서울대 출신의 재원도 젖히고 지방분교의 총장도 젖히고 그야말로 기적이 일어난 것이다. 하늘의 은총이 어찌 없다고 할 것인가? 대학 진학이 평생의 꿈이었던 내가 대학교수가 되었으니 말이다. 아! 하느님, 감사합니다.

대학교의 혼란과 총장 직무대행

나는 분에 넘치는 대학교수가 되자 모자라는 내 자신의 실력을 쌓기에 최선을 다했다. 토요일도 일요일도 쉬지 못하고 연구실에 나와 책을 읽고 논문을 썼다. 그리하여 학생들을 가르치는 교재도 스스로 편찬한 책으로 대신했고, 여러 학회에 부지런히 논문을 발표하기도 했다. 그렇게 연구실에서만 지내다 보니 학교 안에서도 국문과 이외의 교수들은 나의 존재를 거의 모를 정도였다.

그렇게 십수년이 지나서 정년 때가 다가오자 뜻밖의 일이 터졌다. 학교에 소요사태가 터지고 교협이라는 교수단체가 생겨서 총장과 이사장을 물러가라고 시위를 벌이고 학생들은 총장실을 점거하고 잘못된 학사 행정을 바로잡으라고 요구했다. 그런 소용돌이로 설립자의 후손이던 이사장과 총장이 물러나고 외부에서 관선 이사장과 총장이 새로 부임하는 사태로 발전했다.

그런데 그것으로 학교사태가 안정된 것은 아니었다. 내쫓긴 설립자쪽 이사장과 총장 쪽에서 이의를 제기하여 학내사태는 다시 혼란에 빠지고 새로운 총장의 선임 문제가 대두되었다. 그렇게 하여 추대된 분이 정년을 1년 앞둔 두 사람이 천거되었는데 한 사람은 식품영양학과의 윤석권 교수님이고 다른 한 사람은 바로 나였다. 윤석권 교수는 학교에 오래 재직한 데다가 자연대학장을 지낸 분이어서 교협교수들의 지지를 받는 편이었다. 그렇지만 나의 경우는 거의 존재가 알려지지 않은 상태였다. 대부분의 교수들이 내가 국문과에 재직하고 있는지조차도 알지 못하는 형편이었다. 그럼에도 설립자 측에서는 교협의 지지를 받지 않은 사람이 더 좋다는 식이어서 나를 천거하였다. 그리하여 상당 기간 줄다리기가 계속되었는데, 이렇다할 업적도 없지만 과오도 없다 보니 그런대로 타협이 되어 내가 총장 직무대행을 맡게 되었다.

막상 총장 직무대행을 맡아서 논란이 되고 있는 학사행정을 살펴보니 여러 문제점이 한두가지가 아니었다. 한 예로 체육학과의 경우 명칭을 무용과로 바꾸었는데 등록금이 두 배나 뛰었다. 똑같은 학과인데 명칭이 바뀌었다고 해서 두 배의 등록금을 낸 학생들이 등록금 반환운동을 벌이고 총장실을 점거하는 소동이 일어났다. 그런 소동에 새로 부임했던 총장은 학생들을 엄벌한다며 십여 명 넘게 무기정학에 처하고 폭력사범으로 학생들을 경찰에 신고하기까지 했다.

나는 부임한 뒤 새로 임명한 학처장들과 학생들을 구제하는 문제를 논의했다. 그리하여 기존의 서류들을 검토한 결과 과거 학처장회의에서도 학생들을 구제하기 위해서 상당한 노력을 했음을 알 수 있었다. 학생들의 징계를 풀기 위해 서류를 만들고 학생들로 하여금 시험을 치고 학점을 취득하게 해서 졸업이나 진급에 지장이 없도록 애쓴 흔적이 보였다. 등록금 반환문제도 학생들의 주장이 옳다고 판단하여 현금 또는 장학금 형태로 보상하는 방안을 기안해서 결재에 올린 상태였다. 그런데 마지막 최종 결재과정에서 담당자나 담당 학처장이 날인을 하지 않고 있었는데, 최종적으로 책임을 지지 않으려고 해서였다.

1년여를 끈 이런 문제점을 해결하기 위해서 나는 서류를 다시 만들게 하고 내가 책임을 지는 형태로 날인하여 문제를 풀기로 했다. 등록금은 현금으로 반환했다. 그리고 학생들의 징벌은 총장의 성명서로 면제시켰다. 매우 명쾌하게 매듭을 지은 것이다.

이와 비슷한 유형의 여러 학내사건을 내가 책임을 진다는 식으로 모두 해결하였다.

그러나 그것은 독불장군식의 해법이어서 교협소속 교수들의 반발을 샀다. 엉뚱한 놈이 나타나서 교협 교수들이 추진하던 각종 사업을 엉망으로 만들어 놓았다는 비판이었다. 교협과 적대적인 설립자측 이사장은 내가 학교의 분란을 잠재운 것이 다행이라는 측면에서 나를 지지했다. 당시 교협 교수들은 전체교수의 3분의 2가 넘었다. 그들이 매일 3교대로 반을 편성해서 내가 출근하면 아침엔 과거 학처장들이던 교수들이 몰려와서 나의 사퇴를 종용하였고, 점심 때는 교협 간부들이 사퇴를 종용하였고, 저녁 때는 평교수협의회에서 찾아오는 등으로 매일 시달려야 했다.

나는 대학 시절 학교가 재단분규에 휩싸여서 전 재단의 임원들이 학교의 서류를 싸들고 도망가고 새로운 재단 임원들이 그것을 빼앗으려고 달려가는 모습을 여러 번 보았다. 그래서 결국 대학은 없어지고 다른 대학에 병합되어서 나는 모교를 잃고 말았다. 학벌사회의 치열한 경쟁 속에서 내가 모교를 잃고 교수생활을 하기가 얼마나 어려웠던가를 잘 체험하고 있었기 때문에 가급적이면 설립자 측에 학교의 운영권을 넘겨서 대학을 잘 육성해 주기를 바라는 마음이 컸다. 그동안 배출한 졸업생들에게 모교를 잃게 해서는 안된다는 생각에서였다.

나는 나와 뜻을 같이하는 교수들 중심으로 학처장을 임명하고 교직원들과 학생들까지 아우르는 모습으로 대학의 정상화에 노력하여 마침내 설립자측 이사장의 복귀가 이루어질 수 있도록 했다. 그리하여 정년이 되었을 때는 참으로 홀가분한 심정으로 퇴임식을 가질 수 있었다. 그런데 그것으로 모든 것이 끝난 것이 아니었다.

교협 교수들이 나의 행동을 몹시 괘씸히 여겨 서울중앙지검에 '배임'과 '직권남용'으로 고소를 한 것이다. 나는 종암경찰서에 가서 조서를 받았다. 내가 총장 직무대행으로 학생들의 정학을 풀어준 일과 등록금을 돌려준 일 등이 모두 개인의 독단적인 판단이어서 '배임'이며 '직권남용'이라는 것이다. 그런 죄명이 있는 줄도 몰랐던 나로서는 청천하늘의 날벼락이었다. 담당검사는 매우 너그러운 분이어서 악의가 전혀 없는 문제인데 고소한 분들이 지나치다는 입장이었다. 그리하여 고소의 주체인 전임총장에게 전화를 걸어서 본인이 직접 와서 해명하라고 했다. 검사가 나에게 매우 동정적이라고 생각했는데, 몇 번 만나고나서는 슬그머니 태도가 바뀌기 시작했다. 전임총장이 소문난 마당발 인사여서 검찰의 외부고문직도 맡고 있었다. 그의 지시가 검찰 고위층에 전달되었다는 소문과 더불어 나는 징역 1년 6개월의 실형을 구형받게 되었다.

40년 교직생활의 끝판에 학교와 학생들을 위해서 좋은 일을 해보겠다는 의욕이 1년 6개월 감옥형이라니, 기가 막힐 노릇이었다. 그래서 2년여 동안 법정에 들락거리게 되었다. 담당판사는 나에게 물었다.

"그렇게밖에 해결할 방법이 없었습니까?"

"당시 저로서는 그렇습니다. 판사님께서 좋은 방법이 생각나시면 말씀해 주십시오."

나는 그렇게 항변하였다. 결국 판사는 무죄를 선고했다. 교협측은 고등법원에 재차 나를 고소했지만 거기서도 무죄가 선고되었다. 그리하여 나의 오랜 교직생활의 끝은 해피엔딩이 될 수 있었다. 퇴임할 때 음주운전 한 건만 있어도 받을 수 없다던 '황조근조훈장'의 대통령 포상까지 받을 수 있었으니 이 모든 것은 모두 하늘의 도움이라 하겠다.

　퇴직한지 이제 20년이 되어간다. 그동안 대학 설립자측 이사장과 모교출신 총장이 학교를 잘 이끌고 있는 것을 보면서 참으로 다행이라는 생각을 한다. 그리고 졸업생을 포함한 재학생 모두가 학교에 대한 긍지를 가지고 있음을 듣고 고맙게 생각한다. 학교의 관리자들과 교수님들 그리고 학생들이 학교와 스스로의 발전을 위해 노력하고 행복하기를 비는 마음 간절하다.

어느 화가의 죽음

선량한 사람은 빨리 죽는다.
그것이 나의 지론이다. 내 주위에서 착하다고 소문난 사람은 그 소문에 정비례해서 단명했다. 그래서 나는 가급적 착하지 않으려고 노력한다. 술을 좋아하는 내게 술을 마시러 가자고 해놓고 술값을 내지 않는 친구에게 나는 절대로 술을 사지 않는다. 돈이 없다고 딱 잡아뗀다. 나는 극장 앞에서도 두어 번 발길을 돌린 적이 있다. 극장에 가자고 해놓고 돈을 내지 않고 내 얼굴만 쳐다보는 그런 작자를 위해서 나는 절대로 주머니를 열지 않는다. 그럴 땐 물론 마음이 아프다. 아니 쓰리다. 돈이 없다면 모르되 있으니 내야 할 것이 아닌가? 그러나 오래 살려면 방법이 없다. 악할 수는 없지만 착하고 싶지도 않다. 오래 사는 것이 사람들의 욕망이라면 나도 그런 욕망을 지니고 있기 때문이다.
그런데 죽기를 바래서 기를 쓰고 착하려고 하는 사람이 있다. 최 화백이 바로 그렇다. 항상 먼저 술값을 내고 항상 먼저 웃고 항상 먼저 말을 건다. 상대편에게 무언가를 해주고 싶어서 안달이다.
"홍 작가, 내가 개인전을 열려고 하는데 말야."
최 화백이 그렇게 말하자 나는 바짝 긴장한다. 저 양반이 나에게 무엇을 베풀려고 저러는가? 평소 남에게 워낙 베풀기를 좋아하는 분이라 그런 의심을 안 할 수 없다. 그러나 그의 부탁은 엉뚱했다.
"14회째 개인전인데, 200호 이상의 대작들만이네."
이분의 그림은 〈바람 부는 날〉 연작이다. 십여 년이 넘도록 고향의 미루나무들이 바람에 쓸리고 있는 모습만을 그린다.

양념처럼 까치 몇 마리, 또는 노랗게 타고 있는 태양 정도가 곁들인다. 나름대로의 특이한 화풍이라고 화단의 평가를 듣고 있다. 좀더 설명을 곁들인다면 불타는 듯한 황토색의 강렬한 색감, 강풍에 쓸리는 미루나무, 둥지를 향해 날아가는 까치 두 마리, 시골길, 교회의 첨탑, 달동네, 무거운 보따리를 머리에 인 시골 여인네와 종종걸음으로 뒤따르는 아이들이 있을 뿐이다.

그리하여 시골 출신인 내게는 매우 친숙하고 정겨운 향수를 자아낸다. 유년기적 고향이 떠오르고 원초적 욕망이 샘처럼 고여 있고, 그리고 욕망은 바람이 되어 미루나무를 흔든다. 이런 바람에서 오는 역동감이 원초성, 향토성, 동화성의 미감을 불러 일으킨다.

"이번엔 홍 작가가 내 그림의 해설을 맡아주어야 하겠네."

"소설도 아닌 그림 해설을 제가 어떻게 씁니까?"

"그야. 내 설명을 듣고 쓰면 되지."

그렇게 최 화백은 나를 설득하여 부득부득 자신의 화실로 끌고 가서는 그림을 해설하기 시작하는 것이다.

"바람이란게 그렇네. 국토의 분단과 이념의 갈등에서 오는 아픈 상처(trauma)가 바람이 되는 거지. 미루나무를 뿌리채 뽑아 버리려는 광폭한 바람. 그것이 불행한 역사의 소용돌이가 아닌가?"

나중에 안 일이지만 최 화백의 부모와 형제들이 모두 남북전쟁과 사상의 갈등에서 오는 피해로 돌아가신 모양이었다. 그래서 최 화백은 그 소용돌이에서 벗어나지 못하는 것이다. 그가 상당히 좋은 직장마저 팽개치고 고달픈 화가의 길에 매진하게 된 것도 그런 상처에서 벗어나기 위한 몸부림이었던 것으로 보인다.

"그러나 나는 그런 상처를 마음속의 무덤으로 남겨두지 못하지. 황토색의 강렬한 채색을 통하여 맺힌 매듭을 풀고 응어리진 얼음을 녹이려는 것이야. 그래서 물감으로 황토색 언덕을 쌓고 그것을 칼끝으로 긁어내네. 숨겨진 아픔들을 아름다움으로 변용시키려는 것이지. 세찬 바람에도 불구하고 황토색의 느낌은 어머니의 따뜻함이며 또한 대지의 품이지. 근본적으로 우주에 대한 긍정으로 보면 될 것이야."

그의 감상법을 따라서 그림을 다시 보니, 열려진 공간에 밝은 빛의 더미들을 무진장 발견할 수 있었다. 그 빛더미가 어두웠던 우리의 마음을 밝게 하고 꽁꽁 얼었던 마음을 따뜻하게 녹여주던 것이다.

"나는 그림을 그릴 때 200호의 거대한 화폭에다 내 몸을 던지네. 장갑 낀 손으로 빛의 덩어리를 문질러 대며 바람의 통풍구를 손으로 감촉하지. 그리고 나이프로 스크레취 하면서 바람의 무늬결을 사색하네. 내 자신 바람이 되는 것이지."

최 화백은 그렇게 자신의 그림을 자세히 설명했다. 나는 그가 설명해 준 것을 그대로 정리해서 그의 대작전 팜프렛 해설을 완성했다.

최 화백은 소품 위주의 작품을 만들어 왔기 때문에 그의 대작전은 장안의 화제가 되었다. 그리고 의외로 내 이름으로 발표된 작품해설이 명해설이라는 칭찬도 받았다. 그렇게 개인전이 끝난 며칠 후였다. 최 화백이 나의 집으로 직접 찾아왔다.

"자네가 써 준 작품해설이 장안의 화제가 되었네. 고마움을 표하지 않을 수 있나. 그래서 내가 제일 마음에 드는 작품 하나를 선물로 가지고 왔지. 다른 사람들이 모두 눈독 들인 것이지만 꼭 자네를 주고 싶어서 팔지 않았네. 들고 다니기도 쉽지 않아서 직접 가져왔지."

나는 여간 당황하지 않을 수 없었다. 내가 쓴 작품해설이야 그 자신이 설명해준대로 옮겨 쓴 것에 지나지 않았다. 나는 고향 선배인 그의 그림을 꼭 한 점 갖고 싶었지만 수백만원을 호가하는 그의 그림을 살 능력이 없었다. 그런데 선배가 손수 작품을 들고 왔으니 황송하기조차 했다.

내가 술 한잔을 대접하며 작품을 그냥 받기 어렵다고 간곡히 거절하자 최 화백이 말했다.

"이 사람아, 선배가 주는 것이야. 자네 내 그림 좋아하지? 간직할 사람이 간직해야 죽어서도 마음이 놓이는 법이거든. 사실 이 그림은 내가 제일 좋아하는 것일세."

선배는 그렇게 말하며 강제로 그림을 맡기다시피 했다. 최 화백이 떠나는 것을 배웅하며 나는 문득 최 화백이 내게 그림 한 점을 선물하기 위해서 고의적으로 내게 작품해설을 부탁했음을 깨닫게 되었다. 눈물이 핑 돌았다. 그리고 이런 선량한 사람은 오래 살기 어려울 것이라고 생각했다.

그런데 최 화백에 대한 나의 그 방정맞은 생각은 한 달을 넘지 않았다. 나는 꼭 한 달 후에 최 화백의 부고를 받았다. 그는 간암이었고 이미 몇 달 전부터 사형선고 상태였다고 한다. 최 화백은 주위 사람들을 감쪽같이 속이고 평소 그대로 지내왔다. 그리고 내게도 자신의 귀한 작품을 선물하기 위해서 작품해설을 특별히 부탁한 것이다.

나는 눈물을 훔치며 나의 결심을 재확인했다. 나는 절대로 선량해지지 않을 것이라고. 그래서 오래 살 것이라고.

달리던 기차도 멈추게 한 송별연

1.

윤명 시인은 내가 강릉사범학교 때의 국어선생이셨고 나를 문학가로 길러주신 스승이셨다. 선생이 우리를 지도하실 때는 30대 초반의 젊은 시절이었고 교육자적인 열정이 넘치던 때였다. 그래서 많은 제자들이 따르고 흠모했다.

윤 시인은 평양에서 태어나고 성장했다. 우리나라가 해방과 더불어 남북이 분단되자 윤 시인은 부친이 있는 강릉으로 월남했다. 당시 부친은 강릉사범학교 교장이었는데 새로 아내를 얻어 딴 살림을 살고 있었다. 막내였던 윤 시인은 평양에서 어머니를 모시고 아버지를 찾아왔지만, 아버지는 남보듯 냉랭했다고 한다. 그래서 어머니를 모시고 따로 가정을 꾸려야 했다. 군복무를 마치고 강릉농업고등학교에서 잠시 교편을 잡다가 아버지가 다른 학교로 전근 가시자 강릉사범학교 교사로 자리를 옮겼다.

재물에 관심이 없던 선생이신지라 매우 가난했다. 사범학교 관사가 옥천동과 홍제동에 있었는데 홍제동의 관사가 학교와 가깝고 커서 짐을 옮기게 되었다. 다른 교사들은 대체로 트럭으로 두 대 정도의 짐이었는데, 선생은 리어커로 한 대 정도밖에 되지 않았다. 친구들이 리어커를 밀고 나는 나를 짐이 없어 빈 요강을 들고 뒤를 따랐다.

선생은 방과 후에 학생들을 데리고 야외로 나갔다. 산책을 하면서 문학에 대한 담화도 나누고 시를 짓고 노래를 불렀다. 전임자였던 황금찬 시인의 이야기도 들려주었고, 선배인 신봉승 극작가의 얘기도 들려주었다. 어릴 때 대동강에서 스케이트 타던 얘기도 자주 하셨다.

그런 열성 때문에 강릉사범 문예반은 전국적으로 소문이 났다. 전국백일장 대회나 대학주최 문예콩쿨에서 많은 입상자를 냈기 때문이다. 내가 고려대학 주최 문예콩쿨에서 소설로 당선하고 김남기 선배가 시로 당선하여 종합우승을 하였을 때는 전교생이 강릉광장에 나와 대대적인 축하행사를 벌여주기도 했다.

그때《문학예술》지에서 선생을 만나자는 연락이 왔었다고 한다. 시 추천완료를 앞두고 심사위원들이 선생을 만나자고 한 것이다. 기왕 서울까지 온 김이니 잡지사에 들를 만한데도 선생은 끝내 들르지 않았다. 선생이 마음의 갈등을 겪으며 집으로 내려가니 추천완료 소감을 보내라는 통지서가 와 있더라고 한다.

그런 고집이면서도 어린애처럼 순진했다. 내가 학교를 졸업하고 강릉 시내 초등학교 교사가 되었을 때 매일같이 선생님과 더불어 술집 순례를 했다. 크리스마스날은 모처럼 통행금지가 없는 때여서 신봉승 선생이 주는 양주 한 병을 나누어 마시고 교회마다 기웃거리기도 했다. 교인들이 크리스마스 장식을 마치고 잠든 텅 빈 교회당이 보이면 창문을 열고 안으로 스며들어 크리마스를 위해 만들어 둔 크리스마스츄리의 위치를 바꾸어 놓기도 하고, 장식물을 옮겨 놓기도 했다. 하느님이 손님맞이를 잊고 잠든 교인들을 질책하는 것이라고 농담하며 골목대장 노릇을 하기도 했다. 그러다 새벽이 되어 지칠 때가 되면 버스정류소의 대합실 장의자에 길게 누워 눈을 붙였다.

한번은 통금시간인데도 문을 열어주는 식당에서 밤새워 술을 마셨는데 선생께서 이 집이 최돈수네 집이라고 했다. 문예반 2년 후배인 최돈수는 말이 없고 순박했다. 최돈수 모친이 선생님을 위해서 술상을 마련해 주신 것이다. 그래서 통금 걱정 없이 술을 마실 수 있었다.

그런 선생님이지만 가정생활은 그리 원만하지 못했던 것 같다. 사모님이 정신병원에 입원하는 일이 잦았던 것이다. 선생님과 술집 순행을 하다가 통금시간이 임박해서 돌아올 때면 남문동 길갓집에 들러 울타리 너머로 창문을 두들긴다. 충희야. 충희야. 지금은 시인이 된 제자의 이름이다. 선생님의 노크에 제자는 얼른 아기를 안고 나온다. 선생의 어린 딸 정아다. 정신병원에 입원한 엄마 대신에 제자가 돌보아주고 있는 것이다. 선생님은 들었던 과자봉지를 건네주고 터벅터벅 걷는다. 정신병원에 간 엄마 대신 딸 정아를 돌봐주는 제자에게 더없이 고마워하면서 가슴이 쓰린지 구멍가게에서 다시 술 한 잔을 더하자고 하신다.

내가 대학엘 진학해서 오랜만에 선생님을 뵈러 갔을 때였다. 선생님이 집에 계시지 않아서 옆집에 물어보니 병원에 계신다고 했다. 병원은 이곳 비행장소속 공군 소령이 대민지원사업의 일환으로 개업한 것인데 평판이 매우 좋았다. 의사가 미군이라 주로 비행장 근무의 미군과 군속들이 많이 이용하고 특별한 경우에만 일부 시민환자들을 받았다. 병원엘 찾아가니 선생님과 사모님이 아이를 안고 계셨다. 맏아들은 말라리아를 앓고 있었다. 일단 병에 걸리면 마땅한 약이 없다고 한다. 병원의사는 이곳에서는 치료약이 마땅치 않아서 서울의 큰 병원으로 옮겨야 한다고 말했다.

선생님이 미군의사의 말을 사모님과 나에게 통역해 주셨다. 지금 오산 공군기지에 헬리콥터를 보내달라고 요청 중이라고 했다. 그런데 오산기지와 연락이 되자 그쪽에서는 말라리아가 법정전염병이어서 강원도청에서 허락이 먼저 떨어져야하다고 말했다. 강원도청으로 수차례 전화를 했지만 아무도 전화를 받지 않았다. 12시가 넘은 시간이었던 것이다.

하는 수 없이 사모님이 아이를 둘쳐업고 내가 뒤를 받치면서 집으로 돌아와야 했다. 모기에 물리지 않도록 모기장을 단단히 둘러치라는 의사의 조언을 들었다. 아이가 등뒤에서 자꾸만 밑으로 쳐졌다.

"얘가 어찌된 것 같애요. 여보 애가."

사모님이 징징 울었다.

"어서 가요. 집까지 어서 갑시다."

선생님도 나도 그렇게 재촉했다. 집에 도착도 하기 전에 애는 밑으로 축 늘어졌고, 방에 뉘자 숨소리도 들리지 않았다. 선생님이 나에게 말했다.

"어서 집으로 가라. 오늘 험한 꼴 보았구나."

다음날 술집으로 가니 선생님이 계셨다. 이인수 시인이 선생님께 거듭 술잔을 권하며 소리쳤다.

"아. 억울하다 억울해."

선생님이 강릉에서 얻은 장남이 어이없이 세상을 뜬 것이다. '숨 떨어지니 나무토막이나 다름이 없더군' 하시며 선생님은 말씀을 이어나갔다.

"정남이를 안고 안목천 제방을 걷고 있는데 짐꾼이 자꾸 아이를 넘겨달라더군. 안목천을 건너 남항진 공동묘지 입구에서 마지못해 아이를 넘겨주었지. 짐꾼이 담배 한 가치를 붙여 물더군. 그리고 내께도 불붙여서 한 대 권했고. 그렇게 담배 한 가치 태우는 사이에 짐꾼은 애를 공동묘지 모래 웅덩이속에 파묻었지. 오래 걸리지도 않았어."

　윤 시인은 강릉에 많은 애환을 두고 떠나게 되었다. 동국대학 국문과를 졸업하시고 강릉에 첫발로 취직하신 선생님은 강릉농업학교, 강릉사범학교 후일에는 강릉여자고등학교에서 교편을 잡으셨다가 서울로 떠나시게 된 것이다. 제자들이 선생님 전근 소식에 크게 놀랐다. '윤선생께서 전근을 가신단다.' '못 가시게 할 수는 없을까?' '서울이 뭐길래 너도나도 서울이냐?' '그 대쪽같은 성미로 서울생활이 쉬울까?' '그러게 말이야.' 이렇게 우리들은 수근거렸다.

　선생에게는 그동안 여러 일화가 있었다. 사범학교는 취직이 보장되어 있어서 입학시험이 치열했다. 그래서 몇몇 선생이 짜고서 시험 성적을 조작한 일이 있었다. 그 소문을 듣고 교장선생이 가장 곧다고 소문난 윤 시인으로 하여금 시험지를 재검해서 조작 여부를 밝혀내라고 지시했다는 것이다. 윤 시인은 이틀을 꼬박 새우며 시험지들을 모두 검토하고는 다섯 명이나 되는 부정합격자를 가려냈다고 한다. 합격자의 벽보가 나붙기 직전에 급히 수정한 터라 대부분의 선생님들은 전혀 눈치채지 못했다고 한다. 그것으로 인해 여러 명의 선배 선생에게 미움을 사기도 했다. 동료 교사의 일인데 그렇게 밝혀서야 너무 의리가 없지 않느냐는 것이었다.

　시내에 번진 또 하나의 일화가 있었다. 이곳에서 제일 큰 삼문사라는 서점이 있었는데 학교에서 매년 구입하는 도서는 이 서점에서 취급했다. 도서담당이 윤 시인이었음으로 서점 주인은 고마움의 뜻으로 윤 선생댁으로 쌀 한 가마니를 보냈다. 월급으로 책 사기에 바쁜 선생의 생활인지라 끼니를 거르는 일도 있다는 풍문을 들은 터이므로 그렇게 쌀 한 가마니를 보냈던 것이다.

퇴근해서 그 사실을 안 윤 시인은 그 길로 쌀을 리어카에 싣고 서점으로 향했다. 그리고 서점 앞에서 고래고래 고함을 지른 것이다.

"야. 김용태. 이리 나와라. 네가 나를 어찌 보고 이런 짓 하냐? 이 개같은 놈아. 당장 이 쌀가마니를 가져가지 못하겠냐?"

서점이 시내 중심가여서 사람들이 엄청 모였다고 한다. 서점 주인이 놀라서 달려나와 구구한 말로 변명하고 빌고 사죄하고서야 선생의 분노를 가라앉힐 수 있었다고 한다.

세상살이에 대해서는 이처럼 청렴하고 대쪽같이 곧은 성미였고 학생들에 대해서는 성심성의를 다하는 교사였기 때문에 학생들의 선망의 대상이 되고도 남았다. 그런 선생이 전근을 가게 되니 특히 다정다감한 성격의 여학생들에게 여간 충격이 아니었다.

윤 시인이 전근을 가게 된 날. 나는 몇 명의 제자들과 함께 강릉역으로 나갔다. 기차역에는 강릉여자고등학교 전교생들도 송별하기 위해 나와 있었다. 교장 선생님을 비롯한 여러 선생들이 윤 시인과 일일이 악수를 나누며 석별의 정을 나누었다. 시간이 되어 윤 시인이 기차에 올랐다. 이윽고 기차가 기적소리와 더불어 천천히 움직이기 시작했다. 선로에 늘어섰던 여학생들이 기차가 떠나는 것을 보자 그만 일제히 울음을 터뜨리기 시작했다. 수백명의 학생들이 일제히 터뜨린 울음소리는 그대로 하나의 비명과도 같았다.

저만치 달리던 기차가 갑자기 속도를 늦추더니 마침내 멈추어 섰다. 조종석에서 운전을 하던 기관사가 황급히 내려와 선로를 살폈다. 수기로 기차를 떠나보내던 역무원도 황급히 달려왔.

"누가 다친 겁니까? 누가 다쳤어요?"

그들은 차바퀴며 선로의 둘레를 흘끔흘끔 살폈다. 아무런 이상도 발견되지 않았다. 역무원이 아직 그대로 서 있는 인솔교사에게 물었다.
 "왜 학생들이 비명을 지른 겁니까?"
 "비명을 지른 게 아니라 학생들이 울음을 터뜨린 거지요."
 "모든 학생이 일제히 말입니까?"
 "그렇소."
 기관사와 역무원은 머리를 절래절래 흔들었다.
 "역무원 생활 20여년이 넘지만 이런 일은 처음이요."
 "이제까지 이런 경우를 들어 본 일도 없소."
 기관사도, 역무원도 말했다. 그런 법석 중에서도 학생들은 여전히 울음을 그치지 않았다. 참으로 인상 깊은 사건이었다.

2.

 선생님이 서울로 전근 오시자 나는 전보다 자주 선생님을 대할 수 있었다. 대학을 서울에서 다녔기 때문이다. 대학을 졸업하고 인천의 사립고등학교 교사로 근무할 때인데, 선생님께서 직장으로 전화를 주셨다.
 "듣기만 해라. 서울 변두리 중학교에 자리가 하나 났는데 자리를 옮기겠느냐?"
 "옮겨야지요"
 "그럼 됐다. 내일 오후에 그 중학교 교장선생님을 뵈라."
 그 전화 한 마디로 나는 서울 변두리 중학교의 교장선생님을 면담했고 다음날부터 새 학교로 출근할 수 있었다. 당시에 서울시내 학교에 취업하는 것은 굉장히 어려운 일이라는 것을 알고 있던 나로서는 참으로 놀라운 일이었다. 새로 부임한 학교의 서무부장이 상당히 심술궂은 사람인데 내가 쉽게 취직된데 대해서 매우 심술을 부려서 내가 여러 차례나 술대접을 했던 기억이 난다. 그런데 나는 선생님께 고맙다는 인삿말 한 마디로 끝내버렸으니 얼마나 철부지인가.

나는 그 직장에서 자식들을 낳고, 소설가가 되고 대학원을 다니고 대학교수까지 되었으니, 선생님의 은혜는 하늘과 같다는 말이 하나도 그르지 않다. 내 인생의 활로를 열어준 고마움을 잊을 수 없다.

스승의 날, 조병묵 교수에게서 연락이 왔다. 선생님을 모시고 식사대접을 하고 싶다고 해서였다. 선생님과 사모님을 함께 모시고 조병묵 교수가 안내하는 한정식집에서 식사를 대접했다. 언제나처럼 온화하시고 다정다감해서 화기애애하고 즐거운 자리였다. 옛날 제자들과 술 마시던 얘기를 자주했다. 옥계의 분교에 있는 제자가 초청해서 찾아갔던 얘기도 나왔다. 그날 밤새도록 술을 마셨는데, 술이 떨어지자 조 교수가 술심부름을 갔다. 그런데 도무지 돌아오지 않았다. 나는 술심부름을 시킨 터여서 걱정이 되어 찾아 나섰는데 술이 약한 조 교수가 개천가 징검다리 앞에서 술병을 껴안은 채 잠들어 있었다. 당시는 겨울이었고 얼음이 얼어 있어서 돌다리를 건너기가 어려웠던지 조금 쉰다는게 그냥 잠든 것이다. 후일 조 교수는 내가 심부름 시킨 탓은 하지 않고 자신의 생명을 구해준 은인이라고 치켜세우곤 해서 매우 미안한 마음을 갖게 하곤 했다.

산림청 연수부장이던 김청광 시인과 양평초,중학교 교장이던 김학순 시인이 차를 몰고와서 나와 선생님을 태우고 강원도와 양평 인근의 경치 좋은 곳을 두루 구경시키고 맛집도 순례하는 등으로 선생님을 극진히 위했지만 선생의 건강이 좋지 않아 오래

지속하지는 못했다.

　강직한 성품의 선생인지라 자식들 관리하는 일에도 애로가 많았다. 딸 정아가 시집가게 되었을 때 갑자기 사모님이 우리 부부를 찾았다. 딸의 시집날짜를 잡아 두었는데 전부터 사귀던 남자가 결혼을 방해해서 행패를 부리니 딸아이 결혼식까지 두어달만 맡아 달라는 당부였다. 사모님의 청탁이 간절하니 거절할 수 없었다. 다행히 결혼식을 잘 끝내고 잘 사니 퍽이나 다행이라 여겨진다.

　그러던 어느날 조 교수에게서 연락이 왔다. 선생님이 병원에 입원 중이라고 하셨다. 조 교수와 함께 병원을 찾아가니 선생님은 위장에 병이 난 모양이라면서 대수롭지 않게 말씀하셨다. 그러던 중 병이 오래되어 요양병원으로 옮기셨다는 연락을 받게 되었다. 구리시에 있는 요양병원을 찾아가니 선생님은 의식이 말짱한데 도무지 나을 병이 아니라는 투였다.

　"언제까지 이러고 있어야 하냐?"

　선생님의 깐깐한 성격이 느껴졌다. 병이 낫던지 아니면 죽던지 해야지 질질 끌어서 견디기 어렵다는 투였다.

　"참으셔야죠."

　나는 그런 말로 위로할 수밖에 없었다. 선생님의 입원 소식을 듣고 박명자, 이충희 시인과 박양자 교수가 병문안을 왔고, 내가 병실을 안내하였다. 세 제자가 선생님과 오래도록 환담하면서 상당한 액수의 부조금을 건네며 병구완에 힘쓰시라고 위로했다. 간병인도 없이 혼자 있는 모양새여서 돈 간수에도 각별히 신경을 썼는데 선생님은 웃으시면서 괜찮다고 하셨다.

　그런데 제자들이 다녀간지 일주일도 안되어 선생님은 홀연히 눈을 감으셨다. 꼬장꼬장한 생전의 모습 그대로였다. 영안실에 달려갔더니 상주가 된 며느리가 '제자들이 주고간 돈이라며 잘 간수하라'고 당부하는 말을 남기셨다는 말을 전했다. 이충희 시인이 말했다.

"선생님이 자진하신 것은 아닐까?"

병문안 왔을 때의 꼬장꼬장함과 또렷한 의식과 대화를 생각했을 때 그렇게 쉽게 죽을 수 없겠다는 의심에서였다. 선생님은 평소에도 나에게 물으셨다.

"너는 몇 살까지 살 생각이냐?"

나는 느물거리며 말했다.

"80까지는 살아야지요."

내 말을 듣던 선생님은 웃으시며 '욕심이 많구나. 나는 그 정도면 차라리 자살해 버릴꺼다'고 하시던 말씀이 생각났다. 그 대쪽 같은 성미에 낫지 않는 지루한 병을 견디지 못해 자살을 택한 것은 아닌지 하는 방정맞은 생각이 불현듯 떠올랐다.

은사님의 뒷모습

1.

원영동 시인은 내가 강릉사범학교를 다닐 때 사범병설중학교에서 국어를 가르치셨음으로 나오는 간접관계의 은사님이시다. 그러나 선생님은 문학을 지도하셨기 때문에 문학도인 나로서는 선생님을 자주 대하는 입장이었고 그래서 늘 도움을 입었다. 그러나 학교를 졸업하고 한동안은 뵐 기회가 없었다. 세월이란 게 워낙 유수 같고 화살 같아서 눈 깜짝할 사이에 몇십 년이 지나가는 것이다. 문학지에서 선생님의 시를 간간히 보긴 하지만 직접 만나는 기회가 쉽지 않았다.

어느덧 나도 중학교 교사가 되어 국어를 가르치는 국어 선생이 되어있었고 그런 어느 날 느닷없이 선생님의 전화를 받게 되었다.

"요즈음 어떻게 지내나? 아직 소설을 쓰고 있는가? 습작품은 더러 있고?"

선생님은 성격이 매우 급하신 분이라 이런 여러 가지를 한꺼번에 물으셨다. 나는 우선 선생님이 내게 전화를 걸게 된 배경부터가 궁금했다. 후일에 밝혀진 것이지만 선생님과의 다시 만남은 매우 극적인 면이 있었다.

이종사촌 누님께 망나니 아들이 있었다. 원래 착실해서 초, 중학생 때까지는 학급에서 일등이고 반장을 도맡아 하던 모범생이었지만 사춘기에 접어들고 고등학교에서 특활반으로 밴드부를 선택하고부터 행동이 전혀 달라졌다. 툭 하면 싸움질이었다. 그렇게 사고를 다반사로 저지르니 학교에서는 퇴학을 맞게 되고, 돈이 좀 있는 터라 누님은 다른 학교로 전학을 시키고 다시 사고를 쳐서 또 퇴학을 당하고, 그렇게 되풀이하는 동안에 아주 먼 시골 고등학교에 겨우 적을 걸치게 되었다. 누님으로서는 외아들이고, 더구나 한때 착실하던 모범생이었던 것을 생각할 때 여간 안타까운 일이 아니었다. 그래서 여러 사람들에게 줄을 대고 돈을 쓰고 해서 겨우 다시 서울 변두리 고등학교로 전학을 시킬 수 있었던 것이다.

그런데 등교하던 첫날이었다. 규율부 완장을 찬 선배학생이 등교길의 조카를 불러 세웠다.

"네 복장이 이게 뭐냐? 모자는 왜 쓰지 않고 들고 있냐? 못보던 놈 같은데 몇 학년 몇 반이냐? 내가 규율부의 왕대감이란 걸 아냐 모르냐?"

그런 걸 참아낼 조카가 아니었다. 그래서 주먹질을 시작하였고 상대를 반쯤 죽여 놓은 모양이다. 전학해서 등교 첫날 에 이 모양이었으니 퇴학이 불가피했다. 누님은 교감실에 불려가서 여러 말로 사정했다고 한다. '앞으로 그런 일이 절대로 없도록 하겠다. 전학해서 등교 첫날의 일이니 한 번만 용서해 주시오' 하고 말했지만, 무슨 말로도 용서가 되지 않더란 것이다. 그래서 홧김에 '저의 동생도 중학교 선생님입니다. 듣자 하니 선생께서는 예전에 사범학교에 계셨다고 하셨는데 동생도 그곳 출신입니다.' 그렇게 말했더니 그 동생 이름이 뭐냐고 묻더라는 것이다. 그래서 내 이름을 댔더니 크게 반색하시고 즉각 나에게 전화를 걸더라는 것이다.

아무튼 그것이 인연이 되어 조카는 퇴학을 면하게 되고 나는 선생님을 만나게 된 것이다. 나는 선생님의 주문대로 그동안 습작

중이던 소설 작품 서너 편을 갖다드렸는데 선생님은 그 작품을 문예지 추천위원에게 소개해 주셨고, 그것이 인연이 되어 나는 문단에 등단할 수 있었던 것이다.

그 이후로 선생님을 종종 뵙게 되었고 소식이 뜸하다 싶으면 선생께서 항상 먼저 전화를 주시고, 그래서 만나는 기회를 주시곤 하셨다. 그 후 선생님의 권유로 나는 대학원을 다니게 되었고 박사과정을 마치게 되자 선생님은 나의 취직을 위해 적극 주선하셨다. 그 무렵 춘천에 다녀온 일이 새삼 떠오른다.

"나하고 춘천에나 한번 다녀오세."

선생님은 지나는 말처럼 그렇게 말씀하셨고, 그래서 나는 선생님을 따라나섰다. 그때는 내가 박사과정을 마친 직후라서 대학에 몸담기 위해서 퍽도 애를 쓰던 시기였다. 선생님은 그런 내 사정을 알고 계셨기 때문에 내게 어떤 도움을 주고 싶으셨던 것이다. 춘천은 강원도의 도청소재지이고 선생님은 강원도에서 오래도록 교편생활을 하신 터이라 그곳에 동료와 친지들이 많았다. 여러 사람들이 선생님을 만나러 나왔다. 선생님은 제자를 소개하고는,

"늦깎이로 박사과정을 마쳤으니 이젠 고향에서 키워주어야지요."

하고 부탁을 하셨다. 교수 자리는 물론이지만 강사 자리라도 좋으니 제자가 일할 수 있는 기회를 마련해 달라고 간곡히 당부하는 것이었다.

선생님의 부탁은 매우 절실한 것이어서 상대편에게 부담을 주는 일은 아닌가 하고 걱정이 될 정도였다. 나는 나름대로 직장이 있었기 때문에 가볍게 부탁하는 정도라면 몰라도 굳이 그렇게까지 부탁하지 않아도 될 것으로 여겼지만 선생님의 제자 생각하는 마음은 너무나 컸다. 아마도 선생님은 당신의 일이라면 그런

식으로 부탁하지는 않았을 것이다.

　춘천에서 막차를 타고 상봉동 터미널에 내렸을 때는 열두 시에 가까웠다. 그러고 보니 술을 마시느라 저녁식사도 변변히 못한 처지였다.
　"선생님, 저녁식사라도 하시고 가시지요."
　내가 그렇게 말하자 선생님은 머리를 흔드셨다.
　"저녁은 집에 가서 먹지."
　"그럼 택시를 타고 가세요."
　내가 택시를 잡으려고 하자 다시 손을 흔드셨다.
　"이곳에서 과천으로 가는 차가 있더군. 그곳에 가면 안양까지 택시가 많아."
　선생님은 버스 정류장 쪽으로 서둘러 걸으셨다. 이미 예순이 넘은 연세였다. 종일 사람을 만나느라 피로에 지친 모습이 역력했다. 희끗한 머리칼이 가을 서릿발처럼 안쓰럽게 느껴왔다. 그런데도 제자의 택시값을 아끼시려고 서둘러 걸으시는 그 뒷모습이 너무나 아프게 느껴왔다.

2.

　내가 대학에 몸담고부터 선생님을 뵐 기회가 더욱 많아졌다. 주로 문학인들의 모임이다. 선생님은 늘 허허, 웃으시면서 늘 넉넉하고 너그러운 마음으로 사신다. 그리고 강원도에 대한 애착이 남다르다. 그래서 선생님을 뵈면 강원도 암하노불(岩下老佛)의 전형이란 생각을 하게 된다. 큰 바위 아래 참선 중인 늙은 스님의 이미지다. 세상의 온갖 잡사에서 떠나 초연한 자세로 구름처럼 바람처럼 사시는 것이다.

남보다 먼저 웃고, 남보다 먼저 말하고, 남보다 먼저 행하시는 선생님은 남을 즐겁게 하고 싶고 남을 편하게 하고 싶고 남에게 도움이 되고 싶어하신다. 그렇게 남보다 빨리 잘하려고 하시다 보니 성미가 급하다는 오해를 받기도 하신다. 그런 선생님의 내면엔 바위가 홀로 쌓고 있는 외로움 같은 것이 없을까 하는 생각도 든다.

　선생님은 고향인 문막 부근에 제법 큰 야산을 소유하고 계신다. 주변 일대가 골프장이어서 그 땅도 골프장으로 수용될 가능성이 매우 크다고 하신다. 그런 점에서 선생님은 부자라고 할 수 있다. 그런데 정작 그분이 돌아가시게 되어서는 당신의 뼈를 산에 묻지 말고 적당한 곳에 뿌려 달라고 유언하셨다. 유족들이 차마 그럴 수 없어서 납골 전문의 절간에 모시긴 했지만 선생의 뜻은 아니다. 선생에겐 돌아가신 아버지의 시신을 산에 묻지 못하고 화장한 재를 강에 뿌린 아픔이 있고 그래서 당신 자신도 그렇게 떠나가시기를 바랬던 것이 아닌가 하는 생각이 든다. 선생은 어느 잡지의 기고문에서 다음과 같이 말한 바 있다.

　나는 원주에서 나서 철원에서 자라고 강릉에서 뜻을 기렸으니 감자꽃이다. 송강은 강원도의 산하를 두루 섭렵하고 저 관동별곡도 썼지만 나는 빈손일 따름이다만…. 나의 고향은 강원도 도처에 있다. 강원도에는 깊은 추억의 눈물겨운 메시지도 있고 감격스러운 팡세의 파노라마도 있다. 잠시 머물고 잠시 쉬는 곳 어디인들 고향이 아닐까마는 나의 강원도는 분명히 아름답고 영원한 유토피아다.

　선생은 강원도의 특정 지역 출신이라기보다 강원도 전체를 당신의 고향으로 여기는 듯하다. 그래서 강원도의 산을 퍽 좋아하셨다. 그분은 서울 근교의 북한산, 도봉산, 관악산, 수락산, 불암산, 수리산, 감악산을 두루 섭렵하셨다. 그리고 여가에 시간이 있을 때는 한라산의 백록담, 지리산의 천왕봉, 소백산의 국망봉, 태백산의 주목 군락지, 월출산의 기암절벽도 찾았다. 그러나 정작 좋아하고 즐겨 찾던 곳은 강원도의 산들이었다.

내가 특별히 애착을 느끼는 곳도 춘천의 연엽산, 홍천의 팔봉산, 화천의 무학봉, 명주의 오대산, 삼척의 두타산, 횡성의 태기산, 정선의 가리왕산, 인제의 대암산, 속초의 설악산 같은 강원도의 산들이다. 그리고 영월의 어라연, 동해의 무릉계곡, 고성의 북천 골짜기, 양양의 한계령, 명주의 소금강, 평창의 방아다리, 태백의 용정 같은 강원도의 계곡과 약수터 등도 즐겨 갔다. 그 밖에도 나는 동해안을 따라 끝없이 펼쳐지는 광활한 바다와 흰 모랫벌, 소나무 방풍림, 포구의 어선들, 그리고 긴 장화로 부둣가에서 질퍽거리는 어부들을 사랑한다. 문막의 섬강은 물론이요 춘천의 소양강, 강릉의 남대천도 사랑한다. 그런 점에서 나는 강원도의 모든 자연에 대해서 특별한 애착을 지닌다고 하겠다.

강원도의 자연에 특별한 애착을 느낀다는 선생님은 자연의 순리와 섭리를 따라 자연처럼 살고자 하신다. 선생의 좌우명은 상선약수(上善若水)다. 가장 선한 것을 물에서 배우고자 한다. 남보다 아래에 있고자 하고 순리대로 살고자 하며, 무리한 욕심을 보이지 않으신다. 좀 부족한 것 같고 어리석은 것 같고 좀 무디고 양보하고 그러면서 고여 있지 않기를 바라신다. 나는 선생님의 시집 해설에서 다음과 같이 말한 바가 있다.

시인의 근작시 중에서 「허허」의 표현이 자주 나온다. 그런데 이런 표현은 작품적 분위기를 위해서라거나 운율적 기교로 사용된 것이라기보다는 인생과 우주를 대하는 시인의 기본적 의식 곧 '달관'의 자세와 무관하지 않다. 이순(耳順)의 나이에 들어선 시인에게는 세상의 만사가 자연의 섭리 이상이기 어렵다는 깨달음과 궤적을 같이하는 것으로 보인다.

그런 깨달음 때문에 시인은 남과 시비를 벌이는 일이 없다. 남을 비평한 적도 없다. 나를 낮추고 남을 높인다. 할 수만 있다면 남에게 도움이 되고자 한다. 「허허」 한 번 웃고 모든 것을 포용할 줄 아는 시인은 동양적인 달인의 면모를 지닌다. 그래서 그의 주위는 늘 후광처럼 부드러움이 감돌고 화기로운 서기가 감돈다.

시인은 어려움에 부딪칠 대마다 「허허」 한 번 웃고 매듭을 풀어 버리고 「허허」 한번 웃고 세속의 욕심들을 떨쳐 버린다. 「허허」 한 번 웃는 것으로 만사형통이다. 참으로 위대한 달인이다.

위대한 달인으로서의 선생의 면모는 늘 나의 뇌리에 남아 있다. 선생께서 갑자기 돌아가셔서 잡지사로부터 추모글을 써 달라는 부탁을 받게 되었다. 아무런 말도 써지지 않았다. 그렇게 고심하던 날, 밤에 선생께서 나타나셔서 추모글을 지도해 주셨다. 돌아가셔서도 스승이셨다. 나는 눈물을 흘리며 그 글을 옮긴다.

선생님, 선생님께서는 우리 곁을 떠나셨습니다.
평생토록 함께 계실 것이라 의심하지 않았지만 홀연히 모든 것들을 떨쳐 버리고 떠나셨습니다.
어찌나 조용히 급히 가셨는지 장례식장에서 머뭇대던 몇 지인들은 장의차마저 놓쳐 버리고 택시를 세내어 벽제화장터로 달려와야 했습니다. 그리하여 조객들이 배고픔을 달래느라 지하실

식당에서 점심을 먹으며 세속사를 담소하는 짧은 시간에 한줌의 재로 돌아가셨습니다.

선생님의 유골은 벽제화장터 옆의 '해인사 미타원' 납골당에 안치되었습니다. 평소 남의 경조사에 빠진 적이 없건만 선생님의 장례식엔 의식도 없고 그저 나그네처럼 지나치는 지인 몇 명뿐이었습니다. 그래도 선생님은 '허허' 웃으시며 '세상이 그런 것을' 하고 지나치실 것입니다.

너무나 예전 모습 선명해서 저는 선생님의 돌아가심을 믿을 수 없습니다. 그래서 선생님의 죽음을 애도하는 한 줄의 글도 쓸 수 없었습니다.

원고의 마감시간에도 글 한 줄 쓰지 못하고
답답한 그대로 잠들었는데
선생님께서 평소의 모습 그대로 나타나셔서
낙서로 얼룩진 찢겨진 연습종이 한 장과 붓 한 자루를 주셨습니다.
그리고 글제를 주시더군요.
'흰 나비의 꿈'이라고.
저는 낙서가 씌어진 연습종이에다 글제를 쓰기 시작했습니다.
평소에 배우지 못한 붓글씨라 글씨는 멋대로 찌그러지고 거기에 눈물까지 번져서
글씨는 엉망이 되었습니다.
너무 힘들었습니다.
그런 저를 보시고 선생님께서는 평소 그대로 '허허' 웃으셨습니다.
꿈에서까지 당신의 조사(弔詞)를 지도하시는
선생님, 선생님은 진정한 스승이십니다.

꿈 깨서 생각하니

우리의 삶은 장자가 말한 '나비의 꿈'이고, 죽음 또한 그런 꿈꾸기의 연장이 아니겠느냐고, 함께 살아온 삶만도 대단한 것이 아니겠느냐고, 넉넉하게 웃으시며 깨우쳐 주시는 것이라고 깨달아졌습니다.

찢겨진 연습종이처럼 우리의 삶도 그리 반듯한 것도 아니고, 아무렇게 씌어진 낙서처럼 우리 삶의 내용도 그런 종류가 아니겠느냐고

가르쳐 주시며 '허허' 웃으시는 선생님

그 모습 너무나 선연하여 잠 깨서도 눈물을 멈출 수 없었습니다.

선생님, 선생님은 정녕 우리의 영원한 스승이십니다.

　　　- 추모시, 〈흰 나비의 꿈〉 전문

혜산 박두진 선생님

혜산(兮山) 박두진 선생은 대학 시절 은사님이다. 나는 문학을 공부하기 위해서 대학 국문과에 진학을 했고 마침 청록파의 한 사람인 혜산 선생이 그 대학에 계셔서 인연을 맺을 수 있었다. 당시 나는 경제적으로 매우 어려운 처지여서 작은 과외실을 운영하여 학비를 조달했다. 그러다 보니 전공과 관계가 덜하다고 여겨지는 과목은 으레 결강이었다. 그러나 혜산 선생의 과목만은 반드시 수강했다.

혜산 선생은 말솜씨가 좋은 편이 아니었다. 그래서 대부분의 학생들은 교실 뒷전에서 꾸벅꾸벅 졸았다. 그러다보니 혜산 선생은 제일 앞자리에 자리잡고 있는 나만을 바라보며 열심히 강의를 하셨기 때문에 나는 졸 수도 없었고 결강할 수도 없었다. 그런 인연으로 나는 매우 열심히 선생님의 강의를 들은 셈이다.

혜산 선생이 강의를 끝내고 귀가할 때는 내가 동행하는 일이 많았다. 선생은 오장동 냉면을 좋아하셔서 정릉에서 버스를 타고 오장동까지 가는 일도 자주 있었다. 한 번은 을지로를 지나면서 길거리의 난전에서 표주박 몇 개를 사시는 것이었다. 표주박 모양이 매우 좋아보여서 장식품으로 벽에 걸어놓을 것인 모양이라고 여겨서 여쭈었더니 그게 아니고 간장을 푸는 그릇으로 아주 적격이라고 하셨다. 그래서 사신다는 것이다. 선생이 매우 생활적이고 자상하시다는 것을 그때 처음 느꼈다.

개교기념 시화전을 할 때 작품을 제출했더니 시가 괜찮다며 현대문학지에 추천을 받겠느냐고 물으셨다. 당시 선생은 현대문학지 추천위원이셨다. 나는 소설가를 지망하고 있어서 그 제의를 사양했다. 선생은 문학하는 사람은 고집이 필요하다며 나의 사양을 좋게 받아들이시는 것 같았다. 그 때의 시는 죽음에 대해서 다룬 것인데 지금도 기억난다.

밤이면 때때로
문을 두들기는 소리

가슴 언저리에 서성이다가
새벽이면
다시 올 것을 예견하며

투박하게 사라지는
발자국소리

나는 언제나
그를 본다

생명이 싹트는 사랑의 침실이나
신의 복음을 듣는 기도의 시간에도
무표정하게 지켜 서 있는 것을

「거- 누구요」
묻고 싶을 때마다 냉냉하게 스미는 통증
「거- 누구요」
묻고 싶을 때마다 깊은 굴헝 그 유현(幽玄)한 깊이에 눌리는 현깃증

> 호흡의 주변
> 그 지척(咫尺)에서
> 층계를 삐걱이며 다가오는 소리
>   - 졸시 〈지척(咫尺)의 층계〉 전문

  시의 내용에 대해서 선생은 당부를 하셨다. 죽음에 대한 시는 죽을 나이가 되어서 써도 늦지 않다고. 그러니 이런 시를 쓰지 말라고 하셨다. 그 예로 목월 선생의 병문안을 갔었는데 보여주는 시가 모두 죽음에 대해서더라고. 그래서 우려했는데 얼마 되지 않아서 죽더라고. 한 번은 제자 시인이 시를 써 왔는데 모두 죽음에 대한 것이어서 경고를 하셨다는 것이다. 이런 세계에 계속 머물면 죽게 된다고. 그런데도 그 세계에서 벗어나지 못하더니 며칠 후에 결국 죽더라고.
  그런 구체적인 예를 들어가면서 죽음에 대한 시를 쓰지 말라고 주의를 주셨다. 너무 절실하게 들려서 그 다음부터는 죽음에 대한 시는 일체 쓰지 않기로 했다. 선생님의 말씀처럼 죽음이란 것은 아무도 살아난 자가 없기 때문에 아무리 숙고해도 그 깊이를 알 수 없는 것이고 그렇기 때문에 죽을 때 되어서 사색해도 늦지 않다고 생각했다.
  나는 대학을 졸업하던 해에 결혼을 하게 되었는데 혜산 선생께 주례를 부탁하게 되었다. 선생의 자택은 연세대학교의 맞은편 언덕에 있었다. 고향 선배인 이영섭 시인이 동행해 주었는데 선물로 가져갈 것이 마땅치 않아서 선생의 집으로 오르는 골목가게에서 배를 한 상자 샀다. 구멍가게엔 상자곽도 없어서 푸대에다 담았는데 무거워서 끙끙대며 겨우 언덕을 올라갔다. 후일 선생님은 농담처럼 말씀하시곤 했다. 그 푸대자루에서 강릉

토박이 냄새가 나더라고.

혜산 선생은 나의 주례 부탁에 대해서 자네라면 중매를 서줄 수도 있는 일인데 당연히 서주겠다며 쾌히 허락하셨다. 그런 인연이 있어 설 명절 때면 아이들을 데리고 세배를 다녔다. 어느 해 선생님과 더불어 점심식사를 하던 중에 초등학교 6학년이던 막내 녀석이 불쑥 물었다.

"할아버지, 시가 뭐예요?"

매우 갑작스런 질문이어서 선생님께서도 당황한 표정을 지으셨다. 당시 중학교 국어 선생이던 나는 조마조마한 심정으로 선생님의 대답을 기다렸다. 초등학교 6학년생에게 단번에 알아들을 수 있도록 시에 대해서 설명한다는 것이 쉽지 않다는 것을 알기 때문이었다. 한참 뜸을 들이신 선생님께서 말씀하셨다.

"시란 발견이란다. 여기 많은 수석들이 있지. 어떤 돌은 산처럼 보이고 어떤 돌은 시냇물처럼 보이고 어떤 돌은 사람처럼 보이지 않니? 이렇게 마음으로 발견한 것들을 글로 적으면 시가 된단다."

나는 선생님의 그 말씀을 지금도 잘 간직하고 있다. 내 막내 녀석은 이미 오래 전에 까마득히 잊었을 것이지만 말이다.

시는 발견이다. 그리고 그 발견이란 깨달음에서 온다. 그런 점에서 시는 깨달음이다. 그런데 여기에 하나 덧붙이고 싶은 것은 그리움의 정서다. 우리가 유년기적 추억을 시에 담는 것은 이미 멀어져 버린 것에 대한 그리움 때문이다. 그런 점에서 시란 발견이요 깨달음이고 동시에 그리움이다. 앞으로 내가 시를 쓰게 된다면 이런 인식의 틀을 염두에 둘 것이다.

그 자리에서였던 것 같다. 환담 중에 내가 불쑥 말했다.

"선생님. '수석열전(水石列傳)'이 수백 편 넘습니다. 이제 다른 분야로 바꾸시지요. 예를 들면 말입니다. 우리나라의 집단

부락이나 마을, 도시를 제재로 하는 시를 연작 형태로 쓰는 것입니다. 그러면 그 마을의 자라는 아이들이 '청록파 시인 박두진 선생께서 우리 마을을 이렇게 노래했다' 하는 식으로 자랑하고 긍지를 지닐 것입니다. 교육적으로도 매우 좋은 일이지요. 인도의 타고르가 한국에 와 보지도 않고 '조선은 동양의 등불'이라고 읊어서 두고두고 민족의 자랑이 되고 있는 것과도 같은 것이지요."

농담 반 진담 반으로 한 말이었는데 의외로 혜산 선생께서는 관심을 표하셨다.

"그래 홍 군 말대로 한 번 시도해 볼까? '신택리지'란 제목이 어떨까?"

택리지(擇里志)는 동국여지승람(東國與地勝覽)과 더불어 우리나라 지리서의 대표적인 책이다. 혜산 선생의 호응이 크다 싶어서 한동안 기대했었는데 선생께서는 그 일을 이루지 못하시고 세상을 떠나셨다. 선생의 시의 호흡이나 경향 등으로 보아서 매우 적절한 기회라고 여겼던 것인데 지금도 아쉬움이 크다.

이영섭 시인의 출판기념회 때였다. 혜산 선생은 축사를 해 주시기 위해서 참석하셨다. 그런데 앞자리에 마련된 귀빈 자리에 아무도 혜산 선생과 동석하려는 사람이 없었다. 황금찬 선생은 혜산 선생과 거의 동년배여서 동석할 만도 한데 주위에서 그렇게 권해도 황 선생은 끝내 사양하셨다. 황 선생은 목월 선생의 추천을 받은 터라 혜산 선생을 스승과 같이 여겨서 어려워했던 것이다.

분위기가 그렇게 되자 혜산 선생은 나를 지목해서 옆에 앉으라고 하셨다. 나로서는 혜산 선생이 직접 은사이니 그렇게 어려운 처지가 아니었다. 그래서 나만 선생과 동석하는 모양새가 되고 말았다. 선생께서 나를 생각하시는 정이 매우 깊고 그래서 나도 선생을 쉽게 대하는 편이었다.

한번은 인천의 고등학교에서 서울의 중학교로 근무지를 옮겼는데 술좌석에서 내가 혜산 선생과의 지면을 자랑스럽게 떠벌이게 되었다. 그러자 국어 선생들이 청록파의 한 분인 혜산 선생을 직접 뵙는 영광을 가졌으면 좋겠다는 의사를 말했다. 술김에 아마 내가 오시라면 오실 것이라고 큰소리를 치고 그 자리에서 전화를 걸었다. 혜산 선생은 '자네가 자리를 옮겼다니 한번 가 봐야지' 하고 첫마디에 응낙하셨다.

다음날 혜산 선생이 내가 근무하는 학교를 방문하셨다. 여름방학 때로 여겨진다. 국어 선생들이 혜산 선생을 모시고 약수터로 갔다. 혜산 선생은 술을 하지 않으신다. 여름철 대접할 것이라고는 과일밖에 없는데 입이 짧으신 탓인지 복숭아도 반쪽이 전부고 참외도 반쪽이 전부다. 약주를 하셨다면 좋은 술집으로 모실 수 있을 텐데 그렇지 못하니 답답하기 이를 데 없었다. 선생을 접대하기가 너무 어려웠다. 그 후로 한 번도 선생을 초청한 적이 없다.

나는 평소 문학을 하면서 혜산 선생의 꼿꼿한 정신을 늘 귀감하고자 했다. 선생은 문단의 감투에 관심을 가진 적이 없다. 대학에서 신제 박사제도가 새로 생기면서 구제 박사의 마지막 기회에 시인이나 작가에게 박사학위를 취득할 수 있는 기회를 준 적이 있다. 그때 대학에 있던 분들이 대부분 박사학위를 취득했다. 내가 알기에 유명인으로 박사학위를 거절한 인물은 황순원, 서정주, 박두진 선생 정도가 아닌가 한다.

우연한 기회에 선생님과 동행하다가 건강을 위해서 요즈음 어떤 운동을 하시느냐고 여쭈어본 적이 있다. 물구나무서기를 한다고 하신다. 방에서 근 한 시간 정도 물구나무서기를 하고 있으면 몸이 개운하고 아주 좋다는 것이다. 그리고 그런 운동을 하게 된 배경을 설명하셨다.

유신 시절 박정희 대통령 육순을 기해서 생일 축하시를 부탁받았다는 것이다. 그런데 현직 대통령을 경축하는 아첨의 시를 차마 쓸 수가 없더라는 것이다. 그래서 거절하면서 그 이유를 들었다는 것이다. '어느 누구든 살아 있는 분을 위한 시는 쓰지 않노라고.' 그 일로 당시 서슬 푸른 중앙정보부의 추적을 받게 되었고, 그래서 몇 달간 숨어서 지냈다고 하셨다. 남의 집 골방에 숨어 지내노라니 운동할 기회가 없어서 궁여지책으로 생각해 낸 것이 물구나무서기였단다. 권력자에게 다투어 아첨하던 시기에 끝내 자존심을 지킬 수 있었던 혜산 선생님.

선생은 그런 말도 하셨다. 청록파 세 사람이 길을 걸을 때면 조지훈 선생은 하늘만 쳐다보고 목월 선생은 땅을 두리번두리번 살피며 걷고 혜산 선생은 똑바로 앞만 바라보며 걷는다고. 그렇게 한 눈 팔지 않고 정면으로만 걸어오신 선생님.

혜산 선생 생전의 모습이 지금도 눈앞에 아른거린다.

문단 데뷔와 창작 동인

내가 소설가가 된 것은 사범학교를 다녔다는 것과 깊은 상관성이 있다. 사범학교는 초등학교 교원을 양성하는 곳이어서 일반 고등학교와는 달리 대학입시에 대한 중압감이 별로 없었다. 그래서 비교적 자유로운 심정으로 독서를 할 수 있었다. 고등학교 시절 나는 거의 매일 세계 명작 한 권씩을 읽었다. 그래서 고등학교 3년 동안 학교 도서관에 비치된 세계 명작소설을 거의 섭렵하다시피 했다.

그때는 고등학생을 대상으로 하는 문예콩쿨도 여러 곳에서 열렸는데 지도선생의 도움을 받아서 작품을 응모하기도 했다. 그래서 고려대학에서는 소설로, 한양대학에서는 시로, 국학대학에서는 소설과 수필로 입상하는 경력도 가질 수 있었다. 그런 입상경력이 나로 하여금 매우 오만함에 빠지게 했던 것 같다. 대학 국문과 시절에는 신춘문예에 여러 차례 응모했지만 입상의 기회가 주어지지 않았다.

그렇게 시간이 흐르고 보니 문학에 대한 열망에도 불구하고 자신의 능력에 대한 회의가 싹트지 않을 수 없었다. 문학공부를 함께 했던 예전의 친구들이 활발한 작품활동으로 명성을 얻고 있는데 나는 그들의 성공을 부러워하며 지켜볼 수밖에 없었다. 한번은 설날이어서 대학 시절 은사였던 박두진 시인께 세배를 갔더니 세배 온 여러 시인들에게 나를 소개하면서 소설을 쓰려는 '문학도 아무개'로 소개하는 것이었다. 매우 참담한 느낌이었다. 어떻게든 문단에 데뷔해서 '문학도'라는 말에서 벗어나고 싶었지만 뜻대로 되지 않았다. 그리고 이런 가망 없는 노력을 언제까지 계속해야 할 것인지를 고민하지 않을 수 없었다. 오랜 세월 밤을 새우며 작품을 쓰는 노력에도 불구하고 아무런 결실 없이 인생을 끝내게 될 때 그 노력의 대가를 어디서 보상받을 것인가에 대한 회의로 밤잠을 설치기도 했다.

마흔이 가까운 나이가 되자 문단에 등단하지 못한 초조감은 더욱 커졌다. 나는 어떻게든 문단에 데뷔하고 싶었다. 그래서 경쟁이 제일 약할 것이라고 예상한 서울신문사에 작품을 응모했다. 그러나 그 결과도 참담했다. 심혈을 기울여 쓴 작품인데 당선되지 못한 것이 너무나 아쉬워서 아내를 신문사로 보내서 응모작품을 찾아오게 했다. 그때 문화부의 기자가 작품의 원본과 심사평이 실린 신문을 찾아주면서 심사위원 한 분이 작가를 만나보았으면 한다는 말을 전해주었다.

나는 아내가 전해준 신문의 심사소감을 읽어보았다. 심사소감엔 내가 응모한 〈겹화경〉에 대한 감상이 중심을 이루고 있었다. 그러나 당선작은 내용 언급과 관계없는 엉뚱한 작품이 선정되었다. 궁금증을 이기지 못해 즉시로 연락해서 심사위원을 만났다. 내가 만난 심사위원은 비평가 김현 선생이었는데, 그는 후일담이라며 이번 당선작은 모 작가의 부인 작품인데 그 작품 경향이 남편의 경우와 너무 닮아서 현상금을 탐낸 그 작가가 부인의 이름으로 응모한 것이 아닌가 하는 의심이 들었다고 한다. 그러나 본인이 자신의 작품이라고 우기는 바람에 당선작을 바꿀 수 없었다고 했다.

그런 내막을 듣자 나는 더욱 자신을 잃고 말았다. 응모작가가 누구의 부인이란 사실까지 알면서 심사를 한다는 것이니 인맥도 없고 학맥도 없는 나같은 사람의 경우는 문단 등단이 쉽지 않겠다는 생각이 들었던 것이다. 그런 회의에도 불구하고 심기일전하여 다시 작품을 수정해서 〈월간문학〉에 응모했다. 그것이 문단에 첫발을 들여놓는 계기가 되었다. 설흔 아홉 살 나이었다.

그나마 다행이었던 것은 다음 해 〈현대문학〉에 추천완료의 형태로 다시 한번 등단의 절차를 거치게 된 것이다. 나는 뒤늦게 데뷔를 하는 입장이어서 그런 또 하나의 절차가 내 문단활동에 도움이 될 것이라고 생각했다. 그 일 때문에 약간의 곤욕을 치루기도 했다. 당시 〈월간문학〉과 〈현대문학〉의 주간이 조연현 선생으로 동일인이었는데, 〈월간문학〉 쪽에서 매우 섭섭하게 여기었기 때문이다.

일단 데뷔를 하게 되자 나는 바로 작품집 출간을 서둘렀다. 데뷔 다음 해에 그동안의 습작품들을 묶어서 《아직도 출렁이는 어둠을》이라는 소설집을 출간하게 되었다. 그렇게 서둘러 작품집을 출간하게 된 것은 뒤늦은 문단활동에 대한 보상의 성격이기도 했지만, 친구 중의 하나가 출판사에 상당한 액수의 돈을 투자했는데 돈으로는 받을 수 없으나 책으로 출판할 경우에는 출판비조로 공제를 받을 수 있다고 했기 때문이다.

나는 책을 출간해서 친구의 떼일 뻔한 돈을 받아줄 수는 있었지만 자비출판의 형태라 내 자신이 책을 팔아야 했고, 또 상당한 분량의 책이 남아서 이사 때마다 책더미를 갖고 다녀야 하는 바람에 그 소설집은 천덕꾸러기로 취급당해야 했다. 영세한 출판사라 시중에 책을 내놓지도 못했다. 20여 년이 지난 근래에 이르러 제목을 바꾸어서 재출간을 하게 되었는데, 그런 시련의 과정이 있어서인지 특별히 애착을 느끼게 하는 소설집이기도 하다.

돌이켜 보면 소설에 대한 나의 열정에도 불구하고 남보다 문단 등단이 매우 늦었던 것은 개인적 재능에도 문제가 없는 것은 아니겠지만, 직접 소설을 쓰는 현역 소설가의 지도를 받을 수 있는 기회를 갖지 못한 것이 가장 큰 이유가 아닐까 하는 생각이 든다. 문학을 하겠다고 초등학교 교사직도 그만두고 대학 국문과에 진학을 한 나였지만 이상하게도 소설가를 만날 기회가 주어지지 않았다. 거기에다 소심한 성격이어서 스스로 기성작가를 찾아다니지도 못했다. 그것이 나의 문단 데뷔에 장애를 가져왔다는 생각이 든다.

문단에 데뷔하고 나서 그나마 다행이었던 것은 〈월간문학〉 신인상 출신들 중심의 동인을 결성한 일이었다. 〈창작 동인〉의 결성이다. 그리고 동인지로 《태어난 새는 날아야 한다》를 출간했다. 동인들은 강승원을 회장으로 최병탁, 강인수, 오태규, 이상문, 김호운, 이원규, 김예나, 김관숙, 곽의진 등이었다.

처음 문단에 등단해서 잡지사나 신문사에서 원고 청탁을 하는 곳이 없다 보니 등단 과정의 오랜 노력이 참으로 실망스런 입장이었는데 동병상련의 동인들로부터 위로를 받고 격려를 받는 것은 큰 위안이었다. 세월이 지나면서 김호운이 문협 이사장과 소설가협회 이사장을 맡고, 이상문이 펜 이사장과 소설가협회 이사장을 맡는 등으로 문단적 활약을 보여주었고, 이원규 등이 장편소설 발표로 명성을 얻는 등 동인들이 고르게 활동하게 되면서 문단의 한 구석을 담당하게 된 것은 그나마 큰 위안이 되었다.

그 중에서도 최병탁과는 《월간문학》 같은 호에 함께 당선되어 발표된 인연이 있었고, 또 고등학교 교사 출신이어서 나와는 같은 교육자로서 뜻이 통해서 모임이 있으면 마지막까지 함께 통음을 하던 사이가 되었다. 한번은 술모임에서 헤어진 다음날 신발이 바뀌었다고 연락이 왔다. 내 집이 있는 잠실 고수부지에서 만나 서로 신발을 바꾸어 신기로 했는데 만난 김에 한 잔 더 걸치고나서 신발을 바꾸어 신어 보니 어딘가 어색했다. 공교롭게도 두 사람의 발 크기도 같고 구두의 상표도 같고 신발 낡은 정도도 비슷해서 어느 것이 자신의 것인지를 가릴 수가 없었던 것이다. 그래서 본래 신던 그대로 그냥 신기로 하여 두고두고 화제거리가 되었는데, 세월이 지나서도 보고 싶고 만나고 싶은 동인이다.

유금호의 〈속눈썹 한 개 뽑고나서〉

내가 살던 잠실은 송파문학회가 있는 곳이다. 그곳에서 소설가로 유재용, 오찬식, 유금호 등이 함께 어울렸다. 내가 월간지에 발표된 유금호의 단편 〈속눈썹 한 개 뽑고나서〉의 월평을 쓴 것이 있었는데 유재용이 읽고 매우 인상 깊었다며 유금호에게 연락했더니 매우 좋아하더라면서 한 번 만나자고 했다. 그렇게 만나보니 유금호는 나와 같은 교육자이면서 매우 호인이었다. 더구나 동년배여서 같은 동년배인 김용우, 이태원과 더불어 매우 자주 만나는 사이가 되었다. 일부러 조직한 것이 아니면서도 송파문학회가 만들어질 정도였다.

유재용은 강원도의 선배소설가로 강릉문인들과는 자별한 사이었다. 한번은 중국 여행에서 돌아오니 유재용이 암병원에 입원했다는 소식을 듣게 되었다. 놀라서 달려가니 내 손을 잡고 당부하는 것이었다.

"내가 대장암이란 것을 안 것은 최근일세. 그동안 아픈 곳도 없었고 어떤 다른 증세도 없었는데 진찰 결과가 대장암 말기라는 게야. 그러니 홍 교수. 꼭 정밀진찰을 받아 보게"

하고 권하는 것이었다. 그렇게 병문안을 다녀온 며칠 후에 그는 임종을 하고 말았다. 술 좋아하고 사람 좋아하던 그의 갑작스런 죽음은 내게 큰 충격이었다. 그래서 마침 정기 건강검진 때가 되어 대장내시경 특별검진 신청을 하게 되었는데 뜻밖에도 대장암 3기 판정이 나왔다. 그야말로 아픈 증세도 없었고 다른 병징후가 전혀 없던 터라 유재용의 권고가 없었더라면 그냥 놓칠 뻔했던 것이니 천우신조라고 하지 않을 수 없었다. 그의 간곡한 당부가 내 생명을 연장하게 될 줄이야.

유재용과 함께 어울리던 송파의 소설가들은 유재용을 추억하면서 더욱 자주 만나 술추렴을 했다. 서너 명이 만나 술판을 벌이면 제각기 직장에 나갔던 친구들도 모두 소식을 듣고 뒤늦게라도 합류해서 함께 어울리니 돈독하기가 이루 말할 수 없었다. 비교적 경제적 여유가 있는 유금호가 물주가 되어 술값을 전담했는데, 이따금씩 내가 2차를 사겠다고 끼어들게 되면 판이 커졌다.

단골집 식당주인이 친절해서 술집을 옮기지 않고 안방에서 1차, 건넌방에서 2차 하는 식으로 유금호와 내가 맞짱을 뜨게 되면 술판이 화끈 달아오르고 무릉도원이 되어가기 마련이다. 지나가다 들르는 문학인들도 합석하였는데 소설가들은 한 번도 서로 큰 소리를 낸 적이 없다. 어쩌다가 시인이 끼게 되면 꼭 말썽이 생기곤 했는데 우리는 그들을 따돌리고 소설가만 따로 모여서 3차, 4차를 이어갔다.

유금호의 소설 〈속 눈썹 한 개 뽑고나서〉는 서정이 풍부한 소설로 감동적이었다. 우리나라 소설 중에서 김동리의 〈무녀도〉나 황순원의 〈소나기〉에만 익숙한 독자들의 좁은 편견을 바꾸어 놓을 수 있는 좋은 계기로 여겨져서 내가 좋은 작품이라고 평가했던 것이다. 그런 것이 인연이 되어서 유금호와는 매우 가까운 술친구가 되었다.

한번은 양평에서 소설가협회 세미나 행사가 열렸는데 정소성이 내게 와서 말했다.

"소설가가 되기도 쉽지 않고 더구나 교수 되기도 어려운데 작가교수 모임을 주선해 보지 않겠느냐?"

마침 유금호도 참석 중이어서 내가 유금호에게 회장이 되어 줄 것을 적극 권해서 '한국작가교수회'를 창립하기로 의논이 모아졌고, 전국 대학교수 중에서 소설가 출신들을 물색하여 회원을 모집했다. 회장에는 유금호, 상임부회장에 홍성암, 총무에 이병렬 그리고 김용성, 조건상, 정소성, 우한용, 박정규, 강인수, 이진우, 권유, 이덕화 등을 선임하여 총회를 열기로 했다. 그렇게 결성된 한국작가교수회는 회지로《한국 소설》을 발간하였고, 매년 2-3차례 모임을 갖기로 하는 등 모임을 정례화하면서 신인추천제를 두어 작가를 배출하기도 했다. 이런 노력 덕분에 전국의 교수 작가들이 많은 작품들을 발표하였고, 세미나도 개최하는 등의 활약상 보여주었다. 이때 배출된 작가로는 전남대학 서용좌 교수의 발굴을 들 수 있다. 그는 독일 유학 출신의 독문학 교수로 매번 새로운 기법의 소설을 시도함으로써 한국소설의 수준을 한 단계 높였다는 평가를 듣고 있다.

모임은 주로 송파에서 가졌는데 한참 술판이 벌어지고 보면 인기 방송드라마 작가이기도 한 유금호의 사모님이 식당으로 찾아와 몰래 술값을 지불했다. 유금호는 퍽도 다정다감한 성품의 소유자였다. 내가 술김에 마른 상어새끼 고기가 얼마나 맛있었던지를 말한 적이 있었는데, 어느날 슬그머니 신문지에 싼 꾸러미를 내밀었다. 집에서 펴보니 말린 상어새끼 고기였다. 젊은 시절 어쩌다 먹어본 기억을 말한 것인데 목포에서 근무하던 그가 그곳에서 구입해서 가져다준 것이다.

내가 신장병으로 병원을 다니게 되고 술을 마실 수 없게 되어서 삼성병원이 유금호의 집필실 부근이지만 술친구가 될 수 없어서 방문을 잠시 피한 사이에 그는 폐암 선고를 받고 마침내 사망하기에 이르렀으니 참으로 애통하였다. 삼성병원 영안실로 찾아가니 내가 주례섰던 아들이 상주가 되어 있고 그 아들, 그러니 유금호의 귀여운 손자가 반갑게 인사하는 것을 보자 눈물이 왈칵 쏟아졌다.
"내 아들의 주례는 홍 교수가 서야 되겠네. 내 아내가 적극 추천했지."
그래서 내가 주례를 맡게 되었던 것이다. 나는 평범하게 사는 것이 매우 소중하니 남들과 잘 어울리며 평범하게 살라고 덕담했던 기억이 떠올랐다. 유금호의 사모님이 주례서준 고마움으로 좋은 호텔 바에서 멋지게 술 한 잔 대접하라고 했다며 나를 이끌었지만 나는 롯데월드 장마당 마루방에 자리잡고 막걸리 사발 가득 술을 받아마시며 호텔보다 이게 더 호화롭지 않느냐고 버티었고, 유 교수도 아마도 홍 교수가 막걸리집에서 버틸 거라고 했다면서 함께 웃던 기억이 새삼 떠올랐다.
유금호는 나와는 동갑이지만 문단도 선배요, 교수 경력도 선배여서 늘 가까운 형님처럼 의지했는데 그의 갑작스런 서거가 너무나도 안타깝고 한스럽다. 고인의 명복을 빈다.

종교문인회와 장백일 교수

문정희(文丁姬) 시인이 장백일 교수님을 회장으로 모시고 '한국종교문인회'를 결성하면서, 동국대 선학과 교수인 진월 스님과 서강대 박홍 총장 그리고 아동문학가 엄기원 선생을 고문으로 모셨다. 나는 부회장 자격으로 참여하게 되었는데 아마도 장백일 교수님의 천거였던 것이 아닌가 싶다.

장백일 교수님은 내가 대학에서 비평문학을 직접 강의를 들었던 은사님이셨다. 장백일 교수님이 일찍 돌아가셔서 내가 그 후임으로 회장을 이어받기도 했다. 총무에 권연희, 이봉길, 강연홍, 남복희, 이순향 등 10여명의 회원이 함께 했는데, 모두들 착실한 종교인으로 문학작품보다 성격적 원만함이 돋보이는 사람들이었다.

모임은 문정희 시인이 주관했고 《가슴이 따뜻한 사람들》이란 앤소로지를 발간했다. 문정희 주간이 각계 유명인을 섭외하여 필진으로 모셨기 때문에 매우 알찬 잡지라는 평을 들었다. 아주 조촐한 모임이었는데 박홍 총장이 하모니카를 불고, 엄기원 선생이 전자색소폰으로 화음을 맞추어 연주하면 강연홍이 독창을 부르는 등으로 분위기 즐거웠다. 주로 목동이나 안국동에서 모임을 가졌다.

모임이 끝나면 다른 사람들과 헤어지고 장백일 교수와 함께 버스정류장으로 나오다가 정갈한 술집으로 들어가서 이별주를 마시게 된다. 정종 한 잔에 회 한 접시, 조촐한 술상이다. 선생님은 유신시대 일본 조총련의 술접대를 받았다하여 중앙정보부에 붙들려가서 심하게 구타를 당하고 온갖 고문을 당했다. 너무 심하게 맞고 혼절 상태에 빠지기도 했는데 감방의 간수가 몸속의 독을 풀어야 한다며 특별히 마련한 '삭힌 똥물'을 구해서 먹게 했다고 했다.

그런 치료에도 불구하고 날씨가 궂은 날이면 온 삭신이 쑤셔서 술이라도 마시지 않으면 견딜 수 없다고 하셨다. 연세가 들수록 그런 현상이 더욱 심해져서 사모님이 술을 마시지 못하도록 제자들에게 특별히 당부를 하는 터여서 모두들 술 권하기를 어려워 했는데, 선생님은 나만을 따로 불러 한 잔 술을 더 하셨던 것이다. 생선초밥집에서 간단한 회와 정종을 반주로 한 잔 하시면서 한담을 나누던 일들이 오래도록 기억에 남는다.

선생은 당대의 비평가로 명성을 얻었지만 유신시대의 엄청난 구타와 고문으로 골병이 들어 자신의 뜻을 다 펴지 못하고 76세의 연세로 종명하셨으니 참으로 애통한 일이다. 나라를 위해서 또는 정의를 위해서 온갖 박해를 감당하신 수난기의 선배들을 생각할 때마다 나는 부끄럽기 그지없다. 너무나 비겁하게 살아온 인생이 아닌가 하는 생각에서다. 한 몸의 안일만을 도모하면서 투쟁기의 선배들을 외면해온 과거를 두고두고 반성하지 않을 수 없다.

강릉사범학교 그리고 강릉 문인들

강릉사범학교는 내가 문학과 인연을 맺게 된 곳이다. 사범학교는 졸업과 더불어 초등학교 교사로 발령날 수 있어서 대학 입시공부 대신 특별활동이 매우 활발한 곳이었다. 2학년 때 친구들이 주산반에 있던 나를 문예반으로 들어가도록 천거하였다. 내 성격이 문학과 어울린다는 거였다. 그렇게 하여 지도교수의 첫 과제로 시 한 편을 써내게 되었다.

　　하늘나라
　　그곳은 독재의 나라
　　하느님은 독재자
　　천국민은 귀족 지옥민은 평민

그런 식의 글이었는데 지금 생각하면 치기만만한 글이었지만 지도선생님은 학생들 앞에서 그 시를 3번이나 거듭 읽으시고 이걸 네가 직접 쓴 것이냐고 물으셨다. 그러면서 이것을 기성시인이 썼다면 문제작일 수 있지만 초보인 네가 쓴 것이어서 평가하기가 어렵다고 하셨다. 그 말씀에 나는 매우 기고만장했다. 생전 처음 쓴 시를 문제작이네 뭐네 하니 말이다. 그런 자신감 때문이었는지 그 해에 강원일보 현상모집에 시로 입상하였고 고려대학교 문예콩쿨에 소설로 당선되었다. 3학년 때는 한양대학교 문예콩쿨에 시로 당선되었고, 국학대학에서는 수필과 소설로 입상이 되었다.

그러나 그것으로 끝이었다. 매년 신춘문에에 응시했다가 매번 떨어지기를 반복했다. 그러나 내가 문학인이 될 것이라는 꿈을 한 번도 포기한 적이 없었다. 강릉사범 선후배 문학인들이 기라성같이 버티고 있어서 언젠가는 반드시 문단에 등단할 것이라고 기대하였다.

사범 1기생에는 김유진 시인이 계셨다. 매우 솔직담백한 분인데, 한번은 후배 여교사가 자신의 인사청탁을 위해서 나와 함께 그분에게 가주기를 청했다. 당시 김 시인은 인사장학사여서 강릉시내로 전입하고자 하는 많은 사람들의 청탁을 받는 처지였다. 나는 일면식도 없는 처지였지만 학생 때 문예콩쿨에 입상한 경력을 들어 부탁해 달라는 것이었다. 턱없는 부탁이었지만 거절하지 못해 함께 갔었는데 김 시인은 대뜸 '자네가 결혼할 상대인가? 그렇다면 전입시켜 주지'라는 한 마디로 쾌히 승낙하시는 것이었다. 생면부지의 첫 대면임에도 그렇게 화통할 수가 없었다. 그리고 그 후배는 인사이동 때 강릉시내로 발령을 받았.

김유진 시인은 박두진 시인의 추천으로 현대문학으로 등단하셨다. 박두진 시인은 나에게 김유진 시인의 안부를 자주 물었는데, 시 추천과정에서 당당하고 기개있던 그 품성을 매우 좋게 보셨던 것이다. 그리하여 강릉사람에 대한 인식이 매우 좋아져서 이영섭 시인 등의 등단에도 매우 도움이 되었다는 후문이 들리기도 했다.

함혜련 시인도 1기 졸업생이다. 내가 소설문학상을 수상할 때 참석해주어서 인사를 나누었는데 퍽도 반겨주셨다. 5기의 신봉승 극작가나 7기의 홍종석 소설가, 이영섭 시인, 엄기원, 김원기 아동문학가, 9기의 김완기 아동문학가, 10기의 이충희

박명자 시인, 11기 최명길 시인에 이르기까지 그 이후로 많은 강릉 문인들이 배출되었다.

　강릉의 문인들은 내가 사범학교 시절엔 관동문학회란 이름으로 모임을 가졌는데, 교사 출신인 황금찬, 최인희, 윤명, 원영동, 이인수 시인 등과 학생인 신봉승, 홍종석, 이영섭, 등이 주축이었다가 모두들 강릉을 떠나게 되어 한동안 제 기능을 발휘하지 못했다. 그러자 서울쪽에 살던 서정일, 전현우 시인과 강릉의 박명자, 이충희, 조무근 등이 적극 권장하여 윤명, 원영동 선생을 모시고 '강릉사랑문인회'를 결성하게 되어 강릉사범학교와 그 후신인 강릉고등학교 출신 문인들을 규합하여 《강릉가는 길》이라는 잡지를 발간하게 됨으로써 '관동문학회'나 '강릉문학회'와는 다른 출향 강릉 문인회인 '강릉사랑문인회'의 결성이 가능하게 된 것이다.

　'강릉사랑문인회'는 초대회장으로 홍성암이 맡았고, 이어서 박영식, 제갈정웅, 김일수, 김남하. 조철형, 이문자 등으로 이어졌다. 총무는 손수자, 김귀녀 등이 맡았고, 그 밖의 필진으로 이익섭, 이성교, 임인진, 이상기, 공계열, 정평림, 김치경, 강우식, 전세준, 장길환 등이 활발하게 참여하고 있다. 매년 2번 열리는 《강릉가는 길》 출판회는 강릉에 대한 젊은 날의 추억을 되새기는 문학인의 대축제여서, 회장과 총무가 주관하여 음식을 마련하고 술과 안주는 물론 풍성한 유희 프로그램도 있어서 젊은 날 회춘을 가져다준다.

　장기연재글로 내가 쓴 '강릉의 인물'과 이익섭 교수의 '강릉사투리 산책'이 있는데, 서울대 명예교수인 이익섭 교수의 '강릉사투리 연재'는 굉장한 호평을 받고 있다. 언젠가 모임에서 내가 궁금했던 질문으로 "우리 작은집을 '사울댁'으로 부르는데 의미를 모르겠다고 묻자 '사울'은 '사천'(沙川)의 뜻으로 〈사:물〉이라고 명쾌하게 알려주셨다. 즉 '사천집'이란 뜻이었는데, 이 교수 자신이 사천면 출신이었던 것이다. 덧붙여서 '구라미 언덕'은 어디냐고 묻자 '굴밤나무 언덕'이라고 즉석에서 알려주셨다. 우리집 맞은편 바라보이는 낮은 구릉이 '구라미'인데, 평생 그 이름을 부르면서도 의미를 몰랐던 것을 명쾌하게 밝혀주셨다. '구람'은 '굴밤' 즉 도토리에서 나온 이름이라는 것이다. 그러니 굴참나무가 많이 자라는 언덕이 되는 셈이다.

이성교 시인은 삼척 호산 출신이다. 중고등학교를 강릉에서 다녔고 신봉승 등과 문학을 함께 공부하였고 관동문학회 동인이었다. 그는 강릉을 제2의 고향으로 여겨서 강릉의 문인들과 늘 함께 어울렸다. 나는 대학시절 모교 출신 선배인 이성교 시인에게서 시론 강의를 들은 바 있어 특별히 가깝게 느껴지는 분이었다.

이성교 시인이 전도사가 된 아들을 따라 의정부로 이사오자 나는 때때로 점심식사를 함께 하며 가까이 지내던 처지였는데 어느 날 갑자기 소천하셨다는 부고를 접하게 되었다. 도봉산 등산로 입구에 맛집 추어탕집이 있으니 만나자는 연락을 받은지 며칠 되지 않아서였다. 그 맛집은 등산로 대로변에 위치해 있는데 도봉산의 아름다운 풍치를 한눈에 바라볼 수가 있고 오가는 등산객들의 밝은 모습들을 대할 수 있어서 식사를 하면서 담소를 나누기가 더없이 좋은 곳이었다. 선생님의 자택이 도봉산 근처라 좀 일찍 나가서 창가 옆자리를 미리 잡아 놓으시겠다는 말씀도 덧붙이셨다. 워낙 인자하고 자상한 성품이시라 항상 이웃을 배려하고 포근하게 감싸주셔서 선생님과의 약속은 늘 가슴을 설레게 할 정도였다.

그런 고운 심성 때문인지 선생님은 아흔에 가까운 연세임에도 천진한 어린이의 표정 그대로였고 건강한 미소가 넘쳐흘렀다. 근래에 자주 병원 출입을 하는 나를 늘 걱정해 주시던 선생님이셨다. 그런데 뜻밖의 부고라니....

사람의 목숨이 이처럼 허약한가. 선생님의 부고는 인생에 대한 그런 회의를 더욱 짙게 했다. 고등동물이라고 분류되는 사람의 목숨이 파리나 개미의 목숨보다 나을 것이 없다는 생각이 들곤 한다. 근년에 우리를 급습한 코로나의 위력은 그런 생각을 더욱 크게 한다. 가까운 친지들이 마치 이웃집 나들이가듯이 훌훌 떠나고 있기 때문이다.

한민족문화학회의 창설과 기대

'한민족문화학회'는 내가 대학에 몸담고부터 시작한 학술단체다. 학회의 필요성을 느끼고 시작한 학회 창설이었지만 학문적 연륜이 일천한 탓으로 규모있는 학회로 발전하기까지는 많은 애로가 있었다. 내 자신이 의욕만 앞서서 무작정 시작하고 보니 인적, 물적 자원은 물론 경험 부족에서 오는 불완전함은 이루 말할 수 없었다.

내가 다녔던 대학원 동문들과 몇 대학이 합세해서 어설프게 시작된 학회였지만, 그런 중에도 시간이 지나면서 교육부 추천학회로 승인을 받게 되었고, 지금에 이르러서는 국제학회의 면모를 갖추게 되어서 동남아 여러 나라와도 교류하면서 학술발표가 행해지고 있음은 참으로 다행한 일이 아닐 수 없다.

우연한 기회에 메일을 열어보니 '2025년 한민족문화학회 30주년 동계학술대회' 초청장이 와 있었다. '광운대 80주년 기념관'에서 열리는 이 학술대회는 여러 다양한 주제의 강연이 기획되어 있었는데 매우 광범위한 사회현상을 다루고 있었다. 중심 주제로는 '한민족 문화학회 30주년을 통해 바라보는 한국민주주의 역동성'이란 표제로 하여 〈'기생충', '어쩔수 없다'의 계급 재현과 갈등 비교〉〈보편적 부정의 역사인식론, 5.18 한국민주주의 역사철학적 함의〉〈민중과 인민 1950년대 북한 노동문화의 형성과 인민민주주의 가능성 탐색〉이 제시되어 있고, 자유발제 논문으로는 '북한의 기업문화와 민중' '남북한 청년들의 반문화와 노동세계' '사회주의 탈식민 중견국가 북한' '한국 대만의 아시아태평양 전쟁 서사 연구' 등의 발표가 예정되어 있었다.

한민족문화학회는 국어국문학이나 국사학이 그 중심이었는데, 30주년 기념학회에서는 정치 사회문제로 확대하여 우리 민족이 처한 현실과 국제적 관계를 조명하려는 노력을 엿볼 수 있게 하고 있었다. 한 알의 밀알이 떨어져 죽고 새롭게 싹트는 수만 개의 새로운 싹을 기대하듯 한민족문화학회가 어느새 국제문화학회로 성장하고 있음을 엿볼 수 있게 하였다.

처음 학회가 출발했을 때 어려운 여건에서 함께 일을 해 준 김봉진 박사, 노병곤 박사, 조규일 교수, 정달영 교수 등에게 고마움을 표하지 않을 수 없다. 한민족문화학회가 특정학과나 정파로 축소되지 않고 범세계적인 문화현상을 탐구하는 학회로 발전하기를 바라는 염원이 실현되고 있는 것 같아서 많은 기대를 하게 된다.

나는 한민족문화학회가 한국적 전통과도 깊이 접맥되기를 소망하고 있다. 그래서 우리가 처음 초등학교 때 중국식의 사서삼경이나 서양식 격언집을 외우듯이 또는 공자님 말씀이나 맹자님 말씀, 또는 소크라테서나 알렉산더의 격언을 배우듯이 한국적인 것을 출발로 삼고자 했다. 우리의 선조인 단군임금이나 세종임금, 또는 이순신이나 도산 안창호 같은 분의 말씀을 격언집으로 묶어서 동양, 서양 고전을 익히기 이전에 한국의 격언과 속담을 먼저 익히자는 생각이었다. 우리의 많은 선현들의 일화나 교훈들을 추리고 다듬으면 후세의 규범이 될만한 말과 행동이 상당히 있을 것이라고 여겼다. 이른바 한국판 성경이다. 동양 것을 배우기 이전에 그리고 서양 것을 배우기 이전에 한국 것을 먼저 배우고 익히고 말하자는 것이다. 그것의 확장된 양상으로 동양의 사서삼경이나 서양의 격언들을 함께 배우면 좋을 것이란 생각에서였다.

　다음은 족보의 새로운 편찬이다. 우리나라 씨족의 족보는 매우 산만하여 체계 있게 정리된 것 같지가 않다. 그래서 우리의 족보들을 잘 편찬하여 정리하고, 때로는 발췌해서 우리 민족 또는 종족의 우수성을 드러내 보았으면 한다. 잘 알려진 사실과 같이 서양의 구약성경은 유대민족의 역사기록이다. 신약성경도 예수님의 행적을 중심으로 하는 도덕적 기록이다. 이 기록으로 인하여 유대민족의 위대성을 드러낸다. 즉 유대민족이 하늘의 선택을 받은 민족이라는 것을 밝히는 것이다. 한국의 족보도 편집하기에 따라서 한국적 경전이 될 수가 있다. 족보는 한국민의 우수성을 드러낼 수 있는 좋은 자료이기도 하다. 이런 작업을 학회 차원에서 추진하고 국가 차원에서 뒷받침한다면 거국적인 경전의 탄생이 가능하지 않을까 하는 게 내 생각이다.

　이런 나의 구상은 생각하기에 따라서는 과장되고 허황되게 여겨지기도 하지만, 근래 우리의 문화가 K-팝이니 K-푸드니 하는 식으로 각광을 받고 있고 K-산업이라고 할 수 있는 인공지능, 반도체, 원전, K-방산에 이르기까지 세계적인 각광을 받고 있는 것을 고려하면 충분히 도전해 볼만한 문화영역이라고 할 수 있다.

　오랜 과거의 역사를 통해서 중국이나 인접 국가들에 짓눌려온 우리 민족이 스스로의 재능을 발견하고 창달함으로써 이승만, 박정희 대통령이 기초를 닦고 토대를 구축한 민족중흥의 큰 뜻을 실현할 시기가 도래했음을 깨달을 때가 되었다고 보는 것이다. 이제 우리는 세계의 작은 변방 국가가 아니라 미국과 더불어 세계문화를 주도하는 중심국가가 되고 있음을 자각하고 통일 한국과 한민족문화의 새로운 정체성을 확립하는 일에도 심혈을 기울여야 할 것이다.

성년식 파티

숙부가 경영하는 양말공장의 공장장 일을 맡아서 할 때의 일이다. 직장 일이 끝나고 퇴근을 하려는데 미숙이란 아이가 치마폭에 무엇인가를 숨겨서 들여오는 것을 발견하게 되었다.
"그게 뭐냐?"
"술인데요."
미숙의 말이었다.
"아니, 사홉소주병이 아니냐?"
"윤주와 둘이 마실 거예요."
"허 참, 무슨 좋은 일이라도 있냐?"
"오늘이 '성년의 날'이거든요. 그래서 둘이서 성년식파티를 열기로 했어요."
나는 빙긋이 웃지 않을 수 없었다. 집 떠나서 공장의 여직공으로 일하는 그들의 외로움을 누구보다 잘 이해할 수 있을 것 같아서였다.
"술을 마실 줄 알기나 하니?"
"처음 마셔 보려는 거예요. 성년이면 술 한 잔은 마실 줄 알아야 하잖아요? 그래서 방안에서 문을 꼭 잠그고 윤주와 둘이서만 마시기로 했거든요."
미숙은 그렇게 말하며 쪼르르 달아났다. 아주 착실한 아이였다. 이제 성년이 되었다고 평생 처음으로 술을 마셔 보겠다는 큰 결심을 했다니 저절로 미소가 떠오르지 않을 수 없었다. 그런데 문제는 한밤중에 일어났다. 갑자기 집으로 전화가 걸려왔다.

"공장장님 큰일 났습니다."

오늘 숙직을 맡은 최 씨였다.

"두 애가 술을 마시고 기절했습니다."

"이봐요. 덤비지 말고 차근차근 말해 봐요. 술 취해서 자는 걸 갖고 뭘 그래요?"

"그게 아니라니까요."

최 씨의 다급한 목소리로 미루어 상황이 그리 간단한 것만도 아닌 것 같아서 부랴부랴 공장으로 나갔다. 최 씨가 말했다.

"마구 토하는 소리가 들리기에 밖으로 나와 보았더니 한 애는 문밖으로 나와서 쓰러져 있고 다른 애는 방안에 쓰러져 있는데 둘 다 인사불성입니다. 아무리 깨워도 미동도 않습니다. 숨소리도 들리는 것 같지 않더라니까요."

나는 그제야 덜컥 겁이 났다. 방문을 열어 보니 두 아이가 쓰러져 있고 사홉 소주병이 셋이나 방안에 뒹굴고 있었다.

"앰뷸런스를 불러요."

앰뷸런스가 도착해서 두 애를 급히 가까운 종합병원에 입원시켰다. 당직의사는 사건의 전말을 듣자 두 환자를 진찰했다. 청진기로 기초적인 진찰을 마치고 환자의 맥박을 조사하고 호흡을 세던 의사가 미숙을 가리키며 말했다.

"이 아이는 술 때문이 아닌 것 같습니다."

"술 때문이 아니라면요?"

나는 당직의사를 의아하게 바라보았다. 젊은 의사였다. 인턴과정을 막 끝낸 듯싶게 젊어서 아직 학생티가 남아 있었다. 의사는 신중하면서도 단정적으로 말했다.

"우선 외형적으로 술냄새가 전혀 나지 않지요. 말씀처럼 네홉

소주 세 병을 나누어 마신 거라면 술이 만취 상태여야 하는데 이 아이는 그런 증상이 전혀 없습니다. 토한 흔적도 없고요."

듣고 보니 그렇기도 했다.

"검진을 더 자세히 해 보아야 알 일입니다만… 약을 복용한 것 같습니다."

이건 정말 청천의 벽력이었다. 그리고 이건 또한 보통 문제가 아니었다. 여자 직공들 중에는 간혹 약을 복용하는 일이 있었다. 대부분 남자에게 실연당한 경우에 그랬다. 순진하고 착한 아이들이 어쩌다 실연이라도 하게 되면 절망적인 심정이 되어 약을 먹기도 하는데 시간을 놓쳐 버리면 영영 목숨을 잃는 수도 있었다.

"보호자가 누구지요?"

내가 의사에게 이 아이들을 고용하고 있는 공장의 공장장이라고 했다.

"부모를 모셔와야 합니다."

의사는 차갑게 말했다. 나는 최 씨에게 보호자 주소난을 뒤져서 전화연락을 취하라고 지시를 했다. 그러는 동안 의사는 두 애의 침대를 처치실로 옮기게 했다. 위를 세척하기 위해서였다. 참으로 초조한 일이었다.

몇 시간이나 지났던지 바깥이 떠들썩했다. 이윽고 한 사내가 내게로 다가왔다.

"당신이 공장장이요?"

사내가 대뜸 그렇게 물었다.

"그렇습니다."

"내 딸 미숙이 어디 있소?"

내가 주춤거리자 그는 대뜸 내 멱살을 움켜잡았다.

"내 딸 살려내. 내 딸 살려내라고…. 그게 어떤 자식인지 알기나 해?"

나는 놀라서 그를 만류했다.

"잠깐 참으시오. 내 말이나 들어보시오."

그러나 미숙이 아버지는 이미 제정신이 아니었다.

"쌍놈의 것. 그 애가 죽기만 해봐라. 온 세상을 확 불태우고 말 꺼라…. 쌍놈의 세상."

미숙이 아버지는 입에 거품을 물었다. 그렇게 어수선한 중에 중환자실의 문이 열렸다. 이번에는 늙은 의사였다. 그는 바깥에 모여 있는 사람들을 보며 힐난하듯 말했다.

"왜들 이리 소란이요?"

"우리 딸 어찌 되었소?"

미숙이 아버지가 의사에게 매달리며 물었다.

"어찌 되다니?"

"죽지는 않겠지유?"

"죽다니?"

"그럼 괜찮은 겁니까?"

의사는 한심하다는 듯이 말했다.

"조용히 하란 말이요. 잠을 푹 잘 수 있도록 말이요. 체질에 안 받는 술을 깡으로 마셔 놓았으니…."

"약물 복용은 아닙니까?"

내가 그제야 정신을 차리고 서둘러 물었다.

"멀쩡한 애를 두고 약물 복용은 또 뭐요?"

의사는 한심하다는 듯이 덧붙였다.

"술이 받지 않는 이상체질이란게 있어요. 그걸 약물 복용으로 오진한 거요. 아무튼, 경험 없는 젊은 의사란 것들도 탈은 탈이지."

늙은 의사가 자리를 뜨자 어안이 벙벙해진 우리는 서로의 얼굴을 쳐다보았다. 미숙이 아버지가 문득 정신이 돌아왔는지 말을 꺼냈다.
"공장장님, 이거 죄송하게 되었수다. 지가 해장술 한 잔 사지유."
세상을 확- 불태우고 말겠다던 미숙이 아버지의 얼굴은 어느 사이에 선량한 모습으로 돌아가 있었다. 나는 그 선량한 얼굴을 보자 해장술 한 잔 사겠다는 제의를 차마 거절할 수 없었다.

고향의 꿈

　우리 공장에서 단연 인기가 있는 사람은 수위 일을 보는 최 씨다. 최 씨는 인품이 너그러워서 마음씨 좋은 아저씨 같은 데다가 회사의 시시콜콜한 일까지도 잘 알고 있어서 젊은 직공들의 궁금증을 잘 풀어주기 때문이다. 더구나 구수한 말재주 때문에 누구든지 최 씨와 같이 있으면 시간 가는 줄을 몰랐다.
　"최 씨 아저씨, 미숙이 술실력은 좀 늘었습니까?"
　젊은 남자 공원들은 여직공들의 사생활을 매우 듣고 싶어 했다.
　"그 애들이 몰래 술 마실 때면 좀 알려주세요. 제가 거들면 그런 불상사는 없을 테니까요."
　"이놈들아. 그게 맨입에 될 일이냐?"
　최 씨가 맨입에 안 된다는 말은 술을 사야 한다는 뜻이기도 했다. 최 씨는 술을 좋아했다. 그러다 보니 이런저런 핑계로 대포집에 몰려가 함께 술잔을 기울이기 일쑤다. 술자리가 벌어지면 으레 최 씨가 판을 휘젓는다. 그만큼 입담이 좋았다. 최 씨의 이야기란 게 허무맹랑한 야담조가 대부분이다. 그중의 하나가 '물개사냥' 이야기다.
　"물개란 놈은 말일세. 겁이 많아서 혼자서는 못 다니고 백여 마리가 떼를 지어 다니는 놈들인데. 잠을 잘 때는 해안에서 한참 떨어진 바위에서 무리를 지어 잠을 자지. 놈들은 대장의 지시에 따라 수컷 한 놈을 보초로 세우고서야 잠이 드는데 이놈들을 잡는 멋있는 방법이 있단 말씀이야."
　최 씨가 그런 식으로 말을 꺼내면 그의 주위에서 술잔을 기울이던 젊은이들은 속는 줄을 뻔히 알면서도 열심히 듣기 시작한다.

"우선 깊은 밤에 작은 전마선을 타고 노를 저어서 물개들이 잠자는 바위로 바짝 다가가는 거지. 그리고는 라이터를 꺼내서 번쩍번쩍 몇 번 불빛을 낸단 말씀이야. 그리고 얼른 뱃전에 엎드려 죽은 척 숨을 죽이고 기다리면 보초를 서고 있던 물개가 난데없는 불빛에 놀라 소리를 질러 동료들을 모두 깨우게 되네. 그렇게 되면 모든 물개들은 잠을 깨서 대장의 지시에 따라 바위 근처를 샅샅이 뒤져서 틈입자를 색출해 내기 시작하지. 그러나 끝내 아무 이상을 발견하지 못하게 되면 노한 물개들이 일제히 보초를 섰던 놈에게 달려들어서 피투성이가 되어 죽게 될 때까지 물어뜯고 발길질하고 야단법석을 떠네. 그러고는 다른 놈을 보초로 세우고 다시 잠이 들지."

최 씨는 직접 눈으로 본 듯이 입에 침을 튀기며 말했다.

"놈들이 다시 잠들고 조용해지면 그때를 기다려서 다시 얼굴을 내밀고 라이터로 번쩍번쩍 불빛을 비추는 게야. 그렇게 되면 또 한 차례 야단법석이 일어나지. 그렇게 밤을 밝히고 새벽이 되어 물개들이 모두 떠난 후에 보면 대여섯 마리의 수놈 물개들이 죽어 있기 마련이거든. 물개란 수컷의 물건만 필요하지 암컷의 물건은 아무 쓸모가 없으니 아주 멋진 사냥이란 말씀이야."

최 씨의 이야기란 게 대개 그런 식이었다. 내가 그런 술자리에 끼지 않으려고 핑계를 만들어도 소용없었다.

"이 사람아. 공장장쯤 되면 직공들의 마음이 어디로 쏠리는 것쯤은 알고 있어야 하는 게야. 술좌석에 함께 참석하기도 해야 정도 들고 서로의 흉금을 터놓게도 되는 게지. 공장장 자리가 뭐 그리 큰 벼슬자리라고…. 유세하면 안 되는 기라."

최 씨가 그런 식으로 나오니 차마 술자리를 거절할 수 없었다. 술이 얼큰해지자 최 씨는 고향을 핑계 대고 이야기를 시작했다.

"자네들한테만 알려주는 것이지만 말이네, 내 고향 통천 지방엔 말일세."

최 씨는 고향이 지금은 휴전선 이북이 된 통천지방 총석정 부근의 바닷가라고 했다.

"내 집은 바닷가 옆 늪지대란 말이네."

집 앞에는 갈대가 무성한 큰 늪지대가 있는데 어릴 땐 주로 그 늪지대에서 고기도 잡고 쪽배를 타기도 하면서 시간을 보냈다고 한다.

"내 집 바로 앞에 '풍호'라는 호수가 있는데, 말이 호수지 그냥 늪이라고 해야 알맞을 게야. 물은 더없이 맑지만 그 바닥이 온통 뻘진흙이거든. 그 늪엔 가물치란 놈이 지천인데 말씀이야."

최 씨는 가물치란 물고기에 대해서 장황하게 늘어놓았다.

"이 가물치란 물고기는 참으로 희한한 놈인데, 모양으로 말하자면 미꾸라지의 증조벌이나 되는 놈이랄까? 미꾸라지처럼 진흙뻘 속에 파묻혀 살지만 몸피는 열갑절도 넘게 크고, 때로는 훌쩍 날아서 나뭇가지에서 잠을 자기도 한단 말이네. 살코기가 단단하고 꼬들꼬들해서 횟감으로도 일품이고 뽀얀 물이 나오도록 푹 고으면 산모의 몸조리 보약으로도 최고네. 우리 같은 가난한 시골에 갑작스레 손님이라도 오면 대접할 게 마땅치 않지. 그런데 다행히 '풍호'에 가물치가 많아서 이놈을 잡아서 회도 뜨고 찌개도 끓이고 해서 술대접을 하게 되는데, 이놈을 잡는 방법이 또한 재미있다 그 말씀이야."

최 씨는 그렇게 말하며 소주잔을 단숨에 홀짝 비우고는 술잔을 돌렸다.

"가물치란 놈을 잡을 땐 네 개의 막대기에다 그물을 둘둘 감아서 만든 통발로 갈대숲의 진흙 속을 쿡쿡 쑤시는 거라. 그때 푸드득 하고 놈이 꼬리를 치는 감촉을 느끼게 되는데 그건 바로 그놈이 그물 안에 갇혔다는 신호가 되는 거지. 그러면 그물 위쪽 터진 구멍으로 팔뚝을 집어넣고 휘저어서 놈을 움켜내는데 대개는 팔뚝만큼이나 큰놈들이고 더러는 다리통만큼이나 큰놈들도 있지. 워낙 힘이 좋아서 능숙하게 꽉 움켜야지 그렇지 못하면 미끈덩 빠져나가서 허공을 휙- 날아 물속으로 도망을 치고 마네."

기능공 출신인 준석이가 불쑥 이의를 달았다.

"날개도 없는 물고기가 어떻게 허공을 날아요?"

"허. 자네들은 젊어서 탈이야. 뭘 듣고 본게 없다 그 말이지. '가물치 콧구멍'이란 말도 못들어 보았나? 가물치란 놈은 콧구멍으로 숨을 쉬는 놈이야. 그놈들은 깊은 밤이면 진흙뻘에서 기어 나와 지느러미를 날개처럼 퍼득여서 늪 가장자리에 서 있는 미루나무나 수양버들에 올라타고서 잠을 자는 놈들이야. 고요한 밤에 늪으로 나가면 가물치들이 곤하게 잠자며 코를 고는 소리까지 들을 수 있다 그 말이네."

최 씨의 이야기가 이 지경까지 되면 모두가 어리둥절해지기 마련이다. 물고기란 놈이 나뭇가지에 새처럼 올라앉아서 코를 골며 잔다니 말이다. 젊은이들이 믿지 못하는 눈치니까 최 씨는 더욱 열변을 토하기 시작했다.

"이 사람들아, 그 정도를 갖고 믿지 못하니 문어가 무를 뽑아 먹는 얘기를 들으면 기절초풍을 하겠구먼?"

"문어가 무를 뽑아 먹는다고요?"

"허, 요즈음 것들은 아무것도 모른다니까. 그러면 들어보겠나?"

최 씨는 다시 술잔을 들어 입속에 쏟아부었다.

"우리 마을에서 조금 북쪽으로 가면 '궁바다'란 곳이 있는데 그곳은 다른 지역보다 파도가 센 곳이여. 파도가 세게 치는 날이면 배가 고파진 늙은 문어란 놈이 해변의 밭두덩까지 올라와서 곧잘 무를 훔쳐먹는단 말이네. 제힘으로 먹이를 잡아먹긴 어렵고 하니까 그런 짓을 하는 게여. 그래서 그곳 사람들은 해변 바짝 붙어 있는 밭에단 무를 심지 않는 관습이 있단 말이여."

고향이 시골인 철용이란 젊은이가 나섰다.

"우리집도 해변이지만 그런 말은 듣지 못했는데요."

"허허, 해변도 해변 나름이지. 금강산이 바라보이는 우리 고향은 특별한 곳이라 그 말이네. 그럼 자네 같은 친구는 문어가 참새를 잡아먹는 일은 더구나 못 믿겠군."

"갈수록 태산입니다. 문어가 참새를 잡아먹다니요?"

"그럼 들어보게."

최 씨는 기세 좋게 술잔을 비우고는 다시 말을 이었다.

"문어란 놈들이 무를 뽑아먹는 일만으로는 성이 차지 않으니까 기막힌 꾀를 생각해 낸단 말이여. 어떻게 하는고 하면 나이가 들어 노회해진 문어란 놈이 참새를 쫓으려고 세워둔 허수아비 옆으로 기어가서는 자신의 다리로 허수아비를 감고 기어올라서 허수아비처럼 팔을 쫙 벌리고 버티어 선다 그 말이네. 참새 눈에는 막대기에다 울긋불긋한 옷을 걸친 허수아비나 거기에 기대어 선 붉은 색깔의 문어나 그게 그거로 보이거든. 그래 놓으니 참새들 중의 더러는 문어의 대머리에도 날아와 앉고 더러는 쫙 벌린 두 팔에도 날아와 앉는단 말일세. 그러면 문어란 놈은 재빨리 벌리고 있던 다리로 참새를 후려쳐서 기절시키고는 천천히 그놈들을 입속으로 틀어넣는단 말이여."

최 씨의 말이 그렇게 이어지니 모두들 어안이 벙벙해서 입을 떡

벌리고 다음 말을 기다렸다. 그러자 최 씨는 아주 흡족하다는 듯이 술잔을 비우고는 덧붙여 말했다.

"문어가 참새를 잡아먹는 일은 약과고 우리 고향에선 누에알에서 갓 태어난 누에새끼가 물고기로 변하는 일도 비일비잰기라. 그 새까만 누에새끼들이 어떨 때는 말이지, 날씨가 너무 무덥던가, 습기가 너무 지나쳐서 답답하던가, 구질구질 장마가 지리하게 계속되던가… 그럴 땐 말이지 돌연히 작은 물고기로 변하네. 그놈들이 가물가물 허물벗듯 물고기로 변하는 모양은 참으로 신기하네. 자네들 눈발떼기란 물고기를 아는가? 봇도랑에 가면 눈발떼기란 작은 물고기들이 떼를 지어 다니는데 그놈들은 대게 누에새끼들이 변한 거여."

"씨앗의 종류가 다른데 어찌 그런 일이 일어날 수 있어요?"

"허. 어서 통일이 되어야 하는 건데. 그러면 자네들을 우리 고향으로 데려가서 가물치가 날아가는 모습이라든지, 문어가 참새를 잡는 모습하며, 누에알에서 눈발떼기가 만들어지는 모습들을 보여줄 수 있을 건데…"

"이상하네요. 하필 아저씨네 고향에서만 그런 일이 일어난다니 말입니다."

"몰라서들 그런거여. 그런 일이란 그렇게 흔하게 드러내놓고 일어나는 일이 아니거든. 중요한 일일수록 은밀하게 일어나는 법이거든. 내 고향 통천지방은 그러니 금강산이 바라보이고 총석정이 코밑에 있는 그런 영험한 땅이라 다른 곳에서는 일어나지 않는 일도 종종 일어난단 말이여. 사람이 죽으면 그 영혼이 새가 되어 발자국을 남긴다는 말도 그저 헛말이 아닌기라. 남의 말을 우습게 듣는 게 아니여."

그렇게 말하는 최 씨의 망막 저쪽에는 고향의 하늘과 늪과 바다와 집들이 가물가물 다가오는 것이었다. 그 말을 듣고 있는 젊은이들의 시야에도 먼 시골마을의 아지랑이며 무지개가 선히 피어오르기 시작했다. 고향 떠난 지 얼마 되지 않는 내 자신의 머릿속에서도 고향의 실개천이며 과수원과 오솔길들이 뿌옇게 떠올랐다. 옛날 옛적 호랑이가 담배 먹고 별똥별이 무시로 떨어져 내리는 그런 고향의 전설도 함께 떠올랐다. 그래서인지 아무도 더이상 최 씨의 말에 이의를 다는 사람은 없었다.

아파트

남자들의 세계에서 술을 빼놓으면 남는 것이 무엇일까? 나는 때때로 그런 생각을 한다. 기분이 좋아도 술이고 기분이 나빠도 술이다. 심심해도 술이고 바쁘고 피곤해도 술이다. 술이란 놈이 없으면 아예 살맛이 없다고 하는 사람도 많다. 수위 일을 보는 최 씨야말로 그런 사람의 대표격이다. 그래서 그는 늘 취해서 산다. 아침에 반주로 소주 한 잔을 걸치고 점심에는 석 잔을 걸치고 저녁에는 마음 내키는 대로 마신다.

"이 사람아. 내게 낙이라곤 술 마시는 것밖에 없네."

최 씨는 그런 식으로 말하곤 했다. 술꾼들이 으레 하는 말이다.

그날도 최 씨는 아주 만취 상태였다. 나는 그날따라 야근이 있어서 늦게 퇴근하다가 골목길에서 최 씨를 만난 것이다. 최 씨는 순찰도는 순경이 지켜보는 것도 모르고 담벼락에 오줌을 깔기고 있었다. 내가 조마조마한 마음으로 바라보고 있자니 아니나 다를까 순경이 그에게로 다가가서는 거칠게 물었다.

"이봐요. 당신 여기서 뭘하는 거요?"

최 씨는 뒤돌아보지도 않은 채 퉁명스럽게 말을 받았다.

"보면 몰라."

"허, 이 양반아. 여긴 변소가 아니란 말이요."

"그래서…? 바지에다 오줌을 깔기란 말인가?"

"그건 당신 사정이고…. 아무튼 파출소로 좀 갑시다."

그제야 최 씨는 힐끗 뒤를 돌아보고는 상대가 순경이라는 사실을 발견했다.

"젠장. 누던 오줌은 마저 누어야지."

최 씨가 그렇게 나오니 순경은 어이가 없는 모양이었다. 최 씨는 오줌을 다 누고는 느릿느릿 바지의 지퍼를 올렸다. 그리고는 비틀거리는 걸음으로 순경의 뒤를 따랐다. 나는 아무래도 못 본 척 하기가 어려워서 순경의 뒤를 쫓았다. 그리고 사정을 했다.

"이분은 제가 근무하는 공장의 직원입니다. 나이가 연만하신 분이라 술김에 그런 것이니 사정을 좀 보아주시요."

"글쎄 말이요. 나도 연만하신 분이라 사정을 보아주려고 했는데 말이요. 미안하다는 말은 한 마디도 않고 저렇게 당당하니 어쩝니까? 이런 분은 경범죄로 며칠 구류를 살아보아야 다시는 이런 짓을 하지 않을 겁니다."

"술 취한 개라지 않소. 평소에는 아주 좋은 분이요."

내가 극구 사정해서야 최 씨는 겨우 놓여날 수가 있었다.

"젠장. 길거리에 공중변소 하나 안 지어 놓고 어쩌란 말이야. 오줌보가 터져 나가는데 옷에다 오줌을 눌까?"

최 씨는 여전히 당당했다.

"아무튼, 공장장 덕택에 파출소 신세를 면했으니 내가 술 한 잔 내지."

"아닙니다. 오늘은 늦었고 약주도 과하신 것 같고."

"허, 이 사람. 저기 저 아파트가 우리 집이야."

최 씨는 막무가내로 나를 이끌었다. 힘이 워낙 좋은 최 씨라 한번 팔을 잡혀 놓으니 뿌리칠 재간도 없었다. 최 씨의 집이 있는 아파트단지로 들어서자 최 씨가 투덜거렸다.

"젠장. 아파트란 놈은 언제나 생소하단 말이네. 새집처럼 다닥다닥 구멍을 뚫어 놓고 사는 게 아니고 뭔가? 집이란 모름지기

뜰이 있고 채소 몇 포기는 심을 수 있어야지. 요즈음 여자들이란 게 편한 것만을 바래서 말이네, 아파트만 찾지만 그게 어디 사람 살 덴가?"

최 씨는 불만이 많았다. 최 씨는 주택에서 살다가 근래에야 아파트로 이사를 했다. 평소의 고집 같으면 누구의 말도 들을 위인이 아니지만 재취로 젊은 여자를 얻고부터는 조금 달라져 있었다. 최 씨는 상처한지가 오래되었다. 주위에서 재취를 권해도 듣지 않았는데 아들과 딸을 결혼시키고 나서 혼자만 살게 되니 외로웠던지 뒤늦게 젊은 과부와 재혼을 한 것이다. 그런데 그 후처가 굳이 아파트를 고집해서 결국 이리로 이사를 한 것이다. 그래서인지 불만도 많았다.

"이봐. 공장장. 요즈음 계집년들은 말야. 제 사내 알기를 말이네. 개똥만큼도 안여긴다 그 말이네. 예전 같으면 사내가 하늘이지. 그래서 하늘을 봐야 별을 딴다는 말도 나온 거지. 암탉이 울면 집안이 망한다는 속담도 그래서 나온 거라. 그런데 말이네. 요즈음은 망조가 들었는지 온통 계집년들만 설치고 다니는 판이여. 백화점이다 음식점이다 길거리를 누비며 돈을 펑펑 쓰는 것만도 모자라서 심지어는 서방질까지 한다 그 말이네."

최 씨는 이리 비틀 저리 비틀 걸으며 말을 계속했다.

"그런데 요즈음 사내놈들은 또 어떤가? 직장에 나와서는 상사의 눈치나 슬슬 보면서 숨도 제대로 쉬지 못하다가, 제집에 가서는 마누라의 눈치나 슬슬 보면서 봉급 적은 것을 미안해하고, 심지어는 자식새끼들 과외 보내지 못하는 것도 자기 죄라 여기어서 애들한테마저도 큰소리 하나 치지 못한다 이거여. 이래 갖고 어떻게 사내노릇을 제대로 할 것이냔 말이여."

최 씨는 입에 거품을 물었다.

"예전 우리 아버진 말이여. 농삿군이란 말이네. 아주 가난뱅이 소작농이지만 술 한잔 걸치면 동구 밖에서부터 고래고래 소리를 지르네. 연놈들아. 집안에 가장이 오시는데 마중 나오는 연놈들도 없냐? 죽도록 일해서 먹여 놓아도 고마운 줄 모르는 이 식충들아! 그렇게 호통을 치면 온 집안이 벌벌 떨지. 아들딸들이 동구 밖까지 마중을 나가고 어머니는 술국 뎁혀서 저녁상 대령하고 말이네."

최 씨가 내 팔을 잡고 비틀 흔들릴 때마다 내 몸도 따라서 비틀거렸다. 그러다 보니 나도 어쩔 수 없이 술 취한 동료처럼 여겨졌다. 최 씨가 아파트의 층계를 오르며 물었다.

"여기가 분명 삼 층이지?"

"삼층입니다."

"젠장. 이렇게 분명히 따져 놓지 않으면 낭패를 본단 말이여. 그놈도 그놈 같고 저놈도 그놈 같고…. 자 여기가 분명 305호지?"

"305홉니다."

"허허. 그럼 됐어. 이게 내 집이란 말일세. 이 새장 같은 구멍 한 칸에서 이 최복만이가 산다 그 말이여."

최 씨는 그렇게 말하더니 문 앞에 설치해 놓은 벨을 눌러대었다.

"누구세요."

곧 여자의 목소리가 문틈으로 새어 나왔다.

"누군 누구여. 제 남편이지. 어서 문이나 열어."

최 씨가 그렇게 호통을 쳤다. 그러나 얼른 출입문이 따지지 않았다.

"이런 젠장. 뭘 꾸물대는 거야. 어서 문을 열라는데."

그러나 여전히 안에서는 아무런 기척이 없었다.

"허. 이년 봐라. 이년이 사람을 언제까지 세워두겠다는 게야."

최 씨는 불호령을 내렸다. 그러나 여전히 안에서는 기척이 없었다. 기척이 없을 정도가 아니었다. 아까는 분명히 거실에서 새어나오는 불빛이 있었는데 그놈의 불빛마저 사라졌다. 여자가 거실의 불마저 꺼버린 모양이었다.

"하. 이런 죽일 년이. 사람을 우습게 알아도 유분수지. 야, 이년아 문 못 열겠어. 못 열겠느냐구?"

최 씨는 소리를 지르다 못해 철문을 향하여 발길질까지 하기 시작했다. 옆집에서 불이 켜지며, 사람들의 머리가 하나 둘, 문밖으로 나왔다.

"쯧쯧, 저런 변이 있나? 여보슈, 안에 사람이 없는 것 아니유?"

"없긴 왜 없어."

최 씨가 버럭 고함을 질렀다. '누구세요?' 하고 묻던 여자의 목소리를 분명히 들었던 것이다.

"이봐요. 부부싸움은 내일 하소. 시끄러워서 잠을 잘 수 있어야지."

굵직한 사내의 목소리였다.

"연놈을 잡아내려는 거요."

최 씨가 거칠게 소리쳤다.

"허허, 살다보니 별일도 많군. 그럼 순경을 부르지 그러오?"

"어디 가서 부른단 말이요?"

"흠, 그러니 문 앞에서 꼭 지켜야 한다 그 말씀이로군. 그럼 내가 대신 전화해 주리다."

그렇게 소란을 부리는 중에 사이렌을 울리며 순찰차가 달려왔다. 순경 두 명이 서둘러 층계를 올라왔다.

"어떻게 된 겁니까?"

"저 남자의 여자가 문을 열어 주지 않는답니다. 저 사람은 집안에 어떤 놈팡이가 숨어 있다고 생각하는 모양이요."

순경이 출입문 앞에 다가가서 벨을 눌렀다.

"아주머니. 순찰 나온 순경입니다. 문을 여시오."

순경이 그렇게 몇 번 소리쳐서야 문이 삐걱 열렸다.

"순경이 왔나요?"

잠옷차림의 여자가 입술을 떨며 얼굴을 내밀었다. 그녀는 최 씨의 아내가 아니었다. 아직 서른도 안 되는 새댁이었다.

"이 사람이 댁의 남편이요?"

여자가 얼른 머리를 흔들었다.

"제 남편은 오늘 부산으로 출장 가셨는데요."

"그럼, 이 여자가 당신 아내요?"

이번에는 순경이 최 씨에게 물었다. 최 씨는 무엇에 홀리기라도 한 듯이 얼빠진 사람이 되어 머리를 흔들었다.

"분명 305호가 맞는데. 그럼 우리집은 어딘가?"

"어디긴 어디야?"

그때 최 씨의 아내가 헐레벌떡 달려왔다.

"어딘가 목소리가 낯 익는다 싶더니…. 이 양반아 저기 저 앞 동이 우리 집이야. 술 좀 작작 하란 밖에."

나는 그제야 사태를 짐작할 수 있었다. 최 씨와 나는 이야기에 팔려서 아파트의 건물 하나를 더 지나쳐 온 것이다.

"쯧쯧. 술 취한 개라더니."

구경하던 이웃 사람들이 혀를 찼다. 그 기세 좋던 최 씨는 머리를 푹 내리 꺾고 말이 없었다.

다리가 없는 통닭

5월은 계절의 여왕이라고 한다. 대자연의 생명이 약동하는 계절이기 때문이다. 교외로 나가면 들판엔 파릇한 풀들이 자라고 산비탈의 나무들은 다투어 꽃을 피운다. 흙 내음 실은 훈훈한 바람도 정겹게 불어온다. 여자들의 옷차림은 한결 가벼워지고 그래서 그녀들의 발길은 튀어 오르는 고무공처럼 탄력이 있다.

그런 계절이어서인지 5월엔 행사도 많다. 근로자의 날, 어린이날, 어버이날, 스승의 날 등이 그것이다. 공장 근로자들에게는 '근로자의 날'이 가장 중요한 날이겠지만 그렇다고 다른 날이 덜 소중한 것은 아니다. 그들에게는 제작기 소중한 자식들이 있고 부모가 계시고 스승이 있기 때문이다.

나 또한 그들과 다르지 않았다. '근로자의 날'엔 공장 근로자들과 어울렸고 '어린이날'엔 아내와 아이들을 데리고 유원지에서 하루를 보냈다. '어버이날'엔 고향집 부모님께 작은 선물을 보냈다. 그러다 보니 어느덧 '스승의 날'도 다가왔다.

'스승의 날'은 나로서는 각별한 날이다. 이곳 공장장으로 부임하기 이전까지는 내 자신 중등학교 교사였고 그래서 이런저런 인연의 제자들을 두고 있었기 때문이다. 그러나 고향과 멀리 떨어진 이곳으로 직장을 옮기고부터는 제자들과의 연락도 딱 두절되고 말았다. 그래서인지 달력에 표시된 '스승의 날'이란 글자를 대하자 공연히 쓸쓸한 생각마저 들었다.

내가 퇴근을 미루고 달력의 글자를 헤아리고 있는데 전화의 벨이 울렸다. 수화기를 들고 전화를 받던 미스 박이 내게 수화기를 내밀었다.

"공장장님을 찾는데요."

수화기를 바꾸자 쨍쨍한 목소리가 들려왔다.

"혹시 말입니다. 예전 중학교에 계시던."

"그래요. 내가 바로 그요."

"아, 선생님. 혹시 홍인철이란 이름을 기억하십니까?"

나의 머리에 순간 작은 얼굴 하나가 떠올랐다. 어머니를 일찍 여의고 아버지와 함께 살던 아이였다. 그는 머리통이 유난히 커서 아이들로부터 '가분수'라고 놀림을 받았다. 학교를 졸업하고 지금까지 한 번도 소식이 없었다.

"그래, 기억이 난다. 네 별명이 가분수지? 기억하고 말고."

"제 별명까지 기억하시네요. 오늘 고향 친구들과 전화 통화를 하다가 우연히 선생님께서 제가 살고 있는 이곳 도시의 공장에 계시다는 소식을 들었습니다. 그래서 긴가민가하면서 전화를 드린 겁니다. 오늘 뵐 수 있을까요?"

"물론이지. 지금 막 퇴근하려던 참이네."

나는 가까운 다방을 약속 장소로 정하고 서둘러 공장을 나섰다. 그가 졸업한 햇수를 헤아려 보니 이미 20여 년이 넘었다. 그는 머리가 크면 두뇌가 좋다는 속설대로 공부를 잘했다. 그러나 워낙 가난해서 고등학교에 진학할 형편이 못되었다. 그가 진학할 수 있는 유일의 방법은 입학금 면제 특전을 받을 수 있도록 전체 수석을 하는 일이었다. 그러나 애석하게도 그는 전체 수석을 놓치고 말았다. 그래서 우수한 성적임에도 고등학교 진학을 포기해야 했다.

그를 졸업시킨 다음 해에 나는 다른 학교로 전근을 갔었고 그 이후로 그와는 전혀 연락이 닿지 않았다. 그래서 세월과 더불어서서히 잊혀졌던 것인데 오늘 새삼스럽게 연락이 된 것이다. 다방 안으로 들어서니 키가 훌쩍 큰 청년이 서둘러 다가왔다.

"선생님. 제가 홍인철입니다. 선생님은 예전 모습 그대롭니다. 조금도 변하지 않으셨습니다."

"너도 그렇다. 대번에 넌 줄 알아보겠다."

사람들 중에는 놀랍게 변해서 좀처럼 옛 기억을 떠올리기 어려운 경우도 많은데, 인철의 경우는 전혀 그렇지 않았다. 키가 예전의 두 배쯤으로 껑충 자란 것밖에는 예전 모습 그대로였다. 톡 붉어져 나온 앞이마도 그렇고 가분수라고 불릴 만큼 큰 머리통도 그랬다. 다만 대머리 징조를 느낄 만큼 앞이마가 조금 번들거리는 점만이 예전과 차이가 있었다. 다방에서 차를 홀짝이며 그는 자신의 근황을 소개했다.

"졸업 후에 온갖 잡일을 다했습니다. 구두닦이도 하고 신문배달도 하고요. 그러다 양복 만드는 기술을 익히게 되었습니다. 기능올림픽에 참가해서 두 번씩이나 금상을 받기도 했습니다. 그래서 삼 년 전부터 자립해서 양복점을 차렸는데요. 손님이 많이 찾아 주어서 그런대로 먹고삽니다."

"어느 양복점인데?"

"저기 로타리를 돌다보면 '올림픽양복점'이라고 있습니다."

"그거라면 이 도시에서 제일 큰 양복점 아니냐?"

나는 놀라서 물었다. 그 양복점이라면 이 도시에서 모르는 사람이 없었다. 결혼 맞춤옷 같은 고가의 양복만을 만들었기 때문이다. 또 주문이 밀려서 몇 달 전에 미리 주문을 해야만 했다. 그래서 개업한지 단 삼 년 만에 세들었던 빌딩을 사들였다는 소문도 있었다. 그래서 일반근로자들로부터 선망의 대상이었다.

"그러고 보니 넌 재벌이로구나. 네가 그 빌딩의 주인이라면 말이다."

그 빌딩은 이 도시에서는 가장 번화가에 위치하고 있어서 그 빌딩만으로도 재벌 소리를 들을 만했다.

"그런 정도로 재벌은 무슨 재벌입니까? 그저 밥술이나 먹을 만하지요."

그렇게 겸양하던 그가 말머리를 돌리듯 불쑥 물었다.

"선생님, 여전히 약주를 즐기십니까?"

"물론이지."

나는 어색하게 웃었다. 그가 대뜸 아직도 약주를 즐기시냐고 묻는 데는 그만한 이유가 있었다. 졸업반이던 그들과 소풍을 갔다가 과음을 하고 돌아오는 길에 비틀거리는 걸음으로 그만 쇠똥을 밟고 미끄러져 넘어진 적이 있었다. 그 일로 나는 한동안 아이들의 웃음거리가 되었던 것이다.

"선생님을 뵈면 약주대접을 해야겠다고 생각했습니다."

그의 말에 나는 사양하지 않았다. 녀석이 '올림픽양복점'의 주인이고 그 로타리 빌딩의 소유주라면 술 한 잔 대접받는다고 경제적 손실을 입히는 것은 아니라고 생각했다. 그런데 다방을 나와서 그가 나를 이끈 곳은 통닭집이었다. 통닭집이 다방과 가까운 거리에 있긴 했지만 모처럼 만나서 술 마시기에는 어딘가 엉뚱했다. 그러나 그는 개의치 않고 불쑥 물었다.

"선생님, 맥주로 하시겠습니까? 소주로 하시겠습니까?"

"소주가 좋네."

그래서 통닭구이를 안주로 소주잔을 나누기 시작했다.

"선생님, 졸업식날 제게 하신 말씀을 기억하십니까?"

"무슨 말을 했었는데?"

"제가 고등학교 진학을 포기하게 되어 의기소침해 있는 것을 보시고 선생님께서는 제 등을 두들기며 위로해 주셨습니다. 세상을 살아가는 방법은 여러 가지가 있다. 고등학교 진학만이 전부가 아니다. 그러니 어디서 무엇을 하든 열심히 살아야 한다. 알겠냐? 열심히 살란 말이다. 저는 그 말씀을 늘 기억했습니다. 열심히 살겠다고. 구두닦이를 할 때나 신문팔이를 할 때나 양복쟁이 기술을 배울 때도 말입니다. 제가 지금에 이르러 밥술이나 먹을 수 있게 된 것은 오로지 선생님께서 해주신 그때 그 말씀 때문입니다."

나는 워낙 오래된 일이라 전혀 기억나는 게 없었다. 그러나 우연히 던진 위로의 말 한 마디로 해서 그가 이만큼 잘 살게 되었다니 여간 대견스럽지 않았다. 선생이란 직업에 대한 보람이기도 했다. 기분이 좋다 보니 술잔도 빨리 돌았다. 그래서 제법 취기가 오르기 시작했다. 술잔을 돌리던 그가 문득 말을 이었다.

"한번은 소풍 갔다 돌아오는 길에 선생님께서 심부름을 시키셨습니다. 통닭 한 마리하고 김밥 도시락 두어 개를 집으로 갖다 주라고요."

그에게 그런 말을 듣는 순간 술이 확- 깨는 것을 느꼈다. 취기가 가시면서 얼굴이 벌겋게 달아올랐다. 지난날들의 일들이 새삼 떠올랐다. 소풍 때면 학생들이 담임선생님께 드린다며 통닭과 김밥을 싸왔다. 점심이 끝나고 보면 통닭 한두 마리가 남는 수가 있었다. 아마 그때도 그랬던 모양이다.

보통 때 같으면 그렇게 남은 음식들은 아이들에게 나누어주었다. 그러나 나이 든 여선생들 중에는 더러 집으로 보내는 수도 있었다. 그럴 때 왠지 남의 음식을 도둑질하는 것 같아 민망해 보였다. 그래서 나의 경우엔 집으로 음식을 보낸 기억이 별로 없었는데 그

해는 그렇지 못했던 모양이다. 어려운 살림에 연년생으로 태어난 아이들을 키우느라 고생한 아내에게 통닭 한 마리쯤 보내고 싶었던 모양이다. 가난과 피곤에 지쳐서 얼굴에 까맣게 기미가 낀 아내가 그걸 받고 퍽도 좋아할 것이라고 생각했었는지도 모른다.

"저는 통닭이 무척 먹고 싶었습니다. 그래서 가져가는 동안 저도 몰래 다리 한쪽을 뜯어먹었습니다. 다리 한쪽 몰래 먹은 걸 알 턱이 없다고 생각한 것이지요. 그리고 한참 가다 생각하니 다리가 하나뿐인 통닭이 있을 턱이 없다는 생각이 들었습니다. 절름발이 통닭이란 게 아무래도 이상했습니다. 오히려 의심을 살 것 같았습니다. 생각다 못해 한쪽을 마저 떼먹기로 했습니다. 그렇게 먹고 나니 이번에는 다리가 없는 통닭이란 게 또 이상했습니다. 통닭 하면 으레 다리가 아닙니까?"

그의 말을 듣고 나는 웃어야 할지 울어야 할지 몰랐다. 그 행위로 보면 너무나 우스운 일이지만 그때 그의 배고픔과 닭다리 하나를 먹고 싶은 절박한 심정을 생각하면 참으로 눈물 날 일이었기 때문이었다.

"그렇다고 전달하지 않을 수도 없고요. 사모님께 그걸 전달하고 저는 그냥 줄행랑을 쳤습니다. 그때부터 선생님 얼굴만 마주치면 겁이 났습니다. 다리 두 쪽 떼먹은 것을 모두 알고 있는 것 같아서였습니다. 며칠 동안은 '인철아' 하고 부르기만 해도 가슴이 철렁 내려앉았습니다."

"그런 일도 있었구나."

나는 탄식했다. 그 음식은 나의 몫이 아니라 바로 그들의 몫이었던 것을…. 그것을 가로채는 것도 일종의 도둑질인 것을…. 그가 굳이 나를 통닭집으로 이끈 이유를 알 것 같았다.

"선생님. 통닭 많이 드십시오. 옛날 빚진 것을 좀 갚아야 제

마음도 한결 가벼워질 것 같습니다."

그는 큼직한 통닭 다리 하나를 골라 내게 내미는 것이었다. 나는 오랜만에 옛 제자를 만나 하늘로 오르는 기분이었다가 이번에는 벼랑의 저 밑까지 추락하여 굴러떨어지는 기분이었다. 스승의 길이란 얼마나 어려운 고행의 길인가? 새삼 그런 생각마저 들었다.

바보식당

직장이란 게 어디나 그렇지만 근무시간이 끝나면 마음 맞는 동료들끼리 삼삼오오 짝을 지어 대폿집으로 향하게 된다. 그리하여 한잔 소주로 피로를 풀고 실없는 농담으로 우정을 가꾼다. 그러다 보니 단골집도 생기기 마련이다. 우리가 자주 들락거리는 단골집은 속칭 '바보식당'이다. 본래의 옥호는 '대추나무집'이지만 우리들 사이에선 그저 '바보식당'으로 통했다.

그 집의 옥호를 그렇게 부르는 것은 종업원 중에 순녀라는 바보가 있기 때문이다. 그것은 순녀가 특별히 바보짓을 해서라기보다 그녀의 푸짐한 마음씨 때문이다. 고향이 충청도 서산 어디라는 순녀는 마음씨가 퍽도 순해서 좀처럼 손님들의 청을 거절하지 못한다. 돼지갈비나 삼겹살 등의 구이가 전문인데 손님들은 장난삼아 말한다.

"아가씨. 고기 일인분이 너무 적은 것 같애. 고기 한 근이란 게 이렇게 적어서야 원."

그런 불평이 떨어지기 무섭게 순녀는 고기 몇 점을 얼른 더 가져온다.

"더 드리면 되잖아요."

그것이 순녀의 한결같은 대답이다. 그렇게 되면 카운터에서 셈을 하던 주인여자가 큰소리로 핀잔을 주었다.

"이년아. 그렇게 펑펑 덤을 주고 나면 뭐가 남겠냐?"

그러면 순녀는 입을 삐죽 내밀며 손님들에게 속삭인다.

"안 남긴 뭐가 안 남아?"

그런 식이니 순녀의 인기가 높을 수밖에 없었다.

"순녀 씨. 내 술 한 잔 받아요."

손님들 중에 더러는 장난삼아 그녀에게 술잔을 권하기도 했다. 그러면 순녀는 마다않고 술잔을 받아서는 단숨에 홀짝 마셨다. 깐깐한 성격의 주인여자가 그 꼴을 참아내지 못했다.

"이년아 주제파악을 해라. 술심부름은 젖혀놓고 술타령이냐?"

"괜히 신경질이야."

순녀는 주인여자가 모르게 혓바닥을 쏙 내밀기도 했다. 손님들은 그게 재미있어서 순녀에게 또 술잔을 돌렸다. 그렇게 몇 잔 얻어 마신 술로 순녀는 신바람을 내며 음식을 날랐다. 말하자면 좀 푼수인 셈인데 그게 손님들에게는 싫지 않았다. 약고 되바라진 사람들만 득실거리는 세상에 이런 얼치기 같은 여자가 시중을 드니 왠지 마음이 편해지는 것이다.

그러나 그건 손님들 생각이고 주인여자의 입장에서는 매양 고깃근이나 도둑맞는 기분인 모양이었다. 그래서 걸핏하면 푸념을 늘어놓았다.

"오갈 데 없는 년 거두어 주었더니 고마운 줄도 모르고. 당장 내쫓아야 하는 건데…."

주인여자와 순녀는 개와 고양이 사이처럼 항상 으르렁거렸다. 그러니 누구의 눈에도 순녀가 오래 붙어 있을 것 같지 않았다.

철용이나 준석이 같은 젊은이들은 나이가 젊은 만큼 먹새가 좋아서 다른 집은 다 마다하고 '바보식당'만 찾았다. 그리고 다른 종업원은 젖혀두고 순녀만을 찾는다. 술집에서 같은 돈으로 고기 한 점 더 먹는다는 게 대단하기 때문이다. 다른 손님들도 순녀만 찾기는 마찬가지다. 세 명의 종업원이 있어도 모두들 순녀만 찾으니 그녀는 잠시도 쉴 틈이 없었다. 바쁜 순녀 대신 다른 종업원이 올라치면 젊은이들은 일부러 짓궂게 엉뚱한 주문을 한다.
"이봐요. 아가씨. 여기 족발 있어요?"
"여긴 족발집이 아닌데요."
"그럼 세발낙지는요?"
"그런 것도 없고요."
"흠. 이 집엔 없는 것 천지로군."
그렇게 투덜거리며 주문을 미루고 있노라면 마침내 순녀가 쪼르르 달려왔다.
"여기 순녀가 왔어요."
그러면 젊은이들의 얼굴이 활짝 펴졌다.
"여기 돼지목살 이인분하고 소주 두 병 줘요."
순녀는 때로는 청하지 않아도 주인 몰래 고기를 몇 점 더 담아오기도 했다.
"이렇게 인심 쓰다가 쫓겨나는 것 아냐?"
"어차피 쫓겨날 건데요, 뭘."
순녀는 천연스럽게 말했다. 주인여자는 이년을 당장 쫓아낼 거라고 입버릇처럼 말했다. 그러니 순녀로서는 쫓겨나기 전에 인심이나 쓰자는 식으로 더욱 손이 푸짐했다. 손님들은 그런 순녀가 쫓겨나기 전에 한 번 더 가야겠다는 식으로 더욱 자주 '바보식당'을 찾았다.
"순녀가 쫓겨나기 전에 한 잔 더 해야지."
"암. 순녀가 있을 때 실컷 먹어두세."
그래서인지 '바보식당'은 늘 손님들로 만원이었다. 순녀는 심지어 어떨 때는 손님이 일인분을 청하면 이인분을 날라주고 한 근을 청하면 두 근을 날라주었다. 그러니 집주인으로서는 언제까지 참고 그냥 넘길 문제가 아니었다. 주인여자가 그러지 말라고 잔소리를 하면 순녀는 기분이 나쁘다며 더 많이 덤을 주었다. 주방장이 순녀가 나르는 음식을 특별히 관리하기도 하지만 어느 사이 슬쩍 더 집어주는 데는 당할 장사가 없었다.

"순녀가 아직 붙어 있을까요?"

철용이 '바보식당'으로 향하면서 내게 물었다.

"글쎄. 지난번엔 대판 싸우기까지 하던데."

그들이 지난번 들렀을 때 깐깐한 성격의 주인여자가 더이상 참지 못하고 손님들이 방안 가득한데도 고래고래 고함을 질렀던 것이다.

"이년. 남의 장사라고 끝내 그럴 거냐? 아예 손목아지를 분질러 놓을라."

"먹자고 하는 장산데 좀 더 드릴 수도 있지요."

순녀도 고집을 꺾지 않았다.

"돈 벌려고 하는 장사지 어째 먹자고 하는 장사냐?"

"먹는 장산데 그렇게 야박해서 되나요?"

"되든 안 되든. 이건 내 집 장사니까 내가 시키는대로 해."

"고기 몇 점 더 준다고 거덜이 날까?"

순녀가 계속 종알거리니 주인여자가 달려와서 순녀의 머리채를 와락 움켜잡았다.

"이년. 누구 망하는 꼴 보려느냐? 당장 그만둬. 그만두고 나가란 말야."

사태가 그 지경 되니 손님들이 그들을 뜯어말려야 했다.

"아주머니. 그만해 두소. 손님들에게 친절한 것도 죄요?"

"친절도 정도껏 해야지요."

머리채를 끄들린 순녀는 찔끔찔끔 눈물을 짜면서 말했다.

"나가라면 못 나갈까? 나중에 다시 오란 말이나 말지."

"네깐년 없다고 장사 못할까? 걱정 말고 당장 나가란 말야."

그렇게 되어서 우리는 순녀가 더 이상 그 집에 붙어 있지 못하게 될 것이라고 확신했다. 순녀가 마침내 그만두었다는 소문도 돌았다. 그런 소문이 돌았어도 그동안 공장 일이 바빠서 며칠간 야근을 하는 등으로 볶아치는 바람에 그것을 확인할 기회가 없었다. 그러던 중 모처럼 여유시간이 생기자 젊은 친구들이 아무래도 궁금하다며 '바보식당'으로 가보자고 했다.

우리가 '바보식당'으로 들어서니 손님이 발 디딜 틈도 없이 가득한데 순녀는 여전히 음식을 나르고 있었다. 나는 반가운 김에 카운터에 앉아 있는 주인여자를 보고 물었다.

"순녀가 아직 있네요."

카운터의 주인여자가 환한 얼굴로 우리를 맞았다.

"웬걸요. 며칠 동안 못나오게 했지요. 그랬더니 손님들의 발길이 뚝 끊어지데요."

주인여자는 말을 이었다.

"세상 인심이란 게 그렇게 무서운 줄 처음 알았지요. 어쩌다 찾아온 손님도 순녀가 없으니 그저 고기 일인분에 밥 한 공기 볶아먹고 그냥 가는 겁니다. 그러니 매상이 뚝 떨어져서 종업원들 월급 감당하기도 어렵더라구요. 그러니 어쩝니까? 다시 나오라고 할 밖에요."

"순녀가 또 선심을 펑펑 쓰고나면 남는 게 별로 없겠네요?"

"저도 처음엔 그렇게 생각했지요. 하지만 다다익선이란 말이 하나도 그르지 않아서 덤을 더 주는 만큼 많이 팔아주니 손해도 없더라고요."

주인여자의 말도 일리가 있다 싶었다. 그래서 지나는 말로 한마디 더 물었다.

"순녀가 고분고분 다시 옵디까?"

"고분고분이 뭡니까? 주인의 잔소리 들으며 일하고 싶지 않다며 아무리 달래도 듣지 않아요. 아주 옹고집이더라고요. 그래 하는 수 없이 임금도 더 올려주기로 약속하고 심지어는 집의 옥호마저도 아예 '바보식당'으로 고치기로 하겠다니 그때서야 수긋해집디다. 바보라고 여겼던 순녀가 보배란 것을 깨달았으니 어쩝니까? 그 애의 비위를 맞추어야지요."

"아니 그렇다고 옥호까지 바꾸었다는 말입니까?"

"밖으로 나가 보세요. 간판이 뭐로 되었나?"

나는 믿기지 않아서 밖으로 나가 옥호를 확인했다. 들어올 때 무심코 지나쳤던 옥호를 다시 살피니 정말로 '대추나무집'이란 간판이 '바보식당'이란 이름으로 바뀌어져 있었다. 그러니 순녀는 이 집의 보배로 공인된 셈이었다. 방으로 들어가니 여기저기서 순녀를 찾는 소리가 빗발쳤다.

"어이, 아가씨. 삼겹살 이인분."

"돼지갈비 삼인분."

나는 저절로 입가에 미소가 떠돌았다. 각박한 도시의 복판에서 모처럼 훈훈한 인심을 대하는 듯해서였다.

검은 나비

 창밖에는 가느다란 빗줄기가 흩날리고 있었다. 장마철이어서 며칠째 빗줄기가 그치지 않았다. IMF다 뭐다 해서 온 사회가 저기압인데 지리한 장마비까지 내리고 보니 기분이 울적했다. 그래선지 경리를 보는 미스 윤도 퇴근할 생각을 않고 창밖에 내리는 빗줄기만을 바라보고 있었다.
 "미스 윤은 퇴근하지 않을 건가? 요즈음 혼수 장만에 정신이 없을 텐데."
 "괜찮아요. 비도 내리는데요. 공장장님 커피나 한 잔 타드리고 퇴근할래요."
 미스 윤은 그렇게 말하며 웃었다. 그 웃음이 어딘가 쓸쓸해 보였다. 평소 그녀가 웃을 때는 볼우물이 깊게 파이며 얼굴 둘레가 달무리지듯 환해진다. 오똑한 콧날과 얇은 듯싶은 입술, 쌍거풀이 진 큰 눈과 발그레 윤기 도는 피부가 발광체처럼 빛났다. 얼굴만이 아니었다. 훤칠한 키에 날씬한 허리, 쭉 곧은 다리를 지닌 몸매여서 타고난 미인이란 생각을 하게 했다. 거기에다 성격까지 싹싹하니 금상첨화였다. 그런 미스 윤이 시집을 간다는 혼삿말이 돌고부터 왠지 말라 가는 배춧잎처럼 생기를 잃어갔다.
 "결혼 준비가 쉽지 않지?"
 "그러네요."
 그녀는 건성으로 대답했다. 조금 얼이 빠진 듯한 표정이기도 했다. 그녀의 혼사는 공장 안의 화제거리였다. 그녀가 타고난 미인인데다가 상대편 남자도 대학병원에서 수습의 과정을 밟고 있는 예비의사이고 집안도 재벌급에 속한다는 소문이 있었기 때문이다.
"아무튼 예쁘고 볼일이야. 대학출신이 아니어도 그런 남자를 만나니 말이야."
여자 직공들은 모두들 부러워했다.
"윤 언니만한 여자도 흔치 않지. 예쁘고 얌전하고 성실하고 명랑하고."
"거기에다 방송통신대학에 적을 두고 주경야독하는 재원임에랴."
여자들의 입방아 덕택으로 나도 미스 윤의 근황을 어느 정도 듣고 있었다. 그러나 그런 입방아는 근래에 점점 부정적인 소문으로 번져갔다.
"신랑집에서 열쇠 세 개를 요구한다며?"
"신랑네가 재벌급 부자라면서 재물은 왜?"
"시부모 될 사람이 윤 언니를 탐탁지 않게 여기는 모양이지."
그래서인지 미스 윤의 얼굴은 근래에 들어 사뭇 초췌했다. 미스 윤이 커피포트에서 끓고 있는 물로 커피를 타고 있는데 전화벨이 울렸다. 냉큼 달려가 전화를 받던 미스 윤의 얼굴이 사뭇 어두웠다.
"글쎄요. 요즈음 회사 일이 매우 바쁘거든요."
긴 망설임 끝에 미스 윤이 다시 말했다.
"아무튼요. 두어 시간쯤 후에나 다시 전화 주세요."
미스 윤은 커피 두 잔을 만들어서 하나는 나의 탁자에 올려놓고 다른 잔은 자신의 손에 들고 좀 전 모습 그대로 창밖의 빗줄기를 바라보았다. 커피를 조금씩 홀짝이던 미스 윤이 문득 물었다.
"공장장님. 여자는 나이가 차면 으레 결혼해야 하나요?"

"글쎄. 남자나 여자나 적령기가 되면 결혼하는 게 옳지."
"왜요?"
"그게 자연의 섭리이니까."
미스 윤은 잠시 생각하는 표정이다가 다시 말했다.
"저는 지금 현재가 좋거든요. 이렇게 빗줄기를 바라보며 커피를 홀짝일 수도 있고요. 공장장님과 사소한 세상 얘기로 시간을 보낼 수도 있고요. 저는 이런 생활이 좋아요."
나는 그늘진 미스 윤의 얼굴표정을 보면서 그녀가 퍽도 어려운 처지에 놓여 있는 모양이라는 생각이 들었다.
"딸 시집보내려면 기둥뿌리가 빠진다는 소문도 있던데?"
"글쎄 말예요. 왜 우리 사회가 이렇게 되었는지 모르겠어요. 밥 세끼 쌀밥 먹고살면 되잖아요? 돈이 많다고 밥 네끼 먹는 것도 아니고요. 그렇다고 금밥을 먹는 것도 아닐 텐데요. 왜들 돈돈 하는지 모르겠어요. 이렇게까지 해서 결혼을 해야 하는가 하고 회의가 들어요."
"그야 모두들 겪는 통과의례라고 보아야지."
나는 미스 윤을 위로하려고 애를 썼다. 그러자 미스 윤은 더욱 열기가 오르는 모양이었다.
"저는요, 가난한 친정집 기둥뿌리를 뽑아서까지 결혼할 생각은 추호도 없었어요. 그래서 파혼도 각오했지요. 그러자 이번에는 친정 부모님들이 난리예요. 그런 남자 만나기가 쉽지 않다, 우리야 집을 좀 줄이면 어떠냐? 이런 식이라고요. 혼수 장만하려고 시장을 보는데요. 엄마는 하나라도 더 좋은 것을 사주시려고 애를 쓰시고, 저는 조금이라도 값싼 것을 고르려고 하고, 그래서 다툼이 끊일 사이가 없어요. 엄마는 말씀하시지요. 얘야. 너를 대학에 못 보낸 것이 늘 마음에 걸리는데 혼수마저 싸구려로 꾸릴 수는 없단 말이다. 더구나 시집이 소문난 부자라지 않니? 웬만한 물건으로 성이 차겠니? 그러면 제가 발끈 화를 내지요. 그야 그쪽 사정이지요. 시집이 부자면 우릴 도와줄 건가요. 딸 시집보내느라 집안이 거덜나면 그게 더 얕보이는 일이지요. 그러면 엄마는 징징 우시는 거예요. 너는 어쩌면, 이 에미가 의붓어미로 보이냐? 그렇게 섭섭하게 굴지 말아라. 없어도 해줄 건 해 주어야지…. 이런 식이니 한 번 시장을 다녀올 때마다 저는 녹초가 되고 말거든요."

　나는 미스 윤의 말을 들으며 두 모녀가 다투는 모습을 떠올리지 않을 수 없었다. 하나라도 더 좋은 것을 해주고 싶은 딸 가진 어머니의 애틋한 마음이 어떤 것인지 새삼 깨달아지는 듯했다.

　"그래 이제 준비는 다 되었냐?"

　"다른 것은 대충 되었고요. 시집 식구들에게 보낼 선물이 아직 남았는데요. 부자집의 외아들이 모처럼 가는 장가라고 시집 쪽에선 모두들 기대가 크다네요. 하지만 저는 더이상 친정에 누를 끼칠 수는 없는 입장이거든요. 신랑 될 사람도 우리 형편을 잘 아는 터라 자신이 저축한 돈을 돌려줄 터이니 그걸로 예물을 준비하라는 겁니다. 하지만 그건 너무 자존심 상하는 일이지요. 성의껏 해주는 걸 받든지 아니면 말든지 이지요. 그렇지 않아요? 공장장님."

　미스 윤의 갑작스런 질문에 나는 잠시 난감했다.

　"글쎄. 두 사람의 의견이 모두 일리가 있는데…. 신부는 떳떳하고 싶고 신랑은 혼수 문제로 신부가 집안사람들의 입담에 오르기를 바라지 않고…. 그래서 심적 부담을 덜어주고 싶고."

　"남들은 신랑이 그렇게 해준다면 고마운 일인데 뭘 그러냐고, 별걱정 다 한다고 말하기도 하는데요. 정말 그럴까요? 저는 돈 때문에 그이와 결혼하는 것은 아니거든요. 결혼 날짜는 임박하고 결혼 예물을 준비해야 하는데 마음의 결정을 내리지 못해 오늘까지 차일피일 미루고 있는 중이거든요. 그래서 그이가 만나자는 것도 선뜻 응하지 못하고 있어요. 방금도 전화가 왔잖아요. 하지만 어쨌으면 좋을지 도무지 알 수 없어요."

미스 윤은 조언을 구하듯 나를 빤히 바라보았다. 하지만 이런 일은 누구도 선뜻 판단할 수 있는 문제가 아니었다. 나는 커피잔의 커피가 싸느랗게 식고 있는 것을 보면서 한참을 생각하다가 비켜가듯 조심스럽게 말했다.

"삼풍상가가 붕괴되었을 때의 얘긴데…. 어떤 남자가 약혼녀와 함께 상가의 다방에서 차 한 잔을 나누고 나오던 길이었다는군. 결혼을 하루 앞둔 상태였는데, 남자가 상가 밖으로 나오는 순간 그만 건물이 폭삭 무너졌다네. 한 발 뒤쳐진 약혼녀는 무너진 건물더미에 깔리고 말았지. 기막힌 노릇이지…. 두 집안 모두 독실한 기독교인이어서 여자의 시체가 발굴되는 대로 목사님의 주관 아래 장례식을 치렀다는군. 그런데 그 영결식장에 웬 검은 나비 한 마리가 날아와서 신랑의 곁을 떠나지 않더라는 거야. 비가 오는 날이라 나비가 날아들 형편이 못되었는데도 말이지. 남자는 여자가 죽던 날 입었던 옷이 검은 정장이었음을 생각해 내고는 더욱 비참해 했다지. 남들도 그 나비가 여자의 혼령일 거라고들 말했다네. 사랑은 죽어서도 남는 거라고…. 사랑은 국경도, 빈부의 격차도 뛰어넘는 종류라는데."

나는 미스 윤의 긴장한 얼굴을 보면서 말을 이었다.

"두 사람이 진정 사랑하는 사이라면, 어떤 결정을 내려도 괜찮다는 생각이 드는군. 서로 만나서 흉금을 터놓고 의논한 다음 그래도 결정이 어려우면 가위 바위 보로 운명을 점쳐 보는 것도 나쁘지 않을 거야. 결혼 절차 같은 것이야 사랑하는 사람을 선택하는 일에 비하면 너무나 사소한 일이니깐 말이야."

나의 말에 미스 윤은 머리를 끄덕였다. 그때 다시 전화의 벨이 울렸다. 미스 윤이 서둘러 전화를 받았다.

"아. 그래요? 좋아요. 그럼 거기서 만나요. 만나서 의논하지요."

미스 윤의 목소리에 한결 탄력이 붙었다. 미스 윤은 노란색 원피스 위에다 까만 레인코트를 걸치더니 가볍게 인사를 했다.

"다녀오겠어요. 공장장님 조언이 큰 도움이 될 것 같네요."

나는 서둘러 나가는 그녀의 뒷모습을 바라보면서 검은 나비 한 마리를 떠올렸다. 죽어서도 소멸하지 않는 사랑의 화신을 말이다. 나는 그녀의 일이 상처받지 않는 방향에서 매듭지어지기를 간절히 소망했다.

사랑의 통과의례

공장장인 나의 가장 큰 임무는 공장 근로자의 인적 관리다. 공장의 기계는 그리 큰 문제가 없다. 평소에 잘 관리하고 제때에 수리하면 된다. 그러나 사람은 마음먹은 대로 되지 않는다. 특히 젊은이들의 경우는 더욱 그렇다. 갑작스런 돌출행동으로 사람을 놀래키는 일이 많기 때문이다. 그리고 그게 남녀간의 애정문제가 되면 어떤 충고도 효력이 없었다.

성년식을 치룬 미숙이가 드디어 연애를 시작했다. 얌전한 개가 부뚜막에 먼저 오른다는 속담처럼 얌전하기만 해서 쉽게 남자를 사귈 것 같지 않던 미숙이가 같은 또래의 공원들보다 먼저 연애를 시작한 것이다. 상대편 남자는 일류대학의 공과대학생인데 집안도 좋다고 했다. 그래서인지 미숙에게 여러 가지 값진 선물을 보내기도 한다는 것이다. 미숙이의 용모가 그만하니 남자가 반할 만도 했다. 휴게실 매점에서 미숙이를 만나자 나는 지나치는 말로 물었다.

"너, 연애한다고 소문이 자자하더라. 그래, 남자는 어디서 만났는데?"

"교회에서요."

"결혼할 생각인가?"

"아직은 모르겠어요. 친절하게 대해주니까 그냥 사귀는 거지요."

그러자 옆에 있던 철용이 끼어들었다.

"조심해라. 저번 영미꼴 날라. 몸 주고 마음 주고 돈까지 주고 그리고 죽네 어쩌네 하며 약까지 먹고 죽을 뻔하지 않았느냐?"

사실 공장 안에서는 그런 일이 자주 있었다. 집 떠나서 정이 그리운 여공들은 남자들이 조금만 잘해주어도 푹 빠져드는 경향이 있었다. 그래서 못된 남자들의 이용물이 되는 경우도 종종 있었다. 그래서 철용의 표현처럼 몸 주고 마음 주고 돈까지 뜯기고 약을 먹고 죽네 어쩌네 하며 소동을 부리는 일도 많았다. 철용의 말에 미숙이 뾰로통하게 토라졌다.

"공연한 걱정하지 마. 그 사람 오빠 같진 않으니깐."
"내가 어때서?"
"남 못되라고 심술이나 부리고."
"내가 그 녀석을 못 보았다면 모를까? 기생오라비처럼 말쑥하게 차려 입고 건들거리는 폼이 진짜 대학생 같지도 않더라. 일류대학교 공과대학생이란 작자가 그렇게 치장하고 계집년 꽁무니나 쫓아다닐 시간이 어디 있냐?"
"피, 웃기네. 공부한다고 교회에도 못 다닐까?"
"그게 다 핑계라고. 그 녀석이 전에는 장로님 딸과 열렬히 연애한다는 소문도 있었다며?"
"그만둬. 남의 뒷조사나 하고 다니면서…. 치사하게 굴지 말라니깐? 오빠가 뭐야? 내 보호자나 되는 거야?"

미숙이 앙칼지게 쏘아댔다. 평소 남한테는 아주 잘하는 아이인데 이상하게 철용과는 앙숙이었다. 그건 철용의 경우도 그랬다. 미숙이 하는 행동이 도무지 마음에 들지 않는다는 투였다. 정도 이상 아웅다웅 다투는 것도 사랑의 다른 표현이지 싶어서 나는 늘 그들의 다툼을 보고 웃어넘기곤 했다. 그런데 근래에 들어서 다툼의 정도가 심한 것 같아서 은근히 걱정도 되었다.

나는 근로수칙을 정하면서 첫째도 인화(人和), 둘째, 셋째도 인화(人和)를 강조해 온 터였다. 서로 화목하면 못해낼 일이 없다.

그러니 서로 화목하는 것부터 배워라. 옛부터 천운(天運)이나 지리(地利)보다 인화(人和)가 첫째라고 했다. 하늘의 운세는 땅의 이로움만 못하고 땅의 이로움은 사람의 화합만 못하다. 그러니 서로 조금씩 양보하고 개인의 이해보다 함께 지내는 집단의 이익을 염두에 두면서 생활하라.

이런 나의 주장에 대해서 훈장 출신다운 고리타분한 잔소리라고 흉보는 젊은이들도 없지 않았다. 오랜 교직생활을 통해서 몸에 밴 것이라 낸들 어쩌랴. 나는 그런 식으로 위안하곤 했다. 그렇게 그들의 불화를 걱정하던 어느 날이었다. 미숙이가 찾아와 울먹이면서 말했다.

"공장장님. 그럴 수 있어요? 철용 오빠가요, 그럴 수가 없다고요."

"무슨 일인데?"

"제가 남자를 사귀는 건 제 사생활이잖아요. 저도 이젠 성인이잖아요?"

나는 미숙을 진정시키며 차근차근 말해 보게 했다. 미숙의 얘긴즉은 그랬다. 지난밤에 예배를 보고 나오는 길목에서 철용이 나타났다고 했다. 철용은 술이 제법 취한 상태인데 미숙이 사귀는 대학생에게 다짜고짜 시비를 걸더라는 것이다. 미숙은 착한 아이다. 너 같은 가짜 대학생에게 농락당하게 할 수는 없다. 그러니 다음부터는 절대로 만나지 말라. 이 경고를 무시했다가는 호된 변을 당할 테니 그리 알라. 하는 식의 명령 반, 협박 반이었다고 했다.

"공장장님. 그렇지 않아요? 철용 오빠가 뭐냐고요? 제 부모도 형제도 아닌 주제에 말이지요."

내가 듣기에도 좀 지나쳤다 싶었다. 그래서 사람을 시켜 철용을 불러오게 했다. 철용은 숙취에서 아직 덜 깬 듯 부석부석한 얼굴이었다.

"자네가 미숙을 위하는 마음은 이해하지만 어제밤의 경우엔 너무 지나친게 아닌가?"

나의 질책에 철용은 펄쩍 뛰었다.

"아닙니다. 암만해도 녀석의 신분이 수상해서 그가 말하는 대학의 학적과에 조회를 해 보았더니 그런 학생은 아예 없다는 것입니다. 그놈은 착한 여자 공원을 호리는 제비족이 틀림없습니다. 미숙이가 현장에 있었길 망정이지. 두 번 다시는 사기 치지 못하게 흠씬 두들겨주려고 했는데, 미숙이가 길길이 뛰는 바람에 그러지도 못했습니다."

"하지만 남의 사생활에 너무 깊이 뛰어드는 게 아닐세."

"이게 왜 남의 일입니까?"

철용의 눈에 핏발이 섰다. 이건 확실히 난감한 문제였다. 철용이 미숙을 생각하는 것이 동료 관계라고 보기에는 아무래도 도를 넘고 있었다. 그렇다고 미숙을 위하는 철용의 마음을 나무라기도 어려웠다. 세상에는 사람의 약점을 이용해서 사기를 치는 사람들이 너무나도 많기 때문이다. 그러던 어떤 날 파출소에서 순경이 나왔다.

"여기에 이철용이란 공원이 있습니까?"

"있습니다. 그런데요?"

"폭행치상죄로 고발이 들어와 있습니다. 그러니 일단 연행해서 조서를 받아야 하겠습니다."

나는 철용이 기어코 일을 저질렀구나 싶었다. 미숙이 상대하던 대학생이 삼 주일 상해 진단서를 첨부해서 철용을 고발한 것이다. 철용의 주먹에 코뼈가 으스러졌다는 것이다. 순경은 작업장에서 철용을 연행했다. 풀이 죽어서 끌려가는 모습이 퍽이나 안됐다 싶었다.

"젊은 사람들끼리 사랑싸움인 모양인데…."

나는 무마할 방법이 없을까 싶어서 그렇게 변명했다.

"우리로서야 고발이 들어 온 것이니 취급하지 않을 수도 없지요."

순경은 나를 안심시키듯 덧붙였다.

"고발한 작자가 대학생을 사칭한 건달이거든요. 결혼빙자간음죄로 두 번이나 감옥엘 다녀온 전과도 있어서 막상 법정에 서게 되면 그 작자에게 그리 유리하지도 않을 것입니다. 그러니 너무 걱정 마십시오. 요즈음 의사란 작자들도 한심합니다. 사소한 찰과상을 갖고도 걸핏하면 몇 주씩의 진단서를 예사로 발부하니깐요."

나는 철용의 예측이 하나도 그르지 않다 싶었다. 그래서 사람을 시켜 미숙을 불렀다.

"너 사귀는 대학생이란 자가 생판 가짜란 것은 아니?"

"아니요. 하지만 그런 낌새는 채고 있었어요."

미숙의 대답에 나는 어이가 없었다. 그래서 나도 몰래 언성을 높였다.

"그런데도 그런 남자를 사귀어서 어쩌겠다는 거냐?"

"사귀긴요. 그 자가 꽁무니에 따라다닌 거지요."

"이런!? 그런 작자 때문에 철용이 경찰서에 끌려간 것은 아니?"

"거긴 왜요?"

"어제 그 작자의 코뼈를 분질러 놓았단다."

나의 말에 미숙은 아주 당황한 표정을 지었다.

"공장장님. 철용 오빠를 구할 수 있는 방법은 없을까요?"

"그건 왜? 잡혀가서 속이 시원할 텐데."

내가 그렇게 빈정거리자 미숙은 아예 울상이었다.

"그게 아닌데요."

"그게 아니라니?"

"매번 나이 든 아저씨처럼 행세해서 좀 골려준 건데요."

"뭐야? 그럼 너도 철용이가 너를 좋아하는 걸 알고 있었단 말이냐?"

"공장 사람들이 다 아는걸요."

듣고 보니 맹랑했다. 그러니 미숙은 철용의 마음을 휘저어서 확실한 사랑의 고백을 받아내려고 트릭을 쓴 모양이었다. 그 덫에 걸려서 철용이 엉뚱한 젊은이의 코뼈를 분질러 놓게 된 것이다.

"철용은 너 때문에 감옥 가게 됐다. 요즈음 폭력배 특별 단속령이 내려서 한 번 걸리면 몇 년이나 감옥살이를 해야 한다고 그러더라."

"그럼 어떻게 해요? 저 때문에 감옥살이하면요?"

미숙은 발을 동동거리며 눈물까지 글썽이기 시작했다.

"글쎄다. 네가 찾아가서 사랑을 고백하면 그나마 위안이 될 것인지?"

"오빠를 위해서라면 뭐든지 하겠어요."

미숙의 그런 모습을 보면서 나는 미소를 짓지 않을 수 없었다. 사랑의 신비한 힘 때문이다. 아무튼 이번 일을 계기로 해서 두 사람의 관계가 허물 벗는 누에처럼 달라질 것이 틀림없었다. 누에가 나방이 되기 위해서 겪는 고통처럼 이번 일도 두 사람의 변신을 위해서 겪어야만 하는 사랑의 통과의례인지 모른다.

파리들의 웃음소리

　점심시간에 외출에서 돌아오니 회사의 사장인 숙부로부터 전화가 왔었다는 메모가 남겨져 있었다. 평소 무뚝뚝한 성격인데다가 내가 불편할 것이라 여겨서인지 좀처럼 전화를 하는 일이 없던 숙부였다. 나는 곧장 본사의 사장실로 전화를 걸었다. 비서로부터 전화를 건네받은 숙부의 목소리가 들려왔다.
　"네 숙모가 병원에 입원했다. 한 번 들려라."
　숙부의 목소리가 너무나 침울하게 가라앉아 있어서 숙모가 무슨 병인지, 어느 정도의 상태인지도 묻지 못하고 그저 그러겠다고 대답을 하고 전화를 끊었다. 막상 전화를 끊고 보니 어느 병원인지? 입원실이 몇 호실인지도 모르는 상태였다. 다시 비서실로 전화를 걸어서야 겨우 숙모가 입원했다는 대학병원과 입원실을 알 수 있었다.
　숙모가 병원에 입원했다는 것은 확실히 큰 사건이었다. 숙모는 자신의 건강관리에 남다른 신경을 썼다. 다이어트로 체중을 줄이기도 하고, 아침 수영은 물론 에어로빅 체조로 체력을 단련하기도 했다. 집안을 청결하게 하기 위해서 빗자루와 방걸레를 노상 들고 있었다. 성장한 자식들을 모두 출가시키고 남편과 두 식구만 남게 되니 건강 이외에 신경 쓸 일이 없었는지도 모른다.
　어쩌다 숙부네 집에 유숙하게 되면 결벽증이다 싶을 정도의 숙모의 행동을 엿볼 수 있게 된다. 숙모의 하루일과는 창문들을 와장창 열어서 방안의 공기를 환기시키는 것으로부터 시작된다.

기관지가 약한 숙부로서는 갑자기 새벽 공기를 쐰다는 것이 여간 고역이 아니었다. 그러나 새벽녘 방안 공기의 환기는 건강에 필수적이라는 신념을 지니고 있는 숙모의 고집을 꺾을 수는 없었다. 숙모는 사람의 날숨 속에 무수한 양의 세균이 있다고 믿고 있었다. 그러니 아침이 되기 무섭게 창문을 열고 방안의 공기를 바꾸어야 한다고 생각하는 것이다.

　숙모는 방안 공기의 환기만으로 만족하지 않았다. 병균이란 것들은 미세한 단세포 생물이어서 잠시동안에 하나가 둘이 되고 둘이 넷으로 불어나는 종류라고 믿었다. 그런 세균들이 밤새도록 불어난 방안 공기를 정화시키기 위해서는 소독이 필수적이라고 생각했다. 그래서 분무기로 되어있는 파리약 종류의 소독약을 살포하기 시작했다. 냄새가 지독했다.

　"내가 출근이라도 한 뒤에 부지런을 떨지 그래?"

　숙부가 참다못해 그렇게 핀잔을 주는 수도 있었다.

　"그동안에 세균은 두 배 세 배 늘어나요."

　그렇게 말하며 소독약을 뿜어대는 숙모의 눈에는 약의 포말 속에 무수히 떨어져 죽는 세균의 시체들이 보이는 듯했다. 그것은 마치 날파리들이 우수수 떨어지는 모습과도 흡사했다. 약을 뿌려대고 걸레질을 하고 그렇게 한바탕 수선을 떨고 나서야 숙모는 청소를 끝냈다.

　숙모는 청소가 끝나고 방안 공기의 환기가 끝나면 다시 창문을 꼭꼭 닫아두었다. 그리고 하루 종일 창문을 여는 일이 없었다. 사람들이 들끓는 한낮의 바깥 공기는 온갖 세균으로 오염되었을 것으로 믿기 때문이다. 거기에다 오염된 먼지마저 방안으로 날아들기 마련이니 참을 수 없는 일이었다. 그래서 숙모는 밀폐된 방안에서 주로 TV나 보면서 혼자 지냈다.

이런 숙모의 결벽증을 겪어 본 사람들은 아무래도 그 집에 방문하기를 꺼리게 된다. 공연히 몸속에 묻혀간 세균이라도 있어서 결벽증의 숙모를 오염시킬 수도 있을 것이기 때문이다. 지나치게 맑은 물에는 물고가 없다는 식으로 숙모에게는 별로 찾아오는 손님도 없었고, 숙모 자신도 그것을 다행으로 여기는 듯했다. 그래서 나의 경우도 숙부의 집으로 찾아가는 일은 대개 명절 때뿐이었다.

내가 대학병원 입원실로 들어가니 숙모는 침대에 몸을 뉘인 채 멀뚱히 천장만을 바라보고 있었다. 집안의 형제들은 물론 조카들까지 모두 모여 있었다. 여자들 중에는 더러 돌아서서 눈물을 훔치는 사람도 있었다. 사태가 심각함을 대번에 느낄 수 있었다.

"어떻게 된 겁니까?"

내가 그렇게 묻자 맏며느리인 형수가 말했다.

"허리 척추를 다쳤대요?"

"왜요?"

"파리를 잡으려다가요."

형수의 대답은 황당하기조차 했다. 형수는 그런 나의 표정을 읽고는 차근차근 사건의 경위를 말하기 시작했다. 형수가 들려주는 그 날의 사건은 그랬다.

아침 청소를 끝내고 문을 꼭꼭 처닫던 숙모가 숙부를 향해서 말했다.

"여보. 무슨 소리 안 들려요?"

"무슨 소리?"

"파리 날갯짓 치는 소리요?"

숙부는 어이가 없어서 말했다.

"뜬금없이 파리는 무슨 파리요?"
"저 소리 들어보라니깐요!"
 숙모가 신경질적으로 말했다. 그러나 숙부의 귀에는 아무 소리도 들려오지 않았다. 하긴 지금까지 파리가 날개짓 치는 소리를 들어본 기억도 없었다. 그런 하찮은 곤충들이 날개짓을 치는지, 밥을 먹는지 그런 것들에는 관심을 가져본 적도 없었다. 살아가면서 해야 할 일들이 산더미 같은데 파리들이 무슨 짓을 하든 무슨 상관이란 말인가? 숙부는 내심 그렇게 생각하면서도 히스테리 발작이 심한 숙모를 달랠 양으로 부드러운 목소리로 말했다.
"제발 좀 더불어 삽시다."
"더불어 살게 없어서 파리와 더불어 살아요?"
"당신이 아무리 그렇게 방정을 떨어도 파리를 멸종시킬 수는 없을 꺼요."
"그렇다고 두 손 묶고 구경만 하란 말예요?"
 숙모가 싸움이라도 걸듯 목청을 높이자 숙부는 슬그머니 물러설 수밖에 없었다.
"낸들 파리가 좋아서 그러는 게 아니라. 아무튼 세상엔 그런저런 것들과 더불어 살게 되어 있다 그 말이요."
"당신이나 잘 더불어 살아요. 나는 그 더러운 파리와는 절대로 더불어 살지 않을 테니까."
 숙모는 그렇게 그를 타박하고는 주위를 샅샅이 살피기 시작했다. 그러더니 마침내 천장 한 곳에 붙어 있는 파리를 찾아내고야 말았다.
"아니, 저놈이 저기 있네?"
 숙모는 어느 사이에 방바닥에 놓여 있던 신문지를 말아 쥐더니 천장의 한 점을 향해 팔을 휘저었다. 숙모는 키가 작은 편이어서 천장의 파리를 때려잡기에는 아무래도 키가 모자랐다. 파리란 놈은 키 작은 여자의 공격을 피해서 방안을 한 바퀴 맴돌더니 곧장 열려진 옆방 쪽으로 옮겨갔다.

"저놈이 서재로 날아가네."

숙모는 안방과 이어진 서재로 들어가면서 문을 쾅- 닫았다. 파리가 도망치지 못하게 하기 위해서였다. 숙부는 저것도 병이거니 싶어서 더 이상 잔소리하는 일을 포기하고 말았다. 닫힌 방문 저쪽에서 파리를 쫓으며 말아쥔 신문지를 휘두르는 소리가 들려왔다. 책꽂이의 책들이 떨어지는 소리, 창문을 두들기는 소리, 그러다가 의자가 넘어지는 소리가 꽈당- 하고 들려왔다.

"웬만큼 해둬!"

숙부는 갑자기 화가 치밀어 그렇게 소리쳤다. 그러나 웬일인지 서재 쪽에선 아무런 기척이 없었다. 잠시 기다려도 여전히 잠잠했다. 이상한 생각에 문을 벌컥 열었다. 그러자 뒤집혀진 회전의자가 보였고 그 옆의 방바닥에 길게 누워 있는 숙모의 모습이 보였다.

"이봐. 이 사람, 어찌 된 건가?"

그렇게 물었어도 숙모는 대답이 없었다. 회전의자에 올라서서 파리를 잡으려다 심하게 넘어진 모양이었다. 급히 다가가서 숙모를 일으켜 앉히려는데 그게 쉽지 않았다. 그제야 자세히 살피니 숙모는 팔과 다리를 움직이지 못했다. 아니 입술도 움직이지 못했다.

숙부는 매우 당황했지만 그러나 숙모의 그런 모습이 다만 넘어질 때의 충격으로 생긴 일시적인 현상으로 생각했다. 심하게 넘어지면 더러 의식을 잃거나 하는 수도 있기 때문이었다. 겉으로 보아서는 아무런 상처가 없었다. 숙모는 그저 편안한 자세 그대로 길게 눕고 싶어하는 듯했다.

그러나 막상 병원에서 진찰을 끝내고 보니 그게 아니었다. 숙모는 넘어지면서 척추를 다친 모양이었다. 척추에는 중추신경이 거미줄처럼 얽혀 있는데 그 신경조직이 손상을 입은 모양이라고 의사가 말했다. 그래서 숙모는 병원 침대에 눕혀진 채 꼼짝도 하지 못했다. 의사들은 탈골된 척추 치료에 열을 올렸지만 별로 차도가 없었다. 숙모는 말도 하지 못했고 음식도 들지 못했다. 더구나 심각한 것은 자율신경이 제 기능을 발휘하지 못해서 내장의 모든 기능이 정지되고 있는 점이었다. 위장이며 간장이며 비장이며 신장까지도 모두 멈추어 버린 것이다.

"세상에 이런 일도 있단 말인가?"

병실로 들어온 숙부가 절망 속에서 탄식했다.

"겨우 파리 한 마리 때문에…."

나는 숙모의 생명이 그리 오래 못 갈 것이라는 예감을 느꼈다. 그것은 너무나도 어처구니없는 일이어서 차마 믿을 수 없었다. 파리 목숨이나 다름이 없는 사람의 목숨.

나는 갑자기 어떤 환청을 듣기 시작했다. 파리들이 일제히 날갯짓 치는 소리였다. 파리들은 날갯짓 치면서 조소했다. 사람의 목숨인들 별건 줄 아느냐? 파리의 목숨보다 특별히 다른 줄 아느냐? 파리들은 그렇게 조소하며 웃어댔다.

미루나무와 까치집

현대 금강호가 수백 명의 금강산 관광객을 태우고 동해항을 떠나는 장면은 그야말로 감격이었다. 부두에서 환송하는 사람들과 배 위에서 환송받는 사람들의 마음속엔 이것이 통일로 향하는 첫걸음이 되기를 바라는 마음이 간절했다. 그런 점에서 이 행사는 통일을 염원하는 우리 민족의 기념비적인 행사였다. 특히 직접 배를 타고 있는 사람들의 경우는 느낌이 남달랐다. 대부분 북쪽에 고향을 둔 이산가족이었기 때문이다.

"허허, 오래 살고 볼일이야. 살다 보니 이런 일도 일어나는군."

우리 공장의 최 씨는 자신이 금강산 관광을 떠나는 금강호의 첫 번째 승객이 된 사실이 도무지 꿈만 같은 모양이었다.

"이게 꿈이 아니고 틀림없는 현실이지?"

최 씨는 내게 몇 번이나 확인을 했다. 확인이라기보다 자신의 감격을 그런 식으로 표현한 것이다. 그는 평소에도 고향가는 노잣돈이라며 저금해 둔 통장을 내보이곤 했었다. 그러나 그건 어디까지나 농담이었지 정말 그 돈을 찾아서 고향땅을 밟을 수 있을 것이라고는 믿지 않았다. 그런데 막상 그 농담이 실현되자 도무지 실감이 나지 않는 모양이었다.

"이번에 고향집도 들를 수 있었으면 좋겠네요?"

나는 위로 겸 격려하는 말로 그렇게 말했다.

"그랬으면 오죽 좋겠나? 우리 집은 장전항에서 그리 멀지 않은 곳이거든. 직접 들르지는 못할지라도 먼발치에서나마 옛집을 볼 수 있을런지. 아주 지척이거든."

최 씨는 그렇게 말하며 상기된 표정을 지었다. 첫 소풍날 유치원 아이들의 들뜬 모습처럼 어찌 보면 천진하기까지 했다. 나는 평소 최 씨의 고향에 대해서 귀가 닳도록 들은 터라 눈앞에 그의 고향이 훤히 떠오르는 것만 같았다. 풍호라는 늪지대가 바라보이는 언덕 위의 작은 집.

"금강산이 어떤 곳이냐 하면 말일세."

최 씨는 금강산의 산자락을 오르내리며 나무를 베어 때던 옛날이야기들을 늘어놓으며 말했다.

"일만 이천 봉우리가 우뚝우뚝한데 하나같이 기기묘묘해서 옛날 불가(佛家)에서는 일만 이천 담무갈보살이 산봉우리로 화해서 앉아 있는 명산이라고 했네. 중국 사람들도 살아서 평생 금강산 구경 한 번만 하면 지옥에 가는 것을 면할 수 있다고 하고…. 그래서 금강산 구경하는 것이 평생의 소원이었다네."

최 씨의 설명이 아니라도 금강산의 수려한 경치에 대해서는 모두 알고 있었다. 사진이나 그림으로 본 것 말고도 텔레비전에서 연일 금강산 풍경을 방영했기 때문이다. 그러나 백문이불여일견(百聞而不如一見)이란 말과 같이 백 번 듣는 것이 한 번 보는 것만 못하고, 사진류의 영상매체란 것도 차창의 풍경처럼 스쳐 지나치는 것이어서 체험적으로 보고 즐기는 것과는 천양지 차이가 있을 터였다. 그래서 모두들 이처럼 가슴을 설레며 금강호의 승객이 된 것이다.

배가 장전항에 도착해서 사람들이 모두 하선하고, 또 관광버스에 태워져서 산길로 접어들기 시작하자 최 씨의 눈은 차창에서 떨어질 줄 몰랐다.

"고향집이 보입니까?"

나의 물음에 최 씨는 머리를 흔들었다.

"웬걸. 우리집은 여기서도 한참 북쪽이거든. 하지만 차로 가면 십분 거리나 될까? 가만 보자 그러니 저 산이 느티재인데 저 재 너머에 늪지대가 있는 기라. 우리는 그걸 풍호라고 불렀는데."

그러자 앞좌석의 동행이 뒤돌아보며 핀잔을 주었다.

"이봐요. 보이지 않는 재 너머 타령하지 말고 우선 이렇게 아름다운 눈앞의 경치나 잘 봐둬요."

그러나 최 씨는 그 말에는 들은 척도 않고 차창에 어리는 느티재만 바라보았다. 차가 굽이를 돌 때면 멀어졌다가도 언덕을 오를 때는 다시 다가오는 것이 느티재의 봉우리들이었다.

"허, 바로 저 재만 넘으면 되는데. 집은 그리 크지 않지만 대지는 제법 되는데. 집의 울담 둘레로 살구나무, 복숭아나무는 물론이고 능금나무 밤나무도 있지. 개량종 사과나무도 있고 배나무도 있었지. 지금 생각하면 그게 모두 부모 사랑인 기라. 자식새끼들 군것질 할 것들을 생각해서 그렇게 심어 놓은 게야. 집 뒤로는 비탈 언덕인데 대나무와 닥나무로 숲을 이루었지. 대나무는 북쪽에서 불어오는 매운 바람을 막아주는데 더없이 좋고 닥나무는 한지(韓紙)를 만드는 재료가 되는 거지. 우리는 해마다 닥나무를 베어주고 받은 삯으로 한지(韓紙)를 받았네. 그것으로 겨울나기 문을 새로 바르고 벽지로 쓰기도 했지."

"대지가 몇 평인데 그렇게 없는 게 없어요?"

"내 부친께서 근면하셨거든. 빈터가 있으면 무엇이든 심으셨지. 집이 언덕 위라 마당 앞쪽의 비탈로는 뽕나무를 심었네. 뽕나무가 숲을 이루어서 여름에는 참 시원했지. 그러니 누에도 많이 쳤지. 번데기도 엄청 먹었구먼. 그리고 뽕나무 옆 대문께는 두 그루의 큰 겹벚꽃 나무가 있었지. 아마 할아버지 대에 심으셨던지 가지가 벌어서 굉장히 자랐는데 꽃이 만개했을 때는 정말 볼만했지. 이웃 마을 사람들이 점심을 싸들고 꽃구경을 올 정도였으니…."

최 씨가 그렇게 말을 이어가자 앞좌석의 사람이 참을 수 없다는 듯이 또 참견을 했다.

"그렇게 없는 게 없으면서 어째 미루나무는 빠졌는고?"

그러자 최씨는 무릎을 치면서 말했다.

"아무렴, 미루나무가 왜 빠졌을까? 둔덕 밑에 우물이 있었는데 그 둘레로 서너 그루의 미루나무가 있었지. 키가 어떻게나 자랐던지 바람만 불면 휘청휘청 흔들려서 금방이라도 꺾일 것 같았네."

"까치집도 매달려 있었을 테고."

"암, 물론이지. 까치집이…. 가만 있자. 모두 세 개, 아니 네 개나 되었군. 까치는 영물이라서 낯선 나그네가 오면 멀리서부터 짖기 시작했지. 그래서 반가운 손님이 올 모양이라고 기다리다 보면 틀림없이 반가운 손님이 나타났었네."

그리고 보니 최 씨의 고향은 승객 모두의 고향 풍경과도 비슷했다. 작은 동산을 등 뒤에 두고 기대듯이 지은 작은 초가집. 동산으로 오르는 언덕에는 대나무 숲이거나 아니면 다박솔 몇 그루, 남쪽 들판에는 실개천이 흐르고 그 너머로 논과 밭들이 있고 봄이면 무논에서 아지랑이가 피어올랐고.

비탈 양지바른 곳엔 마을의 공동우물이 있고 그 옆으로 몇 그루의 수양버드나무나 미루나무가 서 있었다. 미루나무는 성장이 빨라서 더러는 작은 산봉우리와 맞먹을 만큼 크게 자랐고 그 가지 사이엔 으레 까치집 몇 개가 매달려 있었다. 까치란 놈은 옛 둥지 옆에다 항상 새 둥지를 트는 습벽이 있어서 까치집은 언제나 이층이나 삼층 누각처럼 보였다.

승객의 대부분 북쪽에 고향을 둔 이산가족들이어서 최 씨의 말을 귀동냥해 듣다가 저도 몰래 고향의 집과 미루나무와 까치집들이 떠오르는지 잡담을 잊고 묵묵히 생각에 잠기는 듯했다. 차가 마침 높은 언덕을 치달려 오르자 누군가가 느티재 부근을 손짓해 보이며 말했다.

"저기 저 재 너머에 미루나무가 보이는군. 가만 있자. 저 꼭대기에 까치집도 보이네요."

그러자 사람들이 모두 차창 쪽으로 얼굴을 돌렸다. 산언덕 구릉 쪽으로 몇 개의 미루나무가 밑둥치는 보이지 않고 무성한 가지만이 보였다. 잎새가 모두 떨어진 앙상한 가지에 까치집이 덩그렇게 매달려 있었다. 누군가가 농담처럼 말했다.

"여기서는 들리지 않지만 저기 까치집의 까치들이 지금쯤 반가운 손님이 오신다고 까까까 지저귀고 있을 게야."

차 안의 사람들은 마치 까치가 우는소리를 귀담아들으려는 것처럼 모두 조용히 귀를 기울이고 있었다. 그들의 귀에는 어린 시절 손님을 반기던 까치의 지저귐 소리가 들려왔다. 그리고 때깔 고운 까치들의 윤기 흐르는 깃털들이 눈에 선했다. 그리고 그들이 정작 가고 싶은 곳은 일만 이천 봉우리들의 기기묘묘한 모습의 금강산이라기보다 특별할 것도 없고 어디서나 쉽게 볼 수 있는 그런 평범한 고향의 언덕과 들녘과 나무와 집들임을 느끼고 있었다. 그리고 이번 금강산 관광이 그런 고향집으로 이르는 길목이 될 수 있기를 간절히 염원했다.

귀성(歸省) 버-스

 추석이나 구정같은 명절이 되면 으레 귀성전쟁을 치르기 마련이다. 승용차가 없는 것은 아니지만 도로에 넘치는 차량들 때문에 아예 고속버스를 이용하는 것이 백번 편했다. 그러나 고속버스 차편 구하기가 어디 쉬운가. 기차건 버스건 이미 몇 달 전부터 예매가 실시되고 버스표 구하기 또한 하늘의 별따기만큼이나 어려운 게 우리의 현실이다. 그런 어려움을 겪으며 너도나도 귀성길에 오르는 것이 우리네 인심이다. 아마도 한국인만의 고유한 심성일 것이다.
 내가 탄 막차는 8시 20분 출발로 되어 있었다. 그러나 고속도로가 차량으로 넘치고 거기에다 노면이 얼어서 차량들이 거북이걸음을 하는 바람에 제 때에 떠나는 차는 하나도 없었다. 제 때에 돌아와야 할 차들이 돌아오지 않아서 어쩔 수 없이 차례로 순연되는 것이다. 많은 귀성객들이 대합실에서 발을 굴렀다. 차가 더 이상 떠나지 않을 것이라는 소문마저 돌았다.
 그렇게 조바심치는 중에 밤 열 시가 넘어서야 마침내 귀성 막차가 출발하게 되었다며 승객들을 태우기 시작했다. 늦긴 했지만 그나마 차가 떠나게 되었다니 퍽이나 다행스러웠다. 차표를 손에 들고 좌석번호를 살피며 자리를 찾던 나는 나의 좌석에 이미 어떤 젊은 여자가 앉아 있는 것을 발견하게 되었다.
 "이보게. 여긴 내 자릴세."
 내가 좌석표를 보이며 말하자 그 젊은 여자는 자신의 차표를 점검하더니

"아닌데요. 이건 분명 제 자립니다."

하며 자신의 차표를 내보이는 것이었다. 우리는 서로의 차표를 확인했다. 분명 같은 번호의 좌석이었다. 운전기사가 불려오고 그가 차표를 들고 매표소를 들락거리고 하느라고 한참동안이나 부산을 떨어야 했다. 똑같은 차표를 발매한 회사측이 잘못이긴 하지만 지금 와서 책임을 물어봐야 헛일이었다. 다행히 젊은 여자가 양보를 해서 운전석 옆의 간이의자로 옮아감으로 해서 사건은 일단락되었다.

"아무튼 가게 되어서 다행입니다."

옆 좌석의 젊은 사내가 위로하듯 말했다.

"다행이고 말고."

나는 얼른 동의했다. 가니 못가니 하던 차가 떠나주는 것만도 감지덕지하지 않을 수 없었다. 언젠가도 막차표를 끊었다가 끝내 떠나지 못한 경우가 있었다. 도로의 결빙상태가 심해서였다. 매표원은 돈을 환불하면서 천재지변인 것을 인력으로 어찌하느냐고 변명했다. 승객들은 속절없이 발길을 돌려야 했다. 더구나 이번처럼 좌석표마저 겹치고 보면 또 무슨 꼬투리가 생겨 귀성길이 무산될지도 모를 판이었다. 이래저래 귀성길이 살얼음판 같았다.

"명절만 되면 이 모양입니다."

옆자리의 젊은이가 그렇게 투덜거렸다.

"민족의 대이동이니 어쩔 수 없지."

나는 달래듯 말했다. 젊은이의 조급한 마음을 이해하지 못하는 바는 아니지만 민족의 삼분의 일이 움직이는 판이니 누구를 탓할 수만도 없는 일이었다. 매번 겪는 일이지만 뾰족한 방법이 없었다. 사람도 동물적인 귀소(歸巢) 본능을 지닌 것인지 모른다.

고향의 산과 들, 작은 오솔길, 그리고 과수원을 감돌아 흐르는 작은 시냇물…. 어찌 생각하면 우리나라 어느 곳에서도 그런 자연 풍광은 흔한 것일 터인데도 사람들은 언제나 유년기적 고향의 것만을 머릿속 깊이 떠올리게 된다. 마치 민물에서 부화된 장어나 연어의 치어(稚魚)들이 적도의 넓은 대양에서 성장한 후에 자신이 방류된 그 민물 풀섶을 찾아서 평생토록 헤엄쳐 오는 그런 간절한 심정과 같은 것이리라. 그런 간절한 심정 때문에 명절만 되면 고향을 찾고자 하고, 그러다 보니 귀성(歸省)길이 곧 전장(戰場)을 방불하게 하는 것이었다.

"차표 한장 구하기가 하늘의 별따기라니까요"

"옳은 말일세. 지난번 추석 때는 결국 귀성(歸省)을 포기하고 말았었지."

나는 그렇게 말했다. 귀성전쟁의 전초전은 우선 버스표의 예매에서부터 시작된다. 한 장의 버스표를 구입하기 위해서 매표소에서 밤을 밝혀야 한다. 그런 노력으로도 표를 구하는 일은 쉽지 않았다. 그렇게 되면 온갖 안면을 동원하여 한 장의 표를 구걸하게 된다. 그래도 되지 않으면 완행버스의 승강대에 죽치고 서서 간혹 귀성을 포기하는 사람의 빈자리를 기대하며 마냥 기다려야 했다.

"안 가자니 그렇고 가자니 이 모양이고."

나는 한숨을 쉬었다. 어쩌다 차표를 못 사서 한 번 귀성 기회를 놓쳐 버리면 몇 달 동안 마음이 불편했다. 차표를 구하지 못했니 어쨌니 하는 것은 다 마음의 변명일 뿐이란 자책감 때문이었다. 왜 좀 더 일찍 서둘지 못했단 말인가? 왜 좀 더 악착같이 노력하지 못했단 말인가? 결과적으로 남들은 모두 귀성버스에 몸을 싣고 있지 않은가? 결국 성의가 모자란 것이다. 성묘 가는 일이나 부모,

형제, 친척을 만나고자 하는 마음이 절실하지 못한 탓이 아니던가?

그런 식의 자책에 시달리기보다는 지옥 같은 귀성전쟁이라도 치루어 내는 것이 백 번 마음이 편했다. 그래서 이번에는 일찍부터 부산을 뗀 결과 겨우 한 장의 차표를 구할 수 있었던 것이다. 8시 20분 막차였다. 아무튼 일단 차에 올랐으니 목표지점에 도달하긴 할 것이었다. 나는 의자를 뒤로 젖히고 누웠다. 느긋하게 한잠 자고 나면 고향 땅에서 아침을 맞이할 것이리라.

언뜻 졸다가 깨어나 보니 옆의 젊은이는 연신 손목시계를 들여다보고 있었다. 막힌 고속도로에 짜증이 나는 모양이었다. 나이가 젊은 만큼 한시라도 지체되는 것이 아쉽고 초조한 모양이었다. 그동안 헤어져 있었던 고향 부모와 형제들의 품속으로 한시바삐 달려가고자 하는 열망이 느껴지는 듯했다.

이런 열망은 누가 가르친다고 가져지는 것이 아니다. 우리의 오랜 전통이다. 즉 신앙과도 같은 효(孝)의 정신에서 유래된 것이다. 서양은 수평적 질서가 중요시되는 곳이라서 부모에 대한 효도가 그리 절실히 강조되는 것 같지가 않다. 그래서 실버타운이니 양노원이니 하는 제도가 잘 발달되어 있다. 동양의 경우도 중국은 효(孝)를 삼강오륜이라는 예절의 차원에서 중요시하고, 일본은 은혜 갚기 차원에서 효도를 중요시한다. 그런데 비하여 우리의 경우는 거의 종교적 차원에서 효(孝)가 지켜지고 있다. 살아서 부모를 섬길 뿐 아니라 돌아가셔도 부모 섬기기를 멈추지 않는다. 명절 때의 제사나 성묘가 바로 그것을 증명한다.

부모님은 살아생전에 자식을 낳고 기르고 돌보아주시고 영혼이 되어서도 자식을 보살펴 줄 것이라는 믿음이 있다. 자식의 입장에서도 살아생전에 효도하지 못한 한을 돌아가신 영혼에게 제사로나마 보답하고자 한다. 부모와 자식으로 이어지는 이런 질긴 인연의 끈이 존중됨으로써 우리의 가족제도는 세계 어느 나라보다 안정되고 견고하다.

서구의 개인주의 사상은 가족제도의 붕괴를 촉진시켜 21세기에 들어와서는 아예 가족 해체 현상이 일어날 것이라고 예고되고 있다. 그 결과로 가정교육이 실종되고 인류의 타락이 극도에 이를 것이라는 전망이다. 그런 점에서 우리의 효(孝) 정신은 21세기 세계 구원의 사상으로서 존중되어야 한다는 주장도 나오는 것이다.

나는 한시바삐 고향으로 달려가고자 열망하는 젊은이의 태도를 보면서 마음속으로 흐뭇하게 생각하지 않을 수 없었다. 이런 젊은이들이 있는 한 우리의 미래는 밝을 것이기 때문이다. 서구적 병폐에서 벗어나 한국적인 새로운 기풍을 세워갈 것이기 때문이다. 단군 이래로 마음에서 마음으로 전승해 온 민족의 정기를 이들이 실현시켜 줄 것이기 때문이다.

"젊은이의 고향은 어딘가?"

나는 한껏 고무된 심정에서 그렇게 물었다.

"고향요? 서울입니다."

젊은이는 심드렁하게 대답했다. 나는 의아해서 다시 물었다.

"아니? 그럼 고향으로 가는 길이 아니란 말인가?"

"모처럼 사흘 연휸데 그냥 있을 수 있습니까? 설악산으로 가는 길이지요."

"혼자서 말인가?"

"왜 혼잡니까? 일행은 벌써 떠났지요. 직장 상사를 잘못 만나서 나만 오늘에서야 겨우 일에서 벗어난 것이지요."

젊은이는 다시 손목의 시계를 쳐다보더니 거칠게 투덜거렸다.

"눈들이 빠지게 기다리고들 있을 건데. 쌍놈의 교통체증 때문에."

나는 그만 맥이 빠지는 느낌이었다. 어려운 환경에서 자식 키우시느라고 퍽이나 고생하신 부모님의 얼굴이 떠올랐다. 그리고 그런대로 세상 형편이 나아져서 덜 고생시킨 나의 자식들 모습도 떠올랐다. 그 자식들이 아무래도 이 젊은이와 크게 다르지 않을 것만 같은 생각에 저절로 한숨이 나왔다.

건망증

나이가 들면 누구나 조금씩은 건망증이 생기는 경향이 있다. 사람이 늙어가면서 뇌세포의 일부가 점차로 손상되면서 생기는 현상이라고 한다. 그런데 더러는 보통의 정도를 넘어서 일종의 병통으로 여겨야 할 경우도 없지 않다. 건망증에 대한 고전적인 이야기로는 신발짝을 찾는 어느 대감의 일화가 있다. 그 대감은 하인을 향해서 번번히 호통친다는 것이다.

"얘야. 내 신발 한 짝이 안 보인다."

"대감님 손에 들고 계시지 않습니까?"

"이놈아, 다른 한 짝이 안 보인다는 말이다."

"한 짝은 대감님께서 신고 계시지 않습니까?"

이 정도가 되면 건망증의 극치라고 하겠다. 우리 회사의 박상철 상무도 꽤나 심한 건망증 환자다. 남들과 철석같이 약속을 해놓고도 까마득히 잊고 그런 약속을 한 기억이 전혀 없다고 잡아떼는 일이 종종 있었다. 동료들과의 사소한 약속이야 뒤늦게라도 미안하다는 사과 정도로 끝날 수도 있지만 중요한 고객이나 상사인 사장님과의 약속마저 까마득히 잊는 일이 예사이다보니 문제가 심각하지 않을 수 없었다. 오늘도 그랬다.

"이봐요. 공장장. 그러니 어제 오후에 '골목다방'에서 사장님과 만나기로 약속을 했다는 게 사실이란 말인가?"

공장의 사무실로 들어선 박 상무의 얼굴이 벌개져서 나에게 따지듯 물었다. 어제 사장님과 한 약속을 지키지 못해 야단을 들은 모양이었다.

"그럼요. 제가 옆에서 분명히 들었는데요."

"허, 이거 낭팬데…. 나는 지금도 전혀 기억되는 게 없는데 말일세"

박 상무는 머리를 절래절래 흔들었다.

"이러다 병원 신세까지 지게 될지 모를 일이야."

사실 주변에서는 병원에 가서 정밀진찰을 받아 보는 것이 좋겠다는 조언을 하기도 했다. 박 상무도 자신의 건망증이 위험 수위에 이르고 있음을 부인하지 않았다.

"한번은 말일세. 고향 친구가 놀러오지 않았겠나? 몇십년 만의 해후라 하도 반가워서 퇴근길에 대포나 한 잔 하자며 함께 회사를 나섰네. 마침 그때 내가 타고 다니던 통근버스가 옆에 와서 스르르 멈추지 않겠나? 그래서 나는 통근버스에 냉큼 올라타고 말았지. '어이. 잘 가게. 다음에 또 보세.' 하고 말이네. 차를 타고 오면서 어딘가 마음이 불편하기에 곰곰 생각하다가 문득 그 친구와는 그렇게 헤어져서는 안 될 친구라는 생각이 떠올랐네. 놀라서 차를 세우고 본래의 곳으로 뛰어갔지만 허탕이었지. 그 후 간신히 수소문해서 그 친구에게 전화를 걸었지. 지난번엔 건망증 때문에 실수한 것이니까 다시 만나서 대포나 한 잔 하자고 말이네. 내가 여러 말로 극구 변명했지만 그 고향 친구는 끝내 믿어주려고 하지 않더군. 아무리 건망증이 심하다고는 해도 그럴 수는 없다는 게지. 하긴 입장을 바꾸어놓고 생각해도 그렇긴 해. 기껏 대포집엘 가기로 하고 함께 걷다가 혼자만 달랑 통근차를 타고 달아났으니 말이네."

그런 정도의 건망증이니 사장님과의 중요한 약속마저도 펑크내고는 이처럼 쩔쩔매는 것이다.

"상무님의 건망증이야 사장님도 잘 아시는 것 아닙니까"

"그렇더라도 정도 문제지. 이번엔 몹시 화가 나신 모양이네."

좀처럼 감정을 겉으로 드러내는 법이 없는 사장님이 화를 낼 정도라면 박 상무의 처지가 얼마나 곤란한지 짐작이 되었다. 그렇다고 내가 거들 일도 없어서 얼른 화제를 바꾸었다.

"그러시니 말입니다. 부모님의 기제사 같은 것은 어찌 지냅니까?"

"그야 집사람이 챙기니 문제가 없지."

"사모님께서 직접 챙기기 어려운 결혼기념일이나 사모님의 생일 같은 것은요?"

"허. 이 사람. 나는 그런 것을 기억해 본 적이 한 번도 없네."

박 상무가 그렇게 나오자 경리를 보는 미스 윤이 화제에 끼어들었다.

"사모님께서 무던하신 모양입니다. 그래도 잘 참으시니 말입니다."

"참는 게 뭔가? 그때마다 한바탕 난리가 나지. 저런 양반 믿고 어떻게 지금껏 살았는지 모른다는 둥, 당장 이혼하자는 둥, 말도 아닐세. 하지만 어쩌겠나?"

그렇게 한참을 늘어놓던 박 상무가 머리를 갸우뚱했다.

"오늘이 음력으로 며칠인가?"

미스 윤이 달력을 보며 꼼꼼히 따지더니 날짜를 알려주었다.

"그래? 내일이 바로 집사람 생일일세. 이렇게 알게 되어서 이번엔 운수대통하려나…. 그나저나 생일날엔 뭘 선물하나? 지금껏 한 번도 선물 같은 걸 해본 적이 없으니 말이야."

"우선 생일케이크는 필수적이고요."

"그런가? 그럼 양초불도 밝혀야 하겠네…. 그런데 집사람 나이가 올해 몇이나 됐을까?"

박 상무가 이렇게 나오는 데는 질릴 수밖에 없었다. 미스 윤이 마침 좋은 생각이 떠올랐다는 듯이 손뼉을 치며 말했다.

"참, 다행이네요. 금년 생일엔 촛불을 밝히지 않는다더군요. 왜냐하면요. 태어난 연도와 나이를 합친 수가 백이 되는 해라서 그렇다네요. 예를 들어서 42년생은 58세니 합치면 100이 되지요. 32년생은 68세니 100이 되고요, 71년생은 29세니 100이 된다 그 말입니다."

미스 윤의 말을 듣고 나이를 헤아려 보니 정말 그랬다. 45년생 해방둥이는 55세니 합치면 100이 되고, 6.25때 태어난 50년생은 50세니 100이 되었다. 4.19때 태어난 60년생은 그러니 40세가 되는 셈이었다. 그렇게 되니 박 상무는 아내의 나이를 모른다고 해도 별문제가 없었다. 촛불을 밝히지 않아도 되니 말이다. 큰 근심 하나를 던 셈이다.

"기왕 말이 나온 김에 생일케이크는 제가 선물하겠습니다."

나는 기분이 저조한 박 상무를 위로하고 싶은 마음에서 그렇게 말하고는 내친 김에 미스 윤에게 돈을 주어서 케이크를 사오게 했다.

"미스 윤. 가게에 가서 큼직한 케이크 하나 사와요. 상무님께서 모처럼 사모님께 생색을 낼 수 있도록 말이요."

미스 윤이 빵집으로 달려간 사이에 나는 덧붙여 말했다.

"특별한 선물을 준비하기 어려우시면 상품권 몇 장 준비하십시오. 사모님께서 평소 사시고 싶은 걸 살 수 있도록 말이지요."

"그래야겠네."

박 상무는 아주 좋은 생각이라는 듯이 머리를 끄덕였다.

다음날 박 상무의 출근은 예전보다 한참이나 늦었다. 미스 윤이 말했다.

"모처럼 생일잔치 한 번 크게 했나 보지요?"

"글쎄. 애들이 모두 외국 유학 중이니 두 분만이라 쓸쓸하시겠네."

박 상무에겐 아들만 둘이 있는데 모두 공부를 잘해서 둘 다 외국 유학 중이어서 집에는 두 부부만 살았다. 내가 미스 윤과 더불어 그런 얘기를 나누는 중에 박 상무가 허둥지둥 들어왔다.

"상무님. 사모님 생일은 잘 지내셨습니까?"

나의 인사에 그는 손을 홰홰 내저었다.

"허 참. 말도 말게. 그놈의 생일 때문에 아침부터 난리가 났었네."

"난리라니요?"

"아침밥을 먹고 막 출근을 하려다가 찬장 위에 숨겨둔 케이크가 눈에 띄지를 않겠나? 그래서 문득 오늘이 아내의 생일이란 생각이 떠올라서 케이크 상자를 내밀었네. '오늘이 임자 생일이지?' 하고 말이네. 그랬더니 결혼 후 처음 있는 일이라 집사람은 제법 감격스런 표정이 되더군."

나는 생일케이크를 받고 감격해하는 사모님의 모습이 눈에 잡히는 것 같았다.

"그런데 말일세. 생일케이크의 상자를 풀던 집사람이 생일케이크에 왜 양초가 없느냐는 거네. 나는 그럴 턱이 없다고 했지. 그런데 다시 찾아도 양초가 없는 게야. 그러자 집사람이 느닷없이 묻더군. 당신 내 나이가 몇이나 되는지 알기나 하느냐고 말일세."

이번에는 아주 당황해하는 박 상무의 모습이 눈에 선했다.

"굳이 따져서 계산해 본다면 모르기야 하겠나? 그러나 그렇게 불쑥 물으니 생각이 날 턱이 없지. 그래서 얼른 둘러댄다는 것이 금년은 뭣하고 뭘 합쳐서 100이 되는 해여서 생일케이크에 촛불을 안 켠다더라고 했지. 그랬더니 뭣하고 뭘 합쳐서 100이 된다느냐고 다잡아 묻더군. 그러나 생각이 나야지. 그래서 그렇다면 그런 줄 알지 뭘 시시콜콜 따지느냐고 퉁을 주었지. 그랬더니 여자가 길길이 뛰기 시작하네. 지금껏 이렇게 당하고만 살아왔는데 더 이상 그럴 수는 없다고 말이네. 내 나이가 이제 몇인 줄이나 아느냐고 말일세. 이젠 나도 자기 생일 찾아먹고 살아야겠다고 말이네. 그래서 미장원에 가서 머리도 하고, 극장에도 가고, 맛있는 음식 사먹을 테니 돈이나 내놓고 가라고 아우성이야. 그래서 지갑을 여는데 상품권 다발이 나오데. 그걸 보고 아내가 더욱 발광이네. 상품권을 한 다발이나 갖고 있으면서 생일날 선물사라고 좀 주면 안 되느냐는 거지….”

조마조마한 심정으로 듣고 있던 나는 그나마 한숨 놓이는 기분이었다. 상품권을 사서 선물하시라고 조언을 한 사람이 바로 나였기 때문이었다. 그러나 이어지는 박 상무의 말은 엉뚱했다.

“그야 집사람에게 생일 선물 사라고 마련한 것이긴 했지만 일이 그 지경이 되어 새삼스럽게 임자 주려고 마련한 것이라고 말하기도 우습고…. 그래서 그건 사장님이 거래처에 줄려고 마련한 거라며 궁색한 변명을 늘어놓다가 간신히 빠져나왔네.”

이마에 흐르는 진땀을 닦으며 늘어놓던 박 상무가 미스 윤을 돌아보며 물었다.

“미스 윤, 뭣하고 뭘 합쳐서 백이 된다고 했더라?”

미스 윤은 기가 막힌지 그저 멀뚱한 눈으로 나를 쳐다보는 것이었다.

모기 한 마리

강 검사는 지금이야말로 인생의 절정기란 느낌을 갖곤 했다. 그야말로 안 되는 것이 없었다. 미해결 강력범 사건 같은 것도 그가 일을 떠맡으면 죄인이 제 발로 걸어 와서 자수를 하는 판이었다. 그러니 남들의 부러움을 살만도 했다.

새 정부가 들어서서 개혁 바람이 불자 안면 있는 재벌들이 연신 찾아왔다. 금융실명제에다 토지실명제 그리고 전직대통령 비자금 문제로 돈 가진 재벌들의 자세가 한껏 낮아졌다. 그만큼 경제통 검사인 그로서는 목에 힘깨나 세울만 했다.

그날도 강 검사는 모 재벌 회장의 초대에 응했다가 제법 취기가 도도해서 집으로 돌아왔다. 아내는 떡두껍 같은 둘째 아들을 출산하느라 친정에 가 있었다. 그는 거실로 들어오자 방바닥에 길게 누웠다.

그는 재벌 회장이 주머니에 찔러준 수표의 액수를 생각하며 행복한 미소를 떠올렸다. 시골 가난한 농사꾼의 아들로 태어나 온갖 고난을 겪으며 대학을 다녔다. 그런 보람이 있어서 사법고시에 합격하고 검사가 되었다. 그리고 지금은 자타가 공인하는 유능한 검사로서 앞길이 탄탄했다. 거기에다 아파트와 자가용을 갖고 시집온 아내가 떡두껍 같은 아들을 둘이나 낳아주니 더 바랄 것이 없었다. 그가 스스로 생각해도 더 이상 욕심부릴 일이 없었다.

일은 바로 그 순간에 일어났다.

모기 한 마리가 앵- 하며 귓바퀴에 매달렸다. 그는 얼결에 모기를 향하여 손바닥을 날렸다. 그러자 모기는 손바닥의 공격과 더불어 귓구멍이라는 함정 속으로 곤두박질쳤다.

강 검사는 앵- 하던 모기 울음소리의 여운이 끝나기도 전에 귓속을 파고드는 날개짓 소리를 들어야 했다. 그 날개짓은 너무나도 맹렬해서 헬리콥터의 프로펠러가 돌아가는 것만큼이나 요란했다. 강 검사는 놀라서 일어났다. 그리고는 서둘러 성냥개비 하나를 꺼내서는 귓속을 후볐다. 그러자 상황은 더욱 나빠졌다.

모기는 등짝을 찍어누르는 무서운 힘에 놀라서 죽을 힘을 다하여 귓속 함정의 저 깊은 바닥까지 기어들었다. 모기는 이 함정을 탈출할 수 있는 유일한 출구가 그곳이라고 생각했다. 그러나 모기는 곧 유연하지만 질긴 어떤 벽에 부딪쳤다. 다급한 심정으로 거세게 밀어붙일 때마다 그 벽은 휘장처럼 흔들렸다. 잘만 한다면 뜻밖의 새로운 통로가 열릴 것만 같았다. 모기는 자신의 생명을 건 전심전력의 투쟁을 전개하지 않을 수 없었다.

강 검사는 고막을 두들기는 모기의 날개짓에 정신을 차릴 수 없었다. 그것은 천둥소리였고 우주가 흔들리는 소리였다. 지구가 돌 때 굉장한 크기의 소리를 낸다는 말은 들었지만 고막에 달라붙은 한 마리의 모기가 만드는 날개짓이 그 소리에 필적할 것이라고는 전에는 감히 상상도 할 수 없었던 일이었다.

강 검사는 성냥개비로 귓속을 후비는 짓을 단념하고 말았다. 그리고 모기가 마음을 바꾸어 주기를 기대했다. 즉 고막을 뚫고 지나가려고 발버둥칠 것이 아니라 출구가 전혀 반대에 있다는 것을 깨달아 주는 일이었다. 아니면 적어도 인간의 고막이 얼마나 견고한 벽인가를 깨닫고 그것을 뚫겠다는 모기식의 무모함에서 빨리 벗어나는 일이었다. 적어도 좀 더 빨리 절망하고 포기해 주는 일이었다.

그러나 비록 미물일지라도 모기는 모기다운 용기와 끈기가 있었다. 모기다운 생명의 귀중함이 있었다. 그리고 모기다운 무모함이 있었다. 그 모기는 귀의 고막이 아니라 견고한 콘크리트 벽이라 하더라도 생명이 다하는 때까지 그 벽을 허물려고 마지막까지 발버둥 쳤을지도 모른다. 그렇게 모기는 발버둥질을 계속했다.

강 검사가 집 앞에 있는 개인병원으로 달려간 것은 자정이 이미 지난 시간이었다. 병원의 문은 닫혀 있었다. 그가 거칠게 문을 두들기자 의사가 나왔다. 나이 든 의사였다. 그는 졸음에 겨운 눈으로 그를 바라보았다.

"귓속에 모기가 들어갔소."

"그래요?"

의사는 심드렁한 목소리로 말했다.

"여기는 보시다시피 산부인과라서요."

"고막에 붙어서 날갯짓 치는데 죽을 지경이요."

"이비인후과로 가 보시요."

"그걸 몰라서 그러는 게 아니라. 지금 이 시간에 문이 열린 병원이 없지 않소?"

"하지만 여긴 귓속을 살피는 기구도 없고…. 애를 낳게 하는 것과는 다른 일이라."

"뱃속의 애도 꺼내는데 귓속의 모기 한 마리 못 잡아낸다는 말이요?"

"손님, 취하셨군요."

의사는 그를 밖으로 밀어내고 문을 닫았다.

강 검사는 할 수 없이 자신의 방으로 돌아왔다. 귓속의 모기도 웬만큼 지친 모양이었다. 때때로 숨을 죽이듯 가만히 있었다.

그러나 그것은 견고한 벽을 뚫기 위해서 힘을 저축하려는 것일 뿐이었다. 모기는 다시 발작적으로 고막에 달라붙어서 전심전력으로 밀어붙였다. 그러자 곧 우주가 무너져 내리는 소리가 들렸다. 천둥이 치고 우박이 떨어졌다. 아니 예루살렘의 성곽이 지진으로 무너지고 화산으로 폭발했다.

새벽빛이 뿌옇게 스며들기 시작했다.

강 검사는 거의 녹초가 되어 있었다. 갑자기 그의 머리에 종합병원 응급실 생각이 났다. 그는 몹시 취한 상태였지만 서둘러 차를 몰았다. 그가 거칠게 차를 몰아 종합병원의 응급실 앞에서 멎자 몇 사람의 간호원이 놀라서 쳐다보았다.

"무슨 일인가요?"

"여기가 응급실이요?"

"그런데요?"

"응급 환자가 있소."

"어느 분인데요?"

"나요."

간호원들이 의아해서 서로 눈짓을 했다. 우락부락하게 생긴 의료종사원이 눈을 부라렸다.

"여보시오. 여기는 병원이요. 술 취한 사람이 들어올 데가 아니란 말이요."

"임마. 어따 대고 함부로 말해. 내가 환자란 말이야."

"허 참. 갈수록 태산이네. 저리 나가요. 나가라고요."

사내가 강 검사의 팔을 나꾸어 잡았다. 그리고 그를 응급실 밖으로 끌어냈다. 강 검사의 손바닥이 대뜸 사내의 뺨을 후려쳤다.

"임마, 내가 환자라고 말했잖아?"

"어라. 이게 누구를 치는 거야. 야. 이 새끼야. 술 처먹었으면 곱게 처먹어!"

그는 강 검사의 멱살을 바짝 움켜쥐고 여차하면 짓이겨 놓고 말겠다는 몸짓을 했다. 마침 그 옆을 지나치던 푸른 가운의 의사가 그를 만류했다.

"김 군, 무슨 짓인가?"

그는 멱살 잡은 손을 놓게 하고는 강 검사를 향해서 물었다.

"무슨 일입니까?"

"모기 한 마리가 귓구멍 속으로 들어갔소."

"모기가요?"

의사는 술 취한 사람을 달래는 길은 참을성밖에 없다고 믿는 눈치였다.

"어느 쪽 귀요?"

"왼쪽입니다."

의사는 간호원을 불렀다.

"라이트를 가져와요."

의사는 작은 후래쉬로 귓속을 비추어 보았다.

"육안으로는 아무것도 보이지 않습니다. 이비인후과 의사가 나오려면 9시나 되어야 됩니다."

"귓속에서 그놈이 날개짓 치는 소리에 정신을 차리지 못하겠소."

"지금도요?"

"어젯밤부터 지금까지 밤새도록 그렇소."

의사는 잠시 난처한 표정을 지었다. 어디까지를 믿어야 할지 모르는 모양이었다.

"왜? 하필 모기라고 생각하십니까?"

"젠장. 모기니까 모기라고 생각하는 거요."

강 검사는 다시 버럭 화를 내었다.

"모기 우는소리가 앵- 울렸다 그 말이요. 그래서 얼결에 손바닥으로 탁- 쳤지요. 그랬더니 그놈이 귓속으로 쏙- 들어간 거요. 내가 답답하니까 성냥개비로 쿡- 쑤셨지요. 그랬더니 그놈이 더 깊숙이 들어가서 마침내 고막에 짝- 붙은 거요. 그리고 팔짝-팔짝- 날개짓 치고 있는 거요. 이렇게 자세히 설명해도 무슨 말인지 모르겠소?"

의사는 귓속을 살피도록 만든 라이트를 귓속 깊이까지 들이밀고 다시 살피었다. 그래도 잡히는 것이 없었다.

"환자분은 귓속이 매우 좁고 특이합니다. 그래서 귓속 깊이까지가 잘 보이지 않습니다. 그래서 현재 상태로는 잘 파악할 수 없습니다."

"그렇더라도 이놈이 날개짓 치는 거야 막을 수 있을 게 아니요?"

"아. 그거야… 할 수 있겠지요. 간호원."

그는 간호원을 불러서 주사기에 알코올을 채워오게 했다. 그는 강 검사를 침대에 뉘고 귓속으로 알코올을 물총처럼 쏘았다. 그렇게 두어 번 쏘아대자 귓속의 모기가 마지막 발악으로 발버둥질 치기 시작하다가 곧 잠잠해졌다.

"어떻습니까?"

"지금 죽었소."

간호원이 긴가민가 싶어하며 말했다.

"지난번에 날파리가 들어간 환자분은요. 이렇게 귀를 평평하게 하니까 날파리가 물위로 떠오르데요."

의사는 간호원의 말대로 강 검사를 오른쪽으로 뉘고 귓속으로 좀 더 많은 알코올을 넣었다. 그리고 귓바퀴를 잡고 이리저리 흔들어 보았다. 그러나 아무것도 떠오르는 게 없었다.

9시가 되어서야 이비인후과 전문의가 나왔다. 막 전문의 과정을 끝냈는지 서른 안팎의 젊은이였다. 그는 응급실에서 작성한 차드를 일별한 후에 후래쉬로 귓속을 살폈다. 그리고 불쑥 물었다.
"왜? 모기가 귓속으로 들어갔다고 생각하십니까?"
"왜, 귓속으로 들어가다니?"
강 검사는 잔뜩 화가 났지만 응급실에서 한 말을 되풀이 할 수밖에 없었다.
"응급실에서 알코올을 쏘아 넣지 않았다면 그놈은 아직도 살아 있었을꺼요."
의사는 머리를 흔들었다.
"환자분은 전에 중이염을 심하게 앓았습니다. 그래서 이명(耳鳴)을 들을 수도 있습니다. 이명 중에는 모기 울음소리같이 들리는 경우도 있거든요."
"그럴 수도 있겠지요. 그러나 이번의 경우는 다르오. 내 귓속에 분명 모기의 시체가 들어 있을거요. 그러니 그걸 끄집어내시요."
"죄송하지만 그런 것을 판단하는 것은 의사입니다."
강 검사는 울컥 치솟는 분통을 참느라 얼굴이 찡그렸다.
'당신이 의사라면 나도 검사야. 강인배 검사라고 하면 알만한 사람은 다 알아. 젠장. 화가 나는 대로라면 네놈들 싹쓸이 잡아다가 감옥에 넣을 꺼야. 이런 돌팔이에다가 불신분자들만 득실거리니 나라꼴이 어찌 되겠어?'
그는 그렇게 속으로 분통을 터뜨리며 다시 말했다.
"다시 한번 보시오. 분명 모기의 시체가 있을 거요."
그러나 의사는 끝내 모기의 시체를 찾아내지 못했다.
"고막 한구석에 거므스름한 딱지 같은 것이 있긴 합니다. 그러나 그건 모기의 시체라기보다는 중이염 치료 때 생긴 상처로 보입니다."

"그게 바로 모기의 시체요. 잡아내시오."

강 검사는 그렇게 주장했다. 의사는 강 검사의 강요에 못 이겨 흡입기를 귓속 깊이까지 처박고 그 거무스름한 딱지를 흡입해 보려고 애를 썼다. 그러다보니 고막의 여러 곳에 상처를 내고 말았다. 그리고도 끝내 그 거무스름한 딱지를 제거하지 못했다.

"아무래도 모기의 시체는 아닙니다."

"그럼 뭐요?"

강 검사가 계속 다그치자 의사는 더이상 참지 못하겠다는 듯이 말했다.

"환자께서는 술이 깬 다음에 다시 오십시오."

의사는 더 이상의 시비에 휘말리지 않겠다는 듯이 방을 나가고 말았다. 강 검사는 하는 수 없이 집으로 일단 돌아올 수밖에 없었다. 그는 기진맥진해서 집으로 돌아와 소파에 깊숙이 몸을 눕혔다.

그러자 귀의 고막이 쿡쿡 쑤시기 시작했다. 의사가 모기의 시체를 끄집어낸다면서 고막에 상처를 낸 것이다. 그런 통증을 참고 있노라니 갑자기 모기의 날개짓 소리가 다시 울리기 시작했다. 모기가 다시 살아난 모양이었다. 알코올에 적셔져서 질식했던 모기가 다시 살아나서 천둥소리를 내며 날개짓 치기 시작했다.

"네간게 뭔데. 검사가 뭔데? 권력이 뭔데?"

모기는 악을 써대며 그렇게 그를 조소했다. 모기 한 마리가 지금껏 쌓아 온 그의 인생 전부를 조롱하는 것만 같았다.

법과 인정

 직장에서 돌아오니 아내가 등기 우편물 하나를 내밀었다. 그것은 법원에서 보내진 것이었다. 평소 그런 기관과 인연 맺을 일이 없었던 나로서는 의아히 여기지 않을 수 없었다. 서둘러 겉봉을 뜯고 내용을 훑어보던 나는 어리둥절해지고 말았다. 그 내용의 대강인즉은 다음과 같았다

 - 귀하가 불법 점거하고 있는 대지(월곡동 산125번지 소재. 65평 3홉)가 민법 00조에 의하여 3월 1일자로 공매 처분 결정되었기에 이에 통보하오니 양지하시기 바랍니다. -

 내가 십수년 동안 살아오던 집의 대지가 무슨 연유로 불법 점거이고 그리하여 그것이 공매 처분을 받게 된 것인지 전혀 알 길이 없는 나로서는 참으로 아연하지 않을 수 없었다. 우편물 내용을 전해 들은 아내도 걱정이 태산 같은 모양이었다.
 "당신 혹시 나 몰래 이 집의 땅을 담보로 보증 같은 것을 서거나 한 일은 없던가요?"
 "젠장. 내가 당신을 속일 일이 따로 있지…."
 나는 그렇게 아내를 핀잔하면서도 그런 종류의 담보 보증을 선 일이 혹 없던가를 기억해 내려고 해보았지만 허사였다. 더구나 불법 점거라니…. 내가 이 땅을 취득한 지가 이미 10여 년이 넘은 터에 말이다. 분명 어떤 사무착오에 기인한 것이겠거니 하고 여기면서도 불편한 심기는 가시지 않았다.

따지고 보면 내게 재산이라고는 이 땅이 전부였다. 10여 평 되는 가옥이야 낡고 헐어서 당장 쓰러질 지경이니 재산이랄 것도 없지만 그래도 택지만은 65평 3홉이니 우습게 여길 일도 아니었다. 근래에 택지값이 하늘 높은 줄 모르게 치솟아서 평당 5백이니 6백이니 하는 말이 심심찮게 떠도는 판이니 말이다.

이 땅이야말로 내게 남은 마지막 자존심이나 다름없었다. 아내가 먹을 것 안 먹고 입을 것 안 입고 저축하지 않았다면 이런 집인들 도저히 장만할 수 없었을 것이다. 셋방살이에 지친 아내가 산비탈 달동네 쓰러져 가는 판자집을 당시에는 헐값으로 사서 온갖 정성으로 고치고 가꾼 집이었다. 근래에 아파트가 인근에 들어서고 이 산동네가 주택 재개발지구로 선정되면서 갑자기 값이 뛰어오르긴 했지만 그게 어디 우리 집만의 문제이던가?

그런데 일은 참으로 맹랑했다. 아내가 알아본 결과 이번 일은 우연한 사무착오가 아니었다. 우리 집만이 아니라 이 산동네 20여 가구가 모두 똑같은 통고를 받았는데 그냥 쉽게 넘어갈 일이 아니었다.

"협잡꾼의 사기에 말려든 것입니다."

상담 변호사가 그렇게 말하더란 것이다. 땅을 팔아먹은 자가 희대의 사기꾼이란 것이다. 그 자는 이 땅을 팔 때 한 집 한 집 분할하려면 비용이 많이 드니 일단 사서 살다가 여러 집이 함께 분할하면 좋을 것이란 말로 선량한 주민들을 속이다가 등기시효를 넘기게 되자 잽싸게 공매에 붙인 것이다. 그러니 매매계약서를 간직하고 있어도 이 땅은 법적으로 원매자의 소유로 환원된다는 것이다. 기가 막힐 노릇이었다. 법이 그렇다는 것이다.

드디어 공매 입찰일이 당도했다. 나는 주민들과 더불어 그 작자를 붙잡아 요정이라도 낼 심산으로 입찰 장소로 달려갔다.

그러나 그 작자는 코빼기도 내비치지 않고 집달리에게 권한을 대리시키는 절차를 밟아놓고 있었다. 집달리는 이미 우리의 처지를 잘 알고 있다면서 그러나 법이 그러니 어쩔 수 없는 일이 아니겠느냐고 말했다.

"법. 좋아하네."

악에 받친 주민들이 그렇게 법석이는 도중에도 집달리가 공매 입찰 절차를 밟기 시작했다.

"이 땅은 여기 몰려온 주민들이 살고 있는 택지입니다. 공매하게 된 내력은 소문으로 들어서 대강 짐작들 하리라고 봅니다. 그러니 가급적 이들 주민들에게 낙찰의 기회가 주어지기를 바랍니다."

집달리는 그렇게 전제하고 덧붙였다.

"잘 아시겠지만 입찰에 응모하는 사람이 없어서 한 번 유찰 될 때마다 반값으로 깎여서 다시 낙찰을 시도할 것이니 그리 아시기 바랍니다."

집달리가 공매를 선언하고 격식대로 응찰을 유도했지만 선뜻 응하는 사람이 없었다. 값이 반으로 깎이고 응찰자가 없자 다시 반으로 깎이었다. 유찰이 여러 차례 거듭될수록 군중들에게서는 알 수 없는 흥분이 감돌았다. 입찰을 위해 둘러선 돈 가진 자들의 얼굴이 긴장으로 딱딱하게 굳어갔다. 노동판을 집어치운 남정네들과 아이들을 들쳐업은 부녀자들의 눈에서는 땅을 그냥 빼앗기는가 싶어서 살기마저 감돌았다.

"이 값에도 응찰자가 없습니까?"

여러 차례의 유찰 끝에 집달리는 그렇게 말하더니 문득 주민 대표를 찾았다. 나와 이웃 남정네들이 우르르 앞으로 나갔다. 집달리가 귓속말로 말했다.

"더이상 응찰자가 없으면 다음번으로 미루어 재입찰

절차를 밟게 됩니다. 이 정도의 값이면 도로 산다는 억울함은 있겠지만 앞으로의 재판 비용에 비기면 아무것도 아니니 그냥 응찰하시지요."

내가 이웃들을 둘러보니 모두 당장 돈 가진 것이 없어서 난감해했다. 집달리가 다시 말했다.

"돈은 내가 변통해 드리지요. 워낙 딱한 사정이라서 그럽니다. 이 땅이 이런 모양으로 되팔린 것을 알면 그 협잡군은 아마 기절이라도 할 것입니다. 제 놈도 이렇게 당해 볼 때가 있어야지요. 또 댁들의 억울한 것은 다시 재판을 통해서 변상받을 수가 있을지 모릅니다. 그러니 그놈은 땅 잃고 변상까지 해야 하게 되면 제 꾀에 넘어간 여우 꼴이 되는 거지요."

그제야 우리는 모두 머리를 끄덕였다. 이런 삭막한 세상에도 일말의 인정이 있음을 느끼며 나는 문득 눈시울이 달아오르는 것을 느꼈다.

황소의 반란

　바우재에서 제일 부자는 아마도 돌뿔네일 것이다. 부자인 최 씨네를 왜 돌뿔네라고 부르는지 아는 사람은 아무도 없다. 언제부턴가 누군가에 의해서 그렇게 불려지기 시작했다. 그런 별명을 들을 때면 그 말의 의미를 모르면서도 최 씨에게 썩 어울리는 것 같은 생각이 들곤 한다. 최 씨는 인색하고 옹고집장이로 소문이 나 있었던 것이다.
　최 씨는 본래 타관내기이지만 이곳으로 장가와서 자수성가한 사람이다. 처음엔 머슴살이를 했다고 한다. 그러다 주인의 마음에 들어 그 집 막내딸과 결혼하게 되고 그리하여 바우재에 정착하게 된 것이다.
　그는 악착같이 일했다. 돈이 될만한 일은 무엇이든 했다. 하천부지를 개간해서 논으로 만들고 국유림 산기슭을 개간해서 밭으로 만들었다. 그리고는 그게 자기 것이라고 우겼다. 나라 땅은 개간한 자가 임자라는 것이다.
　그는 아내가 아이를 갖는 것도 극력 반대했다. 의사가 없는 시골이라 낙태수술이 쉽지 않은데도 기어코 낙태를 시켰다. 그리고 그 후유증으로 아이를 배지 못하게 되어도 오히려 다행이라고 생각했다. 자식새끼란 그저 재물만 축내는 애물단지라는 것이다. 그래서 아이가 없었다. 그러니 돈 들어갈 일도 없었다. 학비도 들지 않았고 용돈도 들지 않았다. 마치 재물을 모으는 재미로만 사는 인간 같았다. 그렇게 악착을 떠니 재물이 늘기 시작했다. 그래서 이제는 바우재에서 제일 부자란 말까지 듣게 된 것이다.

돌뿔네는 소를 두 마리 길렀다. 하나는 암소고 다른 하나는 황소였다. 암소는 여러 차례 새끼를 낳았다. 그러다 지난 해에 도살장에 팔려갔다. 더 이상 새끼를 배지 못하고 늙어서 일도 하지 못했기 때문이다. 사실 황소도 늙기는 마찬가지다. 그러나 기운이 좋아서 그런대로 버티는 형편이었다. 그런데 이 황소가 때때로 옹고집을 부렸다. 멀쩡히 하던 일을 중도에 뚝 그치고 먼 산만 바라보는 것이다. 고집쟁이 최 씨가 고삐로 무섭게 후려쳐도 그저 꿈쩍 않았다. 최 씨는 어이가 없었다. 이놈의 황소가 무슨 심보가 되어 이처럼 때때로 골탕을 먹이는가 싶어서였다. 십여 년 넘게 키워 온 황소였다. 일 잘하기로 소문난 황소였다. 그런데 근래에 들어 갑자기 이렇게 말썽을 부리는 일이 잦았다.

"이제 그놈도 일하기에 지친 모양이지"

그 꼴을 본 마을 사람들이 농담하듯 말했다. 그들은 최 씨가 듣지 않게 쑥덕거리기도 했다.

"그놈도 옹고집쟁이 주인 닮아가는 모양이다."

더러는 황소를 동정하는 사람도 있었다.

"그만큼 부려먹었으면 됐지. 좀 쉬게 하소. 그것도 생명이오."

"허, 농촌 소가 일하지 않으면 뭘 하누."

"요즈음 누가 소를 부려요. 모두 경운기를 사용하지."

"돈이 넘쳐나는 놈들이야 그러고도 남지. 나는 돈이 없네."

최 씨는 그렇게 딱 잡아떼었다. 돈 들어갈 일이면 무엇이든 이런 식이었다. 마을 사람들도 최 씨의 그런 성미를 잘 알아서 달래듯 말하기도 했다.

"돈이 아까워서 구입하지 못하는 심정이야 알지만, 그렇다면 빌리기라도 해요. 하루만 빌려도 소 열 마리 몫을 너끈히 해치울 텐데요."

"황소는 어디에 쓰고?"

돌뿔네 최 씨의 대꾸였다.

황소는 개울가에서 한가롭게 풀을 뜯고 있는 젖소의 무리들을 멀뚱히 바라보기도 했다. 젖소들은 일을 몰랐다. 그렇게 풀이나 뜯으면 되었다. 목장에는 항상 풀이 넘쳤다. 그리고 여러 종류의 사료도 넘쳤다. 매일 빈둥거리고도 먹을 양식은 얼마든지 있었다.

요즈음은 농우들도 일하는 경우가 많지 않았다. 마을에는 종축장에서 분양한 농우들이 여러 마리나 있었다. 그들 분양 소들은 귀에다 번호표를 달았다. 대부분 씨받이용이라 잘 먹여서 투실투실했다. 그 소들은 종축장에서 대주는 사료를 배불리 먹고 밤이나 낮이나 잠만 잤다.

그런 것들을 지척에서 본 황소가 아무래도 마음이 불편한 모양이었다. 잘하던 일도 때로는 중도에서 딱 멈추고 최 씨의 애를 태우는 것이다.

"이놈아. 사람이고 짐승이고 일을 해야 밥이 입으로 넘어가는 게여. 네놈이 언제까지 버티나 보자."

최 씨는 황소의 코뚜레를 잡고 힘하게 잡아끌지만 황소고집이란 말도 있듯이 고집이 워낙 억세니 최 씨로서도 더 이상 어쩌지 못했다.

"일하지 않으면 먹지도 말아야 하는 거여."

최 씨는 분을 참지 못해 황소를 굶기기로 했다. 그렇게 며칠을 굶기자 굶은 황소가 주인을 쳐다보는 눈길이 매우 불량했다.

"허, 짐승은 오래 기르는 게 아니란 말이 조금도 그르지 않아. 이놈도 조만간 도살장으로 보내야 할까 보아."

최 씨는 그렇게 투덜거렸다. 최 씨는 일하지 않는 벌로 며칠을 굶긴 황소를 끌고 다시 밭으로 나갔다. 제때에 밭갈이를 못해서 답답한 것은 황소가 아니라 최 씨였다. 그래서 짚여물을 먹이고는 살살 달래가며 밭을 갈기 시작했다. 그렇게 얼마를 일하고 있는데 경운기 소리가 탈탈 들려왔다. 옆집의 박 씨였다.

"밭 갈러 왔나?"

"예."

"경운기는 어디서 났어?"

"어디서 나긴요. 어제 할부로 한 대 샀지요."

"돈이 어디에 있어서."

"돈을 한 푼도 안내고도 할부로 주데요."

"그게 다 빚이지."

"하지만 이놈이 있어야 제대로 농사를 짓지요."

"그런 것 없어도 예전엔 잘만 지었네."

"그거야 예전 얘기고요."

그렇게 말하면서 박 씨는 경운기를 몰기 시작했다. 최 씨네 옆의 밭이었다. 순식간에 흙더미가 파헤쳐지고 밭은 시원스럽게 갈렸다.

최 씨는 속이 좀 상했지만 어쩔 수 없었다. 이랴. 낄낄. 하며 황소의 엉덩이에 더욱 심하게 채찍질을 하며 밭을 갈기 시작했다. 그러다 쟁기날이 돌멩이에 걸린 모양이었다. 황소가 힘을 주어도 쟁기가 나가지 않았다. 하천부지를 개간한 터라 아직도 치워지지 못한 바윗돌이 더러 있었다. 쟁기를 들어서 자리를 옮겨 주어야 할 일이지만 경운기의 탈탈탈 소리에 그만 짜증이 난 최 씨는 황소가 게으름을 부리는 것만 같았다. 그래서 더욱 거세게 채찍질하며 황소를 다그쳤다. 바윗돌을 뽑아내려고 힘을 불끈불끈 써대던 황소가 그만 지쳤는지 다시 맥을 놓았다.

"허, 이놈 봐라. 그렇게 굶겼으면 정신을 차려야지. 요만 바윗돌에도 맥을 놓아."

최 씨가 팔에 힘을 주고 거칠게 황소를 몰아부쳤다. 그러나 한 번 맥을 놓아 버린 황소는 더 이상 힘을 쓰려고 하지 않았다. 다시 옹고집을 부리기 시작한 것이다. 탈탈탈, 경운기를 몰던 박 씨가 그들의 끙끙거리는 모습을 보았던지 경운기를 멈추었다.

"이제 그 황소도 예전 기운이 아닌 모양이네요."

"아직 끄떡없네."

"하긴 요즈음은 황소도 꾀를 부린다고 하데요."

"그래. 세월이 약아지니, 짐승도 약아지는 모양이야."

"돈 있겠다. 경운기 한 대 사세요."

"일 없어. 나는 내 식으로 할 테니까."

"내 식 네 식이 어디 있어요? 편리한 대로 해야지요."

"나는 내 식으로 해야 편하단 밖에,"

최 씨가 벌컥 화를 내었다. 가난뱅이 주제에. 최 씨는 그렇게 속으로 중얼거렸다. 네놈이 그 모양이니 평생 가난을 면치 못하지. 네놈 주제에 경운기가 다 뭐여. 최 씨는 그렇게 내뱉고 싶었지만 꿀꺽 참았다. 요즈음 젊은 놈들은 어른의 말을 개똥으로 여기는 판이란 것을 잘 알고 있었다.

박 씨는 '젠장할 영감쟁이 같으니라고' 하고 속으로 욕질을 해댔다. 이어 '죽을 때 돈을 싸들고 갈 것인가' 하고 투덜거리면서 '그동안 벌었으면 됐지. 좀 쓰기도 해야지. 자식도 없는데. 돈이 없으면 모를까? 있는 돈 헐어서 경운기 하나 사면 좀 좋을까? 늙은 소가 힘에 부쳐하는 걸 뻔히 알면서도 공연히 채찍질하며 황소만 못살게 구니 전생에 무슨 원쑤진 일이라도 있었던가? 혼자 잘 먹고 잘 살다 잘 뒈져라' 하고 투덜거리며 경운기를 다시 몰기 시작했다.

최 씨는 경운기가 탈탈거리며 멀어져 가는 모습을 흘낏 지켜보았다. 벌써 넓은 밭 하나를 다 갈아엎고 그 옆의 봉기네 밭을 갈고 있었다. 품을 받고 갈아주기로 한 모양이었다. 그것을 보니 더욱 심화가 치솟았다. '이놈의 황소 어디 당해 봐라' 하는 심정이었다. 그는 쟁기를 떼어내고 황소의 코뚜레를 바짝 바투 잡았다. 그리고 옆에 놓인 지게 작대기로 황소를 두들기기 시작했다.

"매에는 장사 없단다. 네 놈이 얼마나 버티나 보자."

지게작대기가 소의 머리통과 얼굴을 난타했다. 이놈이 이러다 죽으면 도살장까지 보낼 것도 없었다. 이웃들과 고기를 나누어 가지면 그만이었다.

늙은 놈. 그만큼 위해 주었으면 됐지. 감히 태업이야.

박 씨가 봉기네 밭을 갈다가 문득 돌아보니 최 씨가 황소의 코뚜레를 잡고 미친 듯이 지게작대기를 휘두르고 있었다. 저 노인이 돌았나. 그런 생각도 들었다. 가서 말려주나 어쩌나 하는 생각도 했다. 하지만 주인이 자기 소를 두들기는데 말려준다는 것도 좀 이상했다. 그러나 제정신이 아닌 사람의 경우는 몇 마디 말로 마음을 진정시켜 줄 수는 있겠다 싶은 생각도 들었다. 그래서 경운기를 세우고 최 씨에게로 몇 걸음 옮겨놓던 차였다.

믿을 수 없는 일은 바로 그때 일어났다. 눈만 껌벅이며 계속 매를 맞던 황소가 갑자기 코뚜레를 잡아채더니 최씨의 가슴팍을 향해서 돌진했다. 그리고 뿔로 최 씨의 가슴을 거칠게 치받았다. 최 씨의 몸이 허공 중에 붕 떠올랐다. 몸이 붕 떴던 최 씨의 몸이 밭 가운데 털썩 떨어졌다. 그런데 이게 웬일인가. 황소는 다시 무서운 기세로 달려들었다. 최 씨가 이미 반쯤 얼이 빠져서 손을 허우적거리는데 황소의 뿔이 최 씨의 몸을 다시 허공으로 솟구쳐 올렸다. 최 씨의 몸이 다시 밭 가운데 떨어졌다. 최 씨는 이미 정신을 잃은 건지 손발의 움직임도 없었다. 그런데 다시 달려간 황소가 이번에는 최 씨의 가슴팍을 앞발로 우지끈 내리밟는 것이었다. 한 번도 아니고 여러 번 되풀이 밟았다. 그래도 분이 풀리지 않았는지 이번에는 방향을 바꾸어 뒷발로 우지끈 밟아대기 시작했다.

처음에 박 씨는 최 씨를 말려 볼 생각이었지만 발이 그 자리에 얼어붙고 말았다. 그는 황소가 하는 짓거리를 지척에서 볼 수 있었다. 그것은 전에 감히 상상도 할 수 없었던 참으로 두려운 광경이었다. 박 씨는 덜덜 떨면서 경운기로 돌아갔다. 그리고 시동을 걸기 무섭게 부지런히 달아나기 시작했다. 황소가 증인을 없애려고 자신을 향해서 돌진해 올 것만 같았던 것이다.

의사들이 최 씨의 시체를 부검했다. 그리고 모두 놀랐다. 몸의 온갖 뼈마디가 잘디잘게 부러져 있어서 황소에게 받혔다는 말로만으로는 설명이 되지 않을 거였다. 박 씨는 아무에게도 자기가 본 사실을 말하지 않았다. 말해도 믿어줄 사람이 없을 것 같았다. 평생 기르던 소가 주인을 밟아 죽였다는 말을 누가 믿을 것인가? 그것도 우연한 사고가 아니라 분노의 결과라니 말이다. 박 씨의 마음속에는 형언하기 어려운 종류의 두려움만이 가득했다.

전쟁 이야기

"우리는 그때 북쪽으로 피난을 갔었지요."
그는 술잔을 비우며 시들한 목소리로 말했다.
"국군은 이미 원산까지 진격을 했는데 퇴각로를 잃은 공산군이 대관령에 집결해서는 영동지방을 휩쓸었거든요."
그래서 그는 국군을 따라 북쪽으로 피난 갈 수밖에 없었다고 말했다.
"속초에서였지요. 한밤중에 총소리가 '땅'하고 납디다. 사람들은 부랴부랴 짐보따리를 꾸려서는 달아나기 시작했지요."
그는 술잔을 내게로 돌리며 말을 계속했다.
"달아나다 보니 반대편에서 또 '땅,땅'하고 총소리가 납디다. 그러니 이번에는 피난민들이 반대편으로 달아나기 시작했소. 그렇게 밤새도록 왔다 갔다 하다가 아침이 되니 제자리에 와 있더라 그 말이요."
그는 어이가 없다는 표정을 지으며 결론을 내렸다.
"아침에 들으니 공산군 첩자 몇 명이서 장난질을 쳤다는 거요. 그러니 훈련되지 않고 조직되지 않은 군중들이란 그야말로 오합지졸일 밖에요."
오합지졸들이 이리저리 밀리며 피난길을 헤매었다.
"간성에서였소. 군인들이 대오를 갖추기 시작합디다. 국군의 주력부대는 원산 북쪽으로 진격을 계속하고 있었던 참이니 아마도 후방 치안담당의 잔여 군인들일 테지요."
군인들은 대오를 갖추어 공산군과 맞서서 싸우려고 떠났다.

"군인들이 산모롱이를 돌기도 전이었어요. 따발총 소리가 콩볶듯 들리는 거요. 피난민들은 정신없이 뛰기 시작했지요. 강을 건너야 했는데 철교밖에 없었지요. 철교 위로 밀고 밀치고 굉장했어요. 쫓기는 군인들과 함께 쫓겼으니 말이요. 머리 위로 총알이 핑핑 지나갑디다."

그의 이마에는 주름살이 깊게 잡혔다.

"나중에 듣고 보니 공산군은 이미 산언덕에 자리잡고 피난민들의 동태를 내려다보고 있었던 거라오. 정보에 어두운 군인들이란 어떤 건지 그때야 알았지요."

그는 술잔의 술을 들어 벌컥벌컥 마셨다.

"고성에서 조금 못 미쳐서 우리는 공산군 패잔병들의 행렬과 뒤섞이고 말았소. 그들의 행군 속도보다 우리들의 피난 속도가 늦었던 거지요. 그러니 도로 발길을 돌릴밖에."

그들은 공사군의 행렬과 반대로 이제는 남쪽을 향해 걷기 시작했다.

"웃기는 건 말이요. 어제까지 국군의 행렬을 따라 지나치던 곳을 다음날엔 공산군의 행렬에 뒤섞여서 되짚어 걸어야 하는 그런 한심한 작태였소. 전쟁터란 사람을 병신 취급하는 곳이요."

그는 담배를 뽑아 물었다. 그리고 한숨처럼 길게 연기를 내뿜었다.

"공산군 패잔병들의 행렬은 굉장합디다. 수십 만의 군대가 강물이 지나가듯 길을 메우며 지나가는 것이었소. 총도 제대로 갖추지 못한 채였는데 거지 떼나 다름이 없었소."

공산군은 하루 종일 지나가고 다음날도 지나갔다.

"다음 날 한낮쯤 되었을 꺼요. 바다 쪽에서 새까만 비행기들이 날아옵디다. 나는 처음엔 그것이 새들인 줄 알았지요.

가까워지면서 그것이 비행기란 것을 알게 되었는데 소위 무스탕기란 것이었소."

그는 무스탕기들을 하나, 둘, 셋 하며 헤아려 보았다고 한다.

"겨우 열 세대였소. 고양이 앞에 쥐란 말이 있지요. 그 많던 공산군들이 흔적도 없이 사라진 거요. 큰길에는 몇 세대의 피난민들만이 어정거리고 있었는데 숲속에서 호통소리가 들렸소. 어서 숨으라고 말이요."

그래서 그들은 숲속으로 숨었다.

"굉장합디다. 열 세대의 무스탕기가 편대 비행을 하며 짓부수기 시작하는데 정말 굉장해요. 하늘이 새까맣게 보입디다. 겨우 열 세대의 비행기인데도 말이요."

그는 담배 연기를 길게 들여 마셨다.

"겨우 열 세대란 말이요. 알겠소? 그게 수십만의 공산군을 숲속에 잡아맨 채 숨도 크게 못 쉬게 하더란 말이요. 개발된 무기의 위력이 얼마나 대단한 건지 실감할 수 있었소."

폭탄은 산과 땅을 흔들었다. 공산군이 굴속에 숨으면 순식간에 굴 입구가 무너져 버리고 길가의 초가집 속으로 숨으면 초가집이 하늘로 날아갔다.

"한 차례 볶아치던 비행기가 물러가자 피난민들은 다시 길을 걸었소. 그런데 사라진 줄 알았던 비행기들이 금방 다시 나타나는 거요."

무스탕기는 동해에 떠 있는 항공모함에서 발진된 것이었다.

"이번엔 숲도 없는 모랫벌을 걸어야 했소. 조금만 후미진 곳에도 패잔병들이 득실거리니 그곳에 끼일 수도 없는 일이었소. 그래서 그저 정신없이 달려야 했소."

정신없이 달려야 했다고 한다. 불독같이 사납게 생긴

무스탕기가 기관포를 쏘아대기 시작했기 때문이다.

"기관포의 탄피들이 내 발밑에 뚝뚝 떨어졌소. 반짝반짝 윤이 나는 놈들이었지요. 그놈들이 내려쬐는 햇살에 반짝이고 있었소. 나는 욕심이 나기 시작했소. 그래서 그 자리에 쭈그려 앉아 정신없이 탄피들을 줍기 시작했지요. 탄피는 화끈화끈 뜨거워서 손을 델 정도였소. 그래도 나는 정신없이 그놈들을 주워 모았지요."

그는 소리내어 웃었다.

"온통 여기저기 사람들이 죽어가는 와중에서 그놈들을 주워 모으느라 정신이 없었으니…. 부모님 속깨나 태웠지요?"

"몇 살이었습니까?"

"아홉 살이었던 것 같소."

비행기들은 곡예를 하듯 피난민들을 비켜가며 기관포를 쏘아대고 폭탄을 떨어뜨렸다.

"허 참, 그 경황에도 재물을 챙기는 사람들이 있었지요. 패잔병들의 달구지에 실린 식량자루를 들어내는 겁니다. 어떤 사람이 그 여인네를 타박합디다. 그걸 욕심낼 때냐고요. 그러자 여인네가 발칵 화를 내었소. 버려진 것을 좀 가져가면 어떠냐고요."

그는 조금 분개한 목소리가 되었다.

"그들을 지나쳐 걸으며 아버지가 말씀하셨지요. '저런 짓을 도둑질이라고 한단다' 라고요. 그건 분명 도둑질이었소. 한낮에 부끄러움도 없이…. 참으로 뻔뻔스런 도둑질이었소."

비행기는 여전히 폭탄을 떨어뜨렸다. 피난민들은 비행기를 향해서 손을 흔들었다. 살려달라는 신호였다.

"하느님이 따로 있는게 아니었소. 그때엔 조종사야말로

하느님이었소."

그는 그렇게 말하며 나를 바라보았다. 술이 올라 얼굴이 불그레했다.

"젊은이는 어찌 생각하오? 하느님에 대해서 말이요."

"글쎄요."

"그럼, 전쟁에 대해서는?"

"…."

"허참, 요즈음 젊은이들이란."

그는 머리를 절래절래 흔들었다.

"그럼 여자에 대해서는 어찌 생각하오?"

"어찌 생각하다니요?"

"여자가 어떤 존재라고 생각하오?"

"글쎄요…. 그냥 사귀긴 하지만."

"생각은 않는다 그 말이로군."

그는 투덜거리듯 말했다.

"아무튼 시작한 얘기니 끝을 내야지."

그는 이야기를 이었다.

"비행기를 향하여 손을 흔들며 걷고 있는데 말이요. 갑자기 으슥한 구석에서 군관복 차림의 사내가 불쑥 튀어나옵디다. '야 이 반동새끼들아!' 그는 그렇게 소리쳤소. 피난민들은 놀라서 멈추어 섰소. '미 제국주의 비행기에다 손을 흔든 작자들은 모두 나오라이' 그는 따발총을 겨누며 호통쳤소. 한쪽 다리를 절고 있었소. 악에 받친 놈의 눈알이 번들거렸소. 아무도 나서는 이가 없자 그가 지명을 했소. '너, 너 이리 나와' 하구 말이요."

그는 목마른 사람같이 허겁지겁 술잔을 기울였다. 그리고 잠시 얼빠진 표정이 되어 술잔만을 들여다보았다. 내가 그의 빈 술잔에 술을 채웠다.

"누굴 잃으셨습니까?"

"부친이오."

"그렇습니까?"

"나는 처음으로 살인을 목격했지요. 전쟁의 규칙을 무시한 살인을 말이오. 종일토록 비행기 조종사들이 아슬아슬 비켜가며 지켜주던 생명이었소. 그 비행기를 향하여 손을 흔들었다는 이유만으로 죽음을 당해야 했소. 공습의 맹렬함에 놀라서 얼결에 손을 흔들었을 뿐인데도 말이오. 놈은 본보기를 보인다며 드르륵 따발총을 휘두른 거요."

"죽일 놈이로군요."

"그렇소. 죽일 놈이었소. 인간이라면 그런 식으로 사람을 죽일 수는 없을 것이오."

다른 피난민들은 서둘러 그 자리를 떠났지만 가장을 잃은 가족들은 그 자리를 떠날 수 없었다. 급한 대로 이웃의 도움을 받아 시체를 가매장하고 해질녘에야 그들은 길을 떠났다. 날이 어둑해지면서 비행기의 공습도 멎었다. 다시 길을 걷기 시작하는 패잔병들이 나타났다. 삼삼오오 흩어져서 걷는 저들의 모습은 참혹했다. 다리를 절룸거리는 사람, 팔을 붕대로 감은 사람, 들것에 들려가는 사람도 있었다. 남루한 옷차림의 여군도 있었다.

"산모롱이를 돌자 저만치 낯선 지프가 보였소. 국군이었지요. 정장 군복에 철모를 쓴 모습이었소. 피난민들은 환호성을 울렸지요. 왈칵 울음을 터뜨리는 사람도 있었소. 그들이 서 있는 토치카를 지날 때였지요. 나는 그들 중의 한 병사를 보고 물었지요. '아저씨, 저기 길 모롱이에 인민군들이 보이잖아요?' 그가 머리를 끄덕였소. '왜 저들을 쏘지 않나요?' 그 병사가 빙그레 미소를 지으며 말합디다. '그들은 총이 없잖니? 총을 갖지 않는 자는 쏘지 않는단다.' 나는 목청을 높였소. '그들이 우리 아버지를 죽였어요. 비행기를 향해서 손을 흔들었다고요.' 병사가 묻더군요. '그놈은 총을 가졌겠지?' 내가 머리를 끄덕이자 그 병사는 내 머리를 쓰다듬으며 말했소. '아가야. 그놈은 틀림없이 죽게 될 게다. 총을 가진 자는 모두 죽게 만들 테니까.' 그 병사는 그러고도 마음이 안 좋았던지 주섬주섬 주머니를 뒤져서 건빵 한 줌을 꺼내서는 내 손에 꼭 쥐어줍디다. 내가 그를 떠나려는데 그가 다짐을 주듯 다시 말했소. '그놈을 꼭 찾아서 죽여 줄 테다. 아가야.' 하구 말이요."

나는 위로하듯 말했다.

"그 병사는 틀림없이 자신의 약속을 실천했을 겁니다."

그러자 그는 머리를 흔들었다.

"어린 마음에도 나는 그것이 거짓말임을 알고 있었소. 이미 그 공습의 터널을 뚫고 나오면서 나는 어린아이가 아니었던 거요. 널뛰듯 껑충 나이를 먹고 말았던 거요. 젊은이가 평생동안 겪어도 겪지 못할 경험을 그 짧은 순간에 모두 겪고 말았던 거요."

그는 술병의 마지막 술을 비우고는 천천히 자리에서 일어났다.

"이것이 우리들 세대의 이야기요. 젊은이가 좀처럼 이해할 수 없는 요소가 우리에게 있다면 그게 모두 전쟁탓이란 것을 잊지 마시오."

그는 그렇게 말하며 술집을 나갔다.

행운의 겨울등산

사람의 행운과 불운이란 참으로 동전의 양면과 같다.
그날도 그랬다. 나는 사소한 일로 아내와 티격태격했다. 아내가 공연히 시비를 걸어온 것이다. 왜 요즈음 말이 없느냐는 것이었다. 딴 꿍꿍이가 있는 게 분명하다는 것이다. 여자들이란 자신의 감각을 매우 중요시 여기는 것이어서 남편에게서 어떤 이상이 감지되면 우선 시비부터 벌이고 보는 것이다. 그렇게 되면 백 마디의 변명도 효과가 없다. 그럴 땐 훌쩍 집을 떠나서 달아나는 게 상수였다.
내가 등산복을 입고 훌쩍 집을 떠난 것도 그 때문이다. 그렇게 집을 떠나게 되면 아무래도 초라한 감정에 사로잡히기 마련이다. 사내자식이 여북 못났으면 계집년에게 쫓겨서 집을 나와야 하는가 하는 자괴감에 젖게도 된다. 세상에 여자가 한 둘인가? 마음을 편하게 해줄 여자가 세상엔 얼마든지 있을 것만 같았다. 그런데도 참고 살아야 하는 이유를 대체로 자식새끼 탓을 하지만 그게 다 자기 못난 것을 감추기 위한 구실에 불과하다.
돈 한 푼 벌어들이지 못하면서도 떵떵거리며 사는 남자도 얼마든지 있는 것이다. 그런 남자일수록 여자를 개 패듯 두들기기도 하는 것이다. 그런 판에 말이 없으니 어쩌니 하면서 시비를 거는 여자 하나 제대로 건사하지 못해서 집을 나와야 하니 자신의 존재가 얼마나 한심한가?
나는 그런 생각에 쫓기며 버스에 올랐다. 남한산성행 버스였다. 아침 첫차라 승객이 별로 없었다. 그런 중에도 내 바로 앞좌석에 앉은 여자가 무엇인가를 열심히 들여다보고 있었다. 여자의 어깨너머로 바라보니 그것은 한 장의 큰 사진이었다. 면사포를 쓰고 있는 여자와 정장 차림의 남자가 팔짱을 끼고 있는 모습이다. 그러니 그것은 그 여자의 결혼사진이었던 것이다.

여자는 주위를 전혀 의식하지 않은 채 사진을 보고 또 보곤 했다. 버스가 남한산성의 입구로 들어섰을 때까지 그렇게 사진을 들여다보던 여자가 마침내 결심이라도 한 듯 사진을 두 쪽으로 쭉 찢었다. 여자의 눈에서 흘러내린 눈물 두어 방울이 찢어진 사진 위로 굴러떨어졌다.

여자는 찢어진 조각을 포개더니 다시 반쪽으로 찢었다. 그리고 찢어진 조각들을 다시 포개어 잡고는 또 반쪽으로 찢었다. 그렇게 찢던 여자는 찢어진 조각들의 부피가 커지자 이번에는 한 조각씩 골라잡고 다시 잘게 찢기 시작했다. 여자는 자신의 결혼 흔적들을 철저히 찢어발기고 있는 것이다.

버스가 남한산성 종점에 머물 때까지도 여자는 같은 일을 계속했다. 마을 사람 두엇이 버스를 내렸다. 여자는 버스가 종점에 이른 것도 알지 못하는 듯했다.

"여기가 종점입니다."

내가 그렇게 말하자 여자는 화들짝 놀라서 나를 쳐다보았다. 눈자위가 벌겋게 부풀어 있었다. 내가 차를 내리자 여자도 따라 내렸다. 여자는 작은 비닐 가방을 하나 들고 있었다. 버스에서 내린 여자는 영업집들로 촘촘한 주위를 낯설게 쳐다보았다.

"이곳엔 초행인 모양이지요?"

여자는 머리를 끄덕였다.

"수어장대를 가려면 이쪽입니다. 나를 따라오세요."

여자는 주위를 다시 한번 둘러보았다. 그리고는 체념한 듯한 모습으로 내 뒤를 따랐다. 마을을 가로질러 북문의 초입에 들어섰다.
"저 문이 북문이지요."
여자는 무표정하게 남한산성의 북문을 바라보았다. 그녀는 하이힐에 정장 차림이어서 산행하기에는 어울리지 않은 복장이었다. 더구나 비닐 가방이 무거운지 자꾸만 가방을 다른 손으로 바꾸어 잡았다.
"그 가방 이리 주시요."
나는 빈손이었음으로 여자의 가방을 나꾸었다.
"아, 아니에요."
여자는 그렇게 사양했지만 나는 이미 산비탈 길로 성큼성큼 걷고 있었다. 여자도 종종걸음으로 내 뒤를 따랐다.
"저게 서문입니다. 병자호란 때 인조 임금이 저 문으로 들어왔다가 저 문으로 나갔지요. 삼전도가 바로 그 밑이거든요."
나는 병자호란의 역사적 사실을 들려주고 있었지만 여자는 그런 것엔 도통 관심이 없었다. 하이힐이 그녀의 발꿈치를 물고 있는지 발걸음이 뒤뚱거리기 시작했다. 길은 더욱 가팔라졌다. 여자의 콧등에 송글송글 땀방울이 맺혔다. 수어장대가 저만치 다가왔다.
수어장대 계단 밑 공터에 좌판을 벌인 행상꾼이 앉아 있었다. 서너 명의 등산객이 그 자리에 쪼그려 앉아서 컵라면을 들고 있었다. 나는 여자를 돌아보며 물었다.
"컵라면이나 하나씩 들까요?"
여자가 머리를 흔들었다.
"그럼 목이 마른데 맥주라도 한 잔씩 합시다."
나는 캔맥주 두 개를 골랐다. 그리고 캔의 꼭지를 따서 여자에게 내밀었다. 여자는 마지못한 듯 캔을 받았다. 나는 캔 하나를 비우고 다시 하나를 골라잡았다. 그러는 동안 여자도 조금씩 맥주를 홀짝이기 시작했다. 여자의 얼굴이 발그레 상기하기 시작했다. 자세히 뜯어보니 제법 예쁜 얼굴이라는 생각이 들었다. 정장 차림의 모습만으로는 그저 젊은 처녀였다. 바람이 불어서 날씨가 제법 찼다. 미니스커트의 아래로 노출된 무릎이 벌겋게 얼어 있어서 안쓰럽게 느껴졌다.

여자가 캔맥주를 비우기를 기다려서 우리는 다시 걷기 시작했다. 수어장대를 둘러보며 내가 설명했다.

"병자호란 때 우리나라 군사는 겨우 1만 2천여 명이었지요. 그런데 청나라 군사는 자그만치 30만 명이었습니다. 그런데도 이곳에서 40여 일을 버티었으니 대단한 전투였지요."

여자는 나의 정확한 지식에 놀라는 표정이었다.

"이 산을 일장산(日章山)이라고 하는데 우리 장수가 이곳에서 관군들을 지휘하였던 것입니다. 총지휘관은 김류라는 장수였고 남문 담당은 구굉이란 장수였지요."

여자는 제법 찬탄의 표정까지 지었다. 사실 내 자신도 '구굉'이란 장수의 이름이 불쑥 튀어나올 줄은 몰랐다. '구인후'란 장수도 있었는데…. 그런 생각을 하다가 아무려면 어쩌랴 싶어서 한술 더 떴다.

"이귀의 아들 이시백이란 장수가 수어사로서 남한산성의 성주였지요. 그는 굉장히 어진 장수여서 부하들이 갑옷 없이 전투에 임하는 것을 안타깝게 여겨서 자신도 갑옷을 입지 않고 전장에 나갔다가 화살을 여러 대 맞기도 했지요. 임금이 갑옷을 입으라는 특별 어명을 내릴 정도였지요."

여자는 이제 나를 완전히 신뢰하는 표정이 역력했다.

남문 쪽으로 내려오는데 여자를 돌아보니 입술이 파랬다.

"춥지요?"
여자가 머리를 끄덕였다.
"어디 들어가서 몸이나 좀 녹입시다."
나는 여자의 가방을 들고 그중 커 보이는 음식점으로 들어갔다.
"조용한 방 있어요?"
"예. 있구말굽쇼."
겨울철이라 손님들이 없었다. 집주인이 안내한 방은 작고 아늑했다. 방바닥은 알맞게 더웠다.
"토종닭이 있습니다. 닭도리탕도 있고 백숙도 있습지요."
"이 집에서 잘하는 걸로 합시다. 소주도 한 병 하구요."
음식이 들어오자 나는 여자에게 술잔을 건네었다.
"술이 서툰데요."
여자는 그제야 입을 열었다.
"서툰게 어디 술뿐이겠소?"
나의 우격다짐에 여자는 술잔을 받았다. 누가 보아도 우리는 어울리는 한 쌍의 신혼부부였다. 여자가 지나치게 젊은 것이 조금 의심쩍을 뿐이었다. 술 두어 잔에 여자의 긴장은 많이 풀어지고 있었다. 얼었던 몸이 풀리면서 여자의 두 볼은 더욱 훈훈히 달아올랐다. 술병이 바닥나자 나는 다시 한 병의 술을 더 청했다.
"기왕 입에 댄 술인데 한 잔 더 받아요."
여자가 머리를 끄덕였다.
"오늘은 저도 취해보고 싶어요."
여자의 눈자위가 조금씩 풀리고 있었다.
"남편이 외박했던 모양이지요?"
"벌써 세 번째지요. 더 이상 참을 수 없었어요."
술기가 오르면서 여자의 얼굴은 홍시처럼 발갰다. 그녀의 말처럼 술이 서툴었던 모양이다. 그녀의 숨결이 가빠지는 만큼 블라우스의 옷깃이 조금씩 벌어졌다. 무릎을 꼼지락거릴 때마다 짧은 스커트 자락이 위로 조금씩 말려 올라갔다. 맨살 다리가 점점 확대되어 왔다. 방안은 때아닌 여름을 만나기라도 한듯 뜨거운 열기로 화끈화끈 달아올랐다.
　어둑해서야 우리는 다시 돌아오는 버스에 올랐다.
　"이젠 남편이 외박해도 사진을 찢지 말아요."
　나의 말에 여자는 그저 잔잔히 미소를 지었다.
　"모두 조금씩 흔들리며 사는 게 인생이지요."
　나는 결론을 짓듯 그렇게 말했다.

2부

한 줄기 햇살이 되어
빗줄기 속에서
지리산 물기둥
불면증
생명서설(生命序說)
환상과 환청
저승 언저리
의식(意識)의 저쪽
그대의 콧구멍
완행버스/ 강원도①(1960년대)
움직이는 산, 또는 제 물길 찾기
붕새의 출현과 그 울음소리
아버지의 땅

한 줄기 햇살이 되어

나른한 오후입니다.

햇살의 나른함이 더욱 발길을 굼뜨게 합니다. 책가방이 전에 없이 무겁게 느껴집니다. 혁은 나른한 햇살 때문이라고 생각합니다. 중3이 되면서 할 일이 갑자기 많아집니다. 책가방도 무거워지고요. 나른한 햇살에 혁의 발걸음도 비척비척 흔들립니다.

"까르르 깔깔."

그렇게 기가 죽어서 걷고 있는데 갑자기 한 떼의 웃음소리가 등 뒤에서 들려옵니다. 같은 학교의 여자애들입니다. 혁이 얼핏 돌아보니 십여 명이 넘습니다. 여자애들이 합창을 합니다.

"앞에 가는 남학생. 왼쪽 다리가 길다."

다른 여학생이 그 말을 받습니다.

"아니다. 오른쪽 다리가 짧다."

다시 까르르 웃음이 쏟아집니다. 여학생들은 곧 두 패로 나뉘어져서 합창하듯 외칩니다. 왼쪽 다리가 길다. 아니다. 오른쪽 다리가 짧다. 아니다. 길다. 아니다. 짧다. 아니다. 길다. 아니다. 짧다.

혁은 태연하려고 했지만 공연히 다리가 불편해지기 시작합니다. 왼쪽 다리가 길게 느껴집니다. 아니 오른쪽 다리가 짧게 느껴집니다. 혁은 저도 몰래 조금씩 절기 시작합니다. 바짝 긴장하여 제대로 걸으려고 노력하면 할수록 다리는 더욱 절룸거립니다. 여학생들의 웃음소리가 다시 까르르 들려옵니다.

웃음소리는 혁의 뒤통수를 향하여 사정없이 퍼부어집니다. 절룸, 절룸, 얼쑤, 절룸, 절룸. 깔깔깔 까르르….

혁이 여학생들의 웃음소리에서 놓여난 것은 남천강 다리를 건너고서였습니다. 남천강을 지나면 시골길로 이어졌기 때문에 집들이 별로 없습니다. 혁이 그제야 한시름 놓고 뒤를 돌아보니 여학생들은 제각기 흩어지고 그 중의 하나만 뒤를 따르고 있습니다. 단번에 그녀가 연희라는 것을 알아봅니다. 연희는 바로 담을 마주하는 이웃입니다. 그런데도 사정없이 그를 놀린 것입니다. 슬그머니 괘씸한 생각마저 듭니다.

산모롱이를 돌아서자 한적한 공동묘지 길이 나옵니다. 혁은 소나무 그늘에 멈추어 섭니다. 연희가 다가오기를 기다리는 것입니다. 그보다 한 학년 밑이어서 어릴 때는 오빠 오빠하고 따르더니 근래에는 아예 혁의 시선을 피하고 외면하기가 일쑤입니다. 이날도 그렇습니다. 연희는 소나무 그늘에 머물고 있는 혁을 외면한 채 그냥 내쳐 걷습니다. 혁이 말을 건넵니다.

"그렇게 사람을 놀려도 되는 거니?"

"놀리긴 뭘 놀려."

연희가 돌아보지도 않고 쫑알거립니다.

"멀쩡한 사람을 다리병신이라고 놀리지 않았어?"

"다리병신이 아니라면서 절룸거리긴 왜 절룸거려."

"언제 절룸거렸다고 그러는 거야?"

"방금."

혁은 책가방을 팽개치고 연희의 두 팔을 잡습니다.

"너 말 다했어? 내가 절룸발이란 말이야?"

"절룸거리면 절룸발이지 절룸발이가 따로 있나?"

연희가 똑바로 쳐다보는데 혁은 눈이 부십니다. 갑자기 여자의 냄새가 물씬 풍겨 옵니다. 연희가 잡힌 팔을 비틉니다.

"팔 놓아."

"먼저 네 말부터 취소해. 내가 절름발이라고?"

"절룸거리지 않으면 절름발이라 할까?"

"취소 못하겠어?"

"못하겠어."

"이게."

혁은 거칠게 그녀를 흔듭니다. 차마 주먹질 할 수는 없습니다.

"취소해."

"못해."

"이게"

다시 흔들어 대는데 연희가 스르르 주저앉습니다. 놀라서 바라보니 얼굴이 창백합니다. 혁은 어찌해야 좋을지 알 수 없습니다. 그런 혁의 귀에 연희의 허약한 목소리가 들려왔습니다.

"나를 저 나무 그늘에 눕혀 줘."

혁은 그녀를 소나무 그늘에 눕힙니다.

"블라우스의 단추를 따 줘."

혁은 떨면서 블라우스의 단추를 따기 시작합니다. 손이 덜덜 떨려서 단추가 제대로 따지지 않습니다. 연희는 얼마 동안 꼼짝 않고 누워 있습니다. 차츰 호흡이 고르게 돌아오고 얼굴에 화색이 돌기 시작합니다.

"악성 빈혈이래. 의사는 휴양을 하라지만 학교를 쉴 수도 없고."

"학교가 문젠가? 병부터 고쳐야지."

연희의 입가에 쓸쓸한 미소가 떠오릅니다.

"금방 고쳐지는 병도 아니래."

혁도 가슴이 답답합니다. 연희의 악성 빈혈은 집안 내력입니다.

연희의 어머니도 얼굴이 창백합니다. 연희의 언니도 그렇습니다. 얼마 전에 연희의 언니는 도시의 큰 병원으로 갔습니다. 오랫동안 입원해야 할 모양이라는 소문입니다. 연희는 아빠도 없습니다. 오래 전에 돌아가셨습니다. 그러니 가난한 살림에 딸 두 명 모두 입원시키기는 어려운 일이겠지요.

얼마큼의 시간이 흘렀습니다. 서녘의 산봉우리로 해가 뉘엿뉘엿 기울기 시작합니다. 연희가 몸을 일으켜 달라고 합니다. 혁은 걱정이 됩니다.

"걸을 수 있을까?"

"걸어 보아야지."

그러나 몇 걸음 걷지도 못하고 연희는 다시 제자리에 주저앉습니다.

"좀 더 쉬어야 할까 봐."

연희가 힘없이 말합니다.

"해가 지고 있는데?"

그들은 아직 산길로 한참을 걸어야 합니다. 지는 해를 쳐다보다가 혁이 조심스럽게 등을 돌립니다.

"내 등에 업히지 않겠니?"

연희가 미소를 지으며 머리를 끄덕였습니다. 혁은 연희를 등에 업었습니다. 두 사람의 책가방을 양쪽 팔에 들었습니다. 연희는 무겁지 않았지만 책가방은 매우 무겁습니다. 산길을 오르는데 연희가 속삭이듯 묻습니다.

"무겁지?"

"괜찮다."

"어릴 때 숨바꼭질 할 때 생각이 난다."

"어떤 생각?"

"짚가리에 함께 숨었다가 그만 잠들었던 생각."

혁은 연희의 말을 듣자 얼굴이 붉어집니다. 몇 년 전 일입니다. 그러니 초등학교 4학년 때던가요. 마을 아이들과 술래잡기 놀이를 하게 되었습니다. 술래에게 잡히지 않으려고 으슥한 짚더미 속으로 들어갔습니다. 그런데 그 짚더미 속에 이미 연희가 숨어 있었습니다. 그래서 두 사람은 꼭 붙어서 깊게 숨었지요.

술래가 그들을 찾아 나섰습니다. 운석이 찾았다. 희명이 찾았다. 술래는 그렇게 하나 둘씩 숨은 아이를 찾아냈습니다. 그런데 혁이와 연희는 어디 있지. 술래는 바로 짚더미까지 다가와서 두리번거립니다. 두 사람은 머리칼이 보일까 더욱 꼭 붙어 있어야 했습니다. 다 찾았는데, 연희와 혁이만 보이지 않는다. 술래가 투덜거립니다. 두 사람은 아예 집으로 도망친 모양이다. 혁이와 연희의 집은 마을에서 조금 떨어진 산모롱이에 있습니다. 두 채가 나란히 붙어 있지요. 그래서 술래가 둘이 함께 달아났다고 의심하는 것입니다. 그렇거나 말거나. 절대로 들키지 않은 것입니다.

두 사람은 술래에게 들킬까 보아 숨소리도 내지 않았습니다. 얼마를 그러고 있었을까요. 두 아이는 그만 그런 모양으로 함께 잠들고 말았습니다. 두 아이를 찾다가 지친 술래가 화가 나서 혁이네 집으로 갔습니다. 연희네 집으로도 갔습니다. 그런데 두 아이는 돌아오지 않았습니다. 걱정이 된 마을 사람들이 횃불을 들고 두 아이를 찾아 나섰습니다. 술래놀이를 하는 마을 정자나무 근처엔 사람의 그림자도 없습니다.

"어떻게 된 거냐?"

"도둑에게 업혀 갔을까?"

"귀신에게 잡혀 갔을까?"

그렇게 떠들썩한 중에 먼저 잠이 깬 것은 연희였습니다. 연희는 마을 사람들이 떠드는 소리를 듣고 비로소 그들이 처한 딱한 입장을 생각해 냈습니다.

"오빠. 오빠."

연희는 혁을 깨웠습니다. 그리고 속삭였지요. 몰래 달아나자고요. 그래서 두 아이는 어둠에 몸을 숨기고 집까지 도망을 쳤습니다. 그리고 골방에서 잠들었노라고 거짓말을 해야 했습니다.

"어쩜. 두 사람 다 골방에서 잠들었을까?"

아이들은 그렇게 의심했지만 금방 그런 일들은 모두 잊고 말았습니다. 그러나 혁이와 연희는 그때의 일을 절대로 잊을 수 없었지요.

"개울 건너 과수원 서리 갈 때 업히곤 처음인 것 같다."

연희는 그렇게 말합니다. 그런 일도 있었지요. 연희는 물에 발을 적시는 것을 아주 싫어합니다. 과수원은 개울 건너에 있었기 때문에 매번 혁은 연희를 업어주어야 했습니다. 그때만 해도 연희는 여간 말괄량이가 아닙니다. 먼저 업어 달라고 조르고, 업어주지 않으면 며칠이고 삐쳐서 말도 않습니다. 혁은 그래서 연희의 기사입니다. 더구나 집도 울담을 사이하고 붙어 있으니까요. 연희는 그런 초등학교 때를 떠올리고 있는 모양입니다.

연희의 집 대문에 이르러서 혁은 책가방을 건네주며 걱정스럽게 묻습니다.

"부축해 주지 않아도 되겠니?"

연희가 미소를 지으며 머리를 끄덕입니다. 참으로 오랜만에 그들은 새삼 가까워진 기분입니다. 대문을 밀고 들어가려던 연희가 아직도 등 뒤에 서 있는 혁을 돌아보며 묻습니다.

"내가 병원에 입원하게 되면 병문안 와 주겠니?"

혁은 어리둥절해 하면서도 머리를 끄덕입니다. 연희의 얼굴이 환하게 밝아집니다. 외등에 비친 그녀의 환한 얼굴이 참으로 아름답다고 느껴집니다.

다음날 혁은 연희가 병원에 입원했다는 소식을 어머니에게 전해 들었습니다.

"벌써 입원했어야 할 아이인데 차일피일 미루다가 오늘 갑자기 입원했다는구나?"

"병이 심한가요?"

"빈혈이 좀 심하긴 했었던 모양이다. 그런데 지난밤부터 갑자기 심해져서 서둘러 입원시킨 모양이다. 갑자기 어떤 충격을 받았던 건지."

혁은 연희가 병원에 입원하면 병문안 와 줄 것이냐고 묻던 모습이 떠오릅니다. 혁이 머리를 끄덕이자 환히 밝아지던 그 아름다운 표정을 잊을 수 없습니다. 연희는 자신이 입원하게 될 것을 이미 알고 있었던 모양이지요.

그런데 병문안은 어떻게 하는 것일까요? 혁은 지금껏 병문안을 가본 적이 없습니다. 아이들은 그런 일에서 늘 빠졌거든요. 어른들은 과일 바구니를 들고 가기도 하고, 또 꽃다발이나 화분을 들고 가기도 한다는군요. 그런데 중학생인 혁이로서는 그것도 저것도 쉽지 않습니다. 하지만 분명 병문안 가겠다는 약속을 지키지 않을 수도 없는 일이지요. 밤새워 생각하다가 혁은 우선 살그머니 찾아가서 동태를 보겠다고 생각했습니다. 그렇지만 빈손으로 갈 수는 없어서 꽃집에 가서 하얀 장미 한 송이를 골랐습니다. 옷섶에 숨겨 가면 아무도 모를 테지요.

혁이 잔뜩 긴장된 모습으로 연희가 입원했다는 병실 근처에서 어릿대는데 연희 어머니의 울부짖는 듯한 흐느낌이 들려왔습니다.

"이럴 수가 있습니까? 멀쩡한 아이를 단 하루만에 죽게 하다니요. 수혈을 잘못했다니? 의사가 사람을 죽인 것이 아니고 무엇입니까?"

연희 어머니의 울부짖음입니다.

"수혈에 자신이 없으면 큰 도시의 큰 병원으로 가게 해야지요. 멀쩡한 내 딸 어찌할 것입니까? 살려내란 말입니다. 내 딸 살려내요."

병실 안의 사람들이 웅성거리며 더러는 연희 어머니를 말리고 더러는 의사를 야단치며 어수선합니다. 혁은 놀라서 도망치듯 병실에서 물러납니다. 정신없이 걷고 있노라니 뒤에서 까르르 웃음소리가 들려왔습니다. 여학생들의 웃음소리입니다. 그 중의 걸걸한 목소리가 들립니다.

"어이. 앞에 가는 남학생. 그 장미꽃 누구 줄 건가?"

"여기에 장미꽃 받을 사람 줄줄이 있네."

여학생들이 까르르 웃습니다. 혁은 저도 몰래 돌아섰습니다. 그리고 십여 명 떼를 지어 몰려오는 여학생들에게로 뚜벅뚜벅 걸어갔습니다. 그리고 제일 크고 건장해 보이는 여학생의 가슴을 향하여 장미꽃을 불쑥 내밀었습니다.

"네게 주겠다. 너는 죽지 않을 것이니 말이다."

여학생들이 놀라서 멈추어 섭니다. 얼결에 꽃을 받은 여학생은 꽃을 든 채 어쩔 줄을 모릅니다. 혁은 그런 여학생의 표정에는 아랑곳 않고 뒤로 돌아섭니다. 그리고 남천강의 다리를 향하여 뚜벅뚜벅 걷습니다. 이제 곧 공동묘지 길이 나오고 소나무 그늘이

나올 것입니다. 그곳에서 연희를 만나게 될 테지요. 한 줄기 햇살처럼 환한 그녀를 말입니다. 혁은 울고 있었습니다.

빗줄기 속에서

눈앞이 뿌옇게 흐렸다. 자꾸만 흐려졌다. 하늘은 잿빛이었고 간간이 가는 빗살이 흩날렸다. 방축길에서 내려다보면 경(京)의 집이 바로 발밑에 있었다. 20여 년의 세월을 건너뛰면서도 변한 것은 아무것도 없었다. 아무것도 없었다. 기와지붕의 잡초가 조금 더 자랐을 뿐이며, 야트막한 담장들이 좀더 찌그러졌을 뿐, 막다른 골목길이며 작은 물도랑이며 모든 것이 예전 그대로였다.

경도 예전 그대로일 것인가? 예전 그대로일 것인가? 가슴을 두근거리며 그녀를 기다리고 있노라면 하늘은 캄캄 어두워 오고, 나는 몇 번씩이나 절망하곤 했다.

그녀는 과연 나타날 것인가? 공연히 애를 태우며 후둘후둘 떨리는 다리를 견딜 수 없어 낡은 비신(碑身)에 몸을 기대곤 했었지. 방축길엔, 이 도읍을 다스리던 방백들의 공덕비가 혹은 서 있고 혹은 비뚜름히 기울어 있고 더러는 균열이 진 채 누워 있었다. 지금도 그랬다. 20여 년의 세월에도 불구하고 변한 것은 조금도 없었다. 비에 적셔지면서 머뭇거리는 나 자신만이 세월의 물살에 휩쓸려 허우적거린 것만 같다. 그래서 지친 몸을 이끌고 만리, 이국땅으로 이민을 떠나기 전에 마지막 꿈을 되새김질하듯 이곳에 서성이고 있는 것이다.

나는 코트의 깃을 올렸다.

빗살이 몸을 적시고, 그래서 차츰 몸이 떨리기 시작했다. 몸이 떨렸다.

그렇게 떨고 섰노라면 그녀는 숲속의 요정처럼 불쑥 튀어나오곤 했다. 햇살처럼 환하게 웃었지, 그녀는 꽃이었다. 그녀의 몸에는 찔레꽃 냄새가 났다. 벌꿀의 당밀 냄새가 났다.

그녀는 시냇물처럼 나직하게 속살거렸다. 고운 음색의 목소리를 듣고 있노라면 나는 동화의 나라, 꿈같은 허공으로 둥둥 떠올랐다. 끝없이 떠올랐다. 화창한 봄날, 안개는 자욱히 흐르고, 복숭아꽃이 만발한 산비탈엔 벌꿀들이 붕붕대고 경은 그런 목소리로 열심히 지껄였다.

그녀는 작은 벌새였다. 벌만큼이나 작은 몸집의 새였으며, 그래서 긴 혓바닥으로 꽃의 꿀을 핥을 수 있었다. 달콤한 꿈들이 눈송이처럼 소복소복 쌓이고 더러는 낙화처럼 흩날렸다. 송화가루가 바람에 흩날리듯 그렇게 흩날렸다. 그 녀는 지금 어디에 있을까?

경은 2학년 여자반을 담임했었다. 그녀의 교실에는 병아리처럼 작고 예쁜 애들이 있었다. 경은 말했지.

"어쩜, 애들은 고운 잔디밭만 같아요. 너무나 고와서 저도 애들과 함께 뒹굴고만 싶거든요."

그래서 그녀는 늘 애들과 함께 있었다. 방과 후 애들은 조약돌을 하나씩 골라들고 교실바닥에 윤을 내었다. 경도 그들과 함께 쪼그려 앉아 구구단을 외웠다. 이이는 사, 이삼은 육…… 쨍쨍한 목소리들이 교실을 가득 채웠다. 그래서 그녀의 교실은 언제나 빙판처럼 반들거렸다.

나는 창가에 놓인 그녀의 책상 앞에 앉아 펼쳐져 있는 장부들을 들여다보곤 했다. 그녀는 열 두 가지의 색연필로 애들의 행동을 일일이 누가기록(累加記錄)했다. 빨간 동그라미는 착한 일을 한 아이에게, 노란 동그라미는 명랑함을 보인 아이. 주홍색은 깨끗한 옷차림, 분홍색은 고운 말씨…… 동그라미들은 무지개빛으로 아롱거렸고, 그 동그라미 속에서는 애들의 웃음소리가 데굴데굴 굴러 나왔다. 진주 구슬처럼 동그랗고, 무지개처럼 찬란한 애들의 개성이 한눈에 들여다보였다.

창턱에 놓인 화분에는 고운 모래가 깔렸고, 교실바닥의 동그만 쥐구멍에는 그만한 크기만큼의 새하얀 조약돌이 놓여 있곤 했다.

삼이 육, 삼삼은 구…… 애들은 구구단을 외웠다. 그녀는 그런 식으로 애들과 놀면서 구구단을 가르쳤다.

그녀의 교실에서는 창밖 멀리로 호수가 보였고, 좁고 구불거리는 논둑길이 보였고 호수를 둘러싼 거무스름한 솔숲이 보였다. 그녀의 교실은 천국의 한모퉁이였으며, 그래서 쨍쨍한 햇살과 데굴데굴 궁그는 웃음소리만이 있었다.

이런 그녀를 누군들 사랑하지 않으랴. 나는 그녀를 사랑했다. 많은 사람들의 눈총마저 의식하지 못할 정도로 사랑했다. 직장의 동료들이 그런 나를 시기했고 헐뜯었다.

그래서 나는 깊은 산골 분교로 쫓겨 가지 않을 수 없었다. 학생이라곤 겨우 아홉 명뿐이었으며 그들은 제작기 산을 넘고 골짜기를 건너서 외따로 살았기 때문에 나는 누구와도 얘기할 사람이 없었다. 동료도 없었고 친지도 없었다. 그래서 나는 밤마다 경에게 편지를 썼다. 편지를 쓰면서 그녀를 떠올리면 그녀의 몸에선 안개가 피어올랐다. 그녀의 반짝이는 눈동자에는 푸른 호수의 물이 넘실거리고 머리칼엔 작은 이슬방울들이 맺혔다. 그녀는 작은 잎새들을 촘촘히 가진 한 그루 나무였다. 바람에 흔들리고 비에 적셔지면서 그녀는 자연 그대로 싱그럽고 풋풋했다.

그런 그녀를 향하여 나는 편지를 썼다. 매일 썼다. 때로는 두세 통을 쓰기도 했다. 그래도 견딜 수 없으면 일요일 날 사오십리

산길을 걸어서 완행버스를 탔다. 털털거리는 버스로 백여 리를 달려가야 겨우 겨우 만날 수 있었다.

　빗살이 조금씩 굵어지면서 몸이 더욱 오들오들 떨렸다. 나는 눕혀진 비석들을 발길로 밟았다. 자꾸만 밟았다. 그녀를 기다리며 초조할 때면 늘 그러듯 원님들의 공덕를 툭툭 건들기도 했다. 그렇게 짓밟혀도 균열이 진 비신(碑身)들은 불평 한마디 하지 않았다. 입이 없기 때문이다. 비석의 주인들도 모두 세월과 더불어 까마득히 잊혀져 버렸겠지. 세월과 더불어 결국 모든 것은 잊혀지기 마련이고, 잊혀지는 즉시 모든 것은 존재하지 않았던 것과 같아지는 것이다. 그렇게 사라지는 것이다. 태어나는 분량만큼 모든 것은 사라지는 것이다. 그것이 진리인 것이다.

　그럼에도 불구하고 나는 왜 경을 잊지 못하는 것일까? 잊지 못하는 것일까? 경은 나의 내부에서 암근육처럼 뭉쳐지고, 점점 퍼지고 자라서 나를 삼키려 들었다. 그리움이 나의 내부 깊숙이에서부터 끓어올라 켁켁 숨을 막히게 하고, 가슴을 도려내는 듯한 통증을 가져오게 했다.

　한 번만이라도…… 영영, 떠나기 전에, 단 한 번만이라도, 다시 못 올지도 모르는 이 먼 길, 떠나기 전에…… 나는 그녀를 한 번만이라도 보고 싶었다. 그래서 암근육처럼 자라기만 하는 그리움의 병에서, 상사병에서 조금이라도 벗어나고 싶었다.

　그런데 지금은 비가 내리고, 그녀의 집 대문은 굳게 잠긴 채, 인적의 흔적도 없고, 싸늘한 냉기만 감돌았다. 경은 이런 흐린 날의 회색빛을 아주 싫어했다. 저는 이런 날씨는 딱 질색이예요. 경은 그렇게 말했다. 모든 사물들이 개성을 잃고 말거든요. 착각하기에 꼭 알맞은 날씨잖아요. 화창한 날의 사물들은 그렇지 않아요. 모든 색깔들이 본래의 모습대로 반짝이걸랑요. 전 그런 분명한 것이 좋아요. 경은 그렇게 분명한 것을 좋아했고 그녀 자신 그렇게 분명하고자 했다.

 싱싱하고 발랄한 여자였다. 조금 작은 듯한 그녀의 눈동자는 지적인 차가움을 주는 때도 있었다. 그러나 그녀의 가슴만은 너무나 뜨거워서 그녀는 매사에 열심이었고 정열적이었다. 그녀가 걸음을 걸을 땐 율동적인 리듬감이 흘렀다. 우리는 어깨를 나란히 하고 함께 방축길을 걸었다. 방축길이 끝나는 곳에 미루나무 숲길이 있었다. 오래된 미루나무 들이 하늘로 치솟는 강변은 타인들의 시선으로부터 몸을 숨기기가 좋았다. 그래서 우리는 미루나무숲에 몸을 숨기고 나란히 앉아 있곤 했다.

 나란히 앉아 있었다. 개울에 퐁당퐁당 돌을 던지기도 했다. 돌을 던졌다. 물길의 깊이에 따라서 물소리는 다른 소리를 내었다. 돌의 크기에 따라서도 퐁퐁 튀어오르는 물방울의 크기는 제각기 달았다. 개울 저쪽 과수원엔 과일이 주렁주렁 매달려 있었다. 잘 익은 과일의 향긋한 냄새가 이곳까지 풍겨 왔다.

 어둠이 깃들면, 나는 그녀를 업고 개울을 건넜다. 그녀는 무겁지는 않았다. 끝없이 개울을 건너고 싶었다. 그러고 싶었다. 원두막을 찾아가 몇 개의 과일을 사곤 했다. 다시 개울을 철벙철벙 건넜다. 짐짓 몸을 숙이면 그녀는 나의 목을 끌어안았다. 금방이라도 물속에 팽개쳐질까 두려워하며 애걸을 했다. 제발, 그러지 말아요. 협박을 했다. 정말 그럴거예요, 나는 물론 그녀를 물 속에 집어넣지는 못했다. 집어넣었어야 하는 것을…… 그렇게 적셔진 그녀의 옷을 찢었어야 하는 것을…… 그리하여 육체의 끈으로 단단히 얽어매었어야 하는 것을…… 나는 집어넣지 못했다. 옷을 찢지도 못했다. 그래서, 그녀는 변하기 시작했다. 살아 있는 모든 것은 변하기 마련이다. 아니, 무생물도 변한다. 내가 발길질하고 있는 이 돌멩이들도 변하고 있지 않은가?
 나는 밤새워 편지를 썼지만 그녀의 답장은 점점 뜸해지고 있었다. 나는 참을 수가 없었다. 나는 사오십 리의 산길을 걷고, 백여 리를 털털거리는 버스를 타고 그녀에게로 달려갔다.
 그녀는 공휴일 일직(日直)이어서 집에 없었다. 나는 그녀와 함께 근무한 적이 있던 학교로 달려갔다. 그녀에 대한 질책의 준비를 단단히 하고 찾아갔지만, 그녀는 그런 나의 마음속을 꿰뚫어 보기라도 한 듯, 짐짓 예순이 넘은 교장님 앞에 단정히 꿇어앉은 채, 바둑판에서 물러서려 들지 않았다.
 허참, 손님이 오셨구먼, 연로하신 교장선생님은 바둑 상대를 빼앗기게 됐다는 듯, 혀를 찼다. 아, 아녜요. 어서 두세요. 교장선생님. 경은 그렇게 말했다. 허, 그래도 될까? 그는 주름투성이의 이마를 들어 나의 동의를 구하듯 말했다.
 별 말씀을 다 하십시다. 나는 그렇게 대답할 수밖에 없었다. 별 말씀을 다하십시다. 허, 이거, 미안해서. 아뭏든, 고맙네. 교장선생님은 바둑돌을 들어 힘차게 바둑판을 두들겼다.
 바둑은 아직도 포석단계였고, 그들은 장고(長考)에 장고를 거듭했다. 나는 짧은 가을낮을 생각하며 시계바늘을 흘끔거렸다. 나는 오랜 시간 털털거리는 버스를 타고 왔으며 또한 그 버스를 타고 돌아가야 했다. 연신 나는 시계바늘을 흘끔거렸다. 시침과 분침이 약속이나 한 듯 빙글빙글 돌았다. 아니 초침만큼이나 빠른 속도로 달음박질했다. 그런데도 경은 장고(長考)를 계속했다.
 나는 아홉 명의 아이들을 생각했다. 그들을 위해 하루라도 결근할 수는 없었다. 그들은 모두 높은 산봉우리를 넘고 개울의 벼랑 길을 건너뛰어 먼 학교길을 힘든 줄 모르고 찾아오는 아이들이었다. 그런데도 경은 바둑돌을 놓기에 여념이 없었다.

허, 이번에도 내가 지고 말았군. 교장선생님이 말했다. 한 판만 더 두고 싶은데 말씀이야. 더 두세요. 경이 화점에 흑돌을 늘어놓으며 말했다. 아직 시간이 많이 남은걸요. 아직 시간이 많이 남은걸요. 경의 천연스런 그 목소리가 나의 뒤통수를 쳤다.

물론 그녀는 오늘의 당직이며 그녀의 퇴근 시간은 아직 많이 남아 있었다. 하지만, 그녀를 찾아온 내게는 시계의 초침이 날카로운 칼날이 되어 조금씩 나의 심장을 도려 놓는 듯 시간의 흐름이 곧 심한 고통이었던 것이다.

그날도 하늘은 잔뜩 찌푸려 있었고 그래서 시간은 더욱 바작바작 목을 죄고 있었다. 산골엔 많은 골짜기가 있어서 소나기라도 내리고 보면 도저히 개울을 건널 수 없었다. 빗속을 뛰어 찾아올 아홉 명의 아이들의 모습이 아프게 확대되어왔다.

나는 마침내 자리에서 일어났다. 저런, 아직 판이 끝나지 않았는데 이를 어쩐다. 교장선생님이 유리해진 바둑판을 내려다보며 아쉬운 듯 말했다. 아닙니다. 그냥 두십시오. 나는 목이 메는 것을 느끼며 간신히 말했다. 목이 메었다. 경은 머리를 푹 숙인 채 차마 얼굴을 들지 못했다.

나는 교문을 나섰다. 전에 나 자신이 근무했던 길들이었지만 그 날따라 너무나 낯설어 보였다. 길에는 달나라에서처럼 많은 웅덩이가 파여서 자꾸만 발이 헛놓였다. 호수가 있는 논둑길을 걸을 때 기어코 빗방울이 후두둑 떨어지기 시작했다. 내 마음속처럼 음산한 바람이 호수의 수면을 한 바퀴 휘돌며 지나가자 산쪽에서부터 컴컴 어둠이 짙어 오면서 빗방울이 더욱 굵어지더니 이윽고 쏴—하고 소나기가 쏟아지기 시작했다. 장대 같은 빗줄기가 사정없이 나를 두들겼다.

황량한 호반길엔 인적이 끊긴 지 이미 오래였고 그래서 나만 버려진 듯한 느낌이 들었다. 내팽개쳐진 것이다. 경의 발길이 나의 심장을 짓뭉갰다. 뾰족한 힐의 뒤꿈치로 사정없이 짓찧었다.

　나는 너무나 아파서 걸음을 옮길 수 없었다. 심장에 맺힌 핏멍울이 너무나 단단해서 걸음을 옮길 수 없었다. 그래서 걸음을 멈추고 빗살이 물망울을 튀기는 호수의 수면만을 바라보았다. 수억만 개의 물방울들이 한꺼번에 튀어올랐다. 그것은 호수 전체가 부글부글 끓는 듯한 느낌을 주었다. 장대비가 내리는 것이 아니라 호수의 끓는 수면에서 장대비가 하늘로 치솟고 있는 것이었다. 치솟고 있었다. 그렇게 호수는 부글부글 끓었다. 내 마음속의 분노를 그대로 옮겨받아 부글부글 끓었다. 비가 내리는 것이 아니었다. 비는 내 몸속에서 삐져나와 하늘로 치솟고 있는 것이다.

　그래서 나는 자꾸만 눈앞이 뿌예졌다. 눈물이 아니다. 다만 분노일 뿐이다. 분노가 눈앞을 뿌옇게 흐려 놓았다. 그 뿌연 시야에 문득 우산 하나가 들어왔다. 학교의 정문으로 이어지는 좁은 오솔길로 우산 한 개가 열심히 뛰어오고 있었다. 빗줄기에 가려져서 보이는 것은 우산뿐이었지만 나의 심장은 갑자기 후두둑 뛰었다. 경이었으면…… 경이기를…… 경이어야 한다. 그녀는 나의 구원인 것을…… 이 빗줄기를 뚫고 달려와 주어야 할 사람은 반드시 너라야 한다. 경이었으면…… 우산 밑으로 여자의 치맛자락이 나풀거렸다. 너는 경이어야 한다. 나는 우산이 점점 다가올수록 더욱 간절한 심정으로 기원했다. 너는 내 마지막 희망을 짓밟아서는 안 된다. 그것은 죄악이기 때문이다.

　드디어 여자는 코앞에 다가왔고, 기적처럼 그녀는 경이었다. 우산이 젖혀지면서 그녀의 두 볼에 흘러내리는 것은 뜨거운 눈물이었으며 그녀는 울면서 달려왔음이 분명했다. 경은 순식간에 한 마리의 새가 되어 나의 가슴을 파고들었다.
 그녀는 새였다. 깃털 가벼운 비비새였다. 홧홧한 입김이 나의 얼굴에 퍼부어졌다. 나는 정신없이 그녀를 끌어안았다. 그녀의 입술에선 사향(麝香) 냄새가 났다. 그녀의 혀끝엔 벌꿀의 당밀이 녹아 흘렀다. 빗속을 뛰어온 여자의 열기가 사정없이 나의 내부로 밀고 들어왔다.
 그녀는 풀잎이었다. 자꾸만 풀섶에 눕고 싶어했다. 그녀는 빗방울이었다. 나의 갈증을 끝없이 축여주려 했다. 나는 그녀의 전부를 나의 내부로 흡입하고 싶었다. 아니 그녀의 내부로, 침윤하여 들고 싶었다. 그리하여 영원히 하나이고 싶었다. 도저히 나눌 수 없는, 신의 의지로도 나눌 수 없는 그런 하나이고 싶었다.
 얼마나 시간이 흘렀을까? 우리가 정신을 차렸을 때, 그리고 서로의 얼굴을 바라보았을 때 경은 수줍은 듯 미소를 지었다. 그리고 다른 손에 든 접혀진 우산을 내밀었다. 우리의 화해는 그리하여 완벽하게 이루어졌다. 참으로 완벽했다.
 그러나 남녀간에 있어서 완벽함이란 얼마나 불가능한 허구인가? 더구나 신들은 하늘 높이에서 편안한 안락의자에 앉아 부채질을 하면서 인간의 운명을 바둑돌 삼아 마음 편하게 바둑을 두고 있는 것을…… 그리하여 멀쩡해 보이던 대마(大馬)가 순식간에 질식사 당하는가 하면, 사석(捨石)들이 다시 살아나서 상대편의 대마(大馬)를 잡아버리기도 하는 것이다.
 신들이 심심해서 옮겨놓은 바둑돌 하나하나에 우리의 운명은 자신의 뜻과는 관계없이 옮겨지고 던져져서 압사(壓死) 당하고 질식 당하고 사석(捨石)으로 버려지는 것이다. 버려지는 것이다.
 어느 날, 홀연히 그녀는 나로부터 사라져 버리고 말았다. 그녀에게서 큰 소포를 받았을 때, 그리고 기대에 넘쳐서 그것을 뜯었을 때, 그 소포의 꾸러미 속에서 우르르 쏟아져 나온 것은 내가 밤새워 쓴 편지들이었으며, 최근의 편지들은 개봉도 않은 채 그대로 돌려보내져 왔다.

나는 너무나 심한 충격에 잠시 정신을 잃었다. 그러자 곧 나의 모든 정성이 하나하나 부끄러움이 되어 내게로 달려들었다. 수백 통의 편지가 모두 날카로운 손톱을 내밀고 나의 가슴을 할퀴었다. 나의 내부엔 수백 개의 할퀸 자국이 생기고 그 자국에 핏방울이 맺혔다. 핏방울은 점점 커지고 뭉쳐져서 진한 아픔이 되어 밑으로 흘러내렸다. 수백 개의 상처에서 일제히 흘러내리는 진한 피의 아픔을…… 신이여! 그대는 아는가? 핏물이 강물이 되어 끈끈히 흘러내리는 아픔을 그대는 아는가?

경은 이유를 설명하지 않았다. 제발, 용서를 빌 뿐입니다. 그녀는 그 한 귀절로 모든 변명을 대신했다. 용서를 빌 뿐입니다. 아홉 명의 애들을 팽개치고 나는 털털거리는 버스에 시달리면서 그녀의 집으로 달려갔지만, 그녀는 어디론가 떠난 후였다. 그녀가 그처럼 좋아하던 애들마저 버려둔 채, 그녀는 사표를 냈고 나로부터 도망치고 말았다.

왜? 무엇 때문에? 그리고, 왜? 또 무엇 때문에? 경은 이런 짓을 저질렀을까?

경은 그렇게 떠나갔다. 그리고 20여 년, 시간은 흐르고 모든 것은 변했지만 그녀에 대한 그리움만은 조금도 줄지 않았다. 그리움은 하나의 거대한 굴참나무가 되어 나의 내부에서 자라고 또 자라 가지를 치고 잎새를 촘촘히 매달아 나를 견딜 수 없게 했다. 견딜 수 없었다.

거대한 굴참나무에는 경 자신일 뿐인 작은 새들이 둥지를 틀고 알을 낳고 그 알들이 부화하여 새끼 새로 태어나고 또 자라서 새로운 둥지를 틀었다. 경은 수백 개의 다른 모습으로 둔갑하고 변형되어서 언제나 나의 내부에서 포르르 날아다녔다. 포롱 포롱 포르롱. 새들은 언제나 자유롭게 날개짓을 쳤고 그래서 나를 견딜 수 없게 했다. 내가 할 수 있는 일이라고는 그녀를 그리워하는 일밖에 없었다. 다른 어떤 일도 할 수 없었다.

사랑은 일회적인 것이며, 한 번 사랑을 놓친 사람은 영원히 다시 같은 사랑을 되풀이할 수는 없는 것이다. 지난 20여 년, 사랑이 없는 황량한 인생길을 나는 무의미하게 살아왔다. 그리고 지나간 20여 년이 너무나 억울해서 새삼 경에 대한 분노에 몸을 떨기도 했다. 지내놓고 보면 인생이란 얼마나 짧은 시간인가? 이 짧은 생애의 가장 중요했던 시간들을 나는 경에 대한 추억과 그리움만으로 날려 보내고 말았다. 그 많은 시간들을……

빗줄기는 여전히 내리꽂히고, 그래서 나의 옷들은 후줄근히 적셔지고 있었다. 경의 집도 빗줄기에 자꾸만 뿌예지곤 했다. 눈에 물기가 서리는 때문일까? 이 추억의 집을 나는 얼마나 자주 떠올리곤 했던가? 꿈속에서도 항상 더 뚜렷이 나타나던 기와집…… 금방이라도 환한 웃음의 그녀가 튀어나올 것만 같아서 나는 발길을 돌릴 수 없었다.

잿빛 바바리코트를 즐겨 입었던 그녀는…… 지금은 어디에서 무엇을 하는지…… 하고 있었는지…… 하여 왔는지…… 나는 모든 것을 알고 싶었다. 꿈속에서도 그것을 알고 싶었다. 그녀는 왜 그런 식의 절교를 했어야만 했던가?

지금은 비가 내리고, 빗속에 적석지면서 나는 가슴이 답답했다. 모든 것은 황량하고 이런 기억만으로 살아야 할 것인가? 늘 꿈속에서 보았듯이 오늘의 이 황량한 풍경도 기억 속에 영원히 간직되리라……

꿈에서 꿈으로 이어지는 것이 인생이라던가? 불가(佛家)의 가르침을 되새기며 나는 어느 윤회(輪廻)의 생애에 그녀와 다시 만날 수 있기를 기대해 본다. 그런 먼 기억의 저쪽에 있을 훗날 때까지 나는 잃어버린 그녀의 기억을 반추하며 벌레같이 살아가리라. 축생(畜生)같이 살아가리라.

나는 경의 집을 마지막으로 일별(一瞥)하였다. 그때였다. 경이 불쑥 튀어나왔다. 잿빛 바바리코트를 입은 예전 그대로의 옷차림이었다. 예전 그대로 젊은, 경이 세월을 건너뛰어 내게로 똑바로 걸어왔다.

경! 나는 놀라서 입속으로 부르짖었다. 이럴 수가? 세월은 그녀만을 남겨두고 옆으로 비껴갔단 말인가? 비껴갔단 말인가? 내가 경 앞으로 한발 다가서자 그녀는 우울한 눈빛으로 빤히 나를 올려다보았다. 전 선생님이시죠? 그녀가 물었다. 나는 머리를 끄덕였다. 전 애현이라고 해요. 지애현. 나는 그녀의 이름을 입속으로 중얼거려 보았다.

그것은 너무나도 낯선 이름이었다. 아저씬 왜 대문을 두들겨 보지 않으세요? 언제까지 바라만 보시겠어요? 애현은 힐난조로 말했다. 그녀의 목소리마저도 경의 음색 그대로였다. 가보세요. 창턱에 매달려 울고 있는 엄마의 그 추한 모습을 말예요. 지금 집엔 엄마만 계시고, 아빤 오래전에 돌아가셨어요. 20년 세월, 쌓인 회포를 마음껏 푸시라구요. 그녀는 경멸하듯 내뱉고는 또박또박 걸음을 옮겼다.

그렇게 걷던 그녀가 휙, 머리를 돌리더니 큰 목소리로 말했다. 문을 열어 주리라고 기대하진 마세요. 알겠어요? 문을 부수란 말예요. 문짝을 때려부수라고요. 애현은 그렇게 말을 끝맺고는 제 갈 길로 멀어져 갔다.

문을 때려부수라고요. 애현의 그 말이 강렬한 인상으로 뇌리에 와 꽂혔다. 나는 문짝을 때려부수어야 할 것인지를 곰곰이 생각하기 시작했다. 부수어진 문짝의 저쪽에 울고 있다는 그녀가 판도라의 상자곽 속에 숨겨진 마지막 '희망'이라면 과연 그것을 들추어내는 것은 옳은 일일 것인가? 내 마지막 꿈마저 깨뜨리는 것은 아닐 것인가?

내가 찾는 것은 경의 껍질이 아니라, 그녀의 본체인 것이다. 그것은 또박또박 멀어져 가고 있는 그녀의 딸에 더 가까운 것은 아닐까? 나는 코트의 깃을 올렸다. 그리고 문짝을 부수는 대신 발길을 돌리고 말았다.

그러실 줄 알았어요. 문짝을 부수지 못하리란 것을 말예요. 애현의 목소리가 들려오는 듯싶었다. 인생의 어려운 고비를 쉽게쉽게 지나치면서, 그렇게 살아가면서 왜 남의 탓만 하세요. 남의 탓만 하시느냐구요.

애현의 질책이 끊임없이 계속되는 것만 같았다. 부끄럽지도 않으세요. 20년 세월이 아깝지도 않으세요…… 나는 나의 내부에서 계속 들려오는 애현의 질책을 들으면서 바쁘게 도망을 치고 있었다. 20여 년 가꾸어 온 꿈을 침범당하지 않기 위해서, 꿈을 깨지 않기 위해서……

아니, 영원히 비겁하기 위해서, 그것을 감추기 위해서……

지리산 물기둥

민혁은 쏟아지는 빗줄기 속으로 차를 몰았다. 빗발이 더욱 굵어졌다. 세찬 바람에 나무가지가 척척 휘었다. 뿌연 빗줄기가 지리산 산자락에 차일을 치듯 눈앞을 가로질렀다. 비오는 날의 지리산. 그것은 음험하고, 암울한 느낌이다. 그래선지 좌절과 절망을 안겨준다. 다른 사람의 경우엔 또 다르겠지만 적어도 민혁에게만은 그런 느낌을 지울 수 없다.

그는 2년 전, 뱀사골 솔밭 야영장에서 아내 여진과 딸 윤주를 잃었다. 텔레비전 뉴스에서 비 소식이 있었지만, 여름 한나절의 소나기로만 알았다. 그런 정도의 비 소식이란 흔히 있는 일이다. 대부분의 야영객들이 그렇게 무심히 생각했다가 변을 당한 것이다. 지리산에 내린 빗줄기는 순식간에 하나로 모아지고 넘치고 치솟으며 온통 소용돌이가 되었다. 그동안 생명을 가꾸어주고 품어주고 길러주던 인자하고 너그럽던 모습과는 거리가 멀었다. 특히 인간들의 환경파괴와 오염, 그리고 무질서와 파렴치에 대해서 복수라도 하듯 뱀사골을 일시에 덮친 것이다. 천여 명의 생명들이 분노한 물길에 휩쓸려 흔적도 없이 사라졌다. 그 물길에 아내 여진과 딸 윤주도 희생되고 말았던 것이다.

민혁은 비오는 날의 지리산에 치를 떨면서도 비 소식만 들려오면 차를 몰아 지리산으로 달려갔다. 비에 잠긴 음험한 지리산의 살기를 감춘 발톱의 정체를 밝혀내려는 듯이. 이번에도 그랬다. 태풍 루사의 소식을 듣기 무섭게 그는 지리산으로 차를 몰았다. 태풍이든, 폭우든 어떤 식으로든 맞서고자 했다. 한 인간의 행복을 송두리째 뽑아버린 재앙의 뿌리가 무엇인지, 몸으로 체험하고 싶은 심정이었다.
 그러나 그런 질주는 남원 쪽, 지리산 입구에서 저지당했다. 춘향묘 매표소 앞에 장애물이 설치되어 있었던 것이다.
 "입산 금지입니다."
 매표 창구의 직원은 길을 가로막은 장애물을 가리켰다.
 "태풍이라서요. 지리산 출입이 통제되고 있습니다."
 민혁은 뻔히 아는 일이지만 난감한 표정을 과장하며 매표원에게 통사정을 했다.
 "신문사에 있습니다. 취재 나왔는데요. 요기 춘향묘까지만 갑니다."
 춘향묘는 매표소에서 십여 미터의 거리에 있었다.
 "비 때문에 걸어갈 수도 없고요."
 한참동안 사정해서야 매표 창구의 직원은 마지못한 듯 장애물을 치워 주었다.
 "춘향묘만 다녀오셔야 합니다."
 "물론이지요. 이런 태풍에 어딜 가겠어요."
 그렇게 장애물을 통과한 민혁은 춘향묘를 그냥 지나쳤다. 그가 가야할 곳은 뱀사골 골짜기였다. 남원 쪽에서 시작되는 지리산의 험한 구릉들이 빗줄기에 가려져서 뿌옇게 흐려 있었다. 갈 길이 바빴다. 뱀사골로 가자면 험한 적령치 고개를 넘어야 했다. 아직 오후 두 시밖에 되지 않은 한낮이지만 쏟아지는 빗줄기 때문에 주위는 저녁때나 된 것처럼 어둑어둑했다.
 차는 물도랑처럼 흐르는 차도의 물을 튀기며 언덕길을 치달렸다. 태풍 루사의 위력이 대단했다. 나무 둥치가 꺾이고 바윗돌이 길을 막아서 때로는 속도를 줄이고 조심스레 우회해야 했다. 적령치 고개가 가까워오자 바람은 더욱 거세었다. 쏟아지는 빗줄기도 더욱 굵어졌다. 빗줄기가 바람에 쓸리며 뿌옇게 차창을 뒤덮었다. 뿌연 차창 앞으로 아내 여진의 얼굴이 불쑥 다가왔다.
"이봐요. 당신. 정신 나갔어요? 이 비에 어딜 가려는 거요."
딸 윤주의 얼굴도 매달리듯 다가왔다.
"아빠. 돌아가란 말야. 위험하단 말야."
"위험하지. 암. 위험하고 말고."
민혁은 악셀에 힘을 주었다. 지지난 여름에 캠핑 도중 물사태로 휩쓸려 죽은 아내 여진과 딸 윤주의 얼굴이 눈물처럼 차창에 매달렸다. 태풍이 다가오는 소식만 들리면 민혁은 견딜 수 없었다. 그래서 미친 듯이 차를 몰아 이렇게 달려오는 것이다. 노도같은 물살에 쓸려 흔적도 없이 사라진 아내와 딸의 흔적을 줍기라도 하려는 듯이.

그들은 뱀사골 솔숲에 텐트를 치고 야영을 했다. 뱀사골 솔숲 야영장에는 평소대로 수 백여 명의 야영객들이 복닥였다. 그래서 민혁은 남원 시내로 볼일을 보러 떠나면서도 별 걱정은 하지 않았다. 뱀사골에서 남원 시내까지는 차로 반시간도 채 되지 않은 거리였던 것이다. 그는 업무를 마치고 손님과 저녁 식사를 하고 술까지 한 잔 걸쳤다. 그는 쏟아지는 빗줄기를 보긴 했었지만 그것이 그렇게 대단한 위력을 지닌 줄은 몰랐다. 지리산의 수만 봉우리와 수천 골짜기의 빗물이 모두 하나로 합쳐져서 뱀사골 전체를 뒤덮으리라고는 상상도 못했다. 그가 뒤늦게 차를 몰아 뱀사골에 이르렀을 때는 이미 솔숲 야영장 전부가 물속에 잠긴 뒤였다. 야영객 모두가 수마에 삼켜진 후였다.
민혁은 한순간도 아내와 딸을 잊은 적이 없다. 예쁘고 착한 아내와 그 아내를 닮은 조그맣고 귀여운 윤주. 이렇게 태풍이 다가오고 폭우가 쏟아지는 날이면 지리산 어느 계곡에서 불쑥 나타날 것만 같았다. 그래서 이렇게 달려오지 않고는 견딜 수 없었다.

언덕을 오를수록 빗줄기는 더욱 거세었다. 하늘에 구멍이라도 뚫린 것일까? 함지박으로 퍼부어대는 것 같았다. 쏟아지는 빗줄기가 산줄기에 부딪쳐서는 바로 물기둥이 되어 치솟았다. 지리산의 바위들, 능선들, 봉우리마다에 물기둥이 치솟았다. 과거에는 감히 상상도 못했던 광경이었다. 지리산 전부가 거대한 물기둥이었다. 그러니 분수처럼 뿜어지는 물기둥들이 바위를 타고, 나무등걸을 타고, 위로 치솟고, 밑으로 뒹굴고, 사방으로 포말을 흩뿌렸다. 바위산 꼭대기마다 분화구에서 화산이 치솟듯, 치솟은 화산의 용암이 파열하며 솟구치듯, 그렇게 물의 포말들이 치솟고, 흩뿌려지고, 콸콸 넘치는 것이다.

골짜기로 내리닫던 물줄기도 모두 꼿꼿이 곤추서서 하늘로 뿜어졌다. 거대한 물줄기였다. 태풍 속의 지리산은 그야말로 거대한 괴물이었다. 물을 내뿜는 괴물이었다. 거대한 물기둥의 포말들이 차창을 하얗게 뒤덮었다.

"여보. 당신. 돌아가라니까요"

아내 여진이 애원했다.

"아빠. 정신 차려요."

윤주의 작은 주먹이 차창을 콩콩 두들겼다. 차가 물도랑처럼 흐르는 물결에 쓸리고 있었다. 가만있으면 그대로 물결에 휩쓸려 산 계곡으로 곤두박질 칠 것 같았다. 차바퀴에서 물줄기가 분수처럼 튀어올랐다.

- 태풍 루사가 지리산 일대를 지나고 있습니다. 가로수가 꺾이고 산사태로 도로가 유실되어 교통이 통제되고 있습니다. 지리산 여행객들은 안전한 곳으로 대피해 주기 바랍니다. -

아나운서의 코멘트였다. 이윽고 차가 험한 고개마루 적령치에 올라섰다. 휴게실의 문짝이 모두 달아나고, 그 옆에 세워 둔 간이 화장실도 모조리 넘어져 있었다. 이렇게 바람의 위력이 대단할 것이라고는 상상도 못했다. 매점을 운영하던 장사꾼들도 모두 철시한 후였다. 휴게실에도 사람 하나 없었다. 모두 서둘러 대피한 것이다.

민혁은 더이상 머뭇거릴 사이가 없었다. 이제는 뱀사골로 향하는 내리받이 길이었다. 아스팔트 길이 그대로 물도랑이고 작은 계곡은 모두 폭포로 변했다. 지리산 돌산들이 모두 물기둥이 되었다. 언뜻 돌아보니 아스팔트가 도르르 말리고 있었다. 폭우에 기반이 무너진 아스팔트가 멍석자리 말리듯 두르르 말리며 민혁의 뒤를 쫓았다. 하, 이렇게 아스팔트가 둘둘 말리기도 하는구나. 폭우의 놀라운 위력에 가슴이 떨렸다. 둘둘 말린 아스팔트가 차를 덮치기 전에 민혁은 차의 악셀을 더욱 세가 밟았다.

차창에 줄줄이 흐르는 빗물, 그것은 그의 눈물이었다. 고아로 성장한 그에게 아내 여진이나 딸 윤주는 너무나 귀중한 존재였다. 그에게 가정의 단란함을 깨우쳐 주고 인생의 행복이 무엇인가를 깨닫게 해 준 존재였다. 천국이란 하늘에만 있는 것이 아니다. 행복한 가정이야말로 작은 천국이다. 평생을 염원하여 가꾼 가정이건만 그 행복의 기간은 너무나 짧았다. 한바탕 불어대는 태풍처럼 그렇게 순식간에 지나가 버린 종류가 아니던가? 그럴 수 없었다. 하늘이 어찌 이처럼 악할 수 있단 말인가?

뱀사골 일대는 이미 도로에까지 물이 차올랐다. 굽이치며 용틀임하는 소용돌이가 집채같은 바윗돌을 굴리며 튀어 오르고 솟구쳤다. 뱀사골 솔숲은 이미 물의 소용돌이에 잠긴 지 오래였다. 물살이 뱀의 혀처럼 널름거리며 도로 위로 기어오르고 마을의 집들을 향해 다가왔다. 급히 파견된 순경들과 소방대원들이 마을 사람들을 소개시키고 있었다.

"이 봐요. 저 물길이 안보여요. 어서 비켜요."

"허, 이 사람. 죽지 못해 환장한 거요. 물러서라니까요."

순경이 그를 밀쳤다. 그때였다. 그들의 바로 앞으로 산사태가 일더니 앞산이 스르르 무너져 왔다. 놀라서 뒤로 물러서는데 사태진 산이 길을 끊었다. 그런데 무너져 온 산은 봉우리채 밀려와서 산이 그냥 자리를 옮긴 꼴이 되었다. 산에 빼곡이 자란 소나무들이 하나도 쓸리지 않은 채 본래 그대로였다. 산사태라고 그냥 설명하기가 어려운 광경이었다. 어리석은 자가 산을 옮긴다는 우공이산(愚公移山)이란 말이 있다. 그 말은 흔히 비유로 사용되는 것이어서 실제로 실감하기가 쉽지 않은 것인데, 민혁은 빗줄기가 산을 옮기는 모습을 똑똑히 본 것이다.

순경들과 소방관들도 그런 엄청난 광경을 보고는 입을 딱 벌린 채 다물지 못한다. 자연이 물길을 바꾸고 새로운 길을 내는 창조의 작업은 이처럼 순식간에 이루어지는 것이다. 정신이 돌아온 순경들이 다시 민혁을 뒤로 밀쳤다. 저것 보시오. 산이 통째로 떠내려오지 않소. 그들은 그렇게 민혁을 위협했다. 놀라운 광경이었다. 아스팔트가 멍석자리 말리듯 그렇게 두르르 말리는 경우처럼 말이다. 그러나 민혁은 그 자리를 떠날 수 없었다. 눈물에 젖은 여진과 윤주가 그 물줄기 사이에서 불쑥 나타날 것만 같은 것이다.

날이 어두워질수록 물줄기의 용틀임은 더욱 거세어졌다. 뱀사골 강줄기가 그대로 거대한 용이 되어 하늘로 승천하려는 것 같았다. 그 용의 등에 올라탄 아내와 딸의 모습이 보이는 듯했다. 민혁만을 남겨두고 그 용은 곧 구만리 장천을 날아오를 것이다.

얼만큼의 시간이 지났는지 모른다. 민혁의 발길이 용틀임하는 개울 쪽으로 한 발 한 발 다가가고 있었다. 어둑어둑한 어둠 속에서 거대한 물줄기만이 흰 이빨을 드러내고 으르렁거렸다. 민혁은 그런 소용돌이 속으로 더욱 다가갔지만 아무도 그를 주의하지는 않았다. 이미 그는 어둠에 묻혀 있었기 때문이다. 순경들도 마을사람을 소개시키느라 그를 의식하지 못하는 듯했다. 민혁이 그렇게 조금씩 용틀임하는 물길로 다가가고 있을 때였다. 문득 팔에 가냘픈 손가락이 잡혔다.

"아빠. 나 여기 있잖아."

윤주였다.

"네가 어쩐 일이니?"

"아빠가 올 때가 되었다고 엄마가 마중 가라고 했어."

"너는. 너는 괜찮았니?"

"그럼. 그러니 이렇게 옆에 서 있지."

윤주가 천연스럽게 말했다. 그때였다.

"이 사람. 미쳤어!"

거친 고함소리와 더불어 그의 몸뚱이가 저만치 나가떨어졌다.

"미쳐도 곱게 미쳐야지."

순경이 후랫쉬로 그의 얼굴을 비추었다. 정신을 차리고 보니 그는 물줄기가 용솟음치는 계곡, 아슬아슬한 벼랑까지 다가가 있었다.

"이 양반아. 당신 승용차가 떠내려가는 꼴을 보라고!"

순경이 이젠 강줄기가 된 차도로 후래쉬를 비추었다. 그가 타고 왔던 승용차가 조각배처럼 떠내려가고 있었다. 차는 곧 큰길을 벗어나 물줄기에 휩쓸려 계곡 쪽으로 곤두박질 쳤다. 민혁은 그의 손아귀에 아직도 남아 있는 윤주의 촉촉한 손의 감촉을 느끼며 눈을 감았다. 한사코 그를 살리려는 아내와 딸의 소망에 그는 왈칵 울음을 터뜨렸다.

불면증

　밤이 깊어질수록 의식은 점점 더 또렷해 왔다. 멀리 개울물 소리, 가랑잎 구르는 소리가 들려왔다. 바람이 나뭇가지를 흔들면 잠자던 산들이 척추를 꿈틀거리며 긴 한숨을 토했다. 낮에는 죽어 있던 모든 것들이 깊은 밤, 잠 깨어서 나를 잠들지 못하게 하는 것이다.

　산자락에 버려진 돌멩이들도 둘러 모여서 웅성거리고, 산비탈에 뿌리박힌 나무들마저도 긴 뿌리를 신발짝 끌듯, 소리내어 끌며 두런거리는 것이다. 나의 두 귀는 바짝 긴장하여 촉수를 세우고 이들 소리들을 추적했다. 그렇게 촉각을 곤두세우고 있노라면 선산발치에 묻혀져 있는 아내의 음성마저도 낭랑하게 들려오는 것이다.

　"당신은 믿지 않았지요?"

　아내인 길녀가 말했다.

　"제가 죽을꺼라는 걸요."

　누군들…… 믿을 수 있었으랴. 나는 머리를 흔들었다. 구정 명절을 며칠 앞두고서였다. 이곳 풍습대로 아내는 점을 치러 갔었다. 점을 치고 돌아온 그녀의 표정이 사뭇 사색(死色)이었다. 내가 놀라서. 다그쳐 묻자 그녀는 힘겹게 대답했다.

　"아주 용한 점장이인데요. 내년엔 제가 죽을 운수라는군요."

　"미친 소리……"

　나는 껄껄 소리내어 웃었다.

　"용한 점장이라고요."

길녀가 고집했다.

"미친 소리라고……"

"하지만 말예요. 사람이란, 갑자기 죽을 수도 있단 말예요."

길녀가 그렇게 열심히 주장했으므로 나는 그만 입을 다물었다. 그런 문제로 더 이상 논쟁을 하고 싶지 않기도 했지만, 웬지 그녀가 건강에 자신을 잃고 있는 것은 아닌가 하는 섬뜩한 느낌 때문이기도 했다.

그녀는 심장이 약했다. 그래서 작은 일에도 잘 놀랐다. 내가 그녀와 결혼을 하게 된 것도 결국 그녀의 약한 심장 때문인지 모른다.

"이리로 가면 온천이 있나요?"

집 앞 느티나무 그늘에 앉아 있는 내게 그녀가 물었다.

"조금만 더 가면 됩니다."

"그럼, 좀 쉬어 가야겠군요."

그녀는 그렇게 말하면서 나의 옆에 앉았다. 그녀보다 앞선 그녀의 일행이 산굽이를 돌아가는 것이 저만치 보였다.

"이런 외떨어진 산골에 살면 무섭지 않나요?"

"글쎄요. 태어나면서부터 줄곧 살아온 곳이라서요."

나는 멋적게 대답했다. 나는 이곳에서 태어났고, 어린 시절부터 산과 계곡과 나무들로만 둘러싸인 한적한 환경에서 혼자 뛰놀았기 때문에 물론 무서움 같은 것은 알지 못했다. 새나 산토끼나 그런 것들이 우리를 해치는 일은 없었고, 더구나 나무나 시냇물이나 어둠의 고요가 우리를 해치는 일은 전혀 없었다.

녹음 속에서 매미들이 왕왕 울어대며 더위를 토해 냈다. 그녀는 노란 햇살을 쳐다보며 얼른 일어서려는 엄두가 안 난다는 듯 머뭇거렸다. 그때였다. 풀잎을 누이며 독사 한 마리가 기어왔다.

별로 큰놈은 아니었다. 흔히 길에서 꼬마 아이들에게 머리를 짓찧겨 버려지는 종류의 것이었다. 뱀은 머리를 한번 쳐들어 둘레를 살피더니 나무둥치 쪽으로 슬금슬금 다가오는 것이었다. 하늘에는 권태로운 구름 몇 조각이 떠돌고 있었다.

"뱀이 오고 있군요."

내가 그녀에게 막 주의를 주었을 때였다. 뱀을 발견하는 순간 그녀는 비명을 지르며 나의 품안으로 무너져 왔다. 그녀의 몸은 너무나 가벼웠다. 그녀의 심장은 몹시 뛰었다. 그녀의 몸은 해초처럼 나풀거리며 나를 휘감았다.

그녀는 비누거품같이 가볍고 포근하고 매끄러웠다. 하늘하늘한 여름 원피스의 옷자락 밑으로 그녀의 떨리는 체온이 나를 전율케 했다. 그녀를 놀라게 한 독사는 영문을 모르겠다는 듯 혓바닥을 날름대며 나를 빤히 바라보았다. 뱀은 부드럽게 웃고 있었다. 나는 그렇게 느꼈다. 뱀이 방향을 바꾸어 둔덕 밑으로 사라졌을 때에야 그녀는 나의 품에서 벗어났다. 그리고 얼굴을 붉히고는 서둘러 달아났다.

우리의 조우는 그렇게 시작되었다. 그리고 일 년이 되기 전에 우리는 결혼을 했다. 나는 때때로 내가 그녀와 결혼할 수 있었던 것은, 작은 뱀을 보고도 그처럼 놀라는 그녀의 약한 심장 때문이었다는 것을 상기하곤 했다.

"다른 점장이를 찾아가 보겠어요."

길녀는 그렇게 말했다. 점괘가 워낙 고약했으므로 이번에는 나도 같이 가기로 했다. 읍내에서 소문났다는 점장이 집은 새벽부터 많은 사람들로 붐볐다. 간신히 차례가 되어 방으로 들어서니 점장이는 제단 앞에 눈을 감고 있었다. 마흔쯤 되어 보이는 여자였다. 제단에는 불상이 있고 칼과 방울, 오색기와

간단한 음식이 차려져 있었다. 두 개의 촛불은 금방이라도 꺼질 듯 바람에 일렁거렸다.
"복채를 놓아요."
카랑카랑한 목소리로 여자가 말했다. 나는 엉겁결에 주머니에서 집히는 대로 만 원권 몇 장을 소반 위에 얹었다.
"점은 처음이군."
점장이가 말했다. 나는 대답하지 않았다. 길녀가 죄라도 지은 듯 비굴한 웃음을 지어 보였다. 무당은 방울을 흔들면서 사설을 늘어놓기 시작했다.
"…… 신령님도 도우시오, 부처님도 도우시오, 산왕님도 도우시오, 성주님도 도우시오……"
무당은 우주에 산재해 있는 모든 귀신들을 불러 모으며 그녀의 지혜를 돕도록 요청했다.
"…… 아, 이 집안에 얽히고 섥힌 악연(惡緣)이 왜 이리 많은고, 일찍 죽어 억울한 귀신들이 벌떼처럼 달려들어 네 복 좀 덜어가자, 네 복 좀 덜어가자, 악마구리처럼 아우성이니 피할 길 전혀 없도다, 가련코 불쌍쿠나……"
무당이 눈물을 흘리기 시작했다. 길녀의 두 눈에서도 눈물이 흘렀다.
"……휴우 이집, 굿을 크게 해야겠구먼."
무당이 길게 한숨을 쉬었다. 참다못해 내가 물었다.
"뭐가 잘못됐다는 겁니까?"
무당이 한참 동안 나를 바라보았다. 그러더니 퉁명스럽게 대답했다.
"내년에 상처(喪妻)할 운수요."
마른 하늘의 날벼락이었다. 상처(喪妻)할 운수란 곧 아내를 잃는다는 것이니 길녀의 죽음을 의미했다. 그녀가 며칠 전에 점쳤다는 점괘와 묘하게 맞아떨어진 것이다. 어찌 청천의 벽력이 아니겠는가?

어둠이 절벽처럼 나를 에워쌌다. 어둠은 부피를 갖고 나를 압박한다.
"당신은 믿지 않았지요."
무덤 깊숙이에서 아내의 목소리가 들려왔다. 조상의 무덤들이 잇달아 있는 능선의 저 끝자락의 작은 공지(空地)에 그녀는 누워 있다. 애가 꿈틀거려요. 그녀는 나의 손을 잡아다가 자신의 배에 대어보곤 했다. 태아는 장난꾸러기처럼 나를 향해 발길질을 했다. 그러면 그녀는 행복한 미소를 지어보였다. 아주 개구장이가 태어날까 보아요. 욕심 많은 그녀는 애기를 빼앗길 것이 두렵기라도 한 듯이 애기가 태어나는 기간마저도 기다려 주지 않았다.
"애기를 배면, 여자는 더욱 자주 놀라는 법이다. 행여 애기 혼자 뒷간에 가는 일일랑 없도록 해라."
어머니는 그렇게 말했다. 시골 변소라는 것이 어디에나 그렇지만, 집 마당을 돌아서 으슥한 뒤꼍에 있었다. 소 외양간과 돼지우리, 닭장도 있어서 한낮에도 그리 기분 좋은 곳은 아니었다. 길녀가 밤에 변소에 가는 일은 좀처럼 없었지만, 어쩌다 가게 될 때면 나는 플래시를 들고 그녀를 지켜주곤 했다. 그럴 때면 외양간의 소가 뒷발질하는 소리며, 돼지가 나무둥치에 등을 비비적거리는 소리를 들을 수 있었다. 때로는 횃대에서 졸다가 잘못 떨어질 뻔한 닭들이 날개를 푸드득거리며 자세를 바로잡는 기척도 들렸다.

그날은 바로 구정 전날이었다. 신부를 맞이하고 첫 번 지내는 명절이라 친척들이 모두 몰려와 음식 장만에 부산했다. 음식 장만이 모두 끝난 것은 새벽 한 시쯤 되어서였다. 설겆이를 끝낸 아내가 플래시를 찾았다. 나는 머리맡을 더듬어 보았다. 누가 집어갔는지 보이지 않았다.

"그건 왜?"

내가 물었다.

"뒷간엘 가려고요."

그녀가 수줍게 대답했다.

"불이 환한 걸 뭐."

나는 그렇게 말했다. 외딴 산골이라 전기가 설치되지 않았지만 앞마당과 뒷마당에는 남폿불을 환하게 켜둔 채였던 것이다. 명절날에는 으레 그렇게 했다. 그래도 아내가 머뭇거리기에 나는 머리맡에 둔 성냥갑을 찾아 그녀에게 내밀었다.

그녀는 남편이 바래다 주기를 원했는지 모른다. 그러나, 그렇게 말하기에는 그녀는 너무나 수줍었다. 더구나, 앞마당과 뒷마당에 환하게 켜둔 남폿불이 있으므로 그녀는 더 이상 조를 수 없었는지 모른다. 아뭏든 그녀는 성냥갑을 손에 든 채, 변소엘 갔다.

무엇이 그녀를 그토록 놀라게 했을까? 시간적으로 보아 그녀는 변소가 있는 뒷마당까지도 가지 못했으리라…… 나는 비명소리를 듣고 문을 펄떡 열었다. 새파랗게 질린 아내가 마당을 가로질러 달려왔다. 내가 미처 무엇이라고 물어보기도 전에 그녀의 두 팔이 나의 목을 끌어안았다.

"여보!"

그녀가 나의 품에 안기면서 남긴 마지막 말이었다. 갓난아기가 위험에 빠졌을 때 엄마의 목을 끌어안듯 나의 목을 힘주어 끌어안았으며 그리고 새까맣게 죽어갔다. 막 자리에 누웠던 가족들이 펄떡펄떡 문을 열며 뛰어나왔다. 애야. 애야. 무슨 일이냐? 집안이 온통 난장판이 되었다.

의사는 심장마비라는 진단서를 남겼다.

아내는 무엇을 보았을까? 느티나무 밑에서 그녀를 놀라게 했던 작은 독사였을까? 혓바닥을 날름대며 빤히 바라보던 그 모습을 보며 나는 작은 뱀이 웃고 있는 거라고 생각했었다. 그 작은 뱀이었을까! 무당의 말처럼 젊어서 죽은 귀신들이 우리의 사랑을 시새움해서 그녀에게로 달려든 것일까! 공교롭게도 그녀는 두 점장이의 예언을 실현시키기라도 하려는 듯, 해를 넘겨서 새벽 한 시쯤에 숨을 거둔 것이다.

그녀는 무엇을 보았을까? 새앙쥐나. 다람쥐를 보았는지도 모른다. 호랑이였을까? 공포에 잔뜩 질린 그녀에게는 앞산의 시커먼 숲마저도 하나의 커다란 짐승처럼 보였을 것이다. 그럴지도 모른다.

그녀가 죽었을 때, 그녀의 옷가지들을 챙기던 가족들은 모두가 놀랐다. 그녀는 죽음을 예감하기라도 하듯, 그녀의 모든 것들을 이미 깨끗이 정리해 두었던 것이다. 시집올 때, 그처럼 많이 해 온 버선이며 손수건이며, 수예품마저도 모두를 친척과 이웃에게 나누어 준 후였으며, 자신의 것으로는 단 몇 벌의 옷밖에 없었다. 이런 죽음도 있는 것이다. 죽음이란 무엇인가?

"당신은 믿지 않았지요?"

무덤 속의 아내는 그렇게 묻고 있다. 지금이라 할지라도, 그것을 어떻게 믿을 수 있는가? 아내의 질문에 나는 대답해야 한다. 나는 무슨 말로 대답해야 하는가? 나는 지금껏 살아왔을 뿐, 이런 돌연한 경우란 상상도 해보지 못했으며 따라서 어떤 대답도 해낼 수가 없는 것이다. 그래서 나의 가슴은 터질 듯 답답한 것이다. 댓진같이 짙은 어둠이 나의 폐를 좀먹고 나를 질식시키는 것이다. 나는 숨을 쉴 수가 없는 것이다.

나는 자리에서 벌떡 일어났다. 머리가 빙그르르 돌았다. 오랫동안 잠들지 못한 나의 신경은 제멋대로 헝클어져 아찔 현기증이 일었다. 문을 열었다. 어둠의 절벽이 문 앞에 와 있었다. 앞산의 숲그늘이 나를 위협했다. 싸늘한 바람이 옷자락을 비집고 들어와 나의 속뼈를 갉았다.

어둠의 저쪽에 아내가 있는 것이다. 혼자 눕혀져 있는 것이다. 싸늘한 바람이 그녀를 더욱 춥게 하리라. 깡마른 체구여서 언제나 추워보이는 여자였다. 산짐승들의 울음소리에도 깜짝깜짝 놀라며 그녀는 떨고 있으리라. 그녀의 뱃속에서 팔개월이나 자란 나의 아기는 지금쯤은 어떤 모습일까? 질식한 모습으로 돌덩이가 되었을까? 아니면 엄마와 영혼끼리 교감하며 그녀의 위안이 되고 있을 것인가?

나는 방을 나왔다. 그리고 어둠 속을 걸었다. 발걸음이 자꾸만 휘청거렸다. 나의 발바닥에 닿는 것은 견고한 대지(大地)가 아니었다. 끝없는 굴헝, 허무의 늪일 뿐이었다. 그래서 나는 걸음걸음마다 허공으로 가라앉으며 비틀거렸다. 계곡에 버티어 선 바윗돌이 내게로 굴러왔다. 척추를 곤추세운 능선이 나를 위협했다. 나무들이 나를 에워싸고 나의 옷자락을 잡았다. 모두가 나를 향하여 무너져 왔다. 무너져 내렸다.

깜물했던 정신에서 깨어나니 나는 개울물에 한쪽 발목을 잡힌 채 주저앉아 있었다. 적셔진 발이 얼어오면서 정신이 돌아왔던 것이다. 엷게 언 얼음장 밑으로 개울물 흐르는 소리가 들려왔다.

개울은 흘러서 시냇물이 되고 그것은 바다로 흘러든다. 그 부둣가에 길녀의 친정집이 있었다.

　길녀가 못견디게 그리울 때면, 나도 몰래 그녀의 친정집으로 발길을 옮기곤 했었다. 장례식날 나의 멱살을 움켜쥐고 동생을 살려내라고 울부짖던 큰처남이 술을 받아왔다. 이 사람아, 운명이란 그런 게 아닌가? 제발 돌아가게, 큰처남이 나를 달랬다. 사위만 보면 자리에 눕는 장모 때문이었다. 생떼같은 목숨이 그처럼 눈녹 듯 스러진 것을, 그녀의 부모들은 믿을 수가 없는 것이다. 나는 쫓기듯 바닷마을을 떠나야 했다. 멀리까지 마중 나온 처제의 두 눈에선 하염없이 눈물이 흘렀다. 언니를 쏙 빼닮은 그녀의 착한 모습을 보면 나의 가슴에서는 진한 핏물이 흘렀다.

　파도가 사납게 몰아치는 방파제에서 나는 몇 시간이고 우두커니 서 있기도 했다. 파도꽃이 일면서 파도의 포말이 흩뿌려질 때마다 나는 아내의 영혼도 그처럼 산산이 부서지는 거라고 생각했다. 수평선 멀리서 가꾸어 온 파도의 꿈은 무엇일까? 결국은 한줌의 포말로 부서지며 흔적도 없이 사라지고 마는 것이다. 한순간의 사라짐을 위해서 파도는 그처럼 멀리서부터 일렁이며 대양(大洋)을 가로질러 온 것일까? 그 파도처럼 인생도 결국은 한 줌의 흙으로 돌아가기 위해서 그처럼 열심히 살아온 것일까? 그런 회의에 잠겨 있노라면, 언제 뒤밟아 왔었던지 처제의 애원하는 목소리를 만나게 되곤 했다. 형부, 제발 돌아가세요. 제발요. 그렇게 떠밀려서 나는 다시 나의 집으로 돌아와야 했다.

　"당신은 믿지 않았지요?"

　무덤 속의 아내가 다시 말했다. 나는 개울물을 텀벙텀벙 건넜다. 나는 물론 믿지 않았다. 나는 점장이를 비웃었고 모든 것을 농담으로 돌리려 했다. 개울을 건너자 산비탈이 나왔다.

아내는 말했다. 하지만 말예요. 두 점장이가 똑같은 말을 한다는 건요, 믿지 않을 수 없다구요. 믿지 않을 수도 있는 거야. 나는 우격다짐을 하듯 화를 냈다. 그럴 수도 있는 거라고.

나는 숨을 헐떡이며 산비탈을 기어올랐다. 굿이라도 했음 좋겠어요. 길녀가 말했다. 교회가 있었으면 가보고 싶기도 하고요. 그녀는 무엇이든 해보고 싶어했다. 우리 집은 워낙 산촌이라, 교회가 없었다. 그리고 굿 같은 것은 한 번도 해본 적이 없었다. 그러나, 모든 것은 그녀가 시도해 보기 전에 너무나 빨리 다가온 것이다.

나는 산비탈을 올라갔다. 만약 말예요. 제가 죽으면 말예요, 길녀는 눈물을 글썽이며 말했다. 제 애기를 잘 길러주셔야 돼요. 제 애기를 말예요. 길녀는 자신이 워낙 허약한 체질이라, 애기를 낳다가 죽을지도 모른다는 예감 같은 것을 갖고 있는 것 같았다. 무슨 일이 있어도 애기만은 살려야 돼요. 아셨죠? 그녀는 그렇게 강조했다. 불쌍한 내 아기…… 길녀는 아직 태어나지도 않은 아기를 위해서 눈물을 흘렸다. 엄마를 잃고 태어난 가엾은 아기를 위해서 울었다. 당신은 잘 키울 수 있을 거예요. 길녀는 그렇게 확신했다. 그렇게 믿고자 했다.

나는 드디어 비탈길을 모두 올랐다. 그리고, 조상들의 무덤들이 잇달아 있는 능선을 타고 천천히 걸음을 옮겨놓기 시작했다. 이 산자락이 끝나는 곳에 그녀의 묘지가 있었다. 어둠의 절벽이 자꾸만 나의 앞을 막아섰다. 그래도 나는 가야 한다. 그녀가 그곳에 있음으로서다. 아내의 숨결을 들으면서 잠들던 나의 습관대로, 그녀의 곁에 누우면 졸음이 다가올런지 모른다. 오랫동안 잠들지 못한 핏발선 나의 동공이 조금은 쉴 수 있을런지 모른다. 작은 솔포기들이 듬성듬성 돋은 능선길을 따라 나는 비틀거리며 걸었다. 어디선가 여우가 우는 듯한 이상스런 음향이 귓전을 스쳐 나갔다. 하늘의 별똥이 어둠을 쪼개는 소리였을까?
 "당신은 믿지 않았지요?"
 아내의 흐느낌이 귓전에 울려온다. 나는 아내의 무덤에 나의 몸을 뉘였다. 마른 잔디가 나의 피부를 찔렀다. 무덤 속 저 깊숙이에서 그녀의 숨결소리가 들려온다.
 "착한 사람은 오래 살지 못하는 법이거늘……"
 풀잎을 스치는 바람이 속삭였다. 장모님은 몸져누워서도 입버릇처럼 중얼거렸다. 그토록 착할 수가 없었어. 그래서 박명(薄命)한 게야. 장모님은 그렇게 한숨을 쉬셨다.
 한 번은 내가 몹시도 앓았었지. 백약이 무효였어. 점을 쳤더니, 정성들인 인육(人肉)만이 약이 된다는 거였어. 그 철없는 것이 그 얘기를 전해 들었던 모양이야. 장모님은 소리높여 흐느껴 울었다. 그 철없는 것이 자기 허벅지살을 베어서는 약탕에 끓인 게야. 그 철없는 것이……
 길녀의 왼쪽 허벅지에는 칼로 도려낸 상처자리가 크게 남아 있었다. 나는 그녀의 상처자리를 만질 때마다 왠지 코허리가 찡— 아파오곤 했었다. 요즈음 세상에 그런 짓을 하는 철부지가 어디 있노? 더구나, 고등학교라도 다녔다는 년이 무당말만 믿고서…… 그런 철부지였지. 그러니, 단명할밖에…… 도척같이 모진 마음 먹고 살아도 살기 어려운 세상이거늘…… 그래서, 도척보다 더 악착같이들 살아가는 세상이거늘……
 그런 길녀였다. 그녀를 낳아서 기른 엄마의 말처럼 그녀는 너무 선량해서 이 세상에서 살기엔 너무나 어울리지 않았는지 모른다. 나는 마른 잔디에 귀를 대고 그녀의 숨소리를 듣고자 했다. 그녀의 맥박소리를 듣고자 했다. 매사에 자신이 없고, 그래서 수줍고 조심스럽기만 한 그녀의 몸동작을 촉각하고자 했다. 허벅지살을 뜯어 어머니의 병시중을 든, 착하디착한 여자의 음성을 듣고자 했다.

어두운 하늘이 점점 내려와 이불처럼 나를 덮었다. 좌청룡 우백호의 능선들이 병풍처럼 둘러서서 바람을 막아주었다. 작은 들판 저쪽에 나직한 안산(案山)이 파수병처럼 우두커니 서 있다. 땅의 냉기가 점점 몸속으로 배어들며 나는 차츰 감각을 잃어갔다.

옛날에 옛날에……

별똥을 주워 먹고 살던 그런 옛날에…… 그때에도 남자는 여자를 만났고 여자는 남자를 만났었지, 그리고 그것만이 행복이었지, 다른 아무것도 없었어, 아무것도……

나는 길녀의 모습을 떠올리려고 애를 쓰고 있었다. 그녀만이 나의 전부였고 그리곤 아무것도 없었다. 동화에서처럼…… 이 깊은 산중에서는 그녀만이 나의 전부였다.

길녀는 말했다. 전요, 결혼 같은 것을 할 수 있으리라고는 생각도 못했어요. 남들에게는 쉬워 보이는 일이 제게는 너무너무 어려워 보였거든요. 길녀는 웃었다. 저는요, 누구의 몸이든, 제 몸에 닿는 것을 질색했거든요. 동생과도 한 이불에서 자본 경험이 없었어요.

엄마는 말했지요. 저 계집앤, 중이 될까보다고요…… 그러면서 그녀는 나의 벗은 가슴을 어루만졌다…… 뱀 때문이긴 했지만요, 저는 처음으로 당신의 품에 안겼었고, 그리곤 정신을 잃었어요. 정말예요. 뱀 때문이라기보다 남자에게 처음 안겨본 놀라움 때문인지 몰라요. 난 지금도 당신 가슴에 안겨 있으면 때때로 정신이 나가요. 정말이라구요……

길녀는 그렇게 나의 가슴 속에서 기절을 하곤 했다. 곱게 기절해 있는 그녀의 몸에선 사향(麝香) 냄새가 났다. 잘 익은 과즙의 냄새가 났다. 정결하게 가꾼 그녀의 피부는 포도즙에 적셔진 것 같이 달콤했다. 파도의 거품 속에서 태어난 것처럼 그녀는 꿈이 많았고, 그래서 꿈의 덩어리였다.

그녀와의 결혼생활은 너무나 짧아서, 나는 그녀의 꿈속에서 잠시 어릿대다 나온 것 같이 어리둥절하기까지 했다. 그녀의 목소리는 너무나 부드럽고 나직해서 복숭아꽃에 모여든 꿀벌의 붕붕대는 소리를 연상하게 했다. 나른한 봄의 햇살 속에 붕붕거리는 벌들의 속삭임처럼 그녀는 나직나직한 목소리로 오랫동안 말하곤 했다. 아침에 늦잠에서 깨어나면 그녀의 말소리가 아직도 귓바퀴에 맴돌아 나는 행복한 아침을 맞이하곤 했다. 그녀는 꿀벌이었다. 봄햇살이었다. 사향노루였다. 물새알이었다. 조개껍지였다. 파도의 거품이었다.

그런데, 그녀는, 지금, 어디에 있나? 나는 묘지에 바짝 귀를 대고 그녀의 존재를 확인하려 했다. 집에서도 쟁쟁하게 들리던 그녀의 목소리가 뚝, 그치고. 지금은 온통 침묵뿐이었다. 죽음뿐이었다.

바람이 그녀의 한숨처럼 가랑잎을 쓸면서 다가왔다. 나는 묘등의 마른 잔디를 쓰다듬었다. 그녀의 허벅지에 난 상처처럼 껄끄러운 감촉이 손끝에 느껴졌다. 길녀는 나의 손끝이 그녀의 상처를 스칠 때마다 깜짝깜짝 놀라곤 했다. 상처를 도려낼 때의 아픔을 기억해서였는지 모른다. 아니면 그녀의 깊숙한 내실을 노크하는 민감한 곳이어서였을까? 그곳은 그녀의 가슴에 불을 당기는 열쇠였다. 그녀가 새빨갛게 달구어진 채, 나의 가슴에서 죽어가던 것을 나는 몇 번이나 경험했다.

나는 마른 잔디를 어루만지며 그녀의 할딱이는 호흡소리를 찾고자 했다. 맥박소리를 듣고자 했다. 그리고 나의 가슴에서 기절해버리는 예쁜 모습을 보고자 했다. 그녀는 나의 품속에서 몇 번이고 기절할 수 있었다. 그리고 그럴 수 있는 자신을 믿을 수 없어 했다.

전요, 남자들은 모두 야수와 같다는 이상한 고정관념을 갖고 있었거든요. 야비하고, 깨끗하지 못하고, 주제넘고, 독단적이고, 염치없는…… 그런 편견을 가진 여자였음에도, 오히려 그녀는 너무나 여자다왔던 것이다.

얼마나 시간이 지났을까? 나는 나의 몸이 땅에서 스며든 습기로 꽁꽁 얼어가는 것을 모르고 있었다. 바람이 낙엽을 몰아 나의 몸뚱이에 흩뿌리고 그래서 나의 몸이 가랑잎 속으로 묻혀가는 것을 모르고 있었다. 아내의 곁이라는 평온함 때문이었을까? 나는 차츰 눈꺼풀이 무거워 오며, 대뇌의 신경이 가닥가닥 흐트러진 채, 느슨하게 풀어지는 것을 느꼈다. 돌덩이처럼 딱딱한 졸음이 죽음의 모습을 하고 나를 엄습했다. 의식을 잃어가는 내게로 새벽의 마지막 별똥처럼 아내의 희미한 목소리가 허공을 가로지르며 스러져 갔다.

"당신은 믿지 않았지요?"

생명서설(生命序說)

어둠이 깃들기 시작하자 계곡은 제법 냉기마저 떠돌았다. 물안개도 피어올랐다. 강줄기는 산모롱이 저쪽에서부터 굽이쳐 오다가 갑자기 급경사의 낭떠러지에 부딪쳐 폭포를 이루었다. 물결 소리가 지축을 흔들었다. 어둠이 깃들고 있는 수면은 이상한 빛으로 희번덕거렸다. 그것은 정갈한 민물고기의 비늘처럼 번득였고 그래서 비릿한 생선 비린내를 풍기는 것도 같았다.

그는 낚싯대를 드리운 채 세찬 물살을 바라보고 있었다. 그리고 전설적인 거대한 생물을 떠올렸다. 옛날 곤(鯤)이란 물고기는 몸뚱이가 몇 천리나 되었다. 곤(鯤)은 붕(鵬)이란 새로 둔갑하여 구만리 장천(長天)을 날아올랐다가 남극(南極)으로 날아갔다. 몸길이가 몇 천리나 되는 곤이야말로 이 강줄기 그 자체였다.

그가 보고 있는 사이에 강줄기는 물고기로 둔갑하기 시작했다. 희번덕거리는 물결 사이로 비늘이 솟고 그 틈새로 지느러미가 너풀거렸다. 그러다 그 지느러미는 어느 사이에 날개가 되어 퍼득였다. 그는 붕새가 된 강줄기의 등허리로 뛰어내리고 싶은 강한 유혹을 느꼈다. 붕새를 타고 구만리 장천을 날아 보는 쾌감... 백년 묵은 체증이 일시에 뚫리는 희열... 붕새를 타고 싶다. 그래서 구만리 장천을 날고 싶다.

"고기가 잘 안 잡히는군요?"

그는 화들짝 놀라 얼굴을 돌렸다. 흰 캡을 깊숙이 눌러쓴 사내가 그의 옆에 와 있었다. 그가 사색에 잠겨 있는 동안 사내는 틈입자처럼 그의 옆에 슬그머니 자리를 잡은 것이다. 그리고 수면에 드리워진 낚시찌를 무심한 듯 바라보고 있었다.
"낚시질도 이제 십 년이 넘었지요."
 사내의 음성이 너무나 가라앉아 있어서, 그의 말은 마치 흐르는 물줄기를 향하여 뱉아내는 것처럼 여겨졌다. 그러고 보니 그는 꽤 오랜 시간 사색에 잠겨 있었던 모양이다. 사내가 옆으로 다가와 낚시를 드리운 것도 그는 깨닫지 못했으니 말이다. 그의 의식 속에서 희번덕거리며 물살의 틈새로 돋아나던 곤(鯤)의 지느러미가 슬그머니 자취를 감추었다. 구만리 장천을 날아오르던 붕(鵬)새의 거대한 날개쭉지도 희미해졌다.
 사내의 존재가 점점 거북하게 느껴지기 시작했다. 그는 혼자 있고 싶은 것이다. 그래야 할 이유가 있었다. 그가 자리를 옮기려고 낚싯대를 들어 올리고 있을 때였다.
"저런...."
 사내는 수면으로 솟아오른 낚시를 보더니 혀를 찼다.
"미끼는 그렇게 끼우는 것이 아닙니다. 물고기의 눈을 속이려면 물고기의 심리를 알아야 하거든요."
 사내는 그렇게 말하더니 그의 낚싯줄을 잡아당겨서는 둥그렇게 몸을 도사린 갯지렁이를 떼어내고는 자신의 미끼통에서 살아서 꿈틀거리는 갯지렁이 한 마리를 꺼내서 다시 낚시에 꿰기 시작했다.
"이렇게 삼분의 일쯤 끼우고 산채로 꿈틀거리게 두어야 하는 거지요. 낚시 모양으로 그렇게 둥그렇게 꿰어서야 고기가 물겠어요?"
 그는 엉거주춤 일어나려던 참이었지만 사내의 호의를 묵살할 수가 없어서 잠시 멈칫거리다가는 그대로 주저앉고 말았다. 그리고 다시 낚시를 물속으로 집어 던졌다. 풍덩. 물방울이 일면서 낚시가 물속으로 가라앉았다.

　사내는 깡통에 남아 있던 떡밥을 조금씩 떼어서 둥글게 뭉친 다음 그의 낚시찌가 흔들리고 있는 곳을 향하여 천천히 던지기 시작했다. 작은 물방울이 튀어 오르며 잔잔한 파문이 일었다. 작은 물무늬들이 점차로 잦아들면서 주위는 다시 조용해졌다.

　얼마큼의 시간이 지났을까? 갑자기 사내의 낚시찌가 수면 위로 불쑥 솟구쳐 올랐다. 휙, 낚싯줄이 튕기며 물살이 두 줄기로 갈라졌다. 사내가 잽싸게 낚싯대를 잡아채었다. 그러자 놀란 물고기가 세차게 낚싯줄을 잡아당기기 시작했다. 낚싯대가 휘청 휘었다.

　그는 사내와 물고기의 줄다리기를 지켜보았다. 한참 동안의 싱갱이질 끝에 물고기가 불쑥 머리를 내밀었다. 저런 것을 월척이라고 하는구나... 그런 생각이 얼핏 머리에 스쳤다. 상당한 크기의 물고기였다. 물고기가 다시 요동질을 치기 시작했다. 물고기는 방향을 이리저리 바꾸었다. 사내는 무심한 표정으로 물고기의 요동질을 지켜보고 있었다.

　사내의 표정은 한결같았다. 태연하다고 해야할지 아니면 무심하다고 해야할지.... 어찌 보면 침착한 것도 같고 어찌 보면 담담한 것 같기도 했다. 도무지 동요의 빛이 없었다. 사내는 자신의 낚시에 아직 물고기가 매달려 있지 않기라도 하듯 무심해 보였다.

　그는 그런 사내의 표정을 엿보다가 문득 낚시에 매달린 물고기가 불쌍하다는 생각이 들기 시작했다. 이는 도무지 싸움의 상대가 되지 않았던 것이다. 흥분도 환희도, 아니 긴장감까지도 느끼지 못하는 이런 사람을 상대로 대결을 벌인다는 것은 너무나 무모한 게임이 아닐 수 없었다. 그러니, 그 물고기는 이미 사내의 대바구니속에 들어가 있는 것이나 다름이 없었다.

마침내 지친 물고기가 흰 배때기를 옆으로 뉘며 끌려오기 시작했다.

"월척은 충분히 되겠군요."

그는 사내를 보고 말했다. 그렇게 말하는 것이 강태공끼리의 예의일 것 같아서였다. 그러나 사내는 심드렁한 목소리로 대꾸했다.

"이런 정도는 아무것도 아닙니다. 두 자가 넘는 놈들만으로 삼십여 마리나 한꺼번에 잡아 보기도 했으니까요."

"그렇게 많이요? 농담이겠지요?"

그는 믿기지 않아서 그렇게 말했다. 사실 그것은 믿을 수 없는 일이었다. 월척 한두 마리 낚는 것도 쉬운 일이 아니란 것은 누구나 안다. 그러니 그것은 일종의 농담일 수밖에 없었다. 하긴 낚시꾼들의 과장이란 정평이 나 있는 사실이기도 했다. 손바닥만한 고기만 잡아도 송아지만한 놈이라고 과장하기 일쑤였다. 그들은 말하곤 했다. 송아지만큼이나 큰놈이어서 밧줄로 아가미를 꿰어 송아지처럼 바위에 묶어 놓았어야 했노라고...

그런 그의 내심을 꿰뚫어 보기라도 한 듯이 사내가 허허, 하고 소리를 내어 웃었다.

"농담할 일이 따로 있지..."

그렇게 말하는 사내의 표정이 이상하게 풀어져 있어서 마치 시골 노인을 연상케 했다. 그것을 보니 좀전에 물고기를 잡을 때의 담담했던 표정은 사실은 굉장히 긴장된 모습이었는지도 모른다는 느낌이 들었다. 사내는 말을 계속했다.

"화천이란 곳이었지요. 민통선 북방이었어요. 민간인의 출입이 금지된 곳이라 물고기들이 굉장히 많습니다. 일선 부대장인 친구가 초대를 했어요. 내가 낚시광이란 걸 알고 있었지요. 열목어가 한참 잡히는 철이었지요."

사내는 그런 식으로 이야기를 계속했다.

"열목어란 놈은 산천어라 맑은 물에서만 사는 놈이요. 이놈들은 봄철부터 북상하여 여름 한 철을 휴전선 북쪽에서 살다가 늦가을부터 남하를 시작하는 놈이기도 합니다. 참 특징 있는 물고기지요. 이놈들은 눈알에 열기가 몰려서 눈알이 빨갛소. 그래서 눈알에 몰린 열기를 식히려고 고산지대로만 몰리는 거요. 휴전선 이남에서는 강원도 평창군 오대산 상원사 부근의 개울과 정선군 태백산 정암사 계곡에 더러 서식하고 있을 뿐이지요. 매우 희귀종이어서 보호어종으로 지정되어 있을 정돕니다. 그런데 이놈들이 떼를 지어서 몰려다니는 겁니다. 월척 정도가 아닙니다. 아예 두 자가 넘어요. 그런 놈들을 한 자리에서 삼십여 마리 넘도록 잡았다고 상상해 보시요. 물고기가 끌려올 때면 낚싯줄에서 핑, 핑, 소리가 나요. 놈들이 휙, 휙, 방향을 바꿀 때마다 저절로 몸이 휘청휘청 기울어집니다."

사내가 말하는 열목어들이 그의 눈앞에 줄지어 몰려들고 있었다.

"참, 굉장했어요. 두려운 생각마저 듭디다."

사내는 흰 캡을 고쳐 쓰며, 그때를 회상이라도 하는 듯했다. 두 자가 넘는 열목어가 30여 수라니... 그는 감히 상상도 할 수 없었다.

"말만으로는 도무지 믿지를 않을 것 같아서 몇 마리는 먹물로 찍어서 표구를 해놓았지요. 물론 사진도 찍어 놓구요. 사진을 보고서야 더러 믿기는 합디다만... 그것도 자를 옆에 두지 않고 찍은 거라고 타박을 하는 사람도 많아요..."

사내가 그렇게 말하고 있는 중에 문득 그의 낚싯대에도

물고기의 신호가 감지 되었다. 그는 잽싸게 낚싯대를 잡아채었다. 그러나, 곧 빈 낚시만이 허공에 대롱거렸다.
"붕어인 모양입니다. 그놈은 낚시를 덥석 무는 법이 없지요."
사내가 그렇게 주의를 주었다.
"사람의 성질이 가지가지이듯이 물고기도 그렇지요. 붕어란 놈은 의심이 많아서 미끼를 보면 이러저리 툭툭 건드려 보다가 의심이 가신 다음에야 덥석 뭅니다. 그러니 찌가 건들거린다고 그냥 잡아채면 백 번 다 놓치기 마련이지요."
저녁 어스름과 더불어 계곡은 더욱 고요 속에 묻혀가고 있었다. 낭떠러지로 굴러떨어지는 물살이 은은히 지축을 흔들었다. 그것은 마음의 심층에 샘처럼 고였다가 스며나오는 생명의 떨림과도 같았다. 그렇게 지축도 은은히 떨리고 있었다. 어둠이 짙어질수록 물빛깔도 환상적인 물무늬를 만들며 희번덕거렸다.
"들으셨겠지만, 저곳을 '황소터' 라고 하지요."
사내는 방금 등불을 켠 맞은쪽 강변 너럭바위에 세워진 초가집을 가리키며 말했다. 그는 이곳이 처음이어서 '황소터'에 대해서는 들은 바가 없었다. 그래서 머리를 흔들었다.
"아직 모르셨던 모양이군요.... 예전에 한 농부가 살았지요. 홀홀단신이었는데도 입에 풀칠하기가 어려운 처지였답니다. 그래서 굶주리다 못해, 이놈의 세상 하직하고 말겠다는 생각으로 저 벼랑으로 기어올랐다는 겁니다."
그는 공연히 가슴이 두근거렸다. 이 자가 그의 마음속을 꿰뚫어 보고 있는 것 같아서였다. 사실, 그는 아까부터 이 벼랑에 앉아서 밤이 오기를 기다리고 있던 참이었다. 강 건너 초가집에 사람의 그림자가 얼씬거리지만 않았던들 그는 밤까지 기다리지 않고도 벌써 그의 뜻대로 물길 속으로 뛰어들었을 것이다. 붕새의 등허리에 올라타고 구만리 장천을 날아올랐을 것이다.
"그 농부가 벼랑에 뛰어들려고 휩쓸리는 물살을 망연히 바라보고 있다가, 문득 뜻밖의 사실을 발견하게 되었다는 것입니다. 물고기들이 벼랑의 가장자리로 이어지고 있는 좁은 통로로만 새까맣게 몰려드는 겁니다."
물고기란 놈들은 강줄기를 거슬러 오르는 습성을 지니고 있다. 그렇게 상류로 기어오르다가 벼랑이 가파른 폭포를 만나면 더이상 기어오르지 못하고 폭포가 만든 파인 웅덩이에서 배회하기 마련이다. 그곳이 보통 물고기들의 종착지가 되는 것이다. 그러나 특별한 힘을 지닌 일부 물고기는 장마때나 소나기가 내릴 때면 불어오는 바람결에 자신의 몸을 날려서 벼랑 위로 뛰어오르는 모험을 감행하기도 하는데 더러는 성공하는 수도 있었다. 그런데 이곳의 벼랑은 다른 곳과는 달리 벼랑의 가장자리로 봇도랑처럼 홈이 파인 곳이 있어서 그곳만은 유난히 물살이 약했다. 그래서 많은 물고기가 그리로만 몰리더라는 것이다.
"농부는 순간 무릎을 탁, 쳤습니다. 하늘이 나를 살리는구나 하고요."
"……"
"농부는 곧바로 숲속으로 들어가 싸리나무 한 짐을 베어왔어요. 그리고 그것으로 통발을 엮어 그 물목에다 놓아두었지요. 그랬더니, 두어 시간 밖에 안되었는데도 통발에 물고기가 가득 차게 되더라는 것이지요."
"전설입니까?"
"허, 천만에 말씀입니다. 믿기지 않으면 지금이라도 그리로 건너가 보시요. 지금은 그 농부의 손자가 물목을 맡아서 물고기를 잡고 있소."

"왜, '황소터'라 하였습니까?"

"그 농부는 거기서 잡은 물고기를 팔아서 양식을 사고 생활비에도 보태고 하였지요. 그러고도 돈이 남아서 매년 황소 한 마리씩을 사서 재산을 늘렸는데, 그게 소문이 나서 사람들은 그곳을 '황소터'라 부르게 된 것이지요."

사내의 말은 조금 황당했지만, 터무니없는 거짓말 같지는 않았다.

"그래서 생명은 하늘이 준 거라지 않습니까? 사람도 짐승도 다 살게 되어 있는 거지요. 아무리 어려운 곤경에 처해 있어도 생명만은 자신의 것이 아니란 생각도 듭디다. 내 목숨은 내 것이니까 내 맘대로 하겠다는 것은 어찌 생각하면 턱없는 오만이지요."

사내의 말에 그는 마음속이 불편했다. 자신의 속마음이 그에게 노출된 것 같은 느낌 때문이기도 했다. 사내는 어떻게 그 자신의 속마음을 엿볼 수 있었을까?

사실 그는 지금껏 자살할 장소와 방법을 물색하고 있었다. 이 벼랑가에 낚싯대를 드리고 있는 것도 남의 눈에 들키지 않고 자신의 결심을 실행에 옮기기 위해서였다. 그렇게 잘 위장한 그의 속마음을 사내에게 들키기라도 한 듯한 느낌을 지울 수 없었다. 사내가 '황소터'의 얘기를 들려준 것이 우연으로만 느껴지지 않아서였다.

언제부터인지 모른다.

그는 자신도 모르게 자살할 장소와 방법을 물색하고 있었다. 깎아지른 산벼랑이나, 높은 건물의 옥상, 수면제, 단단한 로프줄…. 이런 것들이 그를 유혹하곤 했다. 불면증과 우울증…. 그런 것으로 하여 그는 늘 불안하고 초조했다. 죽음의 그림자들이 그의 주변에서 서성거렸다. 죽자. 죽어 버리자. 산다는 게 별건가. 조금 더 살아보았자 달라질 것은 아무것도 없다. 세상도 우주도 달라지지 않는다. 나의 존재란 것이 별건가. 이 광대한 우주에서는 누구든 무엇이든 하나의 티끌일 뿐이었다.

그런 생각을 지니고 있어서였는지 그는 어디에서고 불심검문에 걸렸다. 이것 보시요. 주민증 좀 봅시다. 증명서 말이요. 당신은 어디에 사는 사람이요. 여긴 뭣하러 왔소. 왜 이 부근에서 어정거리냔 말이요. 그리고 다음 행선지는 어디요. 어디냔 말이요. 그런 물음에 대해서 그는 언제나 대답이 막히곤 했다. 어디에서 왔는지? 어디로 갈 건지? 그리고 왜 이곳에서 어정거리고 있는 건지?

자신에 대한 그런 질문은 아주 어렸을 때부터였다. 고아원에서 자란 때문인지도 모른다. 그는 다른 사람과 쉽게 어울리지를 못했다. 그래서 이렇다 할 친구도 없었다. 그는 걸핏하면 싸움판에 뛰어들었다. 실컷 얻어터지는 즐거움. 그래서 그는 힘센 놈들만을 상대로 싸움을 걸었다.

사회에 나와서는 술과 도박에 취미를 붙였다. 말술을 마시고 아무에게나 시비를 벌였다. 직장의 상사며 학교의 선배들에게도 마찬가지였다. 그러니, 그는 직장에 오래 붙어 있을 수도 없었다. 수중에 약간의 돈만 있으면 도박판에 끼어들었다. 돈 놓고 돈 먹기의 짜릿한 자극 때문이었다. 그래서 주위 사람들은 그를 폐인 취급했다. 그 자신도 자신을 폐인으로 자처했다.

그리고 지금에 이르러서는, 그것이 필연적인 순서인지는 몰라도, 그의 관심이 온통 죽음의 문제에 머물러 있었다. 세상에서 흔적도 없이 사라지고 싶은 것이었다. 싸움도, 술도, 도박도

시들해진 다음에 슬며시 다가온 것이 자살에 대한 유혹이었다. 그것은 무지개처럼 찬란하고 별처럼 반짝이는 종류였다. 이 세상에서 감쪽같이 사라진다는 것에 대한 강렬한 욕망이 그를 떨게 했다. 백척 낭떠러지로 뛰어내리는 것이다. 그리하여 몸이 가루가 되고 혼령이 산산이 흩어져 버린다면 그때는 무엇이 남을 것인가? 아무것도 남지 않는다면 그것으로 끝일 뿐이었다. 누구에게나 결국 끝이 있게 마련이고 그게 남들과 다른 방법으로 이루어진다고 해서 이상할 것은 없었다.

그는 이 벼랑을 발견했을 때 몸속 깊이로부터 솟구쳐 오르는 희열 같은 것을 느끼게 되었다. 이곳이 그곳이다 하는 이상한 감동이었다. 죽을 때가 된 코끼리들이 용케도 자신의 안식처를 찾아내듯이 그는 자신의 인생을 마감할 장소를 본능적으로 찾아낸 느낌이었던 것이다.

이곳이 그곳이다. 왜 이곳이 그곳이어야 하는가? 그는 그런 의문에 일일이 대답할 필요는 없다고 생각했다. 그저 어떤 느낌만으로도 충분한 경우는 얼마든지 있다. 말하자면 이런 것은 순간적 직감의 문제였다. 사람들은 여러 이유를 구차하게 늘어놓기를 좋아하지만 대부분의 경우 그것은 변명의 범위를 넘지 못했다. 사람의 행위나 생각은 순간적이고 충동적이기 때문에 이유를 생각하기 이전에 먼저 실행되어지는 경우도 얼마든지 있었다.

"습관이란 참 묘한 것이지요."

사내가 불쑥 그렇게 말했음으로 그는 화들짝 놀랐다. 그는 사내의 존재에 대해서 까마득히 잊고 있었다. 그는 자신의 내부로 들어가서 자신만의 생각에 몰두해 있었던 것이다.

"이곳에선 파라낚시도 잘 되는데요.... 물살이 급한 이런 곳에

강을 가로질러 한 뼘쯤 떨어진 수면에 줄을 늘어뜨리고 거기에 파리 모양의 빈 낚시를 매달아 두는 겁니다. 그러면 파리를 좋아하는 작은 물고기들이 팔짝팔짝 뛰어올라서 냉큼냉큼 빈 낚시를 집어삼킵니다. 주둥이가 큰 꺼리 같은 놈들이 특히 잘 매달리는데요... 햇빛에 반짝이는 파리 모양의 낚시에 어찌나 많이 매달리는지 미쳐 고기를 잡아 담기가 바쁠 정도지요."

사내는 이것은 믿겠느냐는 투로 그를 돌아보았다. 그래서 그는 묻지 않을 수 없었다.

"왜 그런 낚시를 하지 않습니까?"

"허허, 그게 어디 낚시질입니까? 낚시질이란 낚시를 물고 씽씽 달리는 물고기와 그 생동하는 생명력과 한 판 승부를 겨루는 거기에 묘미가 있는거지요."

순간, 사내의 낚시찌가 다시 솟구쳐 올랐다. 그가 낚싯대를 잡아채자 작은 물고기가 달랑 들려 올라왔다. 그는 낚시에 물린 물고기를 빼어서는 그대로 물속에 놓아 주었다.

"생명이란 참으로 미묘한 것입니다. 살만큼 산 놈이라야 지혜도 있고 악착도 있고 해서 잡을만 하지요. 치어(稚魚)는 어려서인지 생명의 포기도 그만큼 빠르더군요."

그는 사내의 어감에서 문득 '너는 치어 같은 놈이다'라고 말하는 것 같은 느낌을 받았다. 생명의 존귀함을 모르는 치어 같은 놈... 그는 자존심에 상처를 받고 얼굴을 붉혔다.

사람이란 모두 자신의 행위에 대해서 나름대로의 절실한 이유를 지니기 마련이다. 그는 속으로 그렇게 중얼거렸다. 사람은 아무도 자기 이상일 수가 없기 때문에 남의 일에 지나치게 상관하려 들어서는 안된다. 그것은 주제 넘는 짓이 아닐 수 없다. 그는 그렇게 속으로 반발하고 있었지만 무어라고 내색할 입장도 아니었다.

"토끼 사냥을 해본 적이 있습니까?"

사내는 다시 불쑥 그렇게 물었다. 그는 자신도 몰래 머리를 끄덕였다.

"어떻게요?"

"겨울입니다. 중학생 때였지요. 학생들이 선생님의 인솔하에 모두 떼지어 산속을 뒤졌지요."

중학교 때, 그들은 온통 산을 뒤졌다. 눈이 쌓인 야산에서 학생들은 산기슭을 포위하여 토끼를 산꼭대기로 쫓았다. 수백명이 산을 에워싸고 법석이며 고함을 질렀다. 어쩌다 한두 마리씩 토끼가 잡혔다. 야외훈련이란 명목으로 매년 겨울 한두번씩 있었던 일이다. 머리가 으깨지고 척추가 부러진 토끼들은 선생님들의 술 안주감이 되었다.

"몇 마리나 잡히지요?"

"글쎄요.... 운이 좋으면 대여섯 마리는 잡혔던 것 같습니다."

"미련한 짓들입니다."

사내는 조소하듯 말했다.

"눈이 쌓였을 때 산으로 갑니다. 막대기로 나뭇가지를 툭툭 치면서 걷다 보면, 후닥닥 달아나는 토끼를 만날 수 있지요. 몇 발짝 뒤쫓으며 고함을 칩니다. 토끼는 놀라서 줄행랑을 치지요. 이제 토끼는 내 손안에 든거나 같습니다. 토끼가 달아난 발자국을 쫓아가다가 숲이 그럴듯한 곳을 골라서 미리 준비해 간 전선줄로 '옥로'라 불리우는 올가미를 만들어 둡니다. 서너 개만 장치해 두면 거의 실패가 없지요. 그렇게 준비가 끝나면, 이번에는 산봉우리의 반대편으로 천천히 걸어갑니다. 토끼란 놈은 좀처럼 골짜기를 넘어서 달아나는 법이 없기 때문에 반대편 산봉우리의 어디쯤에서 결국 다시 만나게 되지요. 그때, 다시 소리를 벽력같이 지르면서 막대기로 나무둥치를 거칠게 후려칩니다. 그러면 토끼는 다시 놀라서 오던 길을 되짚어 달아나게 됩니다. 아주 정확하게 자기가 걸어온 발자국을 되짚어 달리기 때문에 결국 영락없이 옥로에 덜컥 걸리고 말지요."

"그럴듯하군요."

"그럴듯한 게 아니라 실제로 그런 겁니다. 약고 약은 사람들도 어쩌면 그런 모양으로 달리다가 덫에 치이는 건지도 모릅니다."

이 작자는... 그는 그렇게 생각했다. 자연의 어떤 현상을 말하다가 불쑥 인간사를 들먹이는 못된 버릇이 있었다. 참 고약한 버릇이로군... 그는 그렇게 속으로 투덜거렸다.

바람이 쏴- 소리를 내며 지나갔다.

산 위로 기어오르던 나무들이 어둠에 묶여서 멈추어 선 채 바람에 흔들렸다. 가랑잎 뒹구는 소리... 버석버석, 짐승의 발자국 소리... 어둠이 완전히 주위를 뒤덮었다. 하늘마저 완전히 찌푸려 있어서 옆 사람의 얼굴마저도 제대로 보이지 않았다. 다만 그의 흰 캡만이 어둠 속에 떠 있었다.

강의 물줄기가 어둠 속에서도 여전히 몸을 뒤채었다. 그 거대한 몸체가 뒤틀릴 때마다 지축이 은은히 흔들렸다. 그 깊은 심층에서 울려오는 떨림이 심금(心琴)을 울리며 왠지 그에게 깊은 절망을 느끼게 했다. 한번 부딪기 시작한 허무의 늪은 너무 깊고 끈끈해서 그는 도저히 헤엄쳐 나올 수가 없었다.

6.25 개전 벽두에 정찰기로 보여지는 비행기 한 대가 무심코 떨어뜨린 한 발의 폭탄... 어린 그는 그것이 떨어지는 모습을 신기하게 여기며 구경했다. 꽈당- 하던 폭음과 번쩍 빛나던 섬광... 그리고 피투성이가 된 가족들... 이것이 절망의 시작이었다.

그리고 비뚫어진 그의 성격... 아무와도 화합할 수 없고, 그래서 행복의 기초 단위라고 일컬어지는 가정조차 이룰 수 없었다. 직장다운 직장도 가질 수 없었고, 어쩌다 갖게 된 직장일지라도 오래 유지할 수 없었다. 그리고, 생리일의 여자들처럼 주기적으로 다가오는 우울증과 불면증을 겪어야 했다. 우울증과 불면증의 되풀이... 그리고 그 결과로 막다른 골목의 담벽처럼 그의 앞을 정면으로 가로막고 나선 것이 죽음, 곧 자살의 문제였다.

갑자기 주위가 환해졌다.

사내가 갖고 온 간드레에다 불을 밝혔기 때문이다. 카바이트의 강렬한 불빛이 파랗게 빛을 쏘았다. 그는 불빛에 반사경을 씌워 불빛이 낚시의 찌를 정면으로 비치게 했다. 불빛은 강줄기를 향하여 빨랫줄처럼 곧게 뻗었다.

"술이나 한잔 할까요?"

사내는 낚싯대를 바위틈에다 고정시켜 놓으며 말했다.

"지금쯤은 물고기들도 잠잘 시간이지요."

그는 술이란 말에 귀가 번쩍 띄었다. 그는 낚시를 떠날 때에 이런 경우를 전혀 예상치 못했기 때문에 아무런 준비가 없었다. 그는 사내처럼 낚싯대를 바위틈에 고정시키고 그와 마주 앉았다.

"더덕 술이요."

사내가 꺼내놓은 안주도 더덕무침이었다.

"더덕 넝쿨이 어떤 모양인지 압니까?"

"아니요. 저는 도시에서만 살았으니까요."

"그러면, 모를 겁니다. 더덕은 서늘한 곳을 좋아해서 고산(高山)지대에서만 자랍니다. 더운 지방에서는 재배되지 않지요."

"이건 재배한 겁니까?"

"아니요. 내가 산에서 직접 캔거요."

사내는 술잔을 건네며 얘기를 계속했다.

"산에는 각종 넝쿨이 많아서 더덕 넝쿨을 금방 식별해 내기가 매우 어렵습니다. 그런데, 막대기를 들고 넝쿨을 휘젓다 보면 더덕 냄새를 물씬 맡을 수 있게 되지요."

"땅속에 있는..."

"아니요. 이놈은 잎을 건드리기만 하여도 그 잎에서 심한 더덕 냄새를 풍깁니다. 잎줄기를 꺾어 보면 흰 즙이 나오는데 거기에서 냄새를 풍기는 것 같아요."

"이상한 식물이로군요."

"냄새를 풍기지 않는다면 일일이 눈으로 식별해야 하는 어려움이 있게 될 것인데... 동물이나 식물이나 자기 본색을 숨기기란 어려운 일이지요."

그는 먹던 더덕무침이 가시가 되어 목구멍에 걸리는 것을 의식해야 했다. 사내의 말에는 항상 그런 가시가 있어서 그를 불편하게 했다. 사내의 말의 가시는 때때로 그의 혓바닥에 걸리고, 목구멍에 걸리고, 배창자에 걸려서 술맛마저도 싹 가시게 하는 것이었다.

"제가 자살할 것 같은 냄새라도 맡았다는 말입니까?"

그는 더 이상의 불쾌감을 참을 수 없어서 목구멍에 걸린 가시를 뽑듯이 그렇게 정통으로 들이대었다. 술기운도 있었지만 이 뻔뻔스럽고 건방진 녀석을 강물 속에 틀어박고 싶다는 생각이 들었다.

"허허, 성질이 급하시군. 그러다가는 꺼리란 놈처럼 미끼도 없는 파리낚시마저도 덥석 물고 말겠소. 자, 술잔이나 비우시요."

사내는 그렇게 말했다. 그는 손에 든 술잔의 술을 사내의 면상에다 뿌려주고 싶은 심정이었다. 그러나 그렇게 하는 대신 술잔의 술을 단숨에 비웠다. 아무튼 이 사내에게 시비를 걸 입장은 못되었던 것이다.

"자살하려고 한 사람은 바로 나였소."

사내는 그렇게 내뱉았다.

"나는 호산성육아종(好酸性肉芽腫)이란 아주 이상한 병을 앓고 있습니다. 일종의 암(癌)인데 그러니 뼈암이라고 할까.... 몸속에 어떤 유기물질이 엉겨서 근육을 이루는데 이 근육이 뼈에 기생해서 뼈를 갉아 먹는 것입니다."

그는 다시 술잔을 건네었다.

"약도 치료법도 없다는 것입니다. 다만 이 근육 조직은 뼈에 기생해서 뼈를 녹이다가 일정한 기간이 지나면 저절로 파괴되어 버립니다."

사내는 흰 캡을 벗었다. 그리고는 자신의 머리를 손가락으로 톡톡 두들겨 보였다.

"이렇게 머리를 톡톡 두들기면 통.통. 하고 빈 뼛소리가 나지요. 그 못된 근육 조직이 머리뼈를 갉아 먹어서 이렇게 된 것입니다. 그러니, 내 머리는 달 표면의 분화구처럼 온통 파인 웅덩이들로 뒤덮여 있는 셈이요."

사내는 허탈한 듯한 웃음을 웃었다. 듣고 보니 그의 이마에는 곰보자국 같은 상처가 무수히 있었다. 이마에 물집이 잡히기에 손으로 긁었더니 그렇게 되더라고 했다.

"가렵고, 쑤시고, 아프고... 나을 가망도 없고... 한마디로 미치는 거지요. 속에서 불이 납디다. 이렇게 살아서 무엇하나 싶기도 하고... 직장을 그만 두고 낚시터로 돌아다닌지도 십 년이 넘지요."

그러니 자살하고 싶은 생각인들 없었겠느냐는 얘기였다. 어떨 땐, 시신경 부근에 암 근육이 기생해서 눈이 안보이기도 했고, 어떨 땐, 귀밑 뼈에 기생해서 귀가 들리지 않기도 하였다는 것이었다. 머리는 늘 철사테를 둘러서 강제로 조이기라도 하듯 아팠다고 했다.

"삼장 법사가 주문을 외면 고통으로 발광하게 되는 손오공의 경우를 생각하게 됩니다. 그야말로 천형(天刑)의 형벌을 당하고 있는 셈이지요. 이런 내게 가장 유혹적인 것이 자살의 문제가 아닐 수 없었지요."

사내는 마지막 남은 술병의 술을 술잔에 따랐다. 그들은 말없이 술잔을 들어 잔 속의 술을 비웠다. 수통 가득 담아온 술을 모두 비웠음으로 제법 몸이 훈훈해 왔다. 그들은 말을 잊고 묵묵히 앉아서 불빛에 드러난 강줄기만을 바라보았다. 빛살의 포말이 쪼개고 지나간 저쪽에 두 개의 낚시찌가 물살에 조용히 흔들렸다. 벼랑에 앉아 죽음을 사유하다가 마침내 죽음을 잊기라도 한 것 같았다.

그가 생각하기에는 사내의 질병은 참으로 숙명적이고 처절한 종류로 여겨졌다. 그 고통은 현실적이고 직접적인 종류였다. 그러나.... 그렇다고 해서 그 자신의 절망과 허무를 그저 감정의 사치로만 돌릴 것인가? 그가 오랜 세월 자신의 몸속에 쌓아온 마음속 상처들을 말이다.

푸른 하늘을 날던 비행기가 무심코인 듯 떨어뜨린 한 방의 폭탄이 그의 가슴에 핏멍울을 맺히게 한 이래로 그는 삶이란 것을 하나의 거대한 절벽으로 인식하기 시작하였고 그리하여 참으로 오랜 날을 피를 흘리며 살아야 했다. 그러나, 그 삶의 종점에서 만나게 되는 것은 결국 죽음밖에 없다는 것이 그의 결론이었다. 삶이란 그 무엇보다 가치 있는 것이라는 달콤한 말로 인간을 속여온 음흉한 신의 음모에 그는 치를 떨었다. 그리하여, 이제 그는 쉬고 싶었다. 신이 파놓은 함정에 더 이상 끌려다니지 않기로 작정했다. 그렇다. 허망한 둔주를 멈추고 그저 조용히 사라져버리고 싶은 것이다.

"사람이란 참 이상한 존재입니다."

사내는 너럭바위에 길게 누우며 한숨처럼 말했다.

"벼랑에 앉아 낚시질을 하다 보면 나와 비슷한 생각을 가진 사람들을 용케 알아보게 됩니다. 나는 습관적으로 나의 얘기를 들려주는데, 그렇게 나의 얘기를 듣고 나서는 모두들 자살하기에는 아직 이르다고 판단들을 합니다."

사내는 그에게도 그런 판단을 요구하는 것은 아니라는 듯이 조금 시큰둥한 맥빠진 목소리로 말했다.

"그렇게 여러 명 겪다 보니 나 자신도 아직 좀 더 살아야 하는 모양이라고 생각하게 됩니다. 뭐랄까요. 고통을 겪는 사람이 나 혼자만이 아니라는 위안 때문인지 모르겠습니다. 혼자가 아니다. 그러니 너무 빨리 결정하지 말자... 뭐 그런거지요. 아직은 때가 아니라고... 좀 더 기다려 보자고 말이요."

사내는 졸리는 듯한 목소리로 느릿하게 말했다.

"뭐랄까요.... 우리는 무엇인가 어떤 의미를 만들어 가면서라도 살아야 하는 존재가 아닐까 하는 생각도 하지요. 무엇이든 그저 변명처럼... 필요한 것을 만들면서..."

그러다가 사내는 어느덧 잠이 들었는지 드렁드렁 코를 골기 시작했다. 아주 이상하게 빨리 잠드는 사람이었다. 그는 나이에 비해 술을 과음했는지도 모른다.

그는 벼랑 끝까지 걸어가서 어둠에 잠긴 강물을 내려다보았다. 강줄기는 어둠의 본체처럼 음흉한 몸짓으로 무겁게 꿈틀거렸다.

어둠 속으로 조용히 사라질 수 있는 절호의 기회가 다시 그에게로 다가오고 있었다. 고요가 그를 점점 에워싸기 시작했다. 물결소리가 한층 높아졌다. 물소리뿐이 아니었다. 희미한 윤곽으로 멀리 엎드려 있던 능선도 그 척추를 세우면서 꿈틀거리기 시작했다. 강줄기의 몸체에 매달린 비늘들이 회백색으로 빛을 발했다. 밤에만 느낄 수 있는 이상한 것들의 꿈틀거림... 돌멩이는 돌멩이대로 산마루에서 기슭으로 곤두박질쳐서 궁굴러 내리고, 나무들은 어깨를 부딪치며 산자락을 치다라 오르고, 낙엽들은 저희들끼리 속삭이고, 바람은 바람대로 우- 소리를 지르고 쏘다니며 공연히 심술을 부렸다.

낮이면 숨죽여 숨어있던 이런 것들의 극성에 질려서 새들은 둥지에서 날개를 접고 몸을 떨었다. 산토끼며 다람쥐들도 그들의 소굴에 숨어서 밤새도록 무서운 꿈을 꾸었다. 밤과 낮에 따라 생물과 무생물의 전도(顚倒)된 생활을 보는 듯했다.... 이런 어둠 속에서라야 그도 죽음의 품속으로 자연스럽게 빠져들 수 있을 것 같았다. 죽음의 동굴이 그를 향하여 입을 벌리고 있었다. 어서 그의 품속으로 뛰어들라고 재촉했다.

장자의 말씀이었던가? 인생은 다만 기(氣)의 응결일 뿐이라고... 생명이란 몸에 붙은 사마귀나 혹처럼 귀찮은 종류일 수도 있다고... 무한 자연의 절대에 비한다면 생명이란 얼마나 짧고 허망한 것인가? 죽음이란 육신을 벗어 던지고 영혼만으로 자유로와지는 의식인지도 모른다. 식욕, 성욕, 물욕, 명예욕 같은 인간의 모든 욕심으로부터 벗어나는 의식인 것이다.

강물이 부글부글 끓어 올랐다. 강줄기에 다시 날개가 솟기 시작했다. 마침내 강줄기는 붕(鵬)새가 되어 구만리 장천을 날아오르리라. 그가 벼랑 밑으로 내려뛰는 순간 그는 붕새의 등허리에 올라앉아 등천하는 의식을 치루게 될 것이다. 붕새를 타고 하늘 끝까지 날아보는 쾌감.....

그때였다. 그의 등쪽에서 날카로운 바람소리가 들려왔다. 그는 후딱 뒤를 돌아보았다. 순간, 그는 꺾어질 듯 팽팽하게 휜 낚싯대를 보았다. 바위틈에 꽂아둔 낚싯대는 금방이라도 허공으로 튀어 오를 듯이 심하게 휘었다. 그는 엉겁결에 달려가 낚싯대를 잡았다. 몸이 휘청 흔들렸다. 아! 씽씽 잡아당기는 이 놀라운 힘. 아차, 하는 순간 그는 그대로 앞으로 고꾸라져 쓰러질 것만 같았다.

대단한 힘이었다. 그는 바위에 몸을 의지하고 낚싯대를 쥔 손에 힘을 주었다. 낚시꾼들에게 들은 대로 그는 낚싯줄이 계속 팽팽한 상태가 유지되도록 애를 썼다. 큰 물고기는 절대로 힘을 느꾸어주어서는 안된다. 세게 잡아채어서도 안된다. 힘으로 맞서다가 물고기가 제풀에 힘이 빠질 때를 기다려야 하는 것이다. 제 아무리 날쌘 놈이라 하더라도 가장 예민한 아가미가 낚시에 걸려 있는 것이다. 황소도 따라오지 않고는 못배길 아픔이 있기 마련이다.

물고기가 휙휙 낚싯줄을 잡아당겼다. 그의 몸도 휘청휘청 흔들렸다. 탄력을 가진 열 칸짜리 낚싯대가 금방이라도 두 동강 날 듯이 휘었다. 어둠에 잠긴 물결마저도 무섭게 휘돌이쳤다. 힘과 힘의 대결. 등골을 서늘케 하던 냉기가 가시면서 이놈을 꼭 잡고 말겠다는 의욕이 부쩍부쩍 솟구쳤다. 팽팽한 긴장에 숨이 막혔다. 생명의 이 신선한 움직임. 물고기의 생명이 그의 손아귀에서 파닥이고 있었다.

물고기는 원을 그리며 줄기차게 달렸다. 물고기는 아가미를 꿴 낚시를 뱉아내려고 필사의 몸부림을 치고 있었다. 살점이 찢기는 고통 속에 물고기는 서서히 미쳐가고 있는 건지 모른다. 그의 생명의 한 귀퉁이를 꿰고 있는 낚시의 날카로움.... 그의 거대한 몸집으로도 이 작은 낚시바늘을 이겨낼 수는 없다.

낚싯줄에선 간단없이 핑,핑 소리가 울렸다. 바짝 당겨진 낚싯줄에서 내는 긴장의 소리였다. 전율의 소리였다. 물고기가 그리는 동그라미가 점점 좁아들고 있었다. 불끈 물고기의 머리가 솟구쳐 올랐다. 카바이트의 불빛 속에서도 그놈은 아주 검게 보였다. 어둠에 길들여진 놈처럼 어둠과 닮아 있었다. 그는 낚싯대를 통하여 전달되어 오는 힘의 크기를 측량하고 있었다. 물고기의 힘은 조금도 줄어드는 것 같지 않았다. 굉장했다. 강줄기가 물고기로 둔갑한 것일까? 깊은 어둠 속에서 강줄기는 거대한 곤(鯤)으로 변하여 그의 낚시에 걸린 것이다. 곤이 낚시를 물고 있는 것이다. 그는 지금 물고기를 낚고 있는 것이 아니라 거대한 강줄기의 생명을 낚고 있는 것이다. 강줄기가 전력을 다해서 뒤채고 있었다. 그런 느낌을 분명히 감지할 수 있었다.

팽팽한 긴장으로 온몸에 전율이 일었다. 이런 거대한 힘을 과거엔 한 번도 느껴본 적이 없었다. 몸에서 열기가 일었다. 잠든 사내처럼 그는 진짜 낚시꾼은 아니다. 그러니 물고기야. 너는 내 수중에 들어 있는 것이 아니다. 나는 너무나 서툴고 서툴어서 비록 칼자루는 쥐고 있을망정 네가 미리 절망할 정도는 아니란 말이다. 그는 이마에 맺힌 땀을 닦았다. 왠지 물고기에 대한 애정 같은 것이 느껴지기 시작했다. 물고기가 낚시꾼을 낚아서 물속으로 끌고 들어갔다는 얘기를 들은 적이 있다. 이 물고기는 충분히 그럴만한 능력이 있어 보였다. 강한 적수를 만났을 때 느껴지는 그 이상한 투지와 애정....

물고기가 다시 방향을 바꾸었다. 물고기가 그리는 원이 현저히 줄어들었으므로 카바이드의 불빛에 물고기의 모습이 좀 더 자주 드러났다. 머리가 보이기도 하고 꼬리가 보이기도 했다. 아직 흰 배때기는 보이지 않았다. 그래서 물고기는 아직도 검은 어둠 그 자체였다.

그는 조금씩 조금씩 낚싯대를 잡아당겼다. 물고기가 조금씩 끌려왔다. 그렇게 끌려오던 물고기가 다시 획, 낚싯줄을 잡아채었다. 물고기는 남은 힘을 다 쏟는 듯, 다시 원을 크게 그리며 활발하게 움직이기 시작했다. 물고기의 몸체가 좀 더 분명해지고 있었다. 물속에서 살아 펄떡이는 그 활동력 때문일까? 물고기는 서너 자도 넘을 것 같았다. 그러니 일 미터도 넘어보였던 것이다. 작은 뜰망으로는 도저히 건져 올릴 수 없을 것 같았다. 강태공들의 과장처럼 큰 가마니로 감아올려야 할 판이었다.

그는 낚싯대를 뒤로 젖히며 다시 슬몃슬몃 잡아당겼다. 물고기가 점점 가까이 다가왔다. 물고기는 결코 옆으로 눕지는 않았다. 카바이드의 빛줄기 속으로 곧바로 헤엄쳐 오는 물고기의 전신이 눈에 들어왔다. 검은 등지느러미 옆에 푸른 물이끼가 끼어 있었다. 놈은 아주 당당한 태도로 곧바로 다가왔다.

그는 발밑에 놓인 뜰망을 찾아들고 다가오는 물고기를 기다렸다. 녀석은 서둘지도 않고 낚시에 끌려오는 것 같지도 않게 유유히 헤엄쳐 왔다. 그의 몸이 부르르 떨렸다. 그는 이렇게 큰 민물고기를 전에 결코 본 적이 없었다. 이렇게 당당한 모습으로 다가오는 물고기가 있다는 말도 결코 들은 적이 없었다.

앞뒤의 산들이 갑자기 숨을 죽였다. 바람도 불기를 멈추었다. 주위의 모든 사물들이 이 잡혀오는 물고기에 온통 얼이 빠져 있었다. 강물도 흐르기를 멈춘 지가 이미 오래였다. 모든 사물이 동작을 멈추었다. 긴장의 촉수가 온몸에 번져, 그는 그만 질식할 것 같았다. 온몸으로 비지땀이 흘렀다.

그때였다. 끌려오던 물고기가 똑바로 그를 바라보았다. 순간적으로 그들의 시선이 서로 부딪쳤다. 그것은 결코 미물의 시선이 아니었다. 불꽃 튀는 영혼이 그의 눈동자로 날아왔다. 그리고 그것이 그로 하여금 아찔한 현기증이 일게 했다. 그는 그때 생명의 진수(眞髓)를 순간적으로 감득한 것 같은 느낌이기도 했다.

그는 자신도 몰래 낚싯줄을 느꾸었다. 끌려오던 물고기가 순간적으로 휙 방향을 틀었다. 순식간의 일이었다. 어느 사이에 낚시를 뱉아낸 물고기가 강심쪽으로 서서히 헤엄쳐 가기 시작했다. 그는 그 자리에 털썩 주저앉고 말았다.

"그렇게 큰놈이었습니까?"
사내가 물었다.
"지금도 믿어지지 않습니다."
그의 말에 사내는 머리를 끄덕였다.
"전에도 그런 놈과 마주쳤다는 얘기를 한 번 들은 적이 있긴 합니다만... 그 사람은 그길로 낚시를 그만두었지요. 석 달이나 앓았답니다."
"그런 놈을 다시 만날까 두렵기조차 합니다."
"그렇습니까? 생명이란..."
사내는 무슨 말인가를 더 할 듯하다가 입을 다물었다. 무슨 말을 하려는 것이었을까? 생명이란 그처럼 외경(畏敬)의 대상이라는 말을 하고 싶었던 것이었을까? 그런 그의 의문과는 달리 그는 전혀 다를 말을 꺼냈다.
"전에 선인장을 키운 일이 있었지요."
사내는 말을 이었다.
"선인장은 뿌리채 옮겨 심으면 좀처럼 살아나지 않아요.

선인장은 아예 뿌리 부분을 칼로 싹 도려내고 일주일쯤 그늘에 말려 두는게 좋습니다."

그는 낚싯대를 챙기기 시작했다. 낚시질은 새벽녘이 피크라는 말을 잇기라도 한 듯 싶었다.

"그렇게 말려서 수분을 증발시키면 선인장은 바짝 위기감을 느끼게 됩니다. 그러니, 죽음의 직전에 와 있는 셈이지요. 그때 그놈을 땅에다가 심고 물을 흠뻑 주어 보십시오. 선인장은 몸뚱이에 일제히 수많은 잔뿌리를 뻗어서는 허겁지겁 물을 저장합니다. 그렇게 살려고 발버둥치는 선인장의 생명력은 참으로 굉장합니다. 누구나 감탄을 하지 않을 수 없지요. 그리고, 그 강렬한 생명력에 대해서 저절로 머리가 숙여지기도 합니다."

사내는 낚시의 도구를 다 챙기더니 훌쩍 자리에서 일어났다. 그리고 작별 인사처럼 불쑥 말했다.

"부처의 제자 중 제일 지혜로웠던 수보리(須菩利)가 여래의 수단설법(數段說法) 중에서 가장 끝을 무소설(無所說)이라고 한 이유를 이제야 알 것 같습니다."

사내는 그가 말귀를 알아듣지 못한 채 멀뚱이 서 있는 것을 그냥 버려둔 채 걸음을 옮기기 시작했다. 박명의 빛그늘 속으로 휘적휘적 사라지는 사내의 뒷모습이 유난히 정겹게 느껴졌다.

사내는 그가 무엇인가를 크게 깨닫기라도 했다는 듯한 몸짓을 해 보였는데 그것이 무엇일까? 그는 사내가 사라진 소롯길 저쪽으로부터 밝아오는 새벽빛을 보며 곰곰히 생각에 잠기기 시작했다.

환상과 환청

　윤식의 병은 불면증과 더불어 왔다. 아니 어쩌면 그 이전에 어떤 조짐 같은 것들이 없지 않았다. 혼잣말로 중얼거린다든지 공연히 화를 벌컥 낸다든지 하는 일이었다. 그러나 명순은 눈치채지 못했다. 시간이 지나면서 그는 점점 더 고통스러워했다. 무엇보다 통 잠을 이루지 못했다. 걸핏하면 죽여야 돼. 죽이고 말테야. 하고 말했다. 무슨 일이 있었어요? 명순이 그렇게 물으면 개같은 새끼들이 말이야. 개같은 새끼들이라고. 하는 식으로 욕지거리를 했다. 아주 오래전의 어떤 기억을 향해서 욕질을 해대는 것 같기도 했고 최근의 노동판에서의 모욕당한 일을 기억해 내는 것 같기도 했다.

　명순은 노동자들의 면면을 대개 알고 있었다. 노동판에서 일하는 남편이 안타까워서 때로는 점심도시락을 챙겨서 가져가는 일도 있었다. 그러면 막일꾼들이 휘파람을 불었다. 야. 윤식이, 색시 하나는 잘 두었다. 제법 미인인데. 불량기가 있는 자들 중에서는 노골적으로 야유를 보내기도 했다. 허, 그 여자 색 쓰게 생겼는데. 임마. 너 같은 약골로는 당하지 못하겠다. 나에게 한 번만 빌려주라. 명순은 그들이 워낙 그런 바닥의 사람들이라 싶어서 아예 들은 척도 않았지만 윤식은 울그락불그락 했다. 이런데 오지 말라고 했잖아? 그는 그렇게 화를 내었다.

　그러나 어쩌다 그가 도시락도 없이 일하러 가게 되면 마음이 아팠다. 종일 힘들게 육체노동을 하는 판에 점심밥도 제대로 못 챙겨 먹여서야 되겠느냐 싶었다. 그래서 남편이 반기지 않는다는 것을 알면서도 도시락을 챙겨가게 되던 것이다. 그러다 보면 인부들의 구설수에 오르곤 했다.

　어떤 날은 술참때 마신 술로 얼큰해진 일꾼들이 술김을 빌어서 그녀를 희롱하려 들기도 했다. 아주머니. 이놈이 사내구실은 제대로 합니까? 명순이 변색해서 쏘아붙였다. 입에서 나오면 다 말인 줄 알아요. 아, 죄송합니다. 그들은 느물느물 웃었다. 돌아서는 그녀의 등 뒤에서 그들의 농지꺼리는 여전히 계속되었다. 젠장, 목소리까지 나긋나긋하네요. 입에서 나오면 다 말인 줄 알아요. 젠장, 그럼 어디에서 나와야 말이 되는고?

　그런 날은 윤식의 귀가를 기다리는게 여간 고통스럽지 않았다. 윤식은 으레 술에 푹 절어 있었다. 내가 뭐랬어. 오지 말라고 했잖아? 하고 으르렁거렸다. 막노동하는 사람이 점심까지 굶어서야 되겠어요? 하고 명순은 항변하지만 윤식의 분노는 수그러들지 않았다. 굶던 말던 내가 알아서 할 일이라고. 그는 그렇게 고함치며 눈을 부라렸다.

　그러던 어느 날부터 윤식은 느닷없이 묻곤 했다. 당신. 저 소리가 안 들려? 무슨 소리요? 아니, 저놈들이…. 야. 이 새끼들아. 그는 벌떡 자리에서 일어났다. 개새끼들이 여기까지 따라왔어. 당신. 무슨 말을 하고 있는 거죠? 명순의 말에 그는 당황한 듯이 주위를 둘러보았다. 아무 소리도 안 들렸단 말이지? 그는 그렇게 반문하고는 의심스런 눈으로 둘레를 몇 번이나 휘돌아 보았다. 그는 남들이 듣지 못하는 소리를 듣는 듯했고 남들이 보지 못하는 것을 보는 듯했다.

　공사판에서 무슨 일이 있었어요? 하고 명순이 다그쳐 물으니까 윤식은 마지못해 대답했다. 개새끼가 말이야…. 윤가 새끼가 말이야. 명순은 불량기가 있어 보이던 윤가를 떠올렸다. 어린놈의 새끼가 말이야. 당신 배꼽 밑에 틀림없이 점이 두 개 있을 거라고 하면서 말이야. 명순은 저도 몰래 바락 소리를 질렀다. 그런 망칙한 소리하는 놈을 그냥 뒀어요?

아마도 싸움의 발단은 그런 음담패설에서 비롯된 모양이었다. 녀석이 직접 더듬어 보기라도 한 듯이 말이야. 그곳에 터럭이 세 올이라느니 하면서 말이야. 당신 내일부터 당장 그곳엘 그만둬요. 당장 그만둬야겠어. 윤식은 그렇게 말했다. 당장 그만둬야겠어. 그러나 막상 다음날이 되자 그는 그곳으로 다시 나갔다. 일꾼들은 몇 명씩 팀이 되어서 일했다. 일거리가 그렇게 차례되었기 때문에 팀에 끼지 않으면 일거리를 얻기가 쉽지 않았다. 그래서 새로운 팀이 만들어지기까지는 어쩔 수 없었다.

한번 환청을 듣기 시작하고부터는 비슷한 일이 자주 되풀이되었다. 아니 저 새끼가? 윤식이 벌떡 일어나 앉았다. 저 발자국 소리가 정말 들리지 않는다고? 윤식은 의심스런 눈으로 명순을 흘켜보았다. 무슨 발자국 소리가 들린다고 그래요? 잘 들어보라고? 윤식은 명순에게서 아무 반응이 없자 살금살금 자리에서 일어났다. 그리고는 잠옷을 입은 채로 문께로 살그머니 다가서더니 갑자기 문을 와락 열어젖뜨리고 후닥닥 밖으로 뛰어나갔다.

한참이 지나서 윤식은 눈에 핏발을 세우고 들어왔다. 네년이 기침을 했지? 달아나라고 신호를 보낸 거야? 네년이 기침을 하는 순간 후닥닥 달아난 거라고. 윤식의 의심은 늘 그런 식이었다. 그는 아내를 의심하고 아이들을 의심했다. 동료들을 의심하고 이웃들을 의심했다. 그 자신을 따돌리기 위해서 모두들 자신을 속인다고 생각했다.

어느 날은 한낮인데도 일터에서 일거리를 팽개치고 불쑥 집으로 들어섰다. 무슨 일이죠? 명순이 놀라서 물으니 윤식은 의심스럽게 그녀를 살피는 것이다. 애들은 없나? 윤식은 그렇게 물었다. 놀러 나갔어요. 그럼. 혼자겠군? 그는 방의 구석구석을 둘러보았다. 공연히 옷장의 문을 열어보기도 했다.

이리 와. 윤식의 눈빛이 이상했다. 이리 오라니까? 명순은 어쩔 수 없이 그가 시키는 대로 방바닥에 누워야 했다. 옷이 벗겨졌다. 점이 있긴 있군. 두 개가 아니고 세 개나 되는군. 무슨 말을 하는 거죠? 점이 세 개라고 했어. 못할 말을 했나? 명순은 전신이 오그라드는 느낌이었다.

한바탕 일을 치르고 나서 그는 서둘러 옷을 걸쳤다. 어서 가봐야 돼. 일하다가 온 건가요? 모두들 찾을 꺼야. 그냥 왔으니깐. 명순은 어이가 없었다. 또, 윤가가 한마디 한 모양이군요? 어떻게 알았지? 윤식의 눈동자가 이상하게 일그러졌다. 어떻게 알긴요? 당신 행동이 이상해서 물어본 거죠. 개 같은 새끼들이 말이야. 한두 놈도 아니라고. 모두들 작당을 해서 말이야. 나만 보면 이빨을 내밀고 으르렁거리거든.

윤식은 어떤 피해의식에 깊이 잠겨 있었다. 그래서 그걸 알고 있는 동료들이 그를 놀렸다. 임마, 네 여편네가 말이다. 지금쯤은 한참 재미를 보고 있단 말이다. 그러면 윤식은 견딜 수가 없었다. 집에 와서 확인을 해야 했다. 그러나 집엔 사내놈이 없었다. 그래서 여자를 눕혀 놓고 확인하는 것이다. 남의 여자를 간음한 사내 녀석의 체취를 맡아내기 위해서 큼큼거렸다. 여자의 질 속에 흥건히 넘치는 정액의 흔적을 살피는 것이다. 그러나 한 번도 성공하지는 못했다. 연놈들이 너무나 치밀해서 어떤 흔적도 남기지 않았다. 그래서 늘 한발 늦게 달려온 자신만이 병신 소리를 듣게 되는 것이었다.

이제 그 직장 그만둬요. 정 굶게 되면 내가 벌지요. 명순은 그렇게 말했다. 심약한 남편이 더 이상 그런 자들과 상종해서는 안될 것 같았다. 그러나 윤식은 다음날이면 전날의 일은 까마득히 잊은 듯이 다시 일터로 나갔다. 그리곤 술에 푹 절어서 돌아왔다. 개같은 새끼들이 말이야. 내 뒤를 염탐하면서 말이야. 그는 그렇게 말하기도 했다. 당신이 뭐라고 염탐하겠어요? 내가 알게 뭐야. 그는 그렇게 말하면서 천정을 우두커니 쳐다보기도 했다. 그리고 자기만의 상념 속으로 들어가는 것이다. 그럴 때면 그는 홀로 떠도는 섬이 되었다. 외로운 섬이었다. 그래서 자신만의 저 깊은 내면으로 침잠했다.

윤식의 병은 점점 깊어갔다. 이 새끼들아. 그는 그렇게 소리질렀다. 이리 나오지 못해. 내가 잡으러 간다. 윤식은 당장이라도 문밖으로 내달릴 기세였다. 이봐요. 정신 차려요? 명순이 말리자 버럭 화를 내었다. 이년아. 이렇게 똑똑히 정신 차리고 있다. 그러니 네년이 목사놈과 붙어먹은 것까지도 안단 말이다. 윤식은 자주 교회에 들락거리는 명순을 그런 식으로 타박했다. 그러나 명순이로서는 교회밖에 위로받을 데가 없었다. 교회가 바로 이웃이라 마음이 괴로울 때마다 목사님의 도움을 청하곤 했던 것이다. 죄받을 소리 하지도 말이요. 명순이 그렇게 항변해도 막무가내었다. 죄는 네년이 받을게다. 이년.

그렇게 투정을 부리던 윤식이 갑자기 머리를 툭 떨어뜨렸다. 잠 속으로 빠져든 모양이었다. 명순도 설핏 잠들었는가 싶었는데 갑자기 윤식의 신음소리가 들려왔다. 정신을 차려보니 윤식이 데굴데굴 구르며 소리를 질렀다. 아. 가려워. 가렵단 말이다. 네년이 내 몸에다 옴벌레를 뿌린 거야. 이 죽일 년. 이 옴벌레를 보라고.

윤식은 자신의 몸을 박박 긁었다. 그러다 옷을 벗고 옷자락을 활활 털었다. 나중에는 이불과 요까지 활활 털었다. 윤식은 벗은 자신의 알몸을 사정없이 긁었다. 손톱자국이 지나간 자리마다 핏방울이 배어 나왔다. 그래도 견딜 수 없는지 긁은 자리를 긁고 또 긁었다.

그러던 윤식이 갑자기 소리를 질렀다. 이년아. 어서 물을 끓이란 말이야. 물을 끓여. 물은 왜요? 옴벌레를 죽이려면 끓는 물로 소독해야 하는 것을 몰라서 물어. 어서 물을 끓이란 말이야. 명순은 급히 생나무를 구해다 불을 지펴야 했다.

그런 난리를 부리는 중에 걱정이 되었던지 목사님이 찾아왔다. 박 여사. 어찌 되었소? 옴벌레가 온몸으로 기어다닌다며 소동을 부리고 있어요. 명순이 울먹이며 말하자 목사님이 혀를 찼다. 안되겠소. 어서 병원으로 보내요. 명순은 주저했다. 저러다 진정되지 않을까요? 목사님이 머리를 흔들었다. 그러기 전에 사람을 다치게 할까 봐 그러는 거요. 명순은 마침내 목사님의 건의를 따르기로 했다. 목사님이 주선한 교인들이 몰려와서 윤식을 강제로 차에 태웠다. 그리고 병원으로 끌고 갔다.

병원 의사는 윤식의 병을 진찰하고는 머리를 절레절레 흔들었다. 알콜중독입니다. 술 체질이 아닌 사람이 무리하게 술을 마시다보니 중독증세가 나타난 거요. 의사는 덧붙여 말했다. 술 취한 망각상태가 지속되면서 현실과 환상을 구별하지 못하게 된 거요. 그러니 누가 무슨 말을 하면 그걸 바로 현실로 받아들이게 되고 또 자신이 문득 어떤 생각을 하게 되면 그것도 바로 현실로 착각하게 되는 거지요.

그가 몸이 가렵다고 생각하게 되면 그것이 바로 현실이 되고 그가 어떤 소리를 들은 것 같다고 생각하는 순간 그게 바로 현실이 된다 그 말이요. 그래서 몸이 가렵기도 하고 온갖 환청을 듣기도 하는 거요. 아내를 의심하는 병도 그래서 생긴 거지요. 한번 의심하면 그게 의심으로 머물러 있는 것이 아니라 바로 현실의 체험처럼 느껴진단 말이요. 그러니 현실과 환상을 구별하지 못하지요.

윤식은 병원 입원 중에 그런 증세를 더욱 뚜렷이 보였다. 저놈들 좀 봐라. 영구차에 50명이나 매달려서 어쩌겠다는 게야. 임마. 작대기를 짚는 게 아니라고. 대나무 지팡이를 짚어야지. 아니 그 새끼가 왜 죽었냐? 콘크리트 차에 깔려 죽었다고? 야. 윤가야. 네가 떠밀었지. 개새끼. 그렇게 재난 칠 줄 알았지. 그럴 줄 알았다고. 윤식은 횡설수설 혼잣말을 하기도 했다. 의사가 윤식에게 물었다. 윤가가 누구요? 같이 일하던 사람이요. 그하고 친했소? 내가 미쳤다고 그런 새끼와 친해요. 별이 셋이나 되는 놈이요.

의사는 다른 식으로 질문을 계속했다. 결혼은 언제 했소? 어느 결혼 말이요? 어느 결혼이라니요? 의사가 의아해서 반문했다. 나는 두 번 결혼했소. 윤식의 기억력은 비교적 정확했다. 첫 번 여자는 장군의 딸입니다. 여자는 여군 간호장교이고. 그녀의 아비는 장군이었지요. 고등학교 때 영어선생에게 정조를 바치고 바람이 나서 군대에 들어온 여자요. 만나게 된 동기 같은 것은 기억나오? 그 계집년이 먼저 꼬리를 쳤지요. 나는 그때 군 병원 정문초소를 지키는 일등병 신세였지요. 그년이 어이 김 일병 이리 와서 커피 한 잔 해요. 어쩌고 하면서 나를 꼬신 겁니다. 계집년이 먼저 꼬리를 치는데 사내자식이 안 넘어가요? 그러다 꽉 잡히고 만 거지요.

의사는 긴기민가 하며 질문을 계속했다. 그래서 결혼을 하셨군요? 결혼이고 뭐고 그냥 같이 살았지요. 그러다 딸애 하나가 태어나니까 어쩔 수 없이 결혼신고를 하자고 해서 그렇게 했지요.

그런데 뒤늦게 그 사실을 안 그 애비가 말이요. 현역 장군이지요. 내 신원을 조사했다 그 말입니다. 그 바람에 나는 보안사에 불려가서 직싸게 얻어 맞았소.

그 딸이 좋아서 한 결혼인데 왜 조사를 받았지요? 의사는 그렇게 반문했다. 그러니 개좆 같은 놈들이지요. 조사관이 처음엔 귀쌈을 후려갈깁디다. 이 새끼야. 이 빨갱이 새끼야. 니 애비 할애비가 다 빨갱이인 주제에 누구 신세를 망치자고 감히 그런 짓을 했어? 하고 말이요. 아버지와 할아버지가 무슨 일을 한 겁니까? 그걸 어떻게 알아요? 내가 태어나기도 전의 일들인데. 아무튼 그 좆같은 애비인지 할애비인지는 일찌감치 북쪽으로 넘어가서 잘 처먹고 잘 사는지 어쩐지는 모르지만 씨팔 나는 장바닥에 퍼질러 앉아 생선장수로 겨우 연명하는 홀어미와 살았지요.

의사가 머리를 흔들었다. 그런 과거의 부역 문제는 지금에 와서는 괜찮은 줄 알았는데… 모두들 그렇게들 알지요. 윤식은 코웃음을 쳤다. 이번엔 다른 새끼가 와서 구둣발로 정갱이를 걷어찼지요. 이 새끼야. 네놈은 전라도 놈도 아닌데 광주사태 어쩌고 하며 데모나 한 놈 아냐? 하고 악을 쓰면서 말이요. 학생 때 데모에 앞장을 섰던 모양이지요? 앞장이고 뒷장이고 있어요. 그때 그 시절엔 누구나 그런데 끼곤 했지요. 물론 나도 돌팔매질 깨나 했수다. 저들이 먼저 최루탄을 쏘아대는데 어쩌란 말이요. 손에 잡히는 대로 던질 밖에요. 그러다 누군가가 하나 다친 모양인데. 그때 붙들린 자들은 모두 강제로 입영 당했소.

그렇게 해서 윤식은 강제로 군대에 징집되었다. 그런데 그 다음 새끼가 볼펜과 종이를 들여대며 자술서를 쓰라고 했지요. 장군의 딸을 꼬실 때는 무슨 원대한 계획이 있었을 것이 아니냐고 말이요. 남파간첩 놈들의 지령을 받았을 것이라고 말이요.

그래서 어찌했소? 뭘 어찌해요. 매 맞다 죽는 것보단 쓰란 대로 쓰는 게 낫지요. 그런 것 쓰고 감옥살이 하다 세월 지나니 내보내 줍디다. 감옥엔 몇 년이나 있었소? 알게 뭐요. 그때부터 세월을 잊었으니까.

의사는 난감한 표정이 되어 그를 바라보았다. 그러다 다시 물었다. 두번째 여자는 어떻게 만났소? 공장에서지요. 봉제공장인데 그곳에서 그 여자는 경리를 보았지요. 아주 청순해 보였어요. 순진해 보이기도 했고요. 알고 보니 순 화냥년입니다. 당신이 착각하고 있는지도 모르오? 착각이라고요? 웃기지 마시오. 사내들이 말이요. 암내 맡은 수캐들같이 몰려오지요. 목사님도 있고 말이요. 택시기사들은 한 두름도 넘소. 나하고 노동판에 같이 다니는 놈치고 그 여자 맛을 안본 놈이 없다 그 말이요.

의사는 참을성 있게 다시 물었다. 당신이 병이란 건 생각해 보았소? 그런 여자하고 사는 놈치고 병이 안 나면 이상하지요. 통 잠을 잘 수 없어요. 사내놈들이 냄새를 풍기며 몰려드는데 말이요. 의사가 타이르듯 말했다. 당신은 알콜 중독입니다. 그래서 그런 망상에 빠지기도 하고 환상에 젖기도 하고 환청을 듣기도 하는 것입니다. 흥. 당신도 벌써 그 여자에게 세뇌를 당했군. 외모보다 물건이 더 좋소. 한 번 겪어 보시오. 젠장. 이미 겪어 보았는지도 모르지. 그러니 미주알고주알 캐묻는 거지. 의사는 한숨을 쉬었다. 매우 중증이었다.

병원치료가 효험이 없자 명순은 윤식을 퇴원시키고 매일 같이 남편과 더불어 소문난 기도원을 찾았다. 오늘은 '다락방기도원'엘 갑시다. 그곳은 북악 터널 옆의 산자락에 있는 기도원이었다. 윤식은 군말 없이 그녀의 뒤를 따랐다. '감람산기도원'도 용하다는 소문이데요. 그들은 도봉산 깊숙한 계곡에 자리한 기도원을 찾기도 했다. 기도원은 여러 곳에 있었다. 용하다고 소문난 곳도 여러 곳이나 있었다. 여러 교파가 제각기 기도원을 경영하고 있어서 안수의 방법도 가지가지였다. 이렇게 정성껏 헤매다 보면 어느 곳에선가 효험을 볼 것이라는 막연한 기대였다.

오늘은 '천마산기도원'입니다. 명순이 그렇게 말하고 외출차비를 하는데 윤식이 머리를 흔들었다. 병원에서 퇴원한 이래 처음으로 보인 거부반응이었다. 왜 그래요? 소용없는 일이야. 내 병과 마귀와는 상관이 없는 일이라고. 그럼 무엇과 상관이 있어요? 무엇과도 상관이 없어. 윤식은 더 이상 움직이려 들지 않았다.

명순은 이런 윤식의 변화를 어떻게 받아들여야 할지 알 수 없었다. 뚜렷한 자기 견해를 말하기 시작했다는 점에서는 병이 호전된 양상으로 이해되기도 했지만 기도원을 기피한다는 점에서는 마귀의 힘이 더 강렬하게 작용하는 징조라는 의심도 갔기 때문이었다. 명순은 기대 반 근심 반으로 남편을 지켜보기로 했다. 그럼. 이제부턴 제가 직장엘 나가도 돼요? 명순은 남편의 퇴원 이후로 파출부 일을 그만두었기 때문에 그렇게 윤식의 의중을 타진했다. 윤식이 머리를 끄덕였다.

명순이 다시 파출부 일을 시작한지 한 달쯤 지난 어느 날이었다. 집으로 돌아오니 윤식이 혼자서 술잔을 기울이고 있었다. 당신 어쩐 일이지요. 술은 한 방울도 안 마시기로 맹세했잖아요? 윤식은 그 말에는 대꾸도 않고 그녀를 노려보았다. 그 술 치워요. 그녀가 술병을 잡는 순간이었다. 갑자기 둔중한 주먹이 그녀의 면상을 갈겼다. 명순은 너무나 갑작스런 일격에 뒤로 벌렁 넘어지고 말았다.

이년. 이 화냥년. 씨근덕거리는 숨소리와 더불어 그는 들고 있던 상자곽을 그녀의 얼굴 위로 뒤집어 엎었다. 상자곽 속에 있던 편지들이 와르르 무너져 내렸다. 아! 명순은 그제야 그것이 춘식이 오빠가 보내온 편지들이란 것을 깨달았다. 개같은 년. 이러고도 나를 미쳤다고? 그의 무지막지한 발길이 그녀를 짓밟았다. 제년 좋으라고 나를 정신병원에 가두었지. 이년?

하얀 갈매기들이 날갯짓 치기 시작했다. 동해의 해변에서 노닐던 갈매기들이었다. 그녀의 고향 바다에서 날갯짓 치던 하얀 갈매기. 순아. 네 결혼 소식을 들었다. 아들도 둘이나 두었다지? 나는 차마 너에게로 다가갈 엄두가 나지 않아서 이곳에 평생 머물러 살 작정을 했다. 네 꿈을 꿀 때가 많다. 네 꿈이 꾸어지지 않으면 나는 바닷가 바위틈에 숨어서 네 꿈을 만들어 꾼다. 바위틈에 숨어 사는 달랑게들이 보글보글 거품을 뿜어 올리듯 나는 언제든지 새로운 꿈을 만든다. 이젠 익숙해져서 원하는 꿈을 얼마든지 꿀 수 있다. 그리고 그 꿈들을 저 수평선을 날고 있는 갈매기의 날개에 실어서 네께로 보내곤 한다.

명순은 춘식이 오빠로부터 달아나서 숨고자 했다. 춘식이 오빠는 그녀와 이종사촌간이었다. 그는 그녀와의 사랑을 관철시키려고 약을 먹기도 했다. 그 일로 집안에서 그녀를 서울로 빼돌린 것이다. 세월이 흐르고 한때의 뜨거운 열망도 헛된 꿈으로 잊혀질 때쯤 되어서 어떻게 알았던지 춘식이 오빠로부터 편지가 날아오기 시작했다. 그리고 명순은 오랜 꿈의 실체인 그 편지들을 몰래 상자곽에 담아두었던 것이다.

명순이 의식이 돌아왔을 때 윤식은 보이지 않았다. 세상에 이럴 수가 있어요? 옆방 현이 엄마의 얼굴이 새파랗게 질려 있었다. 의식을 잃은 여자를 그렇게 마구 짓밟다니 말예요. 명순은 다시 눈을 감고 말았다. 하얀 갈매기들이 다시 떼를 지어 날아왔다.

누구든 한때의 사랑이 있기 마련이다. 한때의 꿈도 있기 마련이다. 세월과 더불어 그런 사랑, 그런 꿈들은 모두 흔적도 없이 사라지고 현실의 메마름, 사막 같은 현실에 헐떡이며 살기 마련이다. 명순인들 어쩌랴. 잘못 뽑은 제비인 것을.

명순이 파출부 일을 끝내고 방으로 들어서자 윤식은 큼큼하고 냄새를 맡는 시늉을 했다. 그러더니 대뜸 빈 술병을 들고 그녀를 위협했다. 네년을 집까지 바래다준 그놈은 누구야? 그놈이라니요? 몰라서 물어? 윤식의 눈동자가 다시 힐끗 돌아갔다. 아. 또 시작이구나. 명순은 대뜸 그렇게 생각했다. 이제는 영영 가망이 없는 모양이라는 절망이 납덩이처럼 가슴을 눌렀다. 내가 뒤를 밟고 있는 걸 몰랐을 게야. 내가 뒤를 밟았다고. 당신은 집에서 한 발짝도 나가지 않았어요. 누구의 뒤를 밟았다고 그래요? 옆집 현이 엄마한테 들었다고요. 이제는 연놈들이 짜고 나를 병신 만드는군. 나를 그렇게 만만히 보았다가는 큰코다칠걸. 암 큰코다치고말고.

명순은 춘식의 의심을 줄이기 위해서 파출부 일을 하다가도 집으로 전화를 걸었다. 여보, 저예요. 당신. 아무 일 없죠? 무슨 일이야? 내가 지금 뭘 하고 있나 궁금하지 않아요? 그건 왜? 새삼스럽게. 지금 나에게 전화해 봐요. 명순은 전화번호를 가르쳐 주고 윤식으로 하여금 전화를 하게 했다. 틀림없죠? 내가 몇 시면 집에 도착할 것 같아요?

명순은 그렇게 자신의 행선지를 수시로 확인하게 했다. 나는 남편을 구하고 말테다. 이것은 사랑의 문제가 아니다. 명순은 그렇게 생각했다. 하나님께서 나에게 이 일을 맡기셨다. 이 시련을 맡기신 큰 뜻이 어디에 있는지는 아직 모른다. 그러나 내가 할 수 있는 일이라 하여 맡긴 것만은 틀림이 없다. 이제 극복하리라. 극복해 보이리라.

그런 노력의 결실로 한때는 잠잠해 보이던 춘식의 증세가 또다시 의심병의 형태로 폭발하려고 하는 것이다.

깊은 밤. 명순이 잠 깨어 화장실에 갔다가 방으로 들어오려는데 갑자기 문 뒤에서 불쑥 윤식이 나타났다. 손에 식칼이 쥐어 있었다. 그놈은 어디 있어? 윤식의 핏발선 눈이 그녀를 다그쳤다. 그놈이라니요? 개 같은 년. 방금 그놈 말이얏! 아니? 이 양반이…. 화장실 갔다 오는 사람 보고. 화장실 핑계 댄다고 내가 모를 줄 알고. 헛.헛.헛. 그는 이상한 억양으로 웃었다. 네년이 나를 속여 넘기려고 온갖 아양을 떨었지? 나를 속여 넘기겠다고? 나를 말이야. 내가 벼르고 있다는 건 눈치채지 못했겠지. 그놈을 어디에 숨겼어?

명순은 교활한 눈으로 고양이같이 노려보는 그의 시선을 만나자 온몸에 소름이 돋았다. 아, 도저히 안 되는 일도 있구나. 안 되는 일도…. 어서 말해? 설마 화장실 속에 숨겨 둔 건 아니겠지? 그러면서 그는 그녀를 화장실 앞까지 끌고 갔다. 그리고 칼날을 곧추세우고 화장실 문을 와락 열어젖뜨렸다.

다음 순간 명순은 후닥닥 내뛰었다. 골목길을 지나자 큰길이 나왔다. 깊은 밤중이라 큰길엔 한 대의 차도 다니지 않았다. 뒤에서 어지러운 발자국 소리와 더불어 고함소리가 들려 왔다.

이년아. 멈춰라, 멈춰. 명순은 혼신의 힘으로 뛰었다. 두려워서 뛰는 게 아닙니다. 명순은 울부짖었다. 더 이상 살고 싶지 않을 뿐입니다. 마침 커브길을 도는 헤드라이트의 불빛이 보였다. 주여. 죽여주옵소서. 다음 순간 명순은 한 마리의 날파리처럼 불빛 속으로 뛰어들었다.

저승 언저리

까작까작, 까마귀가 울었다.

하늘이, 새까맸다. 뺨에 부딪는 검은 날개깃, 비켜줘요. 비켜줘요. 인생의 골목마다 막아서던 숱한 과거들이 검은 흉조(凶鳥)가 되어 그녀를 위협했다.

까작까작, 까작까작, 도망치고 싶었다. 도련님, 도련님, 쫓아줘요, 쫓아주세요. 까마귀들이 후루룩 날아올랐다. 풀숲에서도 날아오르고, 나뭇가지에서도 날아올랐다. 메뚜기떼처럼 짧은 날개를 파득이며 날아오르다가는 그녀의 앞뒤로 떨어져 내렸다. 그렇게 떨어져서는 겅중겅중 뛰기도 했다. 흉측한 부리에서는 썩은 냄새가 났다. 썩은 살점을 찢어문 입에서는 죽음의 냄새가 났다.

나는 아직 죽지 않았어요. 썩지도 않았어요. 제발, 후여, 후이. 그렇게 악을 써도 까마귀들은 달아나지 않았다. 죽음의 예감 때문인가? 죽기도 전에 썩는 냄새를 풍기는 때문인가? 그녀의 몸에서는 썩는 냄새가 났다. 자식놈들은 코를 싸쥐고 달아났다. 거미의 새끼들처럼 등가죽을 파먹다가 어느 날 갑자기 껍질뿐인 엄마를 발견하고는 훌훌 도망을 치듯 멀리멀리 달아났다.

까작까작, 까작까작, 기이한 억양의 흉측한 까마귀들이 조금도 달아나지 않았다. 죽기도 전에 예감의 새들이 새까맣게 몰려왔다. 눈을 반들거렸다. 어쩜 저처럼 큰 까마귀도 있을까?

펭귄처럼 날지도 못하면서 두 다리로 어기적어기적 걸어오는 놈도 있었다. 날개를 접은 채 먹물같은 몸으로 다가오고 있었다.

다가올수록 그놈은 점점 커져서 그녀를 압도했다. 왕방울같이 튀어나온 눈망울이 이글거렸다. 먹이를 욕망하는 이글거리는 눈망울이 탐욕스럽게 그녀를 노렸다.

순녀는 놀라서 뒷걸음질을 쳤다. 떨면서 물러서다 발이 엉키면서 벌렁 넘어지고 말았다. 벌렁 넘어졌다. 가슴에 와 닿는 깃털의 감촉이 흉측했다. 어쩌자고 치마는 자꾸만 흘러내리는 것일까? 치마 속에는 종이장같은 얇은 팬티뿐인 것을…… 맨살 다리가 온통 불빛에 드러났다.

제발요, 안 돼요, 안 된다구요, 털북숭이 다리가 자꾸만 감겨왔다. 고무줄끈이 툭 끊어지는가 싶더니 얇은 천이 찢어지는 소리가 났다. 넌 내꺼다. 썩은 입냄새가 코에 끼얹어졌다.

너는 내꺼다. 펭귄같은 까마귀는 외눈밖에 없었다. 유리알을 박은 다른 외눈이 불빛에 번득였다. 이래뵈도 국가유공자란 말이다. 철웅은 그렇게 말했다. 일급 상이용사란 게 뭔 줄이나 알어? 술냄새를 내뿜으며 그는 으르렁거렸다.

여름날의 옷이란 얼마나 허술한가? 시멘트 바닥의 딱딱함. 허물이 벗겨졌다. 파도처럼 밀어붙일 때마다 살갗이 찢어졌다. 찢어진 살갗으로 피이슬이 내맺혔다. 쌍, 벌려, 벌리라구. 땀의 홍수 속에서 허우적거렸다. 엄, 엄마, 저절로 비명이 터졌다. 살점이 떨어져 나갔다. 속살이 찢어져 피가 흘렀다. 피는 끈적끈적했다. 병신, 아직도 처녀로군. 철웅이 투덜거렸다. 병신, 공순이 주제에……

눈앞이 아찔했다. 가만있지 못해. 눈에서 별똥이 튀었다. 별똥은 하늘에서 떨어진다. 멀리 숲쪽으로 떨어진다. 별똥이 떨어졌다. 순녀는 잠시 정신을 잃었다. 다시 정신이 들었을 때 그녀는 혼자였다. 생시 때에도 그랬었지, 수위실 맨바닥에 혼자 버려진 자신을 발견한 것이다. 찢겨진 채로, 걸레조각처럼 버려져 있었던 것이다.

저건 웬 무지개일까? 무지개의 한 자락이 너울거리며 다가왔다. 웬 무지개일까? 채색비단 같은 무지개의 한 자락이 발목에 와 감겼다. 곱기도 해라. 무지개는 무릎에서 넘실거리다가 허벅지를 핥았다. 이슬같이 산뜻한 혓바닥의 감촉이 싫지 않았다. 그것은 물길이 차오르듯 조금씩 조금씩 더 기어올랐다.

도련님, 도련님. 순녀는 몸을 꼬았다. 짐짓 잠든 듯이 내맡긴 잠옷 속을 작은 손이 꼼지락거렸다. 겁을 먹으며 주춤주춤 기어올랐다. 열네 살 사춘기의 작은 손이 벌레처럼 속살을 간질렀다. 은근한 열기가 온몸으로 번지면서 차츰 화끈화끈 달아오르기 시작했다. 차마 눈을 뜰 수 없었다.

그들은 결혼 초부터 한방에서 살았다. 부모는 없고 고아처럼 형제뿐이었다. 철웅은 늘 고주망태로 취했었고, 술냄새가 싫은 순녀는 도련님 옆에 눕곤 했다. 작은 손길은 바람에 눕혀지는 풀잎처럼 바르르 떨면서 자꾸만 기어올랐다. 이복동생 필녀란 년이 자꾸만 눈을 흘겼다. 언닌 다 큰 시동생은 왜 데리고 있는 거유? 시동생은?

철희는 순녀와 함께 살았다. 커서도 함께 살았다. 왜, 데리고 있는 거유? 필녀년이 말했다. 밉살스럽게 따졌다. 순녀는 설명할 수 없었다. 철웅은 밤근무를 하는 경비직이었으므로 순녀는 철희와 둘만 있는 경우가 더 많았다. 종일토록 재봉틀을 돌리다가 집으로 돌아오면 순녀는 죽은 듯 깊이 잠들었다. 결코 눈을 뜨지는 않았다. 더 잘 더듬을 수 있도록 몸을 뒤채어 주기도 했다. 왜 데리고 있는 거유. 솔질하듯 더듬는 손끝에는 불꽃이 스며 있어서 몸이 화끈화끈했다. 몸에는 땀기마저 배어 나왔다. 겁을 먹고 주춤대는 손길처럼 무지개도 그녀의 무릎에서 멈칫거렸다. 그녀의 허벅지에서 넘실거렸다. 무지개의 부드러움…… 필녀가 서둘러 걸어왔다. 언니, 웬 무지개유? 필녀가 물었다. 무지개는 남한산성 성터에서부터 그녀의 집까지 양탄자처럼 깔려있었다. 그녀가 평소 무심코 바라보던 남한산성이 오늘따라 바짝 눈앞에 다가왔다.

동생 필녀가 물었다. 언니, 웬 무지개유? 글쎄 말이다. 웬 무지개일까? 언니, 아무래도 심상찮아서 옷 한 벌 지어 왔수. 옷은 무슨? 순녀는 그렇게 말했다. 그리고, 뭐가 심상치 않다는 말인가? 그래, 이 옷은 웬 거니? 순녀는 별로 마음이 내키지 않았다. 하얗게 바랜 광목옷이라 별로 마음에 들지 않았다. 너희 시어머니께나 드리지, 상제도 아닌데, 웬 흰옷이람……

순녀는 극구 사양했다. 이건 언닐 위해서 지은 걸 뭐. 필녀가 말했다. 순녀는 옷을 입어보았다. 치마의 기장이 몹시 길었다. 죽은 사람 옷이라야 치마가 길다는데 웬 옷을 이렇게 길게 지었담. 순녀는 기분이 좋지 않았다. 언니한테 꼭 맞는걸. 필녀가 천연덕스럽게 말했다.

저런 괘씸한 년 봤나? 이처럼 기장이 긴데도 꼭 맞다니…… 내가 죽기라도 했단 말인가? 계집애두, 방정맞아도 유분수지. 주먹으로 한 방 쥐어박을까 보다.

순녀는 속이 부글부글 끓었다. 수의처럼 흰 광목옷에 긴 치마를 만들어놓고도 저처럼 천연덕스럽게 그런 말을 하다니…… 순녀는 속이 부글부글 끓었다.

까작까작 까작, 까마귀 울음소리가 다시 들려오기 시작했다. 하늘에 회오리바람이 일고 그 회오리바람에 휘돌리면서 까마귀는 다시 점점 밑으로 내려왔다. 그러더니 그녀의 머리 위에서 둥글게 원을 그리며 빙글빙글 돌았다. 그래서 머리가 어지러웠다. 고추

먹고 맴맴, 담배 먹고 맴맴, 어린시절 마당에서 빙글빙글 맴돌았을 때처럼 머리가 어찔어찔하고, 뱃속까지 메슥메슥했다. 토하기라도 할 듯 울렁울렁했다. 계집애를 뱄을 때처럼……

막내아들 명구를 뱄을 때만은 입덧이 좀 덜한 편이었지만, 줄줄이 세 명이나 되는 딸년들을 낳을 때는 입덧이 너무나 심했다. 이상한 냄새만 맡아도 울컥울컥 헛구역질하면서 입덧을 해야 했다. 그렇게 낳은 자식들이건만 하나같이 못돼먹어서 순녀는 딸들이라면 진력이 났다. 까작까작 까작까작, 자식새끼란 원래가 애물인 것을……

철웅은 틈만 있으면 그녀를 눕혔다. 병신 주제에 양기만 올라서 무지하게 꽉꽉, 찍어누르곤 했다. 그때마다 허리가 부러지는 소리가 우지끈 들리곤 했다. 어린 시절 계모 윤씨가 그녀의 허리를 우지끈 밟아댔었다. 무논에다 머리를 쑤셔박고 그 힘 좋은 발로 꽉꽉 짓밟아댔던 것이다. 점심밥을 나르다가 논둑길에 미끄러져 와장창 그릇들을 깨뜨린 것 때문이었다.

그때 다친 허리가 아직도 욱신거리는데, 철웅은 조금도 사정을 두지 않았다. 제발요, 좀 살살 해줘요, 순녀는 애걸했다. 옆에 누운 시동생이 잠들지 않은 것만 같아서 여간 애가 쓰이지 않았다. 그러나 철웅은 그런 순녀의 애원 같은 것은 들으려고도 하지 않았다.

그렇게 짓밟아대다가 구멍 뚫린 풍선마냥 힘이 쑥 빠지면 그냥 곯아떨어졌다. 코를 드르렁드르렁 골면서 푸푸, 풀무질을 했다. 내동댕이쳐진 것 같은 허전함을 견딜 수 없어 그녀는 시동생인 철희 쪽으로 돌아눕곤 했었다. 매듭이 굵은 손바닥이 때로는 대담하게 그녀의 허벅지를 쓸었다. 불꽃이 달린 솔로 솔질하듯 미처 타지 못한 속살이 빨갛게 달아오르면, 조금씩 다리를 벌려주곤 했다. 곤하게 잠든 것처럼, 그의 손길이 골고루 미칠 수 있도록 몸을 뒤채어 주곤 했다.

내가 죽일 년이지, 사춘기 어린애에게 그런 못된 것을 시키다니. 죽어서 지옥의 밑바닥 불구덩에 떨어져, 꺼지지 않는 기름불에 지글지글 불타고는 또 불타리라……

그것이 죄가 됐음인지 막내아들 명구는 이상한 병에 걸렸다. 살갗이 홍시감처럼 붉어지다가 고름의 앙금이 잡히더니 갈라진 상처의 틈서리로 붉은 근육덩어리가 불쑥 돋아나오고, 며칠 지나면 그 근육덩어리에 손가락 첫마디만한 가시뼈가 삐죽 내비쳤던 것이다.

의사는 고개를 설레설레 흔들면서, 처음 보는 병이라고 했다. 골수염인지 모르니 팔을 잘라내자고 했다. 순녀는 펄쩍 뛰었다. 남편도 병신인데, 플라스틱 두개골에 외눈뿐인 병신인데, 자식마저 병신으로 만들 수는 없었다. 하나뿐인 외아들인 것을…… 의사는 애꿎은 항생제만 처방했다. 어느 시골 한의는 문둥병 치료약이라며 독한 피부병약을 조제해 주기도 했다. 그렇게 약이란 약은 다 복용하다 보니 머리칼이 홀랑 빠지고 정신마저 멍청해져서 병신이 되어버렸다. 순녀는 정신이 나갔다. 외아들인 것을……

점장이를 찾아다녔다. 무당의 말대로 무꾸리도 했다. 그래도 소용이 없었다. 한번은 신들린 노파를 만났다. 삼신할미가 노한 거여, 노파가 말했다. 정한수 떠놓고 빌어야 하는 거여, 노파가 쯧쯧 혀를 찼다. 그렇게 빈 뼈를 아작아작 씹어먹었으니, 노파가 절레절레 머리를 흔들었다. 순녀는 정신이 아찔했다. 빈 뼈를 아작아작 씹었던 오랜 기억이 되살아났다.

그런 일이 있었다. 철웅이 무슨 마음에서였던지 통닭 한 마리를 사 왔었다. 그러자 사나운 계집년들이 와락 달려들어 순식간에 다 먹어치웠다. 누렇게 떴던 순녀는 어떻게나 허전했던지 애들이 뜯어먹고 버린 닭뼈를 아작아작 씹어 삼켰던 것이다. 노파는 말했다. 상처 자리에 밀반죽을 붙이는 거여, 보리밥에다 누룩을 섞어도 좋고…… 그놈만치 고름을 잘 빨아들이는 게 읎어. 그리고 정성이 최고니께, 삼신할미께 빌어야 하는 거여,

순녀는 두 손을 모아 잡고 싹싹 빌었다. 제가 미친 년이제요. 아무리 배고팠어도, 애를 밴 몸인 것을, 그처럼 짐승의 뼈를 아작아작 씹었으니…… 할매요, 좀 봐주이소. 명구의 병은, 뚜렷하게 차도가 있었다.

웬 무지개람, 무지개가 그녀를 이끌었다. 언닐 위한 건가 봐. 필녀가 그녀의 등을 밀었다. 순녀는 천천히 걸음을 옮겼다. 무지개의 감촉은 푹신했다. 하늘 위로 걷는 것 같은 느낌이었다. 몸이 고무풍선처럼 둥둥 떠올랐다. 언제까지나 계속 걷고 싶었다. 걷고 싶었다.

철희와 길을 걸으면 어린 시절로 돌아가는 것 같았다. 은근하게 주고받는 은밀함. 철희는 점점 더 남자다와지고 의젓해져 갔다. 새벽 약수터를 함께 가기도 했다. 도련님, 이리 오세요, 여기 손을 좀 넣어봐요. 참 시원하죠, 순녀는 철희의 손을 잡아주곤 했다. 약수물을 뜨느라고 몸을 굽히고 있으면 벌어지는 앞섶으로 철희의 시선이 머물곤 했다. 짐짓 부주의한 실수처럼 두어 개의 단추를 끌러놓으면 브래지어를 하지 않은 젖가슴이 조금씩 드러나 보이기도 했다. 순녀는 철희의 간절한 시선이 목덜미를 핥다가, 얼비치는 젖가슴을 핥다가 그리고 제풀에 지쳐서 화를 내며 힘껏 돌팔매질을 하는 것을 보았다.

이런 것도 죄가 될까? 죄가 되겠지. 이런 것도 죄가 되는

것이다. 예수님은 말했었지. 마음속에 음욕을 품는 자마다 이미 죄를 지었느니라. 그녀는 얼마나 많은 음욕을 품었던가? 철웅에게 짓눌리면서, 허리뼈가 부러지는 듯한 고통에 시달릴 때마다 철희를 생각했다. 부드럽고 은밀한 손길이며 갈망하는 듯한 겁먹은 시선, 몸을 뒤채어 벌려주고만 싶은 야릇한 심정, 전율…… 음욕을 품는 자마다 이미 죄를 저질렀느니라. 자신의 속살을 조금씩 엿보여 주는 묘한 쾌감, 전율…… 순녀는 그런 들뜬 유혹에서 벗어날 수가 없었다.

돌멩이를 주워 오라. 예수는 말했다. 우직한 제자는 큰 돌멩이를, 약삭빠른 제자는 여러 개의 작은 돌멩이를 주워 왔다. 돌멩이를 다시 제자리에다 갖다 두어라. 예수는 말했다. 작은 돌멩이를 주워 온 약삭빠른 제자는 그것을 제자리에 갖다둘 수 없었다. 죄악의 자리가 너무 작아 제자리를 찾을 수 없었던 것이다.

순녀는 자신의 작은 죄악들을 생각해 보고자 했다. 하지만 그 작은 죄악들은 그녀의 유일한 즐거움이었던 것이다. 그녀에게는 산다는 것에 대한 고달픔밖에 없었다. 배고픔과 추위와 남편의 매질과 술주정…… 양심에 큰 가책을 느끼지 않을 그런 작은 죄악들이야말로 인생의 즐거움인 것을…… 즐거움인 것을……

머리를 들라. 순녀는 머리를 들었다. 삼베옷 입은 노인이 그녀를 굽어보고 있었다. 노인은 무뚝뚝했으며 침통해 보이기까지 했다. 노인의 이마에는 밭고랑 같은 주름이 패고, 그 이마에는 멍든 핏자국이 아직도 남아 있었다. 임금이로구나. 순녀는 그렇게 생각했다. 호왕(胡王) 앞에 무릎을 꿇고 항복을 해야 했던 임금님이 분명했다.

명구가 말했었지. 북풍이 몰아치는 한겨울, 임금은 송파땅에다 진흙으로 24계단 수항단(受降壇)을 쌓고 한 번 절을 올릴 때마다 세 번씩 땅에 머리를 짓찧어야 하는 삼배구고두(三拜九叩頭)의 예를 올려야 했었다고…… 삼전도 얼음땅에 임금이 이마를 짓찧는 소리가 메아리쳐서 온 백성들의 가슴에는 지워지지 않는 핏멍울이 맺혔었다.

핏자국이 어쩌면 저리도 선명할까? 임금은 오래도록 순녀를 내려다보았다. 그리고는 마침내 말했다. 불쌍한 생명이로고…… 쯧쯧, 혀를 차면서 임금은 말했다. 불쌍한 생명이로고……

순녀는 저도 몰래 왈칵 눈물이 쏟아졌다. 불쌍한 생명이로고…… 그 말이 왜 그처럼 가슴을 뭉클하게 하는 것일까? 순녀는 흑흑 소리내어 흐느꼈다. 지금껏 살아온 모든 과거가 고통과 괴로움의 덩어리가 되어 그녀의 목줄기에 매달렸다.

계모 윤 씨는 그녀의 등허리를 콱콱 밟아대었다. 무논에 코를 쑤셔박은 채 순녀는 숨도 쉴 수 없었다. 허리뼈가 부러지는 소리가 우두둑 들렸다. 논둑으로 기어오르려는 그녀의 머리채를 잡고 자꾸만 진흙탕 무논 속으로 쑤셔 박았다. 끝내는 기절하고 말았다.

병신, 빈 그릇도 못여, 병신. 순녀는 죽고 싶었다. 집 앞 개울에는 장마진 뒤끝이라 흙탕물이 도도히 흘렀다. 순녀는 흙탕물 속으로 들어갔다. 한 발 떼어놓기 무섭게 물이 허리에 찼다. 치마가 붕긋 솟구치면서 물살에 휩쓸리고 말았다. 저년 저 독살스런 년, 윤 씨의 표독스런 목소리가 강변에서 들려왔다. 마을 사람들이 우- 달려나왔다. 불쌍한 생명이로고……

수위실 옆을 지나치려는데 철웅이 불렀다. 잠깐 들어오라고. 불빛이 환했다. 술냄새가 났다. 시멘트의 딱딱한 바닥이 등허리를 짓눌렀다. 여름치마란 얼마나 짧은가? 종잇장 같은 팬티가 찢어지고, 허리가 끊어질 것 같았다. 이런, 공순이 주제에 처녀잖아. 병신, 다리를 더 벌려. 살갗이 찢어졌다. 끈적끈적 피가 흘렀다. 유리알을 박은 외눈이 무섭게 번들거렸다. 쌍, 이래뵈도 국가유공자란 말이다. 솔방울만한 언 밥덩이 하나로 사흘을 견딘 역전의 용사란 말이다.

불쌍한 생명이로고…… 까작까작, 다시 까마귀 울음소리가 들려오기 시작했다. 임금은 무지개의 그늘 속으로 사라진 것일까? 까마귀떼들이 다시 새까맣게 몰려왔다.

업보니라. 평소에 쌓은 죄업의 하나하나가 모두 검은 흉조가 되어 그녀를 괴롭혔다. 남의 사내를 흘끔거리기도 했고, 돈 몇 푼 줍기도 했지. 봉재공으로 타래실을 빼돌리기도 했고, 잘못 거슬러 받은 돈을 슬쩍 가로채기도 했다. 돈을 몇 푼 더 벌려고 기계실로 옮겨갔을 때였다.

젊은 기사가 은근히 그녀를 유혹했다. 아직 서툰 그녀를 위해서 피댓줄을 거는 방법을 가르쳐 주기도 하고, 그럴 때는 그녀의 엉덩이에 바짝 몸을 밀착시켜서 남자의 딱딱한 물건을 느낄 수 있었다. 엉덩이를 꿰뚫을 듯한 그 강한 압력에 그만 정신이 아찔하여서 눈앞이 아찔했다.

그 젊은 기사가 그녀를 황급히 떼어놓지 않았던들 기계에 압착되어 오징어같이 되고 말았으리라. 엄지손가락 하나가 그때 달아나고 말았다. 그녀는 끝내 젊은 기사의 이름을 들먹이지는 않았다. 많은 사람들이 숱한 죄를 짓고도 태연한데 그녀만은 작은 실수에도 씻을 수 없는 업보가 돌아왔다. 불공 드려 낳은 자식이니라. 어렴풋한 기억에도 친모의 그 말이 기억날 때가 있었다. 그녀의 생모는 그녀 하나만을 남기고 세상을 뜨고 말았다.

불공 드려 낳은 자식이어서 온갖 재앙이 무더기로 다가오는 것일까? 온갖 잡귀들이 우- 몰려들어서는 네 복 좀 덜어가자, 네 복 좀 덜어가자, 그렇게들 아우성을 치는 것이다. 까마귀에 쫓기면서 치마가 자꾸만 발끝에 밟혔다. 그래서 빨리 달릴 수가 없었다. 치마가 발끝에 밟힐 때마다 치마끈이 풀리고 몸매무새가 허술해지곤 했다. 속옷도 변변히 걸치지 않았는데 자꾸만 마음이 불안했다. 약수터에 쪼그려 앉으면 벌어지는 틈으로 맨살이 내비치고 철희의 시선이 그리로만 쏠렸다. 충혈된 동공에는 실핏줄이 돋아나고 숨겨진 불길이 이글이글 타올랐다. 도련님, 도련님, 순녀는 도련님을 찾았다. 까마귀에 쫓기면서 혼미의 늪을 헤멜 때는 철희만 구원인 것을……

철희는 군대를 갔다오고는 완연한 어른이 되어 오빠처럼 믿음직했다. 팔뚝에는 울퉁불퉁한 근육이 매달리고 얼굴에는 여드름이 돋아나고, 맨살 다리에는 시커먼 털들이 숭숭 돋아나 있었다. 아니, 형수님 왜 이 모양이 되었습니까? 뼈만 앙상하게 남은 그녀의 어깨를 힘주어 흔들면서 말했다.

순녀는 몹시도 부끄러웠다. 이제는 젊지도 않고, 더구나 예쁘지도 못하고, 뼈만 앙상한 자신이 초라하고 부끄러웠다. 그래서 눈물만 찔끔거렸다. 눈두덩이 질척질척해지며 눈물이 자꾸만 쏟아졌던 것이다. 병원엘 가세요, 철희가 말했다. 퇴직금 받은 것과 엄지를 날려먹은 재해보상금으로 받은 돈을 합쳐서 이백만 원이 넘었다. 그 돈은 어디엘 쓰려고 그러는 거예요,

철희가 눈을 부라렸다. 병원에 입원해서 나을 수 있는 병이라면야…… 철웅은 입속말로 우물쭈물했다. 그는 그 돈으로 조그만 가게라도 차리고 싶어했다. 딸년들은 말했다. 의사가 그러던데, 가망이 없는 병이라고…… 순녀의 병은 영양실조에다 간염이며 신장과 위장마저 엉망이었다. 특히 음식을 먹을 수 없었다. 그래서 죽기만을 기다리자는 거냐? 철희가 벌컥 화를 내었다. 의사가 그러더란 말이지 뭐, 가망이 없다고……

딸년들은 남겨진 몇 푼의 돈을 아끼고 싶어했다. 장례식을 치르고 나서도 잠시 동안 먹고 살아야 할 돈이 필요했다. 순녀도 말했다. 병원 같은 곳엔 뭣 하러…… 운명은 재천이라던데…… 하지만 괘씸했다. 딸년들의 검은 속마음이 괘씸했다. 그들은 믿고 있는 것이다. 순녀가 그들을 위해서 평생토록 봉사했으므로 마지막 순간에도 그런 희생을 감수하리라 믿고 있는 것이다.

그래서 남겨진 돈으로 엄마의 시신 옆에서 음식을 들면서, 조금씩 웃으면서, 때맞추어 마지못해 곡(哭)을 하고 그리고는 잊어버릴 것이다. 거미의 새끼들처럼 엄마의 등에 업혀서, 엄마의 살점을 뜯어먹다가 어느 날 갑자기 그 엄마가 껍질뿐이라는 것을 깨닫는 순간 미련없이 훌훌 떠나버리듯, 딸년들도 어머니의 헌신과 희생을 깡그리 잊어버리고 말 것이다.

입원을 하세요, 입원을 하시라구요, 돈은 어디에 쓰자는 겁니까. 해보는 데까지 해보는 겁니다. 알겠어요? 형수님, 철희는 순녀를 달랑 들어 택시에 실었다. 무쇠같이 단단한 팔둑이 그녀를 간단히 들어올렸다. 순녀는 대학병원에 입원했다. 너무 늦었습니다. 의사가 말했다. 너무 늦었어요. 하지만 최선을 다해볼 수밖에요…… 언제나 너무 늦는 것이 인생인 것이다. 언제나……

까마귀에 쫓기며 마당으로 들어서니 괭이가 땅을 파고 있었다. 손잡이를 쥐고 있는 이는 아무도 보이지 않는데도 괭이는 춤추듯 겅중겅중 뛰었다. 다섯 자루, 여섯 자루, 괭이는 서로들 뒤엉키며 춤을 움찔움찔 추었다, 이상도 해라. 이런 일들은 꿈속에서나 가능한 것을…… 지금은 햇살이 쬐고 있는 한낮일 뿐인데도, 웬 괭이들이람. 어떤 괭이는 겅중겅중 뛰어오르고 어떤 괭이는 움찔움찔 어깨춤을 추었다.

뭣들 하는 거요? 순녀는 떨리는 목소리로 물었다. 하지만 괭이에게는 귀가 없었다. 입도 없었다. 그러니 대답인들 하겠는가? 뭣들 하는 거예요? 괭이가 겅중거릴 때마다 그만큼 땅이 패고 구덩이는 넓어졌다. 아무도 괭이의 춤을 멈추게 할 수는 없었다.

순녀는 쪽마루에 힘겹게 주저앉았다. 까마귀에 쫓기느라 혼줄이 난 뒤끝이라 몸이 오슬오슬 떨렸다. 등줄기로 흘러내리던 땀기가 말라붙어 바람이 뼛속까지 스며들었다. 도련님, 도련님, 한겨울 추위가 뼈를 깎을 때면 순녀는 철희를 안고 잤다.

철웅은 방을 손보는 일이 전혀 없었고 연탄불이 들지 않은 방바닥은 언제나 빙판 같았다. 그는 밤에 공장을 지키는 경비였으므로 순녀는 열네 살짜리 철이와 함께 떨어야 했다. 동생 같기도 하고, 아들 같기도 했다. 잠결에 가슴을 더듬기도 했다. 남편에겐 정이 없어도 철희만은 친동기처럼 사랑스러웠다. 추운 방에서도 전달되어오는 체온의 따스함. 젖가슴에 얼굴을 묻고 몸을 밀착해 오면 이상스레 땀기마저 묻어나던 것이다. 그런 땀기가 추위를 잊게 하고 깊이 잠들 수 있게 했다.

도련님, 도련님. 괭이는 여전히 땅을 파고, 순녀는 오들오들 떨었다. 운명의 깊이와 넓이만큼 구덩이는 길어지고 넓어졌다. 사람을 눕히려는 묘혈처럼 구덩이는 점점 반듯해지고 다듬어졌다. 마당의 한가운데를 그처럼 파헤치다니…… 그런데도 아무도 괭이의 춤을 멈추게 할 수는 없었다.

어느새 무지개의 한 자락이 대문을 비집고 들어왔다. 채색비단 같은 부드러운 무지개가 안개처럼 흘러들어왔다. 무지개가 그녀의 발목에 와 감겼다. 물살처럼 부드러운 혓바닥이 그녀의 무릎으로, 허벅지로 자꾸만 기어올랐다. 시냇물 속에 주저앉으면 살을 간질이는 모래무지처럼 속살이 근질거렸다. 모래가 패면서 살갗을 긁는 이상한 쾌감이 서서히 다시 살아났다.

사춘기에 접어든 철희의 시선이 그녀를 간질렀다. 딸년들의 입술에 젖을 물리고 곤하게 쓰러진 그녀의 허벅지로 조심스런 손길이 멈칫거렸다. 불솔로 솔질하듯 화끈화끈 열기가 일기도 했다. 순녀는 결코 눈을 뜰 수 없었다.

그 죄업의 깊이만큼 웅덩이가 패는 것일까? 하지만 그런 작은 죄악의 즐거움마저 빼놓으면 인생의 낙이란 어디에 있는 것일까? 늘 굶주린 배와, 추위와 쪼들리는 생활, 직장에 쫓기는 피곤함, 어디에도 기쁨은 없었다. 남편은 술취한 난폭함으로 성치 못한 그녀의 허리뼈를 자꾸만 분질렀으며, 그리하여 생기는 지독한 입덧, 분만의 고통, 죽을 것 같은 통증, 세상에 태어나지 말았으면 싶던 아픔…… 어디에 인생의 기쁨이 있는가?

결국 인생의 낙은 죄와 통하는 것인지. 순녀는 철희와의 은밀한 장난질을 오랫동안 지속했다. 순녀의 아랫도리를 휘감고 물살짓는 무지개가 황홀한 감각에 전율하면서 순녀는 남한산성 쪽을 보았다. 무지개가 양탄자처럼 깔린 길따라 작은 가마 하나가 달랑달랑 내려왔다.

순녀는 가슴이 덜컹 내려앉았다. 넋을 담아가는 꽃가마가 덜렁덜렁 내려오고 있었다. 임금이 보낸 꽃가마였다. 이마에 핏자국이 선명한 임금은 어쩌자고 벌써 가마를 보내는 것일까? 안개 속에 가려진 듯 꽃가마는 시야에서 사라졌다가는 다시 나타나고, 나타났다가는 다시 사라졌다.

구름에 달 가듯이 가마는 산굽이를 돌고 또 돌았다. 이봐요, 순녀는 말했다. 괭이가 파놓은 구덩이에서 시커먼 사내가 썩은 관을 끄집어내고 있었다. 연탄광에서 넘어진 사내처럼 그는 새까맸다. 탄광의 막장에서 막 빠져나온 사람 같았다. 굴뚝 소제부인지도 모르지. 그의 몸에는 탄가루와 그을음이 묻어 있었다. 이봐요, 뭘 하는 거예요? 사내는 들은 척도 않고 자기 할 일만 했다.

사내는 깊숙한 구덩이에서 끙끙대며 관을 끄집어내었다. 관은 제법 컸고 낡아서 썩은 냄새를 풍겼다. 관에는 밧줄이 꽁꽁 얽혀 있었는데 많은 매듭이 있었다. 사내는 매듭을 풀기 시작했다. 하나하나 정성껏 풀었다. 이봐요, 뭘 하는 거예요?

까마귀들이 다시 날아왔다. 까작까작 까작까작 까마귀들은 이상한 억양으로 짖어대었다. 순녀는 다시 몸이 떨렸다. 업보의 까마귀들은 늘 그녀를 위협했다. 또 무슨 엄청난 짓을 저지르려는 것일까? 펭귄처럼 생긴 까마귀가 날개를 접은 채 어기적어기적 걸어왔다. 그리고 매듭을 풀고 있는 사내의 등 뒤에 붙어서서 관을 내려다보았다.

그 많은 매듭을 풀면서 사내는 이마에 맺힌 땀을 손등으로 문질렀다. 이마에는 그을음이 묻어 흉측한 무늬가 되었다. 펭귄같은 까마귀가 뒷발로 직립하고 물끄러미 관을 내려다보았다. 마침내 매듭이 모두 풀리자 사내가 관의 뚜껑을 흔들었다. 관의 뚜껑은 좀처럼 열리지 않았다.

펭귄같이 생긴 까마귀가 관의 다른 쪽에서 사내를 도왔다. 뚜껑이 조금씩 움찔거리기 시작했다. 검은 사내가 순녀를 돌아다보며 싱긋 웃었다. 치석이 늘어붙은 누런 이빨이 드러나 보였다. 순녀는 사내를 외면했다. 사내의 친밀한 듯한 웃음은 무엇 때문인가? 순녀는 몸을 떨었다. 관 속에서 어떤 불길한 물건이 불쑥 튀어나올 것만 같았다. 그럴 것만 같았다.

관뚜껑이 열리지는 소리를 내며 위로 젖혀졌다. 아니나 다를까, 시꺼먼 그림자가, 아니, 짐승이 분명했다. 지옥의 문턱을 지키고 있던 괴물이 불쑥 튀어나오더니 그녀의 가슴팍으로 달려들었다.

너무나 세차게 달려들었으므로 순녀는 뒤로 벌렁 넘어지고 말았다. 정신이 아찔했다. 눈앞이 캄캄하고 아무것도 보이지 않았다.

사내의 웃음소리가 멀리서 들려왔다. 허허, 허허허, 그것은 까마귀의 울음소리와 뒤섞여서 자꾸만 그녀를 절망케 했다. 그녀의 정신을 혼미하게 했다. 그녀의 가슴에 뛰어든 짐승이 그녀의 가슴을 핥았다. 젖꼭지에 이빨자국을 내었다. 도련님, 도련님. 한참 만에야 정신이 좀 돌아왔다. 어쩜 그것은 누렁이었다. 분명 불타고 짚불에 그을려진 누렁이었다. 순녀가 양지쪽 마루에 앉아있으면 그녀의 발목을 핥으며 꼬리를 흔들던 누렁이였다. 목덜미의 털을 쓰다듬으면 누렁이는 그녀의 발밑에 비스듬히 누워서 발바닥을 핥기도 했다. 누렁이는 왜 그런 관 속에서 튀어나온 것일까?

남편 철옹은 누렁이의 목에 밧줄을 옭았다. 그렇게 옭아서는 나무에다 매달고는 몽둥이로 매질을 했다. 친구들과 개천에 둘러앉아 짚불을 피우고는 누렁이를 익혔다. 털이 홀랑 그슬리고 살갗이 지글지글 익었다. 그때야 실신상태에서 깨어난 누렁이는 후다닥 달아났다. 개천을 뛰어넘고 골목길을 휘돌아서 곧장 달렸다.

병들고부터 마루 끝에 앉아 해바라기를 하던 순녀는 그날도 그렇게 앉아 아침부터 보이지 않는 누렁이를 기다렸다. 철희는 군대엘 가고, 남편이나 떨년들은 그녀의 옆에 얼씬도 안 했다. 아, 썩는 냄새, 코를 싸쥐고는 도망질을 쳤다. 외로운 순녀에게는 누렁이만이 동무였고 위안이었다. 그래서 누렁이를 기다렸다.

그때 불탄 짐승이 누린내를 풍기며 그녀의 가슴팍으로 달려들었다. 순녀는 너무나 놀라서 깜빡 정신이 나가고 말았다.

불쌍한 것, 불쌍한 것, 순녀는 누렁이의 목덜미를 쓰다듬었다. 그 썩은 관 속에서 네가 나오다니.

철웅이 눈에 불을 켜고 달려왔다. 누렁이 못 봤어? 누렁이는 무슨 누렁이요? 이상한데? 뭐가요? 아침부터 보이지 않데요. 무슨 짓을 저지른 거예요? 순녀가 눈에 불을 켰다. 그게 아니라는데…… 철웅은 비실비실 물러갔다.

순녀는 누렁이를 마당 한 곁에 묻었다. 그녀의 가슴에 안겨서 숨을 거둔 가여운 영혼을 위로하며 마당 한쪽에 고이고이 묻어주었다. 반이나 불타서 내장에서 김이 날 정도였는데도 그녀의 무릎까지 달려와 숨을 거둔 것이다.

철웅은 비실비실 도망갔다. 그러고는 며칠이나 들어오지 않았다. 그 누렁이가 관 속에서 나와서는 그녀의 무릎에 볼을 비비며 그녀를 올려다보았다. 까작까작, 까마귀들이 아직도 그녀의 머리 위를 돌았다.

네가 웬일이니? 순녀는 누렁이의 털을 쓰다듬었다. 누렁이의 슬픈 시선이 그녀의 동공에 머물렀다. 너도 내가 가야 할 시간을 눈치챈 모양이구나. 순녀는 그렇게 생각했다. 예민한 짐승의 후각으로 누렁이는 그녀의 죽음을 이미 예감하고 있는 듯했다. 세상의 동물 중에서 물냄새를 맡지 못하는 것은 인간뿐이라지. 아무도 순녀의 죽음을 눈치채지 못하고 뿔뿔이 흩어져 갔는데 누렁이만은 제시간에 용케 찾아와준 것이다.

산모롱이에는 여전히 가마가 내려오고 있었다. 그녀의 넋을 실어갈 작은 꽃가마였다. 삼베 입은 노인이 보낸 가마였다. 까작까작, 까마귀가 돌았다. 맴맴 돌았다.

시커먼 사내가 멈칫거리더니 그녀의 앞으로 다가왔다. 심한 악취가 풍겼다. 사내가 말했다. 썩은 육체는 두고 가셔야죠. 썩은 육체라니? 순녀는 질린 얼굴로 사내를 응시했다. 썩은 것은 사내 자신일 뿐인데도 사내는 긴 손톱을 내밀었다. 까마귀의 발톱 같은 긴 손톱이 쑥쑥 자랐다. 사내는 교활한 시선으로 그녀를 곁눈질했다. 나는 아직 썩지 않았어요, 썩지 않았다구요, 비켜 줘요, 비켜 줘요, 더러운 손 비켜 줘요.

그러나 사내는 날쌔게 그녀의 육체를 움켰다. 한 손으로는 그녀의 머리채를 휘어잡고 다른 손으로는 그녀의 가랑이 사이에 손을 집어넣었다. 살려 줘요, 살려 줘요. 사내는 목 없는 돼지를 통째로 둘러매듯 그렇게 그녀를 둘러매었다. 무뚝뚝하고 무감각했다.

그녀가 발버둥을 칠수록 사내의 긴 손톱이 그녀의 허벅지를 파고들었다. 휘어잡힌 머리칼이 몽땅 뽑혀나갈 것만 같았다. 철웅은 언젠가 그녀의 머리채를 휘어잡았다. 술에 취해서 벌겋게 상기한 외눈에는 불똥이 뚝뚝 떨어졌다. 이년, 이 개쌍년, 상피붙은 년, 머리털이 홀랑 뽑혀나갈 것만 같았다. 철희는 멀뚱멀뚱 서 있었다. 순녀도 얼이 빠져 있었다.

이년, 이 개쌍년, 철웅이 순녀를 타고 앉았다. 잠옷자락이 걷혀지면서 그녀의 알몸이 그냥 드러났다. 목물을 한 다음, 팬티를 찾다가 보이지 않길래 그냥 잠들었던 것이다. 요살스런 마음 때문이었는지 뒤엉킨 자식들을 피해서 철희의 옆에 누웠던 것이다. 밤근무에서 다른 때보다 일찍 돌아온 철웅에게 그녀의 끔찍한 모습이 눈에 띄었다. 말려올라간 치맛자락 밑으로 아무것도 걸치지 않은 하체가 그냥 보였던 것이다.

이년, 죽일 년, 상피붙은 년, 머리칼이 홀랑 빠지는 것 같았다. 사내는 순녀를 잡아다가 좁은 관 속으로 구겨 넣었다. 비켜 줘요. 비켜 줘요. 썩은 냄새가 얼굴에 끼얹어졌다. 도련님, 도련님.

무릎이 꺾여서 치마가 그냥 흘러내렸다. 썩은 사내의 손톱이 살 속을 점점 깊이 파고들었다.

어짜피 썩을 살점인 것을, 사내가 말했다. 썩은 살점 때문에 아까운 영혼마저 썩어가는 것을…… 육체의 조직 하나하나가 곧 정신인 것을, 생명이란 육체의 세포조직을 말하는 것이 아닌가, 사내가 픽 웃었다. 육체는 정신의 허물일 뿐이야. 옷을 벗어던지듯 벗어던지면 정신은 투명해지는 법이거든.

하지만 어쨌든 이것은 내거란 말예요, 손대지 말아요, 내 육체며, 내 옷이예요, 내거란 말예요. 순녀는 악을 썼다. 관 속에 구겨지면서도 악을 썼다. 까작까작, 까작까작, 까마귀들이 우- 달려들었다. 까마귀들은 꼼짝도 하지 못하는 그녀의 옷들을 갈기갈기 찢어갔다. 맨살이 모두 드러나자 이번에는 살점을 물어뜯기 시작했다. 살점들이 아무렇게 쭉쭉 찢어졌다. 말할 수 없는 고통이 온몸을 꿰뚫고 지나갔다. 쫓아 줘요, 쫓아 줘요. 순녀는 있는 힘껏 악을 썼다.

언제 나타났는지 철희가 저만큼 보였다. 도련님, 도련님. 쫓아줘요. 순녀는 마지막 구원을 애걸했다. 후여 후이, 후여 후이. 철희가 허수아비처럼 팔을 흔들었다. 후여 후이. 까마귀들이 살점을 입에 문 채로 메뚜기처럼 날아갔다. 짧은 날개를 파득이며 후두둑 날아갔다. 그러나 그녀에게는 이미 살점이라고는 조금도 남아 있지 않았다.

돈이 떨어지자 병원에선 그들의 퇴원을 종용했다. 이젠 하느님밖에 매달려볼 곳이 없었다. 병원에서 퇴원했을 때 그녀에게는 뼈만 앙상했다. 순녀는 철희를 보는 것이 민망했다. 조금 더 젊고, 조금 더 예쁘고, 조금 더 건강하고 싶었는데, 그녀는 해골처럼 뼈만 남아 있었다. 형수님, 기도원에나 가봅시다. 철희가 말했다.

 기도원엔 많은 사람들로 붐볐다. 그들은 하늘을 향하여 목청껏 부르짖었다. 주여, 아버지시여. 하느님은 너무 높은 하늘에 있어서 작은 목소리엔 귀를 기울이지 않았다.

 순녀도 금식기도를 시작했다. 예수를 닮은 목사가 눈물을 흘리면서 병자들을 위한 기도를 올렸다. 주여, 이 불쌍한 죄인들을 살피소서, 영혼들을 구원하여 주옵소서, 이 모두 하느님의 자녀들입니다.

 죄 없는 많은 사람들은 고대광실 고래등 같은 집에서 잘 먹고, 잘 입고, 잘 자며, 잘 살건만⋯⋯ 권력을 얻고, 명예를 얻고, 재산을 얻고, 계집질하고, 사내질하고, 잘도 살건만⋯⋯ 죄많은 죄인들은 뼈만 앙상한 채 굶으면서 금식기도를 올려야 했다.

 다행히도 여기저기서 기적의 소문이 들렸다. 소경이 눈뜨고 앉은뱅이가 걷고 벙어리가 말을 했다. 언젠가는 죽은 자 가운데 살아난 이도 있다고 했다. 순녀도 열심히 기도했다.

 일주일을 채우는 금식기도의 마지막 날이었다. 비몽사몽간에 하느님이 나타나셨다. 명구가 책상 앞에 오려붙인 사진처럼 하느님은 금발이며 푸른 눈을 가진 미국사람이었다. 그는 한국말로 말했다. 이것을 받아라. 그 음성은 하늘 멀리서 들려오는 마른 우레소리 같았다. 매일 귀밑에 두고 듣던 라디오극의 울림소리 같기도 했다.

 이것을 받아라. 그것은 열 개나 되는 하얀 새알이었다. 너무나 하얗아서 파르스름하기조차 했다. 새알 속에는 투명한 녹색 알맹이가 들어 있었다. 순녀는 그것을 마셨다. 염불을 외듯 경건한 심정으로 한 알 한 알 정성껏 마셨다. 그리고 새벽이 되었을 때 순녀의 뱃속이 심하게 뒤틀리는 것을 느꼈다.

그녀는 밖으로 뛰어나갔다. 왈칵 토사물이 쏟아지기 시작했다. 뱃속의 창자가 입으로 말려나오는 것 같았다. 그것은 놀랍게도 꿈속에서 본 녹색의 내용물과도 같았다. 녹색의 토사물이 끝없이 쏟아졌다. 악취가 무섭게 풍겼다.

하느님의 은사가 내린 겁니다. 철희가 그녀의 등을 토닥여주며 말했다. 일주일 동안이나 단식하셨는데 이렇게 많이 토하시니 말입니다. 뱃속에 쩔어붙은 모든 오물이 일시에 쏟기는 겁니다. 하느님이 주신 새알이 바로 병 낫는 은사가 아니고 뭐겠습니까?

기도원의 모든 사람들이 일시에 몰려왔다. 그리고 병의 은사를 입은 그녀를 축복해 주었다. 하느님의 은총이 그처럼 역사(役事)하신 탓에 순녀의 몸은 날아갈 듯 가벼웠다. 철희가 지어주는 흰죽도 한 사발이나 먹었다. 순녀는 철희의 부축을 받으며 숲속을 거닐었다.

기도원의 뒤에는 얕은 야산이 있어서, 그리로 올라가면 멀리 작은 마을들을 볼 수 있었다. 실개천이 흐르고, 푸른 들판이 펼쳐지며, 여러 갈래의 오솔길과 작은 호수…… 고향의 모습이 그곳에 있었다.

양지바른 바위에 철희와 나란히 앉아 말라가는 풀냄새를 맡곤 했다. 그렇게 오래 앉아 있으면, 유년시절의 기억들이 하나 둘 떠올랐다. 풀꽃을 따 물던 일, 질경이 잎맥으로 풀쌈을 하던 일, 냉이며 달래를 캐던 일, 각시풀로 만들던 인형이며, 조개껍질 그릇들로 소꿉 놀던 일들이 모두 떠오르곤 했다. 그럴 때의 하늘은 너무나 맑아서 깨알같이 작은 별들도 모두 볼 수 있었다. 별들이 무더기로 쏟아지는 어둠 속에서 그들은 말없이 하늘을 올려다보곤 했다.

자꾸만 밀려왔다. 까작까작, 까마귀들은 제각기 조각난

살점들을 입에 물고 마당에서 빙빙 돌았다. 이제 더 이상 뜯어갈 아무것도 없다는 듯 작별을 아쉬워하며 허공을 맴돌았다. 까작까작. 양탄자처럼 깔린 무지개 자락을 밟으며, 우쭐우쭐 내려오던 가마가 대문을 밀고 들어왔다. 어쩜 그처럼 빨리도 다가온 것일까? 평소 지면이 있던 많은 사람들도 대문으로 얼굴을 디밀었다.

이상스레 소란스러웠다. 잔치집의 마당처럼 사람들은 제각기 모여 서서 웅성웅성 얘기를 주고받았다. 임금님이 보낸 가마라는군. 누군가가 말했다. 남한산성으로 모시겠다는군. 순녀는 자리에서 일어났다. 필녀가 지어준 흰 광목옷이 썩 어울린다는 생각을 했다. 처음 화를 냈긴 했지만, 막상 다시 보니 치마의 기장이 그리 긴 것도 아니었다. 그저 입을 만했다. 입을 만했다.

가마는 마침내 뜰 안에 멎고 반투명의 발로 된 휘장이 올려졌다. 어느새 누렁이란 놈이 먼저 냉큼 올라탔다. 먼 길을 떠나는 그녀와 동참해 주는 것은 누렁이뿐이었다. 순녀는 가마에 오르기 전에 허수아비처럼 서 있는 철희를 보고 말했다.

"도련님, 고생이 많았지요."

공연히 눈에서 눈물이 주루룩 흘러내렸다.

"이젠 가봐야겠어요."

"어디로 가신단 말입니까?"

철희가 파랗게 질린 얼굴로 물었다.

"가마가 와 있는 걸요."

순녀는 그렇게 말했다.

"이 가말 놓치면 안 되는 걸요."

"무슨 가마란 말입니까, 형수님?"

철희는 울부짖었다. 순녀는 가슴이 답답했다. 더 이상 우물대다가는 끝내 가마를 놓칠 것이다. 순녀는 치마를 모두어잡고 가마에 올랐다. 둘러선 사람들의 중얼거림이 다시 들려왔다. 임금님은 이런 혼백들을 긁어모아서는 어쩌자는 것일까? 다른 사람이 말했다. 한이 많은 사람들의 정기(精氣)로 산세를 강하게 하려는 게지⋯⋯ 그래서는 어쩌겠다는 것인가? 그걸 누가 안담⋯⋯ 아무튼 임금은 죽어서도 멋대로라니까⋯⋯

두런두런, 얘깃소리의 사이를 비집고 가마가 길을 뚫었다. 순녀는 차마 뒤를 돌아볼 수가 없었다. 죄송해요, 도련님. 그녀는 몇 번이나 같은 말을 되뇌었다. 사람들이 점점 더 몰려들었다. 까마귀들은 아예 하늘 높이에서 가까이 올 엄두를 못 내는 듯했다.

한많은 혼백들이 한자리에 모여들 앉아 무엇을 하는 것일까? 아무래도 궁금하다는 듯 앞서의 사람이 또 말했다. 뭘 하긴, 때맞추어 통곡이나 하겠지, 산 목숨들도 별 볼 일 없는 판인데⋯⋯ 죽어보지 못했으니 그놈의 조화(造化) 속이야 알 수 있어야지⋯⋯ 누군들 알게 뭐람⋯⋯

가마는 사람들의 숲을 완전히 벗어나고 있었다. 잔치집 같은 떠들썩한 소란을 등 뒤에 두고 그녀의 혼백을 실은 가마는 무지개가 깔린 채색길을 꾸준히 기어올랐다. 사람들의 잔치란 항상 빈 뼛조각이나 버려진 살점들만으로 이루어지는 것을⋯⋯ 맑은 혼령은 무지개의 다른 끝을 향하여 우쭐우쭐 나아갔다.

워―허, 워―허
북망산 가는 길이
멀고도 험하구나
워―허, 워―허.

종초리처럼, 허공 멀리서 아득한 노래가락이 들려오고 있었다.

생떼같은 귀한 목숨
불연옥이 웬말인고
웨―허, 워―허.

산을 높이 오를수록 노랫가락은 보다 뚜렷해지고 있었다.

의식(意識)의 저쪽

 어디서 이처럼 많은 제비떼들이 몰려왔을까? 제비들은 수면을 뱃바닥으로 때리면서 잽싸게 날았다. 병준은 수면을 까맣게 뒤덮은 제비떼들을 음울한 눈으로 바라보았다. 그가 앉은 식당배의 식탁 주위에도 제비들이 몰려들고 있었다. 그는 전에 이처럼 많은 제비들이 한꺼번에 몰려 있는 것을 본 적이 없었다.
 "무척 많지요?"
 탁자를 사이하고 마주 앉은 여자가 병준의 관심을 눈치채고 조그만 목소리로 말했다.
 "벌레를 잡느라고 그런 거예요."
 "벌레를?"
 "그럼요. 장마 때문에 벌레들이 모두 숨어 버렸거든요. 그래서 굶주린 제비들이 한꺼번에 몰려온 거죠."
 그래도 병준은 얼른 감이 잡히지 않았다. 하늘에는 두터운 구름이 나직이 흐르고, 간간이 갈라진 틈서리로 저녁 노을빛이 얼비치었다. 여자가 얘기를 계속했다.
 "이곳은 강의 물줄기가 휘어져 지나가기 때문에…… 강물이 불어 있는 호수처럼, 물이 제자리에서 맴돌 뿐 흘러가지 않아요. 벌레들이 애벌레를 키우기에 적당한 셈이죠. 그래서 벌레들이 많다나 봐요."
 여자는 제비가 떼를 지어 몰려드는 이유를 그런 식으로 설명했다. 그래서인지 강물에는 여러 가지 오물들이 그냥 둥둥 떠 있었다.

"술을 더 가져올까요?"

여자가 병준의 빈 술잔을 보며 물었다. 병준이 머리를 끄덕였다. 여자는 식당배와 연결해 놓은 부교(浮橋)를 건너 곧장 주방 속으로 사라졌다.

어둠이 일정한 간격으로 점점 다가오고 있었다. 이럴 때의 시간은 바다에서의 공간과도 비슷했다. 장마 때의 바다처럼…… 흙탕물이 일정한 간격으로 다른 색깔로 번져가는 것처럼…… 이럴 때의 어둠은 일정한 거리를 유지하며 성큼성큼 다가서고 있는 것이다.

여자가 쟁반에 담긴 술병을 식탁에 올려놓았다. 그리고 술병의 뚜껑을 따고는 병준의 빈 술잔에 술을 가득 따랐다. 맥주의 거품이 부글부글 끓었다. 어린 시절, 바위틈에서 잡은 달랑게를 쥐고 있으면, 작은 달랑게는 부글부글 거품을 뿜어 올렸다. 죽쒀라, 밥해라, 밥해라 죽쒀라, 아이들은 그렇게 중얼대며 달랑게가 뿜어 올리는 거품을 신기해 했다. 맥주 글라스에 달랑게의 거품같은 거품이 부글부글 끓었다.

"이곳을 아촌이라고 하잖아요. 손님들은 아름다운 마을이란 뜻으로 잘못 알고 있는데요. 사실은요 벌레가 많은 마을이란 뜻이에요. 벌레 아(蛾)자의 아촌(蛾村)이거든요."

여자는 아까의 말을 매듭짓듯 그렇게 말했다.

나직하게 흐르던 두터운 구름이 점점 더 검어지더니 다시 빗살이 떨어지기 시작했다. 빗살은 점점 굵어지고, 강물에는 물방울이 튀어올랐다. 제비떼들은 바람에 쏠리는 종잇장처럼 강변으로 쏠리더니 빗살을 피해 어디론가 사라져 버렸다. 제비들이 사라진 수면 위로 내리는 빗줄기가 제법 굵어졌다. 음산한 바람이 휘돌면서 물결을 일으키고 그래서, 배는 제법 흔들렸다. 수억만

개의 동그라미가 수면 가득 번져 나가면서 물무늬를 만들었다.

"별로 말이 없으시군요."

여자는 병준의 빈 술잔에 술을 채우면서 말했다. 매니큐어가 짙게 칠해진 여자의 긴 손톱이 술병을 쥐고 있었다. 그 손톱은 쥐의 송곳니처럼 단단해 보였다. 술병의 유리 표면에 상처를 낼 수도 있으리라…… 그런 날카로움으로 세상을 살아가는 것이다. 모두들…… 병준은 술잔의 술을 다시 입속으로 쏟아부었다. 몇 시간째일까? 그는 묵묵히 같은 모양으로 술잔을 비우고 있는 것이다.

"술손님을 많이 겪어 봤지만요, 손님같은 분은 처음인 것 같아요. 몇 시간이나 말 한마디 없으시니 말예요. 자살하실 껀가요?"

여자가 농담처럼 웃어 보였다.

"살인을 했지."

병준이 음울하게 미소를 지었다. 여자가 화들짝 놀라는 표정을 지었다. 하늘이 캄캄 어두워졌다. 순식간에 어둠은 주위의 풍경을 문질러 버리고 두터운 절벽이 되어 그들 앞을 막아섰다. 갑자기 여자가 까르르 웃었다.

"농담이시겠죠?"

여자는 빠른 말씨로 계속했다.

"저희 집에 자주 오시는 교수님 한 분이 계시는데요, 그분이 그러데요. 산다는 것은 그 무엇인가를 죽이는 행위라구요. 아주 거창한 말투여서 기가 질릴 정도였는데요. 그 무엇인가가 구체적으로 무엇을 가리키느냐고 여러 번 물었더니 말예요. 참 싱거운 대답이었어요. 사람은 낙지라든지, 오징어라든지, 또는 소나 돼지고기 같은 것을 먹고 살기 때문이라는 거예요……"

그러면서 여자는 다시 까르르 웃었다. 병준에게서도 그런 어떤 기발한 대답을 기대하는 눈치였다. 그러나, 병준은 웃지 않았다. 그는 웃는 대신 어둠의 절벽에 둘러싸인 수면을 바라보았다. 수면의 어둠 저쪽에 웅크리고 있는 어머니의 모습이 떠올랐다. 영진댁은 어둠 속에 웅크리고 앉아 숫돌에다가 칼을 문질렀다. 사각 사각 사각……

식칼 갈리는 소리…… 그 소리는 새벽마다 그들의 침실로 파고들었다. 식칼 갈리는 소리는 얼음장같이 차고 날카로와서 절정을 넘기려는 방사(房事)의 순간에도 그들의 열기를 싸느랗게 식혀 놓곤 했다. 저 노친네가 우릴 죽이려는 거예요, 영애의 알몸이 부르르 떨었다. 심통을 부려도 때가 있어야지요, 영애의 얼굴이 분노로 일그러졌다.

그들의 교접은 대개 새벽에 이루어졌다. 직장생활의 피곤 때문이기도 했지만 잠 없는 영진댁이 잠들기를 기다리다 보면 젊은 그들이 먼저 곯아떨어지기 때문이었다. 그런데, 새벽에 이루어지는 방사도 이처럼 방해를 받기 일쑤였다. 밀폐된 아파트의 새벽 고요 속에서는 옷깃 스치는 소리마저도 귀에 잡히는 판인데, 영애는 별나게 몸이 뜨거운 여자여서 신음소리를 참지 못했다. 그렇게 뜨거운 열기에 허우적거리다 보면 결국 영진댁의 심통 사나운 식칼 가는 소리를 듣게 되는 것이다.

스물 다섯에 혼자가 되어 아들 하나만을 하늘처럼 받들며 살아온 영진댁이었다. 어차피 며느리와는 사이가 좋기 어려운 입장이었지만, 영애의 별난 성미와는 더구나 맞지 않았으므로 영진댁의 식칼 가는 소리에는 살기마저 떠돌았다. 생선장수 출신이라 역시 다르다구요, 영애가 이빨을 갈았다. 영진댁은 병준이 어렸을 때부터 생선장사를 했다. 그래서 새벽이면 제일 먼저 숫돌에다 칼부터 갈았다. 그렇게 날이 잘 선 칼이라야 종일 생선의 배를 가르고 몸통을 토막 내고 지느러미를 떼어낼 수 있는 것이다.

그날도 그랬었다. 새벽을 난도질하는 식칼 갈리는 소리가 점점 또렷해지고 날카로와지자 영애는 침실에서 발딱 일어났다. 잠옷을 아무렇게나 걸친 영애는 발소리를 쾅쾅 울리며 거실로 달려갔다. 그녀는 피아노의 뚜껑을 거칠게 열었다. 그러고는 피아노의 건반을 아무렇게나 꽈강, 울렸다. 높은 불협화음이 거실을 진동시켰다.

"지아비란 하늘과 같은 것이거늘……"

식칼을 갈며 영진댁이 읊조렸다.

"……시어머니 알기를……"

영진댁이 말을 끝맺기도 전에 영애가 얼른 주워 섬겼다.

"손톱 밑의 때만큼도 안 여기지요."

꽝, 꽈강.

"조, 조런……"

"불여우 같은 년"

꽝, 꽈광 꽝,

"그만둬, 그만두지 못하겠어?"

병준이 달려나가며 소리를 버럭 질렀다.

영진댁의 영애에 대한 불만은 이미 그녀가 시집올 때부터 시작되었다. 영애는 시집올 때, 아파트를 혼수감으로 갖고 왔다. 그녀는 말했다. 이걸 제 명의로 했다고 해서 너무 섭섭해하지 말아요, 이건 친정에서 절 위해 사준 것이니까요, 병준은 그것이 누구의 명의로 되었던 별로 개의치 않았다. 그러나, 그것은 병준의 실수였다. 영애는 부자집 외동딸 답지 않게 돈에 대한 집착이 강했다. 그녀는 피아노 레슨을 해서 돈을 저축하기도 하고 부동산에 투기해서 재산을 늘리기도 했다. 그리고, 재산에 대한 소유의 개념도 분명해서 이건 내 것, 그건 당신 것, 저건 시어머니 것… 하는 식이었다. 그러다 보니 결국 병준은 영애의 집에서 영애의 재산을 관리하며 그녀의 은덕으로 살아가는 꼴이 되고 만 것이다.

영진댁이 병준을 닦달하며 한탄하는 것이 바로 이런 문제였다. 영애는 영애대로 자기주장을 굽히지 않았다. 그녀는 학원강사인 병준의 월급봉투를 늘어놓고는 계산을 해보이는 것을 잊지 않았다. 보시란 말예요, 당신 월급이 얼마죠, 고작 30만 원 안팎이죠? 그런데 이 아파트 관리비가 얼만 줄이나 아세요? 보세요, 여기 영수증이 있어요, 난방비, 부금. 전기세, 전화세, 열탕비, 수도세, 방범비, 수선금…… 모두해서 15만 6천원이죠. 도시가스비가 2만 원이고요, 당신이 용돈으로 가져간 것이 7만 원이죠, 어머니 용돈도 3만 원 드렸구요, 그것만 해도 27만 6천 원이죠. 거기에다 부조금 5만 원이 나갔군요. 그러니, 쌀값이며, 반찬값이며, 그밖에 잡비가 누구의 손에서 나간 건지는 금방 알 수 있는 일 아녜요, 영애는 그렇게 따져 물었다.

그래서? 누가 뭐래나? 뭐라고요? 시어머니가 맨날 독을 쓰는 걸 몰라서 그러나요? 밥 있고, 옷 있고 달라는 용돈 드리면 됐지, 뭐가 그렇게 불만이신지 모르겠다고요, 나만한 며느리도 그렇게 흔한 줄 아세요? 영애는 기세가 등등했다.

네가 실업자냐? 돈 한 푼 못 버는 실업자냐고? 네 재산은 어디 있냐? 집이 있어? 땅이 있어? 십 년 넘도록 직장생활 하면 작은 집 한 칸 못 쓰고 사는 사람 누가 있냐? 이 병신아, 정신 똑똑히 차려라, 자식새끼도 못낳는 여자야. 저 독한 성미를 몰라서 하는 소리냐? 수가 틀리면 자기 재산 챙겨서 나가겠다는 수작이라고, 그걸 몰라서 그래?

영진댁의 주장은 '자식새끼'도 없는 년이기 때문에 믿을 수 없다는 것이었으며, 그 점에 대해서 영애는 신경질적인 반응을 보이곤 했다. 자식새끼, 자식새끼 하지 말아요, 누가 낳기 싫어서 안 낳는가요, 자궁 수술 두 번째 받고서 애가 생기지 않는 걸 어떻게 해요, 자궁외 임신이 꼭 여자탓만인가요? 남자탓도 있는지 어떻게 아느냐고요?

이런 불산과 불만이 날이 갈수록 쌓이고 커져서 지금은 어째 볼 수 없는 정도에까지 이르고 있었다. 새벽마다 벌이는 실갱이도 결국 이런 갈등의 연속일 뿐이었다.

"제발 그만들 두라고."

그러나 그만둘 영애는 아니었다.

"왜요? 왜, 나만 그만두어야 하죠?"

영애는 광폭하게 피아노를 두들겼다. 피아노의 고음(高音)이 소리를 내며 파열했다.

자식새끼도 못 낳는 년…… 꽝, 꽈광, 독살스런 계집년…… 꽈앙, 꽝…… 재산 팔아 도망갈 년 꽈강, 꽝, 남편 잡아먹고 꽝, 시어머니 잡아먹고 꽈광, 꽝꽝, 혼자 잘 처먹고 잘산 년이지요. 꽝꽈강, 꽝.—

"아니? 이년이?"

영진댁이 식칼을 들고 벌떡 일어섰다. 눈에 핏발이 섰다.

— 흥, 생선 모가지 댕강 잘라내던 솜씨로…… 꽈광, 꽝, 제 모가지도 댕강 잘라 보시지요. 꽈앙, 꽝, 꽝. 그 솜씨 어련하실라구요. 꽝, 꽈앙, 꽝. 꽝꽝꽝……

병준은 그때 참혹한 광경을 목도했다. 분노에 새파랗게 질린 영진댁이 칼을 든 채, 정말 영애를 찌르기라도 할 듯이 몇 걸음

걷는가 싶더니, 갑자기 거실바닥에 털썩 주저앉는 것이었다. 꽝 꽈앙, 꽈강 꽝.

그때까지도 사정없이 두들기는 영애의 피아노 소리가 태풍 때의 파도 소리처럼 온 천지를 뒤흔들었다. 애야, 가냘픈 신음소리가 새어나온 듯싶기도 했다. 영진댁의 두 손이 허공에서 허우적거렸다. 병준은 영진댁의 팔을 잡았다. 영진댁의 몸에 심한 경련이 지나가고 있었다. 아직 상황을 알지 못한 영애가 두들기는 피아노의 불협화음이 병준의 두뇌를 사뭇 난타했다. 쇠망치로 두들겨대는 쇳소리, 쇳소리…… 평소 고혈압이고 심장병이었던 영진댁은 그렇게 살해당한 것이다. 어느 평범한 조용한 새벽에……

"불을 켤까요?"

여자가 물었다. 병준은 어둠의 절벽으로 둘러싸인 수면에서 머리를 돌렸다. 여자가 근심스런 표정으로 그를 지켜보았다. 병준이 머리를 끄덕이자 여자가 자리에서 일어났다. 벽면에 장치된 스위치를 올리자 식당배는 곧 휘황한 불빛에 휩싸였다.

불빛이 어둠을 밀어내자 이제는 많이 가늘어진 빗살이 불빛에 매달리기 시작했다. 거미줄처럼 어둠 속으로 번져 나간 빛살망에는 작은 물방울이 수없이 걸려들고 있었다.

"저도 한 잔 할까요?"

여자가 말했다. 병준은 여자의 컵에 술을 채워 주었다. 한잔 술에도 여자의 두 볼이 발그레 달아올랐다.

"이상하게도 오늘은 손님이 없네요. 장마 때문인가 봐요."

여자는 다시 한 잔의 술을 마셨다.

"평소엔 고관대작들이 즐비하게 오는 곳인데도 말예요."

"고관대작들이……"

"외딸고 조용하니깐요. 자가용이 있어야 하고…… 그리고 술값이 비싸잖아요. 비싸야 서민들의 발길을 막을 수 있거든요. 고관들은 서민들과 어울리는 걸 좋아하지 않거든요."

여자는 술이 오르면서 조금씩 많이 지껄이기 시작했다. 얇은 입술로 재빠르게 지껄이는 것을 보니, 그제야 여자답다는 생각이 들었다. 많이, 빨리 지껄이는 것, 그것이야말로 여자의 속성(屬性)인 것이다.

"그래서, 누구를 죽였나요?"

여자는 좀 더 대담해져서 그렇게 물었다. 병준도 술이 오르는 것을 느끼며 농담처럼 말했다.

"어머니를……"

여자가 깜짝 놀라는 시늉을 했다. 그러더니 다시 까르르 웃었다.

"호호, 어쩜, 저하고 똑같군요."

여자가 들뜬 목소리로 말했다.

"저 때문에 어머니가 돌아가셨거든요. 부모가 정해준 대로 시집을 갔었는데요, 남자가 어떻게 싫던지, 그만 도망을 쳤거든요. 그래서 엄마는 심화(心火)로 돌아가신 거죠. 원래, 병약하신 분이었지만……"

"양심에 가책이 되지 않던가?"

"엄마가 돌아가신지 4, 5년이나 지나서야 그 사실을 알았지요. 처음엔 저도 자살을 해볼까 했었어요."

"무엇으로?"

"수면제였어요."

"그래서?"

"뭐가 그래서예요. 이틀쯤 푹 잠잔 다음에 다시 깨어난 거죠."

여자는 맥주잔을 들어 다시 홀짝 마셨다. 어머니를 죽게 한 남자와 여자가 술잔을 부딪치며 축배를 들고 있구나, 병준은 그렇게 생각했다. 거미의 새끼들처럼, 어머니의 등에 엉겨붙어 그 살점을 뜯어 먹으며 살다가, 어머니가 껍질만 남은 시체가 되면 미련없이 떠나버리는 거미들처럼…… 우리는 축배를 들며 웃고 있구나……

"손님, 돈 있으세요?"

여자가 물었다.

"술값 말인가?"

"아니요, 절 살 수 있는 돈 말예요. 웬지, 손님과는 썩 어울리는 한 쌍이 될 것 같군요. 오늘만은요."

"공범자로서…… 흠……"

병준은 속주머니에서 다발로 묶여진 돈뭉치를 꺼내어 탁자에 올려놓았다.

"세어 보지 그래?"

여자는 병준의 빈정거림에는 대꾸도 없이 돈을 손에 들었다. 그리고, 한 장 한 장, 정확히 세어서 금액을 확인했다.

"됐어요."

여자가 활짝 웃었다. 여자의 얼굴이 꽃처럼 환해졌다.

병준은 휘청휘청 흔들리며 오르막길을 오르고 있었다. 주위는 어둠의 절벽만이 있었고, 어둠은 짙은 죽음의 냄새를 풍겼다. 이 끝없는 오르막길 저 너머에는 바다가 있을까? 그의 고향이던 출렁이는 바다…… 삯품팔이를 하시던 어머니가 계시던 곳. 어머니는 어둠이 짙어진 언덕길을 바삐 걸어오시곤 했지. 얘야, 왜 여기꺼정 나왔냐? 어머니의 두툼한 손이 그의 어깨를 잡으면 갑자기 두려움이 멎고, 어둠은 깃털처럼 포근하게 그를 감싸

주었다.
 그는 어머니의 외아들이었으므로 어머니의 익애(溺愛) 속에서 유약(柔弱)하게 자랐다. 녀석아, 그렇게 마음이 약하냐? 어머니는 공연히 눈물을 글썽이셨다. 공연히 안쓰럽고 가엾어서 안아주시고 머리를 토닥여주셨다. 그런데 그 어머니는 어디에 계시는 건가?
 병준은 취기가 머리끝까지 오르는 것을 느끼며, 정신을 차려야 한다고 생각했다. 여기는 서울의 어느 언덕일 것이며, 그는 길을 잃고 있음이 분명했다. 키 넘는 나무들이 빽빽이 밀생하여 주위는 고대의 동굴 속처럼 음침했다. 짙은 어둠이 그를 에워쌌으며, 그는 이 촘촘한 어둠의 그물눈을 벗어나 도망칠 수 없었다.
 병준은 하늘을 쳐다보았다. 키 넘는 나무들로 하여 하늘은 좁은 수로(水路)처럼 보였다. 아니, 어두운 물도랑 같았다. 그 물도랑에서 비늘조각같은 빗방울이 푸슬푸슬 떨어져 내렸다. 지아비란 하늘과 같은 것이거늘…… 어머니는 그렇게 말했다. 그것은 동서고금을 통하여 한결같은 것이거늘…… 요사스런 계집년 때문에 너는 되는 것이 없어. 내 것 벌어서 여편네한테 얻어먹는 꼴이란 눈 뜨고 볼 수 없도다. 창피해서 낯을 들고 하늘을 쳐다보랴…… 어머니는 그렇게 한탄을 했다.
 세상에 늘늘한 것이 계집이니라. 아들딸 낳고 그걸 키우며 사는 것이 인생의 낙이거늘…… 자식새끼도 못 낳는 불여우 같은 계집년에게 매여서…… 쯧쯧 이런 우세가 어디 있누…… 눈 뜨고 하늘을 쳐다볼 수 없도다……
 그러나 하늘인들 이처럼 시커먼 어둠인 것을…… 더러운 물웅덩이일 뿐인 것을…… 흙탕물이 흐르는 물도랑인 것을, 기대 볼 아무것도 없는 것을……… 그저 다만 하늘이란 이처럼 어두운 어둠인 것을…… 병준은 비틀비틀 걸었다.

얼마를 그렇게 걸었을까? 문득, 높은 철책망이 병준의 앞을 가로막았다. 병준은 그의 앞을 가로막는 철책망을 올려다보았다. 그것은 매우 높고 견고한 것이었다. 저만치 방범등이 희미한 불빛을 내쏘고 있었다. 방범등의 불빛에 흰 페인트를 칠한 팻말이 보였다. 흐릿한 의식 속에서도 병준은 그것이 출입제한을 명시한 것임을 의식했다. 〈off limit〉. 접근하면 발포합니다. 그런 종류의 경고문임이 분명했다. 병준은 그의 발길을 제지하고 있는 낯선 글자들을 멀뚱히 올려다보다가 다시 비틀비틀 걷기 시작했다. 철책망을 따라 걷고 있는 그의 눈앞에 불빛이 번쩍했다.
"누구얏!"
날카로운 목소리와 더불어 플래시의 불빛이 그의 얼굴로 쏟아졌다. 병준은 발을 멈추었다. 그리고 불빛을 바라보았다. 지금껏 어둠 속에 길들여진 그의 눈에는 아무것도 보이지 않았다. 환한 불빛만이 그의 동공을 태웠다.
"당신, 뭣하는 사람인가?"
검은 제복의 순경이 그의 팔을 잡았다.
"당신, 왜, 여기서 어정거리는 거야?"
검은 제복이 그를 위협했다.
"따라와, 따라오라고."
"길을…… 길을 찾느라고 말입니다……"
병준은 술 취한 목소리로 더듬거렸다.
"이 친구, 돌았군. 여기에 무슨 길이 있다는 거야?"
순경이 화를 냈다.
"여기는 외인 출입금지 구역이라구. 외인……"
"저는 외인이 아닙니다."
"허참, 이렇게 엉망으로 취해서야…… 여기는 접근하면

발포하는 곳이라고? 죽고 싶은 거야?"

순경이 거칠게 그를 잡아끌었다. 언덕길 옆에 작은 초소가 있었다. 초소의 불빛이 그의 망막에서 빙글빙글 돌았다.

"집이 어디야? 집이 어디냐고? 그리고 당신 직장은? 당신 신분이 뭐냐고? 증명서는 갖고 있어? 갖고 있느냐고?"

제복들은 소나기처럼 질문을 퍼부었다. 병준은 정신을 차릴 수 없었다. 머리가 빙글빙글 돌았다. 나는 누구인가? 병준은 자신에게 묻고 있었다. 어머니를 죽게 한 놈이며, 지금은 아내와도 별거 중인 홀아비이며, 직장에는 흥미가 없고, 그래서, 맨날 술과 더불어 떠돌아다닐 뿐인 나는 누구인가? 그리고, 어떻게 나를 설명할 것인가?

제복들은 병준의 주머니를 뒤졌다. 그리고, 그 주머니에서 무엇인가를 찾아내고는 전화의 다이얼을 돌렸다. 아, 학원 강사는 틀림없군요. 자택 전화가 있다고요? 좀 불러 주십시오. 순경은 볼펜으로 메모지에 끄적거리더니, 다시 전화의 다이얼을 돌렸다. 아 그렇습니까? 그렇군요, 알겠습니다. 태워드리겠습니다. 제복은 수화기를 놓았다.

"이것 봐. 당신 운이 좋은 거야. 알겠어? 상냥한 부인 덕본 줄 알라고. 알겠어?"

상냥한 부인? 병준은 머리를 흔들었다. 정신을 차리려고 애를 썼다. 정신이 자꾸만 까물거렸다. 상냥한 부인이라니?

영애와의 별거는 이상하게 시작되었다. 영진댁의 장례식이 끝난 며칠 후였다.

"여보, 당신 잠깼어요?"

영애가 돌아누우며 그의 가슴을 파고들었다.

"식칼 가는 소리가 들리는 것 같지요?"

영애가 응석을 부리듯 말했다.
"우리 이사를 갈까요?"
병준은 대답하지 않았다.
"영동에 60평짜리 아파트 사놓은 것 당신도 아시죠? 세든 사람이 나가겠다는 연락이 왔어요. 어차피 옮기고 싶었던 참이거든요……… 이 집은……"
"무섭다는 얘긴가?"
병준이 퉁명스레 내뱉었다.
"이사하기 싫으신가요?"
영애도 목청을 높였다.
"나는 여기 있겠어."
"네……? 그럼 나만 나가란 말이군요."
영애가 자리에서 발딱 일어나 앉았다. 그리고 성난 눈으로 병준을 내려다보았다.
"당신은 내가 살인이라도 한 듯한 표정을 짓고 있군요."
영애는 숨을 쌔근거리며 한참을 노려보다가 마침내 말했다.
"이혼을 원하나요?"
병준은 그녀를 외면했다.
"아뭏든, 나는 여기 있겠어."
"흥, 그러세요. 전 가겠으니깐요."
그들의 언쟁은 그런 정도에서 끝났다. 그러나, 고집스런 영애는 끝내 이사를 단행하고 말았다. 병준이 직장에서 돌아왔을 때 텅 빈 방들만 그를 기다리고 있었다. 그들의 별거는 그렇게 시작된 것이다.

병준은 경찰백차에 실려 영애에게 인계되었다.

"한 잔 하시겠어요?"

영애가 물었다. 병준은 머리를 끄덕였다. 영애는 찬장에서 술병과 술잔을 내왔다. 그리고, 그의 잔에 술을 따랐다. 호박빛 액체가 술잔 가득 넘쳤다.

"어디서, 이렇게 취하셨어요?"

영애가 물었다.

글쎄…… 어디에서 마셨던가? 병준은 생각해 보려고 애를 썼다. 퇴근길에 직장동료들과 한 잔, 대폿집, 포장집, 생맥주집, 그리고 또 대폿집…… 그리고, 지금은 아무것도 기억나는 것이 없었다. 영애의 얼굴이 그의 눈앞에서 자꾸만 흔들렸다. 일어서야지, 병준은 그렇게 생각했다. 여기는 그가 머물 곳이 아니란 생각이 자꾸만 그의 머리를 스쳤다.

"집을 팔아야겠어요."

영애가 그녀의 술잔에도 술을 따르면서 말했다.

"혼자 살기에는 너무 크거든요."

그녀는 술잔을 입으로 가져갔다.

"그렇죠?"

영애가 물었다.

병준은 아파트의 거실을 둘러보았다. 아파트의 거실은 갑자기 부풀어 올랐다. 벽면은 자꾸만 뒤로 물러가고 그래서 혼자 사는 여자에게는 너무나 크고 황량했다.

"벌써, 몇 개월째군요."

술잔을 비운 그녀가 자신의 잔에 다시 술을 채웠다.

"이젠, 저도 시집이나 갈까 봐요. 나이가 더 들기 전에 말예요."

영애는 무릎을 세우며 몸을 옹송그렸다. 그녀의 벗은 팔이 두 무릎을 감싸안았다. 세운 무릎 밑으로 잠옷자락이 벌어지면서 그녀의 통통한 다리가 보였다. 불빛에 번들거리는 살갗이 그의 눈앞에서 꿈틀거렸다.

"바람이라도 실컷 피워볼래요."

영애가 갑자기 깔깔 웃었다. 그렇게 깔깔 웃던 두 눈에서 주루룩 눈물이 흘렀다.

"주책 좀 봐. 눈이 아프길래, 병원엘 갔더니 시력이 나빠졌다는 거예요. 그래서 다른 콘택트렌즈로 갈아 끼웠는데 아직 길들지 않은 모양이예요."

영애는 그렇게 변명처럼 말하더니, 콘택트렌즈를 빼서 탁장에 얹었다.

"한 잔 더 하세요."

그녀가 병준의 술잔에도 술을 따랐다. 독한 양주여서 머리가 띵했다. 영애의 시선도 게슴츠레 풀어지는 듯했다. 일어서야 하는 거야. 영애의 시선도 게슴츠레 풀어지는 듯했다. 무릎을 세운 여자의 맨살이 점점 더 확대되어 왔다. 그녀의 적나라한 하체가 물결처럼 일렁이었다. 그것은 수평선 멀리서 다가오는 파도처럼 그의 가슴을 압박했다.

병준은 그녀의 뜨거운 육체를 너무나 잘 알고 있었다. 마른 장작개비처럼 그녀는 쉽게 불타올랐다. 그녀를 불타게 하는 불씨가 어디에 있는지 그는 너무나 잘 알고 있었다. 그녀를 불타게 하고, 그 뜨거운 열탕 속에서 늘 허우적거리던 자신이었다.

"우리는 한 번도 함께 살아보지 못한 사람들 같군요."

영애가 그렇게 말하며 무릎을 고쳐 세웠다. 병준의 시선이 그녀의 맨살에서 불꽃을 일으켰다.

가야 하는 거야. 어머니의 칼날이 술잔을 휘저었다. 억울하게 돌아가신 어머니의 원혼이 칼끝에서 맴돌았다. 가야지, 가야 한다구. 외아들을 빼앗긴 적개심으로 어머니의 칼날엔 서릿발이 맺혔다. 나의 죽음을 기억하라. 칼칼한 어머니의 목쉰 음성이 술잔 속을 휘돌이쳤다. 병준은 눈을 감았다. 그리고는 다시는 눈을 뜰 수 없었다.

숙취에서 오는 어지러운 꿈에서 깨어났을 때, 병준은 심한 두통을 느꼈다. 귀에서는 꿈속에서의 연장처럼 아직도 식칼 갈리는 소리가 들려왔다. 서릿발처럼 찬가 하면 때로는 파도의 운율처럼 정겨웠다.

영진댁은 새벽마다 칼을 갈았다. 하나뿐인 자식과 자신의 생계를 위해 삯일을 했어야 했는데, 주로 물고기의 내장을 따는 일이었다. 새벽 삯일을 나가기 전에 어머니는 칼을 갈았다. 병준은 잠결에 늘 그 소리를 듣곤 했다. 영진댁은 병준의 교육을 위해 서울로 이사를 했고, 그리곤 본격적으로 생선장수로 나섰다. 그때에도 새벽엔 칼을 갈았다.

삭, 삭, 싹싹싹. 칼을 가는 일은 영진댁의 가장 중요한 일과의 하나였으며, 그래서 병준에게는 아주 익숙하고 친근한 음향이기도 했다. 그런데 결혼을 하자, 병준은 그 칼을 가는 소리를 참을 수 없었다. 새벽의 침실을 파고드는 칼소리…… 너는 내 자식이니라, 엄마는 칼을 갈며 살아왔느니라…… 기억하라, 헌신의 댓가를 기억하라…… 칼소리가 강요하는 온갖 기억을 병준은 참을 수 없었다. 왜, 그랬을까? 그런 병준의 돌변한 태도 때문에 영진댁은 더 자주 식칼을 갈았는지 모른다.

삭, 삭, 삭.

심한 두통 속에서도 병준은 그리움처럼 식칼 가는 소리에 귀를 기울였다.

그때였다. 갑자기 벨소리가 울렸다. 병준은 깜짝 놀랐다. 이런 새벽에 그를 방문할 사람은 아무도 없었다. 그것은 병준 자신이 너무나 잘 알고 있었다. 벨은 난폭하게 몇 번이고 되풀이되었다. 그것은 어머니의 식칼 가는 소리를 방해하는 피아노 소리와도 같이 날카롭고 고집스럽게 되풀이되었다. 병준은 공연히 가슴이 덜컥 내려앉는 것을 느꼈다. 몇 번의 신호음에도 끝내 응답이 없자 무법자들은 슬그머니 사라졌다.

병준은 커튼의 틈으로 스며드는 새벽빛을 보았다. 지난 밤들의 일들이 갑자기 떠올랐다. 숲속에서 순경에게 잡히던 일이며, 영애와의 만남, 그녀의 유혹적인 포즈며, 들춰지는 잠옷자락 밑으로 들여다보이던 유백색의 살결들…… 이런 기억들이 단편적으로 그의 뇌리에 떠올랐다. 그리고 그녀와는 어떤 모양으로 헤어진 것일까? 지금, 이곳은 분명 그의 방이며, 그는 평소 그대로 그의 침대에 누워 있는 것이다. 어쩌면 지난 밤의 일들이 모두 환상이었는지 모른다.

병준이 지난밤의 기억을 더듬으며 그런 생각에 젖어 있을 때, 다시 벨소리가 울리기 시작했다. 찌릉찌릉, 한참을 되풀이 울리던 벨소리가 뚝 그치더니 출입문의 열쇠가 돌아가는 소리가 들려왔다. 보조키의 열쇠로 문이 따고 있었다. 병준은 놀라서 벌떡 일어났다. 그리고 거실로 달려갔다.

"누, 누구요?"

병준이 물었다.

"어, 사람이 있었군 그래?"

안으로 손을 넣어 고리쇠를 따던 손이 주춤 멈추었다.

"누구요?"

병준이 다시 물었다.

"관리사무실에서 왔는데요."

"무슨 일이요?"

"문을 여슈."

문밖에서 다른 목소리가 명령했다.

"경찰에서 왔수다."

"왜, 그러는 거요?"

병준은 놀라서 문을 열었다.

"방에 있으면서 왜 응답을 안하는 거요? 벨소리를 못들었소?"

사복경찰이 그를 윽박질렀다. 그는 병준을 훑어보았다. 눈빛이 사뭇 날카로왔다.

"무슨 일이요?"

병준은 어리벙벙해서 다시 물었다.

"옷을 갈아입으시오."

순경은 다시 명령했다. 병준이 영애의 죽음을 안 것은 경찰서로 가서였다.

영애는 병준과 술을 마시던 자세 그대로 굳어 있었다고 한다. 두 무릎을 세우고 두 손을 서로 깍지낀 채, 소파에 잠들 듯 기댄 채였다.

사인(死因)은 수면제 과용이었다. 탁자에는 마시다가 남긴 술병과 두 개의 술잔이 그대로 있었다. 그리고, 영애의 술잔에서는 수면제의 용액이 검출되었다. 정제(錠劑)로 되어 있는 수면제가 술잔에서 검출되었다는 것은 타살(他殺)의 가능성을 짙게 했다. 일반적으로 사람들은 수면제의 알약을 입 속으로 털어 넣고 물을 마시기 때문이다. 즉, 어느 누군가가 그녀의 술잔에 그녀가 의식하지 못하는 어느 순간을 노려 수면제를 다량 집어넣은 것이다.

"수면제를 술잔에 넣은 것은 당신이었어!"

취조관은 그렇게 말했다.
"당신은 여자를 술 취하게 만들고, 그리고 그녀가 화장실에 다녀오는 사이에 수면제의 알약을 술잔에 집어넣은 거야."
"터무니없는 얘기입니다."
"그런 식으로 말하겠지. 하지만, 어제 그녀와 늦도록 술마신 사람은 당신밖에 없어. 그리고, 당신은, 당신 말대로라면 정신을 잃을 정도로 취했음에도 여자의 유혹을 이길 수 있었고…… 그리고 무엇보다도 새벽녘에 잠이 깨어 있으면서도 순경이 찾아갔을 때 문을 따주지 않을 정도였다 이 말씀이야. 모든 상황이 당신의 범죄 사실을 명백히 증거하는 데도 아니라고 할 텐가?"

취조관은 그렇게 병준을 다그쳤다. 영애는 평소 많은 종류의 알약을 갖고 있었다. 영양제, 빈혈 치료제…… 그런 것들 중에 수면제도 끼어 있었다. 영진댁의 칼가는 소리를 견딜 수 없다며 그녀는 때때로 수면제를 복용했다. 신경이 예민했던 그녀였기 때문이었다. 그러나 병준은 그녀의 약병 중에 어느 것이 수면제인지 지금도 알지를 못했다. 그녀는 자신의 물건에 남이 손대는 것을 싫어했고, 병준은 병준대로 매사에 무심한 편인 셈이었다.

그가 지금 기억하는 것이라곤 그녀의 드러난 하체뿐이었다. 불빛에 번들거리며 파도쳐오던 불꽃같은 근육, 살결…… 그가 익숙히 알고 있던 그녀의 불씨…… 그것뿐이었다. 그의 의식은 거기에서 멈추어 있었다. 의식의 저쪽에 어떤 것들이 숨겨져 있는지 그는 알 수가 없었다. 어떤 기억도 떠오르지 않았다. 병준은 갈대숲에 숨겨진 물새알을 뒤지듯 자신의 뇌리에서 지워진 부분들을 곰곰이 추적해 보았지만 헛된 노력에 지나지 않았다.

"약병은 장식장 옆에 놓여 있었으므로 당신이 그것을 그녀의 술컵에 집어넣기는 아주 쉬운 일이었을 거야."

취조관의 심문을 받으면서 병준은 자신이 그런 행동을 했을 가능성을 전혀 배제할 수 없었다. 그는 몹시 취한 상태였고, 이성이 마비된 상태에서 사람들은 예기치 못한 엉뚱한 짓을 저지르기도 하는 것이다. 그리고, 그 자신의 뇌리에는 어머니를 죽게 한 자는 영애라는 의식이 분명히 새겨져 있을 터였기 때문이다. 아무튼, 깜빡 정신을 잃은 그의 뇌리에는 어떤 기억도 남아 있지 않았다. 그것은 그의 유죄를 변명할 수도 없게 했고, 마찬가지로 그의 무죄를 증거할 수도 없게 했다.

"당신은 당신의 어머니를 죽게 한 사람이 당신의 아내라고 생각했고, 그랬기 때문에 그런 엄청난 짓을 저지른 것이다."

취조관은 그를 날카롭게 쏘아보았다.

"그러나, 당신이 그녀를 죽인 이유는 보다 비열한 동기 때문이었어, 당신의 내면에는……"

취조관은 경멸적인 어투로 말했다.

"재산에 대한 욕심으로 가득 차 있었거든."

영애가 소유한 재산은 의외로 많았다. 그녀는 그들이 살고있는 두 채의 아파트 외에도 다섯 필지나 되는 대지를 갖고 있었고, 어음을 잡고 빌려준 수 천만 원의 사채와 현금, 그리고 그녀의 취미를 말해 주듯 수백 점의 귀금속을 갖고 있었다. 전형적인 복부인의 역할을 그녀는 하고 있었던 것이다. 아무튼 영애가 없는 지금 그 모든 재산은 병준의 앞으로 인계되게 되어 있는 것이다.

살인의 혐의를 받은 사람으로 또 하나의 강력한 용의자는 영애의 옆 아파트에 주거하고 있는 40대의 남자였다. 그가 영애의 죽음을 최초로 발견한 자였으며, 또한 최초로 그 사실을 경찰에 신고한 사람이기도 했다.

"새벽 네시에 당신은 그 방으로 갔었다 했소?"

취조관은 사내에게 말했다.

"저는 열쇠를 갖고 있었습니다. 필요한 때는 언제나 갈 수 있었지요, 그녀도 저희 집엘 그런식으로 들어올 수가 있었고요."

"상처한 지는 얼마나 되었소?"

"삼 년 되었습니다."

"그녀를 처음 사귀게 된 것은?"

"그녀가 이사온지 얼마 되지 않아서입니다. 아이들 때문이었죠. 아이가 둘 있는데 일곱 살짜리 사내애와 다섯 살짜리 계집앱니다. 그녀는 애들을 굉장히 좋아했지요."

"결혼할 생각이었소?"

"그렇습니다. 그러나, 그녀는 이혼을 당장 결행하지 못했습니다. 한 가닥 미련 때문이었지요. 남편에 대한……"

"그래서, 살인을 저질렀군."

"네? 뭐라구요?"

사내가 펄쩍 뛰었다.

취조관의 함정 질문에도 불구하고 사내에겐 이렇다 할 혐의를 찾을 수는 없었다. 영애의 죽음은 사내에게는 크나큰 타격일 뿐이었던 것이다. 그래서, 병준은 취조관의 집중적인 조사를 받아야 했다.

"당신은 온통 모른다고만 하는데…… 그렇게 술탓으로만 돌리고 있는데…… 물론 술에 취한 것만은 인정하지…… 하지만 그것이 당신의 무혐의를 증거하는 결정적인 증거가 될 수는 없지 않소?"

취조관은 병준에게 같은 질문을 되풀이함으로써 그를 그로기 상태로 몰고 갔다. 병준은 지쳐서 쓰러질 것 같았다. 나중에는 자신이 정말로 범죄를 저지른 것 같은 느낌이 들기 시작했다.

그녀의 돈 때문에……

　병준은 오랜 시달림 끝에, 잠정적으로 경찰서에서 석방되었다. 많은 혐의에도 불구하고 물적 증거는 아무것도 없었다. 풀려났다고는 하지만 언제 갑작스럽게 다시 연행될런지는 몰랐다. 어떤 물적 증거가 불쑥 나타나서 그의 범죄를 증거할런지 몰랐다.
　병준은 뭇사람들의 시선이 그를 노려보고 있는 듯한 느낌을 받곤 했다. 살인자. 그들은 그를 그렇게 불렀다. 어머니를 죽이고, 아내를 죽인 녀석…… 자신이 그런 가책을 느끼기도 했다. 살인수법이 워낙 교묘해서 어떤 책임도 지지않는 간교한 자.
　많은 시선들이 그를 매도했다. 병준은 어딘가로 멀리 훌쩍 떠나고 싶었다. 그러나 그의 취조를 담당했던 윤 형사는 그에게 분명히 말했다. 당신의 주거는 당신의 직장과 자택으로 한정되어 있다는 것을 명심하시오. 필요할 땐 언제 어느 때고 출두를 해야 하니까……
　병준은 그렇게 하겠다는 각서를 써야 했다. 전화의 벨이 따르릉 울릴 때마다 병준은 화들짝 놀랐다. 그를 호출하는 악령의 통로가 바로 그곳이었다. 날이 갈수록 병준은 잡혀갈 것이라는 강박관념에 사로잡혔다. 어느 날 경찰이 당신은 살인자요, 하고 판정을 내린다면 그는 살인자가 되어 버리는 것이다.
　어쩌면, 스스로를 살인자로 받아들일 준비가 되어 있었는지도 모른다. 음식을 먹을 수도 없었다. 목구멍으로 음식이 넘어가지 않았다. 술만이 그나마도 위안이 되었다. 술이 취하고 보면 현실의 강박관념이 저만치 물러서고 오랜 과거의 몽롱한 기억들이 꿈틀거리며 다가왔다. 유년시절의 친구들, 생시 때의 어머니의 모습, 영애의 높은 웃음소리……

병준은 낮동안 방안에 침거하며 술을 마셨다. 그리고, 밤이 되면 비틀거리는 걸음으로 시가지를 배회했다. 어느 날, 그는 문득 그의 발걸음이 영애의 방 앞에 머물러 있을을 깨달았다. 어쩌자는 생각도 없이 그는 아파트의 철문을 밀었다. 환각이었을까? 놀랍게도 육중한 철문이 별 저항도 없이 스르르 열렸다. 방의 어둠이 그를 향하여 밀려왔다. 병준이 주춤 멈추어 섰을 때였다.

"들어오시오."

어둠 속에서 악령의 목소리가 들려왔다. 복도에 켜진 희미한 불빛이 공포에 질린 그의 얼굴을 비추었다. 병준은 비명이라도 지를듯한 표정을 지었다.

"들어오시오."

같은 목소리가 다시 반복했다.

"당신은 누, 누구요?"

병준이 더듬거리며 물었다. 어둠이 쏴…… 소리를 내며 그에게로 밀려왔다. 침묵의 저쪽에 죽음이 그를 노려보았다. 병준은 주춤거리며 현관으로 들어섰다.

"문을 닫으시오."

사내가 다시 말했다.

철문이 소리를 내며 닫겼다. 병준은 자신이 어떤 악령의 손아귀에 잡혀가는 듯한 느낌을 받았다.

"많이 취하셨군, 이리로 오시오."

병준은 그제야 소파에 깊숙이 기대앉은 사내의 윤곽을 식별할 수 있었다. 비틀거리는 몸을 가누며 병준은 사내의 맞은편에 털썩 주저앉았다.

"한 대 피우겠소?"

사내가 담배를 내밀었다.

병준이 담배를 받았다. 라이터의 불빛이 획, 치솟았다. 강렬한 불빛이 그의 동공을 태웠다. 담배에 불을 당기자 사내도 자신의 담배에 불을 붙였다. 그제야 병준은 그가 영애의 죽음을 제일 먼저 발견했던 그라는 것을 깨달을 수 있었다.

"애들이 모두 잠들고 나면, 나는 참을 수 없어, 이렇게 찾아오곤 하지요."

사내가 말했다. 병준은 취중임에도 그가 이 방의 열쇠를 갖고 있음을 생각해 냈다. 좀전의 긴장이 풀리면서 병준은 자신의 몸이 물먹은 솜뭉치처럼 무거워지는 것을 느꼈다. 두 사람이 피워 올린 담배 연기가 방안을 자욱하게 했다.

"당신은 그녀를 사랑했었소?"

사내가 문득 물었다. 병준은 어리둥절해져서 사내를 쳐다보았다. 그리고, 사내가 묻는 질문의 뜻을 깨닫자 당황해지기 시작했다. 그가 영애를 사랑했는지 어쨌는지, 지금은 생각해 낼 수 없었다. 그녀에 대한 육체의 기억만은 지금도 분명하지만. 글쎄, 감정의 물무늬 같은 그런 사랑의 감정에 그는 얼마나 몰입했었을까?

병준은 담배연기를 뿜어올리며 생각해 보는 것이었다. 사랑이란, 남자나 여자가 처음 만나서 서로의 육체를 얻기까지의 과정에서 생기는 감정을 말하는 것이 아닐까? 여자를 소유하고 싶다는 욕망이 지속되는 순간의 정서 상태를 말하는 것이 아닐까? 결혼을 하고 그녀의 모든 것을 안 뒤에도 사랑이란 존재하는 것일까? 그리움의 감정 없이도……

물론 병준도 처음에는 그녀를 재치 있고 아름다운 여자라고 생각했다. 그러나, 결혼을 하고 시간이 흐를수록 그녀에 대한 모든 환상은 사라져 버렸다. 그녀의 반짝이는 눈은 콘택트렌즈의 얇은 유리조각이 반사광선을 되쏘는 것일 뿐이며, 그녀의 쌍꺼풀 눈과 오똑한 콧날은 정형외과의 솜씨여서 화장을 하지 않으면 푸르딩딩 변색된 살갗을 볼 수 있게 된 것이다.

그녀의 물결치는 검은 머리칼도 염색의 결과였고, 단 것을 지나치게 좋아하는 그녀의 이빨은 모두 삭아서 백금으로 도장(塗裝)되었다. 맵시있게 차려입은 옷차림의 저 안쪽에는 두 번씩의 수술로 난자당한 칼자국이 배꼽 밑에 남아 있고, 어릴 때 끓는 물에 데었다는 피부는 윤기를 잃었으며 자궁상태가 좋지 않은 그녀의 하체에서는 잦은 목욕에도 불구하고 불결한 냄새를 풍겼다.

십여 년 칫솔을 함께 쓰다보면 여자다운 염치마저도 없어져서, 그녀는 남편 앞에서도 스스럼없이 속옷을 갈아입었다. 정도의 차이는 있겠지만, 어쩌면 대부분의 여자들이 그런 모양으로 변질되기 마련이다.

그렇게 살아온 부부끼리에도 항용 남들이 말하는 사랑의 흔적이 남아 있는 것일까? 이 자는 지금 그것을 묻고 있다. 사랑이란 것을……

"결벽증이 심한 여자였지요."

사내는 병준이 끝내 입을 열지 않자 한숨처럼 말했다.

"항상 깔끔하고 분명했소. 흐릿한 것을 싫어했지요, 불같은 성미였소. 당신은 십여 년이나 같이 살았으면서도, 감히 그런 여자의 유혹을 거절하다니……"

사내의 목소리에서 적개심이 묻어 나왔다. 사내는 병준과 영애의 마지막 밤을 얘기하고 있는 것이다. 병준이 취조실에서 몇 번이고 되풀이한 상황설명의 부분이었다.

"시어머니를 죽게 했다는 것과, 남편을 버렸다는 죄의식에 시달리는 그녀에게 당신은 한 마디의 가장된 위로도 하지 않았소."

사내는 다시 담배에 불을 당겼다.

"당신이 한 번만 안아주었던들…… 그녀는 지금도 살아서 생선처럼 퍼덕일 것을…… 생선처럼 말이요…… 그녀를 죽인 것은 당신이었소."

사내는 단정하여 말했다. 병준은 쇠망치로 뒤통수를 얻어맞는 것 같은 충격을 받았다. 그는 소파에 기댄 채, 죽음처럼 가라앉았다. 그녀를 죽인 것은 당신이었소. 사내의 목소리는 파도처럼 밀려와 그를 쓰러뜨리고 또 쓰러뜨렸다.

전화의 벨이 울렸다. 병준은 수화기를 들었다. 순간 그의 손이 와들와들 떨렸다. 병준은 그것이 윤 형사의 목소리란 것을 대뜸 알아챌 수 있었던 것이다. 그것은 지옥에서 그를 호출하는 사자(使者)의 음성이었다. 병준은 아득한 구렁 속으로 곤두박질하여 굴러떨어지고 있음을 느꼈다.

"정문 옆 포장집이요. 마지막 술이나 마십시다."

윤 형사는 그렇게 말하며 수화기를 놓았다. 마지막 술…… 그것은 흔히 형장에서 사형수에게 베풀어진다는 그런 종류의 향연이 아닌가? 병준은 형장에 끌려가는 자의 모습처럼 머리를 떨어뜨리고 포장집으로 들어섰다.

"어, 여기요."

윤 형사가 손을 쳐들어 보였다. 제법 취한 듯 얼굴이 불그레했다. 카바이트의 불빛이 그의 얼굴을 더욱 붉게 했다. 윤 형사가 소줏잔을 불쑥 내밀었다. 어딘가 화라도 난 듯한 거친 몸짓이었다. 병준은 조심스럽게 술잔을 받았다. 침묵 속에 몇 잔의 술이 오갔다. 윤 형사가 불쑥 말했다.

"흔히들 얘기하지 않소? 남자는 아내가 죽으면 변소간에 가서 싱긋 웃는다고 말이요."
윤 형사는 딱딱한 표정으로 물었다.
"민 형의 경우도 그랬겠지요?"
병준은 그의 시선을 외면했다.
"끝내 솔직하지 못하시군…… 한 마디만 더 물어봅시다. 당신은 당신의 어머니가 돌아가셨을 때, 어떤 기분이었소? 홀가분하지 않았었소?"
병준은 말없이 윤 형사의 얼굴을 바라보았다. 그는 어떤 함정을 위해서 이런 엉뚱한 질문을 하는 것일까? 이 자는 장발장에 나오는 쟈벨 경감처럼 철저한 작자다. 그 누군가를 감옥에 넣고 싶어 안달을 하고 있다. 그래야 직성이 풀리는 작자다. 병준은 그렇게 생각했다.
"……내 친구 중의 한 사람 얘기요만, 그 작자의 얘기로는 어머니의 시신을 모신 옆방에서 제 아내와 방사를 가졌다고 하더군. 본능과 도덕은 별개의 문제라고 강변합니다. 한국의 지성인이라고 자부를 하는 작자인데…… 말하자면, 나는 내성적이고 음침한 지성인들이 질색이란 말이요……"
윤 형사는 밑도 끝도 없는 말을 불쑥 내던지더니 말을 계속했다.
"……아뭏든, 두 사람의 죽음으로 당신은 홀가분해졌을 꺼요…… 갚아야 할 의무도 없고…… 거기에다 수억대의 재산가가 되었으니…… 속된 말로 꿩 먹고 알 먹은 격이지, 안 그렇소? 세상은 참, 불공평하단 말씀이야. 나같은 놈은 매일 열심히 뛰어도 단칸셋방에서 굶주리며 사는데…… 당신은 어머니와 아내를 죽이고도 재벌이 되려는 판이니…… 제기랄, 모두들 쉽게 죽고, 죽어도 슬퍼해 주는 사람도 없고, 그리고 책임져 줄 사람은 더구나 없는 판인데…… 그래도 당신은 재벌이 되신다 이 말씀이야……"
 윤 형사는 점점 더 화가 난다는 듯, 술잔을 입속에 확, 쏟아부었다.
 "주모, 술 한 병 더 주시오."
 그가 소리를 버럭 질렀다. 길에는 자동차들이 무서운 속도로 질주했다. 헤드라이트의 불빛이 그들을 비추다간 사라졌다. 병준은 윤 형사의 난폭한 태도에 당황하면서 항변하듯 말했다.
 "제가 꼭 죄인이 되어야 합니까?"
 "그럼, 당신 같은 사람이 죄인이 안 되면 어떤 자가 죄인이 되어야 한단 말이오?"
 윤 형사는 벌컥 화를 내었다.
 "어머니를 죽게 하고, 아내를 죽게 하고, 그러고도 양심의 가책도 없이 떵떵거리며 살아갈 테지…… 쌍놈의 것, 목구멍의 풀칠만 아니라면, 당장 이놈의 직업 때려치우고 당신처럼 살인 연습이나 하고 싶지만……"
 윤 형사는 자리에서 벌떡 일어났다.
 "당신 아내의 죽음은 수면제 오용(誤用)으로 인한 단순한 사고사(事故死)로 사건을 종결지었소. 당신에게 정식으로 통고하려고 온 거요."
 다혈질의 그는 빠른 목소리로 말했다.
 "새로 태어난 재벌에게 술잔이나 얻어마실 생각이었지만, 구역질이 나서 이만 가봐야겠소. 잘먹고 잘사시오."
 그는 그렇게 말하더니 뒤도 돌아보지 않고 뚜벅뚜벅 걸어갔다. 그리고는 곧 어둠 속으로 사라지고 말았다.
 잘먹고 잘사시오. 윤 형사의 화난 목소리가 그의 머리속을 왕왕 울렸다.

한참 만에야 병준은 자신에게 무슨 일이 일어났는지 깨달았다. 사건은 종결되었다. 그동안, 얼마나 오랫동안 괴로움 속에서 헤맸던가? 죽고 싶었고, 모든 사람들의 시선 속에서 사라지고 싶었다. 밥 대신 술로 끼니를 때워야 했고, 죄책감 때문에 잠들 수도 없었다. 이제나저제나 감옥으로 끌려갈 것이라는 불안과 초조로 그는 미칠 것 같았다. 차라리 세상에 태어나지 않았으면 싶었던 그런 괴로움의 터널속을 헤매어야 했다.

그런데, 수사는 종결되었다. 영애의 죽음은 단순한 사고사(事故死)였다. 수면제 오용(誤用)에 의한…… 그러나, 진정으로 사건은 종결된 것일까?

윤 형사의 목소리가 채찍이 되어 그를 후려쳤다. 그 채찍에는 작은 가시들이 촘촘이 붙어 있어서 그의 온몸에 구멍을 뚫었다. 그 구멍으로 핏물이 배어 나왔다. 병준은 술자리에서 간신히 일어났다. 지나가던 택시가 그의 앞에서 멈추었다.

"어디로 가실까요?"

병준은 얼결에 차에 올랐다.

"어디로 모실까요?"

운전수가 다시 물었다. 병준은 잠시 생각하다가 불쑥 말했다.

"아촌으로 갑시다."

"네?"

운전수가 반문했다.

"아촌 유원지요."

택시가 달리기 시작했다.

아촌(蛾村).

그것은 온갖 벌레들이 모여든다는 곳이었다.

그대의 콧구멍

그는 퇴계원에서도 한 참 더 가서야 버스를 내렸다. 그리고 저 멀리 바라다보이는 공동묘지를 향하여 터덜터덜 걷기 시작했다. 그리 높지 않은 야산의 구릉에는 크고 작은 무덤들이 빼곡했다. 공동묘지 가까이로 다가갈수록 총총히 세워진 대리석 비석들이 한눈에 들어오기 시작했다. 비석들은 가을의 맑은 햇살에 유난히 반짝였다.

그는 잠시 멈추어서서 반짝이는 비석들의 밀림을 바라보았다. 아마도 그들 비석에는 죽은 자들의 이름들이 일일이 새겨져 있을 것이다. 그리고 그 이름은 지금에 이르러서는 죽은 자의 영혼과 육체를 모두 대변하는 유일한 증거일 것이다. 결국 사람은 죽어서 그런 식으로 이름 몇 자를 남겨 놓고는 기억의 저 멀리로 사라지는 존재가 아니던가?

그는 다시 걸음을 옮겨 놓기 시작했다. 자꾸만 어깨가 처졌다. 공연한 헛걸음이지 싶었다. 용하다고 소문났다는 침술장이가 하필이면 공동묘지의 외따른 산자락에서 환자를 본다는 것 자체가 마음에 들지 않았다. 병자란 으레 죽음을 두려워하기 마련이고, 그런 이유 때문에도 자신의 죽음을 연상케 하는 묘지 따위와는 거리를 두고 싶기 마련이었다. 그런데도 친구 녀석은 막무가내로 권했다.

"모로 가도 서울만 가면 된다는 속담도 못들었냐? 의원의 집이 공동묘지 옆이면 어떻고 화장터 옆이면 어떠냐? 네놈의 꽉 막힌 콧구멍만 확 뚫어주면 될께 아니냔 말이다."

사실인즉은 그랬다. 녀석의 말대로 꽉 막힌 콧구멍만 확 뚫어준다면 의원의 집이 어디에 있느냐는 것쯤은 그리 대수로울 게 없었다. 숨을 쉬어야 할 콧구멍이 막힌다는 것만치 고통스런 일도 드물 것이다. 어떨 때는 아예 입으로 숨을 쉬어야 했다. 의사는 말했다.

"축농증에다 비후성비염입니다. 이런 말을 하기에는 좀 안됐지만 태어날 때부터 다분히 기형적으로 생긴 콧구멍입니다. 우선 콧구멍 속에 자라고 있는 살덩이를 잘라내고 콧구멍 안의 뼈를 쪼개어서 그 속에 있는 고름을 제거하는 작업을 한 다음에 정형 수술로 코의 부위를 정상적인 모양으로 고쳐야 할 것입니다. 성공 여부는 아직은 장담하기 어렵습니다."

의사의 목소리는 매우 직업적이었지만 그에게는 더없이 냉혹하게 들렸다. 이런 비정상적인 콧구멍으로 어떻게 지금껏 병원을 찾지 않고 살아왔는지 신기하다는 표정이 역력했다. 차라리 한심하다는 표정에 가까운 것이기도 했다. 그는 서둘러 물었다.

"고칠 수는 있습니까?"

"장담할 수는 없다고 하지 않았소."

"만약 수술을 받게 되면 얼마나 시간이 걸리겠습니까?"

"글쎄요. 살도 잘라내고, 뼈도 쪼개내고... 거기에다 정형수술도 받아야 하니 한 두달 갖고는 어림도 없을 것이요..."

의사의 어정쩡한 말만으로 미루건대 자칫하면 몇 달이나 걸릴 대수술이 될 것이 틀림 없었다. 그런 막연한 수술을 받기 위해서 몇 달이고 병원의 침대에 누워 있을 팔자라도 된다면 얼마나 다행일 것인가? 그는 병원을 다녀온 얼마 후에 직속상관인 영업부장에게 병원에 가서 입원 수술을 받아야 할 것 같다는 말을 슬쩍 비친 적이 있었다. 그러자 영업부장은 어이가 없다는 듯이 펄쩍 뛰었다.
"이것 봐요. 김 대리, 지금 한가하게 콧구멍 타령할 때입니까? 회사가 내일 도산하느냐 모래 도산하느냐 하는 판인데 영업파트의 김 대리가 나 몰라라 하고 병원 침대에서 낮잠이나 자겠다 그 말입니까?"

그는 나름대로 심각한 처지여서 영업부장의 의견을 떠본 것이지만 짐작했던 대로 된통 호통만 당하고 말았다. 영업부장이 그렇게 말하는 것도 무리는 아니었다. 시장의 개방화 물결과 더불어 값싼 외국 상품이 무제한 수입되고부터 회사의 경영이 말이 아니었기 때문이었다.

주로 고무제품을 만들고 있는 그의 회사는 노동 집약형의 회사이면서 또한 공해업소에 해당되기 때문에 근래에 들어 여러 차례나 심한 노사분규를 겪어야 했다. 거기에다 주민들로부터 집단 항의를 받아서 환경청으로부터도 시설을 보완하라는 시정 명령을 받는 등 이래저래 경영상태가 극도로 악화되어 있는 형편이었다.

회사의 경영이 이 모양이니 남들이 다 가는 여름철 휴가도 반납하고 전 사원이 이리 뛰고 저리 뛰고 하는 판에 몇 달이 걸릴지도 모르는 수술을 받기 위해 병원에 입원해 있겠다고 말할 엄두가 나지 않았다.

그런 딱한 처지의 그에게 며칠 전에 친구 녀석 하나가 어디에서 주워들은 말이라며 불쑥 말했다.

"야. 기맥히게 잘 낫는다더라. 그 침술장이는 다른 건 일체 안보고 콧병 치료만 하는데 침 한 방이면 고치지 못하는 병이 없단다. 축농증이든, 비후성 비염이든, 아무튼 콧병 계통의 병은 무엇이든지 침 한 방이면 거뜬히 낫게 한다고 소문이 파다하단다.

환자가 어찌나 몰리는지 며칠 전에 미리 예약해 두지 않으면 어림도 없단다. 병세를 문의하는 전화가 빗발쳐서 아예 전화마저 없애 버릴 정도라네. 그러니 너도 서둘러 가봐라. 너로서야 절호의 기회가 아니냐?"

그는 귀가 번쩍 뜨이지 않을 수 없었다.

"그게 정말일까?"

"젠장할, 귀한 쌀밥 먹고 헛소리는 왜 하노? 설혹 잘못된 소문일지라도 크게 손해날 이유가 뭐냐? 답답한 놈이 우물 판다는 말도 못들었냐? 너의 그 고질병 고치지 않으면 제 명을 누리기도 쉽지 않을 게다. 그러니 만사 다 제쳐두고 그리 한 번 가 봐라. 그렇지 않아도 네 생각하고 내가 주소랑 약도랑 적어 왔다."

녀석은 그렇게 침장이에 대한 소문을 한바탕 늘어놓고는 그에게 침장이의 주소와 집의 약도가 그려진 종이쪽을 내밀었다. 약도에는 침장이의 집이 퇴계원에서 몇 정류장 더 지나서 버스를 내려서 삼십분쯤 걷게 되면 공동묘지가 나오게 되고 그 발치에 홀로 있는 외딴 오두막집으로 되어 있었다.

"침장이의 집은 찾기가 아주 쉽다더라. 공동묘지 바로 밑에 있는 외딴집인데 독립가옥이라 쉽게 눈에 띌꺼라고 했다."

"하필 공동묘지냐?"

그의 말에 녀석은 벌컥 화를 내었다.

"그게 무슨 문제냐? 병이 낫기만 하면 되지. 병원에 입원할 겨를도 없는 주제에 이것저것 가릴 게 뭐냐? 침 한 방에 콧구멍이 확 뚫린다는데 그야말로 네게는 구세주가 나타난 게다. 구세주가 별게냐? 사람의 고통을 잊게 해주고 병을 낳게 해주면 구세주지... 네놈이 맨날 입을 헤 벌리고 숨을 몰아쉬는 꼴은 정말 답답해서 못보겠더라...."

친구 녀석의 말은 사실이었다. 영업사원이란 게 잠시도 자리에 앉아 있을 겨를이 없었다. 이리 뛰고 저리 뛰어야 했다. 그런데 콧구멍으로 숨을 쉬지 못하니 입으로 숨을 쉴 수밖에 없었다. 그러다보니 자동차의 매연도 목구멍으로 집어삼켜야 했고 길거리의 먼지도 목구멍으로 집어삼켜야 했다.그렇게 콧구멍으로 걸러져야 할 것들을 모두 목구멍이 대신하게 되니 저녁이 되어 집으로 돌아오면 가슴이 터질 것 같았다. 식도에서는 가래가 그르렁거리고 목구멍은 쓰리고 아팠다. 잠을 자다가 몇 번씩 깨어나서 새까매진 가래침을 뱉어야 했다.

아무튼 친구 녀석의 말대로 침 한 방으로 평생 고질인 그의 콧구멍을 고칠 수만 있다면 그로서는 재생의 새 삶을 시작할 수도 있을 것 같은 기분이었다. 숨을 제대로 쉴 수 없다는 고통만큼 심한 것이 또 어디에 있으랴! 거기에다 도무지 지금껏 냄새라는 것을 모르고 살아온 터이니 그 답답함은 겪어 보지 않고는 이해할 수 없는 종류였다.

그는 친구 녀석의 말이 턱없이 떠도는 헛소문이 아니기를 간절히 바라는 마음으로 서둘러 점장이의 집을 찾게 된 것이다. 미리 예약을 하고 어쩌고 할 마음의 겨를이 없었다. 일단 찾아가서 정황을 확인하고 예약이든 무엇이든 해볼 작정이었다.

침장이의 집은 친구 녀석의 말대로 공동묘지 바로 밑에 있는 외딴 초가집이었다. 서울의 변두리에 아직도 이런 초가집이 있다는 것이 신기하게 여겨질 정도로 초라하기 그지없는 삼간초옥이었다. 멀리서 언뜻 보면 그건 사람이 사는 집이 아니라 상여를 보관해 두는 틀집쯤으로 밖에 보이지 않았다. 지붕의 이엉은 낡고 썩어서 금방이라도 무너져 내릴 것 같았다. 짚을 걷어내지 않고 계속 이엉을 덧씌운 탓으로 두텁게 켜가져서 토방이 낮은 초가는 집 전체가 거대한 거름더미로 느껴질 정도였다.

그가 마당으로 들어서니 집안은 괴괴했다. 그는 갑자기 친구녀석의 허풍을 의심하지 않을 수 없었다. 손님이 밀려서 예약을 하지 않으면 의원을 만나 볼 수조차 없다고 하던 말이 말짱 거짓말이라는 것을 느낄 수 있었기 때문이었다. 그는 닫힌 방을 향하여 몇 번 헛기침을 했다. 그러나 방안에서는 아무런 기척이 없었다. 간신히 틈을 내어 찾아간 터인데 공연히 허탕만 치는 게 아닌가 하는 의구심이 자꾸만 밀려 왔다.

그는 토방의 마루에 털썩 주저앉았다. 마음의 긴장이 풀리면서 갑자기 피로가 감탕처럼 밀려왔다. 그는 이곳으로 오면서 집안에서 법석인다는 환자들을 연상했었고 구세주 같은 의원의 예약을 받아내기 위해서 어떤 작전을 쓸 것인가를 나름대로 면밀히 계산하고 있었던 터여서 더구나 허탈에 빠지는 심정이었다. 초가집의 안팎에는 사람의 기척은 흔적도 없고 다만 처마에 두 개씩이나 만들어진 제비집만이 덩그렇게 돋보일 뿐이었다. 처마의 오래된 서까래를 쳐다보느라니 썩은 이엉의 사이로 시커멓게 뚫린 여러 개의 구멍도 발견할 수 있었다. 그 구멍 사이로 참새란 놈이 눈알을 반들대며 그를 경계하듯 바라보고 있었다.

그런 것들을 보고 있노라니 아련한 꿈처럼 어린 시절 고향집 생각이 났다. 서너 살 때의 기억이니 어느 정도 정확한 것인지는 몰라도 그 때의 그의 집도 이런 초가집이었던 것으로 여겨진다. 지금처럼 참새들이 드나들었다. 어느 땐가 그 구멍 속에서 큰 구렁이 한 마리가 기어 나왔다. 어른 키보다 더 큰 시커먼 구렁이였다. 집 식구들이 모두 나와서 그 구렁이를 보았다.

"집 지킴이다. 그 구렁이가 우리 집안을 보호해 주는 게야."
할아버지의 말씀이었다.
"해치지 말고 잘 모셔야 한다."
구렁이는 식구들을 빤히 내려다보더니 다시 썩은 짚의 구멍 깊숙이로 사라져 버렸다. 그 해에 팔순이던 할아버지는 돌아가시고 아버지는 서둘러 시골집을 처분하고 서울로 이사를 하고 말았다. 할아버지가 돌아가시자마자 서울로 이사를 하게 된 것은 아마도 지붕 속에 큰 구렁이가 살고 있다는 사실을 견딜 수 없어 했던 어머니의 주장 때문이 아닌가 하고 여겨진다.

그에게 어릴 때의 고향 기억이라고는 그런 정도 밖에 없었다. 그러니 남들이 말하는 고향의 냄새라든지, 고향의 분위기라든지를 그는 이해할 수 없었다. 그저 고향이라면 시커먼 구멍과 시커먼 구렁이의 느릿한 꿈틀거림에 겹쳐지는 두려움의 느낌이 전부였다. 먼 전설의 어떤 곳에 혼자서만 버려진 것 같은 그런 두려움을 느끼게 하는 곳이 그의 고향 인식인 셈이었다.

그가 썩은 초가지붕의 구멍들을 쳐다보며 상념에 젖어 있는 사이에 한 젊은이가 사립문을 밀치고 마당 안으로 들어섰다. 청년은 마루에 걸터앉은 그를 흘깃 한번 바라보더니 등에 짊어졌던 물지게를 벗어서 섬돌에 내려놓았다. 큰 유리 항아리에 담긴 것을 보니 어디 가까운 곳에서 약수를 길어 온 모양이었다. 청년은 그를 보더니 느릿한 어조로 말했다.

"할아버지께서는 몸이 불편하셔서 손님을 받지 않습니다."
"미리 예약을 하고 왔소."
그는 얼결에 그렇게 말했다.
"근래에는 예약을 한 일이 없는데요."
"그럴 리가 없을 텐데...?"

그는 짐짓 그렇게 말하며 머리를 갸우뚱하는 시늉을 했다. 그러나 그런 그의 간교한 술수에는 아랑곳도 하지 않고 청년은 유리 항아리의 물을 토방마루로 옮기고 있었다. 차근차근 자신의 일을 챙기고 있는 청년의 몸동작이 매우 자연스러웠다. 그는 가을 하늘만큼이나 맑고 조용한 청년의 눈매를 볼 수 있었다.

그는 기왕에 온 김인데 어떻게든 그 용하다는 침장이의 얼굴만이라도 한번 보아야겠다는 생각이 불현듯 들었다. 그래서 청년을 향하여 서둘러 말했다.

"의원께서 몸이 불편하시다는데 이런 청을 하기에는 죄송한 일이요만 기왕에 온 김이니 진맥이나 한번 받아 보았으면 좋겠소."

"할아버지께서는 연로하신데다가 그동안의 과로가 겹쳐서 병환중이십니다. 그래서 당분간은 손님을 받지 못하십니다."

"그렇더라도 의원님께 한번 여쭈어 보시오. 천신만고 끝에 찾아온 길이요. 매일 발로 뛰어야 그날그날 입에 풀칠하는 신세라 좀처럼 시간을 내기가 쉽지 않소."

그는 몸에 밴 영업사원의 솜씨를 발휘하여 젊은이를 끈질기게 물고 늘어지기 시작했다.

"병원에서는 수술을 하라고 합니다. 워낙 고질병이어서 몇 달이 걸릴런지 모른다고 합니다. 그러니 날품팔이 직업이나 다름없는 내 입장에서 어떻게 하겠소? 회사에서는 단 하루의 쉴 틈도 내줄 수 없다고 하지요. 몇 달을 쉴려면 아예 회사를 그만두라고 하고 있소. 그렇게 되면 우리 가족은 누가 먹여 살립니까? 그런데 마침 의원님의 소식을 듣게 되어 부랴부랴 달려온 것이지요. 의원께서 병환이 심하시다니 염치없는 부탁이 되겠습니다만 기왕에 이곳까지 왔으니 진맥만이라도 한번 받아보았으면 하오. 의원께서 고칠 수 있는 병인지 아닌지 그것만이라도 알았으면 하고 말이요."

그가 젊은이를 붙들고 통사정을 하자 청년은 마지못해서 말했다.

"들어가서 한번 여쭈어는 보겠습니다만..."

청년이 토방마루를 가로질러 방안으로 들어갔다. 잠시 후에 청년이 방을 나오면서 말했다.

"들어 오시랍니다."

그가 방안으로 들어가니 칠순에 가까와 보이는 노인이 안석에 몸을 기댄 채 손을 기다리고 있었다. 노인은 안석에 기대어 있는 것마저도 몹시 고통스러운지 가쁜 숨을 몰아쉬며 그를 바라다 보았다. 그는 엉겁결에 큰 절을 올리고 노인 앞에 꿇어앉았다.

"의원님께서 병환 중이시라는 말을 들었습니다만 진맥만이라도 봐 주셨으면 해서 이렇게 뵙고자 했습니다."

노인은 그의 말은 들은 척도 않고 불쑥 말했다.

"병이 오래 되었구먼..."

노인은 그의 코맹맹이 목소리만 듣고도 병의 정도를 짐작한 모양이었다.

"워낙 어릴 때부터의 일이라 언제 어떻게 이런 증세가 생기게 되었는지도 잘 알지 못합니다. 부모님 말씀으로는 태어나면서부터 코가 좀 신통치 못한 느낌이 있었다고 했습니다. 그러니 선천성의 고질병인지도 모를 일입니다."

"선천적으로 그런 체질을 타고나는 사람이 있긴 하지..."

"그러나 그런대로 버티어 왔는데 근래에 이르러서는 더 이상 버틸 수 없을 정도로 고통을 당하고 있습니다."

"원체 기(氣)가 약하구먼..."

노인은 그렇게 말하고는 곧 눈을 감았다. 상체가 간단없이 흔들렸다. 더 이상 아무 말도 하지 않았다. 침묵이 오래 갈수록 그는 점점 초조해지기 시작했다. 무엇이든 화제의 단초를 찾아야 했다.

"치료가 쉽지 않을 것이라는 것은 짐작하고 있습니다. 하루 이틀 병이라야지요. 하지만 의원님께서 돌보아 주시면 은혜는 잊지 않겠습니다."

노인은 여전히 눈을 감은 모습 그대로 상체만을 간단없이 흔들 뿐 아무런 대답이 없었다. 그는 대꾸도 않는 노인을 향하여 무엇을 더 물어볼 것인지 어쩔지를 판단할 수 없었다. 그대로 계속 앉아 있을 것인지 아니면 자리를 물러나올 것인지도 판단할 수 없었다. 노인에게는 이상하게 사람을 잡아 누르는 힘이 있어서 함부로 말을 건네기도 쉽지 않았다.

이상한 침묵의 어색한 분위기를 깨뜨린 것은 예의 젊은이었다. 청년이 방안으로 들어서며 물었다.

"손님을 가게 할까요?"

노인은 숨을 헐떡이며 천천한 목소리로 말했다.

"장침 두 개를 가져오너라."

청년이 걱정스러운 표정으로 만류했다.

"며칠 더 쉬셔야 합니다."

"병이 너무 쇠었어."

노인의 말에 청년은 더 이상 말대꾸를 않고 선반에서 침통을 꺼냈다. 그리고 그중에서 한 뼘도 넘어 보이는 큰 장침 두 개를 골라내었다. 청년이 골라잡은 것은 그야말로 말이 침이지 아예 쇠꼬챙이를 연상케 할만큼 굵고 긴 종류였다.

"이리 누우시지요."

젊은이는 목침을 내밀며 그에게 길게 눕도록 일렀다. 그는 길게 누우면서 걱정스런 표정으로 노인과 젊은이의 표정을 번갈아

살피었다. 그 굵고 긴 침으로 어디를 쑤시려는 것일까?

노인은 잠에서 막 깬 듯한 눈으로 길게 누운 그를 내려다 보았다. 매우 생소한 표정이었다. 노인이 쇠꼬창이 같은 침을 한 손에 옮겨 잡고 그의 머리맡에 다가앉았다. 그러자 젊은이는 이런 일에는 익숙해진 모양으로 그의 몸에 걸터앉듯이 하고는 두 어깨를 잡아 주었다. 그는 눈앞으로 다가오는 쇠꼬창이를 보자 온몸이 오싹했다. 노인의 손가락이 그의 코뼈를 어루만졌다. 이윽고 왼쪽 콧구멍과 입술이 서로 이어지는 한쪽의 혈에다 침을 꽂기 시작했다.

그가 침을 처음 맞아 본 것은 아마도 서너살 때였을 것이다. 급체했던지 갑자기 뱃속이 뒤틀리고 숨을 쉬기 어려웠는데 그때 할아버지께서 침을 놓았다. 할아버지는 손바닥을 몇번 쓸고는 엄지와 검지가 갈라지는 체증혈에다 침을 놓았다. 어린 마음에 매우 두려워 떨고 있는데 그저 따끔했다. 그러자 검은 피가 배어 나왔다. 왼손과 오른손, 그리고 왼발과 오른발의 발가락 사이에도 침을 놓았다. 그저 따끔할 뿐이었다.

그런데 손과 발의 체증혈에다 침을 놓는 일이 끝나자마자 뱃속에서 길게 트림이 나오기 시작했다. 그리고는 언제 그랬던가 싶게 뱃속이 편해지고 까맣게 죽었던 얼굴에도 화기가 돌았다. 참으로 신기했다. 그렇게 효험이 빠를 수 없었다. 그러나 성장하면서 그는 침을 맞은 일이 거의 없었다. 소소한 병은 약방에서 사온 약으로 치료가 되었고 조금 심한 병이라도 병원엘 몇 번 드나들고 보면 대체로 쾌차 되었던 것이다.

그래서 이번의 침도 그런 종류의 것이거니 생각했었는데 그게 아니었다. 노인은 침을 코뼈에 꽂은 다음 점점 비틀면서 더욱 깊숙이 박아놓기 시작했다. 쇠꼬창이 같은 침이 뼈를 으깨는 느낌이 온몸에 전율을 가져오게 했다. 그는 엉겁결에 몸을 비틀었으나 젊은이가 무섭게 찍어 누르는 힘 때문에 꼼짝도 할 수 없었다.

노인의 쇠약해진 팔힘으로는 뼈를 뚫는 작업이 쉽지 않은 모양이었다. 으직으직 뼛조각이 으깨지는 소리가 중추 신경을 거슬러 올라 뇌신경을 강타했다. 그렇게 하나의 침이 깊숙히 박히자 그 침을 그대로 꽂아 둔 채 이번에는 코의 다른 쪽에 다른 침을 꽂기 시작했다. 견고하고 단단한 벽돌짱에 벽돌못을 박을 때처럼, 못은 제대로 박히지도 못하고 조금씩 벽돌에 균열을 일으키며 때때로 못이 튀어나오기도 하는 것처럼, 쇠꼬챙이 같은 침은 뼈를 뚫지 못해 머뭇거리다가 비틀어 대는 힘에 밀려 조금씩 더 들어가고 때로는 조금씩 튀어나오는 일을 거듭했다. 그리하여 그 지독한 고통에 못이겨 그는 마침내 정신을 잃고 말았다.

그가 공동묘지 틀집 같은 의원의 집에서 침을 맡고난 다음부터 이상한 현상이 일어나기 시작했다. 그렇게 꼭 막혔던 코가 거짓말처럼 확 뚫린 것이었다. 입으로 숨을 쉬지 않고 코로 숨을 쉴 수 있다는 게 참으로 신기했다. 매연과 먼지를 목구멍으로 먹지 않아도 되었다. 코를 통하여 기관지에서 매연과 먼지를 걸러 주었다. 답답하던 가슴이 후련해지기 시작했다. 가래침도 줄고 따끔따끔하던 목구멍도 한결 좋아졌다.

그런데 주체할 수 없는 것은 콧물이었다. 누런 고름덩이 같은 콧물이 간단없이 흘러내렸다. 뼛속에 고여 있던 고름덩이가 쏟아져 나오는 것이라고 했다. 고름덩이 같은 콧물이 쏟길 때마다 고약한 냄새가 풍겼다. 코의 뼛속에 오랫동안 고여 있던 썩은 콧물에서 나는 냄새였다.

그러고 보면 지금까지 그의 코는 숨쉬는 역할도 제대로 못했을 뿐 아니라 냄새 맡는 역할도 전혀 하지 못했던 것이다. 그러니 음식을 먹어도 음식맛을 제대로 알 수 없었다. 맛이라든지 냄새라든지와는 관계없이 그냥 때가 되면 먹었고, 남들이 좋은 냄새가 난다고 하면 그런가보다고 생각할 정도였던 것이다.

그런데 코가 뚫리고부터 그는 자신의 콧속에서 흘러내리는 역한 고름 냄새를 견디느라 애를 써야 했다. 휴지를 주머니 가득 갖고 다니면서 수시로 코를 풀었다. 콧물은 어떨 때는 그가 미처 의식하지 못하는 사이에도 땀처럼 줄줄이 흘렀다. 이상하게 역한 냄새가 난다 싶으면 곧 콧물이 흐르고 있다는 징조였다. 그렇게 몇 달을 고통스럽게 보내었다. 그러는 동안 차차 콧속에서 나는 악취가 조금씩 줄기 시작했다. 녹말을 만들기 위해서 감자를 썩혀 우려내는 항아리에서 나는 냄새처럼 썩은 고약한 냄새가 조금씩 줄기 시작했던 것이다.

그런데 이번에는 새로운 문제가 생겼다. 콧속에서 나던 냄새가 조금씩 줄어들게 되면서부터 외부에서 맡아지는 다른 냄새들이 점차 그를 괴롭히기 시작한 것이다. 태어나면서부터 세상의 냄새에 익숙치 못한 그에게 새삼스레 온갖 종류의 냄새들이 콧속으로 스며들면서부터 콧속 자체에서 나는 썩는 냄새와 결합하여 그를 견딜 수 없게 했기 때문이었다.

모든 종류의 냄새들이 그를 괴롭혔다. 자동차의 매연이 풍기는 광물질의 독한 냄새도 견딜 수 없었다. 화장실로 들어가면 용변기에서 나는 온갖 냄새들이 나프타린 냄새와 뒤범벅이 되어 그에게 구역질을 일으키게 했다. 점심식사 시간이 되어 식당으로 들어가면 음식을 만드는 공업용 식용유의 독한 냄새가 푸로판개스의 냄새와 버무려져서 그의 머리를 욱신욱신 아프게 했다. 길거리를 걷다 보면 어김없이 하수구에서 나는 오물냄새가 불현듯 밀려오기 마련이었다. 남들에게는 이미 면역이 되어버린 이러한 냄새들이 그에게는 아주 생소하게 그리고 세밀하게 분류되어 맡아질 뿐 아니라 아직 덜 우려진 콧속의 썩은 냄새와 범벅이 되어 그를 견딜 수 없게 했던 것이다.

무엇보다 그를 견딜 수 없게 하는 것은 사람에게서 나는 악취였다. 그는 사람마다 제각기 다른 지독한 냄새를 갖고 있으리라고는 전에는 전혀 상상도 하지 못했었다. 그는 자신도 몰래 코를 싸쥐고는 그 사람으로부터 저만치 도망을 치지 않을 수 없었다.

"이봐. 김 대리. 자네 요즘 어쩐 일인가? 걸핏하면 코를 싸쥐니 말이야."

영업부장이 불쾌한 표정으로 힐난했다.

"갑자기 코피가 날려고 해섭니다."

그는 엉겁결에 그렇게 대답했다.

"전에 안그렇던 코피는 어찌하여 그리 자주 난다는 게야?"

영업부장의 계속적인 추궁에 모든 사원들이 그를 쳐다보았다. 그는 그저 어쩔 줄 몰라 얼굴을 붉히면서도 영업부장이 풍기는 썩은 냄새로부터 도망치고 싶은 충동을 견딜 수 없었다. 그래서 뒤로 물러서려는데 영업부장이 다시 그를 불러 세웠다.

"이 사람아, 결재 서류를 가져왔으면 사건의 경위를 상세히 설명해야지 코를 싸쥐고 그렇게 물러가면 어쩌자는 겐가?"

"아, 죄송합니다."

"허, 이 사람 보게."

영업부장은 여전히 코를 싸쥐고 있는 그를 보고는 혀를 차면서 머리를 돌리고 말았다.

퇴근길에 경리를 보는 미쓰 박이 그의 팔소매를 잡았다.

"요즈음엔 통 얼굴 볼 기회가 없네요."

"몸이 좀 불편해서…"

"많이 아픈가 보죠. 얼굴색이 말이 아녜요."

그는 모처럼 동정적인 말을 듣게 되자 갑자기 마음이 약해지기 시작했다. 미쓰 박에게만이라도 자기의 최근에 일어난 딱한 형편을 들려주고 싶은 충동이 생겼다. 그들은 함께 자주 가던 다방엘 들렀다. 커피가 나오자 미쓰 박이 킁킁 냄새를 맡으며 말했다.

"이 집 커피는 어느 때라도 좋아요. 주방장의 솜씨가 일품인가 봐요."

그녀는 늘 커피의 맛을 정확히 가릴 줄 아는 특별한 재능이 있다고 자랑하곤 했다. 콧구멍이 막혀서 냄새를 맡을 수 없었던 그는 그녀가 커피맛을 자랑할 때마다 늘 적당히 수긍하는 것으로 위기를 넘기곤 했었다. 그런데 지금 그의 코로 스며드는 커피의 냄새는 다른 냄새를 태워 버리는 그런 종류의 독한 독성의 어떤 것이었다. 화장실에서 맡아지는 크롤칼키의 소독냄새와도 흡사한 종류였다.

그 냄새보다 더욱 견딜 수 없는 것은 커피의 향 저쪽에서 풍겨오는 그녀의 몸에서 나는 악취였다. 입속에서 나는 입 냄새며, 땀 냄새와 범벅이 된 겨드랑이 냄새, 그리고 심지어는 짧은 스커트의 안쪽에서 풍기는 자궁 속 냄새까지 한꺼번에 몰려와서 그를 질식시키는 것이었다.

"안색이 안좋네요."

커피를 홀짝이면서 미쓰 박이 걱정스럽게 말했다.

"뱃속이 불편해서…"

그는 당장이라도 토할 것만 같았다. 한 여자에게서 어쩌면 저렇게 많은 종류의 악취가 풍기는 것일까? 그는 미쓰 박의 화사한 얼굴을 늘 선망의 눈으로 쳐다보곤 했었다. 그리하여 시간만 있으면 데이트를 청하곤 했었다. 여자가 차마 거절하지 못하도록 온갖 그럴듯한 구실을 만들어서는 접근을 시도했다. 미쓰 박은 그런 그의 열정에 못이겨 선심을 쓰듯 가끔씩 데이트에 응해 주었다. 그러면서도 속으로는 코웃음을 쳤다. 유부남인 주제에… 주제 파악을 제대로 해야지… 다방을 나오면 으레 카페로 갔다. 양주 몇 잔이 여자에게 미칠 수도 있는 변화에 기대를 걸었던 것이다.

그러나 그는 다방을 나오는 길로 서둘러 미쓰 박과 헤어졌다. 그 참혹한 냄새를 차마 더 이상 맡고 있을 수가 없어서였다. 미쓰 박과 서둘러 헤어진 그는 그러나 특별히 갈만한 곳이 없었다. 그래서 습관처럼 예의 카페로 어슬렁어슬렁 들어갔다.

"오늘은 혼자시네요?"

바텐더가 아는 체했다. 늘 함께 다니던 미쓰 박을 달고 들어 오지 않는 것이 이상하다는 눈치였다. 그는 바텐더의 그런 눈치에는 아랑곳없이 평소의 자신의 자리로 돌아가 스카치 한 잔을 청했다. 오늘은 아예 술에 푹 절어서 그놈의 지독한 냄새로부터 해방되고 말겠다는 결심을 단단히 했다. 술잔이 날라져 왔다. 그가 술잔을 들어 입속으로 가져가려는데 갑자기 술 속에서 광물질의 독한 냄새가 풍기기 시작했다. 그것은 자동차의 매연이 풍기는 냄새와 크게 다르지 않았다. 질 나쁜 희발유에서 나는 종류의 냄새였다.

"당분간 술이나 담배는 삼가도록 하게. 코뼈의 깨진 금이 낫기 전에 자칫하며 염증이 생길 수도 있으니까."

침술장이 노인은 그렇게 주의시켰다. 그 때문에 술집에 들어서기는 오늘이 처음이었다. 그는 양주잔에 출렁이는 노란 액체를 바라보았다. 전에는 꽉 막힌 콧구멍임에도 불구하고 스카치의 냄새만은 그런대로 맡을 수 있었다. 소나무의 송진을 씹을 때의 그 냄새처럼 먼 추억을 생각나게 하는 냄새라고 생각하곤 했었다. 그런데 콧구멍이 뚫린 지금에 맡아지는 그 냄새는 결코 과거의 그런 종류가 아니었다. 온갖 인공적인 향료를 배합하여 사람의 후각을 혼란시키고 마비시키도록 교묘하게 만들어진 위장된 냄새였다.

그는 술잔의 술을 탁자 밑으로 쏟아 버리고는 자리에서 일어났다.

"역시 혼자서는 술맛이 없는 모양이죠."

바텐더가 웃으며 말했다. 그도 희미하게 웃어 보였다. 네 말이 맞다고 동의를 해주어야 그 작자가 안심할 것 같아서였다. 사람들은 모두 관습적인 자신의 범주로 남들을 평가하고자 하고 그렇지 않으며 매우 불편해하기 때문이었다. 카페를 나와서 그는 어두워진 포도를 걸었다. 그리고 늘 그러듯 정류장에서 만원 버스를 탔다.

"이봐요. 밀지 말아요."

"안으로 좀 더 들어가란 말예요. 아이구 숨 막혀요."

"발을 비켜요. 발등을 밟지 말라고요."

버스 안은 아수라장이었다. 이놈의 만원 버스는 십년 전이나 이십 년 전이나 조금도 달라진 것이 없었다. 고층 아파트가 즐비하게 늘어서고, 지하철이 생기고, 국민의 소득수준이 열 배로 늘어났다고 하고, 그래서 집집마다 자가용이 있어도 출퇴근길의 만원버스는 맨날 고통이었다.

"제발 좀 비켜줘요. 숨 좀 쉬게 해줘요."

그는 다행히 키가 큰 편이어서 남의 가슴에다 코를 틀어박지 않아도 좋았다. 그런데 이 지독한 냄새들은 무엇인가? 냄새란 냄새는 모두 위로만 치솟는 모양이었다. 사람마다 풍기는 제각기의 냄새들이 모두 범벅이 되어 좁은 공간을 가득 채웠다. 땀 냄새는 물론이지만 희박한 산소를 간신히 들여 마시고 내뿜어 대는 이산화탄소의 냄새는 공장의 굴뚝에서 뿜어 올리는 매연과 다를 것이 없었다. 몰래 소리를 죽여 풍겨 내보내는 저 구린 뱃속의 썩은 냄새들도 간단없이 피어올랐다.

그는 구역질을 참을 길 없어 서둘러 버스를 내렸다. 그리고 가로수의 밑둥이를 부여잡고 한참을 토해내기 시작했다. 행인들이 그를 흘끔거리며 지나쳤다. 아직 초저녁인데 벌써 저렇게 고주망태로 취한 모양이라고 생각하는 눈치였다. 그는 자신의 토사물에서도 수증기처럼 피어오르는 악취를 맡을 수 있었다. 그래서 서둘러 그곳을 도망쳤다.

몇 번이나 버스를 갈아타고, 쉬고, 걷고 해서 겨우 그의 집에 이르렀다. 집이라야 지하실의 단칸 셋방이었다. 아직 세 살 난 딸이 있을 뿐이니 단칸 셋방이라 해서 그리 불편하지는 않았다. 그러나 그는 잔뜩 풀죽은 모습으로 집안으로 들어갔다. 그의 아내가 시큰둥한 표정으로 물었다.

"식사하셨어요?"

그는 머리를 끄덕였다. 그는 차마 저녁을 먹겠다고 말할 엄두가 나지 않았다. 어제처럼 밥을 먹던 도중에 왈칵 토할까 겁이 났던 것이다. 어제는 구운 생선에서 나는 비릿내를 견딜 수 없었고, 돼지고기 속에서 풍기는 죽은 피의 냄새, 그리고 소시지에서 나는 방부제 냄새며 조미료에서 나는 화학약품 냄새들이 한꺼번에 뭉쳐져서 그에게 구역질을 강요했던 것이다.

집안의 가구들에서도 제각기 이상한 냄새가 났다. TV의 전자파에서 내뿜고 있는 금속성의 냄새, 옷장과 문갑에서 풍기는 유독성의 칠 냄새, 주방에서 풍기는 음식의 찌꺼기들이 썩어가는 냄새들이 방안을 가득 채웠다. 그뿐 아니었다. 지하실 방이라 환기가 제대로 안되어서인지 곰팡이 냄새와 눅눅한 습기의 냄새와 저기압으로 밑으로 가라앉은 분뇨의 냄새까지 맡아졌다. 그러나 그것들보다 더 참을 수 없는 것은 아내의 몸에서 나는 냄새였다. 미쓰 박에게서 맡아지던 그런 종류의 냄새들이 아내의 몸에서도 똑같이 맡아졌다. 이런 아내와 몇 년이나 살을 맞대고 살아왔다는 것을 생각만 해도 끔찍했다. 아내의 자궁 속에서 그 자신의 정충이 죽어서 썩고 있는 냄새마저도 맡을 수 있었다.

  아내는 이제 더 이상 참을 수 없다는 듯이 말했다.

  "내 몸에서 무슨 몹쓸 냄새라도 난다는 말인가요?"

  그는 아내의 직감에 놀라서 말했다.

  "냄새는 무슨 냄새…"

  "그런데 왜 집안으로 들어오기가 무섭게 코를 싸쥐고 그래요?"

  "코를 싸쥐다니?"

  "큼큼 냄새를 맡으며 두리번거리는 꼴을 더 이상 견딜 수 없단 말예요."

  아내는 표독스럽게 눈꼬리를 곤추세우며 말했다.

  "이제 나도 참을 만큼 참았어요. 단칸 셋방으로 매년 이사다니는 것도 질렸다구요. 두더지처럼 지하실 방으로만 전전하니 이게 사람살이인가요? 당신은 밖에 나가 사니 잘난 여자들 많이 만나겠지요. 찌들고 눅눅한 습기에 곰팡이가 슨 나같은 여자 말구 말예요. 발랄하고 젊은 여자들 얼마든지 만날 테지요. 솔직히 말하세요. 싫증이 났다고 말예요. 이만큼 살았으면 싫증이 날 때도 되었을 테지요."

아내가 그렇게 앙탈을 부릴 때는 그만한 이유가 있었다. 그럴 때면 무작정 번쩍 안아서 땅바닥에 눕히는 것이다. 겨드랑이를 간질러주고 그렇게 장난질 치면서 동물적인 교접으로 들어가면 되는 것이었다. 그러면 만사가 잘 되어 갔다.

"애가 봐요. 애가 본다고요. 이런다고 내가 그냥 넘어갈 것 같애요?"

아내는 그런 식으로 앙탈을 부리면서도 마침내 그의 리듬에 호흡을 맞추기 마련이고 한판의 사랑놀이가 끝나면 웬만한 불평꺼리는 눈 녹듯이 녹아 버리곤 했다. 그런데 지금에는 그럴 수가 없었다. 콧구멍이 뚫리고부터 그는 그럴 수 없었던 것이다. 인간의 강한 정욕마저도 그런 본능적 욕망마저도 저지시키는 그 지독한 냄새 때문이었다. 여자가 암내를 풍길수록 그녀의 내부에서 풍기는 온갖 악취는 상승 작용을 하면서 그 자신을 질식 직전까지 몰고 가는 것이었다.

아내는 그렇게 몸을 사리는 그를 보자 마침내 발작을 일으키기 시작했다.

"그렇게 냄새나는 여자가 싫으면 나가요. 나가란 말예요. 억지로 참고 붙어 있는 꼴이 역겨워 견딜 수 없다고요. 나도 구역질이 난다고요."

아내는 손에 잡히는 물건을 그에게로 닥치는 대로 집어 던지기 시작했다.

"누군 좋아서 이 모양 이 꼴로 사는 줄 알아요. 누군 좋은 옷 입을 줄 모르고, 좋은 음식 먹을 줄 모르고, 누군 자가용 몰고 싶지 않아서 이모양 이꼴로 사는 줄 알아요? 아이고...진이가 불쌍하지. 저 계집애만 없었다면 벌써 열 번도 더 헤어졌을 것을... 아이고... 어쩌다 사람을 잘못 만나서... 내 눈이 삐었지... 한 푼 없는 알거지인 것을... 집안에서 그토록 반대하는 것도 듣지 않고... 사람 하나 잘나면 됐다면서... 아이고 잘난 남자란게 저런 인간인 줄을 모르고..."

그는 결국 지하실 단칸 셋방에서도 쫓겨나지 않을 수 없었다. 갈 곳이 없었다. 그는 힘없이 골목길을 걸어 집 뒤의 언덕으로 기어올랐다. 도심지에서 쫓겨난 영세민들이 집단으로 모여사는 판자집들이 다닥다닥 붙은 비탈길을 모두 올라가자 청조망으로 경계가 처진 산언덕이 나왔다. 철조망을 타넘고 계속 걸었다. 소나무가 듬성듬성 나 있는 언덕길을 한참이나 걸어가자 마침 고압선 철탑이 서 있는 봉우리가 나왔다. 그곳에서는 서울의 전 시가지가 발밑에 내려다보였다. 불빛이 휘황찬란했다.

그는 심호흡을 했다. 세상으로부터 한결 떨어진 산의 구릉이라는 생각 때문에 한결 가슴이 후련해지는 것 같았다. 그는 아직 온기가 남아 있는 풀섶에 길게 누웠다. 세상의 모든 악취로부터 도망칠 수 있을 것이라는 안도감이 갑자기 들었다. 아내가 발광을 하던말던 오늘은 이곳에서 오랜만에 편한 잠을 자게 될 것이라는 기대감마저 들었다.

그런데 이게 웬일인가? 마음이 안정되면서부터 다시 멀리 인간들이 풍겨대는 악취가 스물스물 안개처럼 기어오르기 시작하고 있지 않은가? 그것은 밤안개와 더불어 밀려오는 것이기도 했다. 하수구의 퀴퀴한 냄새, 공장의 굴뚝에서 뿜어대는 매연의 냄새, 정화조의 틈서리로 새어 나오고 있는 분뇨의 냄새... 그리고 수만 인간들이 만들어 내는 온갖 역겨운 냄새들이 밀려들기 시작했다.

그는 그 자신이 길게 누워 있는 이 산의 흙과 풀과 나무와 그리고 산들산들 불어오는 바람마저도 인간들에 의해 만들어진 온갖 악취로 오염되어 있다는 것을 새삼 깨닫기 시작했다. 어찌 산뿐인가? 이미 별을 볼 수 없게 된 하늘과 대기(大氣)마저도 인간의 힘으로는 어찌해 볼 수 없을 정도로 오염되어 있음이 깨달아지는 것이었다. 이 우주 전부가 병들어서 썩고 있었다. 그러나 스스로 썩는 냄새에 익숙해지고 중독된 인간의 코로는 그 냄새를 맡을 수 없었다. 다만 그만이 새롭게 뚫린 코로 하여 이들 냄새들을 한꺼번에 맡으며 고통을 겪어야 했다.

우주 전부가 썩고 있는 악취에 시달리던 그의 뇌리에 한 생각이 번개처럼 떠올랐다.

"하느님을 믿으시오. 말세가 다가오고 있습니다."

그가 냄새를 견디지 못하여 새벽길을 헤매고 있을 때 성경을 손에 든 어떤 사내가 그를 잡고 말했다.

"그 시기가 언제란 말이요?"

"더러는 금년 10월 28일이라고 말합니다. 그러나 정확한 날짜가 문제 되는 것은 아닙니다. 다만 말세가 우리의 눈 앞에 임박한 것만은 사실이요."

"그걸 어떻게 믿습니까?"

"허, 못믿는다구요? 성경에서 말하는 온갖 징조가 바로 지금이 그때란 것을 말하고 있소. 성경을 읽어 보시오. 지금이 바로 말세란 것을 깨달을 수 있을 것이요."

그 사내는 확신을 가지고 말하고 있었다. 지금이 바로 그때라고... 그는 그 사내의 말을 떠올리고 있었다.

그렇다. 말세란 하느님이 인간을 징벌하기 위해서 준비한 것이 아니다. 종말론이란 더 이상 자정(自淨) 능력을 잃은 인간 세상을 위해서 한 번쯤 대청소를 해달라는 인간의 열망을 드러낸 것인지 모른다. 그러니 말세에 대한 인식은 결과적으로 인간들 스스로가 더 어째 볼 수 없게 된 세상을 위해서 하느님이 개입해 주기를 바라는 열망의 표현인 것이다. 노아의 홍수 때처럼 홍수로 쓸어 버리든지, 요한 계시록에서처럼 불비로 태워 버리든지, 아무튼 인간 스스로가 그러한 기회를 간절히 열망하고 있음이 아닐 것인가? 그것이 종말론이라는 신앙으로 표출되고 있음이 아닐 것인가?

그는 그렇게 생각했다. 아무튼 무슨 일이든 일어나지 않으면 안된다. 불비가 쏟아지든, 대홍수로 인간 세상이 물속에 잠기게 되든, 아니면 회오리바람으로 인간들을 모두 어디론가에 휩쓸어 버리든, 그리하여 휴거라는 이름으로 어떤 제대로 된 씨앗 몇 알만을 남겨 놓게 되든… 아무튼…

다음날, 그는 공동묘지가 바라보이는 침술장이 집을 향하여 터벅터벅 걷고 있었다. 여전히 맑은 가을 햇살이 쏟아지고 있었다. 그 햇살에 밀림처럼 총총한 대리석 비석들이 눈부시게 반짝였다. 죽음이란 것 자체가 저처럼 반짝이는 빛의 종류인 것만 같은 착각마저 느끼게 할 정도였다.

초가지붕이 저만치 보였다. 그는 세상의 악취에 견디다 못해 다시 침술장이 노인을 찾을 결심을 하게 되었던 것이다. 콧구멍을 뚫어주는 재주를 지닌 만큼 콧구멍을 도로 막아줄 재주도 있을 것으로 여겨져서였다. 남과 더불어 살기 위해서는 콧구멍을 도로 막는 길밖에 없었다. 천신만고 끝에 뚫어 놓은 콧구멍을 말이다.

완행버스
— 강원도 ①(1960년대)

첫눈이라도 내리려는 것일까? 하늘은 잿빛이었다. 하긴 하늘이란 늘 그런 것이다. 푸르거나 아니면 잿빛인 것이다. 이상할 것은 조금도 없었다. 제기랄, 조금도 이상할 건 없다.

그는 투덜거리며 악셀을 더욱 세게 밟았다. 제기랄이었다. 오늘따라 세번이나 타이어가 펑크났다. 하긴, 그것도 이상할 건 없었다. 미끈하게 포장된 고속도로를 두고 포장이 안된 길만을 골라서 운행해야 하는 완행버스치고 하루에 한두 번쯤 펑크는 당연한 것이다. 우둘두툴한 길에 날카롭게 모가난 돌멩이들만이 득실득실한 형편이니 탱크의 캐터펠러도 아닌 고무타이어쯤 펑크 안나고 배기겠는가? 한 번쯤 더 펑크났다해서 이상할 것은 조금도 없었다. 그런데도 기분이 제기랄인 것은 그렇다. 그런 때도 있는 것이다. 그래서 기분이라고 하지 않는가? 바람처럼 구름처럼 순간순간 변하는 것이 기분인 것이다.

"이봐요, 운전수 양반"

신사복 차림의 중년 사내가 신경을 곤두세워 말했다.

"좀 더 빨리 갈수 없소?"

작달만한 키에 단단하게 생긴 사람이었다.

"벌써 세시가 넘었단 말이요."

사내는 좁은 이마에 잔뜩 주름을 잡았다. 무엇이 그리 급한지 연신 시계를 흘끔거리며 그를 재촉했다. 때로는 사뭇 위협조였다. 이런 작자를 만나면 아무래도 마음이 불편해지기 마련이었다.

공연히 미안하고 죄송스런 그런 기분이 드는 것이다. 보스기질 같은 것이어서 사뭇 사람을 부려만 온 그런 기백 같은 것을 느끼게 하는 사람이었다. 오랫동안 군대물이나 먹은 사람인지도 모른다. 이런 승객을 만나면 결국 종점까지 상관을 모신 꼴이어서 기분이 개떡같기 마련이었다. 더구나 세 번씩이나 펑크를 냈으니 변명의 여지도 없었다. 그가 사내의 좁은 이마의 주름살만큼 신경질적으로 차를 냅다 몰자 이번에는 바로 뒤에 탄 여자가 애원하듯 말했다.

"아저씨, 조금만 천천히 가주세요."

속삭이듯 작은 목소리였다.

"애가 영 견디지를 못하네요."

여인의 호소하듯 흐느끼는 작은 목소리가 그의 뒷덜미를 잡았다. 공연히 이럴 땐 마음이 약해지고 마음도 느슨해지기 마련이었다. 신경질적으로 달리던 차의 속도도 어느덧 느슨하게 느려지고 있었다. 허 참, 어쩔 수 없었다.

여인은 네 살쯤 된 사내애를 안고 있었는데 차멀미를 심하게 해서 얼굴색이 창백했다.

"괜한 길을 떠나서……"

여자는 말끝을 흐렸다. 춘천에서 아침 8시에 떠난 버스였다. 홍성을 거쳐 횡성, 대화, 진부의 완행길만을 골라서 대관령을 넘어 강릉까지 가야 하는 버스였다. 그런데 지금은 오후 세 시나 되었는데도 겨우 방림고갯길을 넘고 있는 중이었다. 길이 워낙 험한 데다 차마저 엉망으로 낡아서 제 속력을 낼 수 없었다.

승객들 대부분은 눈을 꾹 감고 잠들을 청하고 있었다. 완행길에 길들여진 승객답게 눈감고 입닫고 흔들리면서 적응하고 있었다. 장사꾼 차림의 장년 사내가 큰소리로 지껄이는 소리만이 차속에서 웅웅 거렸다.

"…… 허 참, 거짓말같지만 말이요, 겨우 50여 호 되는 마을인데 과부집이 반이 넘는다 이말이요."

"전염병 때문인가 보죠."

그 옆에 앉아 주걱턱 여자가 장단을 맞추듯 말했다.

"허, 전염병이 남자만 잡아가겠남."

"그런데 왜 그러요?"

"그러니 이상할밖에."

사내는 금데 안경을 위로 치켜쓰며 말을 계속했다.

"아뭏든 그래서 그 마을을 과부촌이라 하지요."

"그럴듯한 이름이네요."

"마을 바로 위에 작은 절간이 있지요. 오래된 절이긴 한데…… 내려오는 얘기로는 그 절간 때문이라고도 하지요."

"절간이 왜요?"

"홀아비 중놈들만 득실거리니 살이 낀 거라는 거지요."

"그렇담, 사하촌 마을은 다 과부촌 되겠네요."

주걱턱 여자가 까르르 웃었다.

"하긴 사하촌(寺下村)이라 더러 어울리긴 하겠군요?"

여자가 덧붙였다.

"육보시(肉布施)라고 하더군요!"

"육보시라니요?"

"왜 그런 것 있잖습니까?"

금테 안경이 탐욕스런 눈을 번들대며 말했다.

"극락세계에 가려고 말이요, 일찌감치 중놈들에게 몸도 주고 재물도 주고 그러는 것 말이오, 허허."

금테 안경은 허허 웃었다. 저처럼 뱃속이 한강만치 너른 사람들도 있는 것이다. 아니 동해바다만치나 넓은 것이다. 그저 허허, 하면 만사형통인 것이다. 그렇게 살아도 뱃속에 기름이 오르고 돈은 돈대로 벌리는 것이다. 쌍, 그가 핸들을 거칠게 꺾자 차가 겅중 뛰어올랐다. 와르르 유리창이 무너질 듯 흔들렸다. 와장창, 박살이라도 났으면 싶었다. 빌어먹을, 편하게들 사는데 말이다.

"이 사람, 차를 모는 거여, 부수는 거여?"

이마 좁은 사내가 눈꼬리를 치켜올리며 말했다. 군대식으로 호통이라도 칠 기세였다. 제기랄, 호통치려면 쳐보라지. 그는 다시 핸들을 거칠게 꺾었다. 차바퀴가 웅덩이를 건너뛰면서 다시 와장창 무너지는 소리를 냈다. '죽살이 인생에 빌먹으면서 살다가'…… 제기랄, 옛날 국어 시간에 들은 듯한 글귀가 욕설처럼 튀어나왔다. '빌먹으면서 사는 인생', 쌍, 빌어먹으면서 살다가 죽는 게 인생인 것이다.

"아저씨, 제발 좀."

가냘픈 여자가 다시 뒷덜미에 매달렸다. 간지럼 같은 속삭임, 애원. 그런 간절한 목소리를 만나면 괜히 그는 풀이 죽었다. 궁하게만 살아온 그의 아내 생각이 나는 때문이기도 했다. 얼굴에 궁끼가 가득 끼어서는 늘어놓느니 돈타령이다. 그 숱한 돈들은 다 어디를 날아다니는지, 그래서 풀이 팍 죽은 아내는 누구에게나 허리를 굽신거린다. 가난한 운전수의 아내답게 말이다. 제기랄 공이나 찼으면, 발끝에 걸리는 대로 뭐든지 꽝꽝 내질러 버렸으면. 꽝꽝……!

"아저씨."

여자는 다시 애원을 했다. 그녀는 가냘프고 허약했다. 그녀의 자식만큼이나 허약해서 추운 날씨인데도 그녀의 콧잔등에는 작은 땀방울들이 송글송글 맺혀있었다. 해말간 얼굴이 보다 핼쑥해 있었다.

"속사리까진 아직 멀었나요?"

여자가 물었다.

"한참 더 가야 됩니다."

그는 조금 미안한 생각이 들어 위로하듯 말했다.

"험한 길을 떠나셨습니다."

"내일이 시아버님 회갑이거든요. 결혼 후 한 번도 다녀가지 못했는데 이번만은 어쩔 수 없게 된 거죠."

"그러시겠습니다."

"얘가 삼대독자거든요. 이번만은 꼭 손자를 보고 싶다는 전갈이었어요. 병치레를 자주해서 먼길은 엄두를 못 내었는데……"

"애기 아빠는?"

"시골 공무원이라 갑자기 볼일이 생겨서요. 내일 새벽차로 오기로 했지요."

여자는 그렇게 말하더니 그녀의 무릎에 늘어진 아이를 흔들었다.

"민아, 좀 어떠니?"

아이는 그저 가뿐 숨만을 들이쉬었다. 눈썹에 눈물이 삐져나와 있었다. 이제는 더 토할 기력마저도 없는 듯했다.

"허, 이 양반, 놀이 나왔나? 좀 싸게 몰란 말이여."

이마가 좁은 사내가 다시 다그쳤다.

"시간이 돈인기라, 허 참, 남의 사업 망쳐 먹으려고 작정을 했나……"

그는 시계를 흘끔거리며 투덜거렸다.

"이런 낡은 차들은 아예 없애 버려야 하는 건데……"

하긴, 그렇다. 아예 없애 버려야 하는 거다. 지금이 어떤 시대인가? 강원도 같은 산길에도 고속버스가 씽씽 달리는 시대인 것이다. 그런데 이놈의 차는 암만 악셀을 밟아도 제자리에서 툴툴거린다. 와장창 무너질 듯 흔들리기만 할 뿐 앞으로 나아가는 듯한 속도감을 느낄 수 없다. 똑같은 산모롱이, 개울길, 언덕, 앙상한 미루나무 가로수……그 자신도 결국 덜컹거리며 늙어 가는 것이다. 늘 같은 길을 맴돌며 다람쥐 쳇바퀴 돌리듯 맴돌며 늙어가는 것이다. 이렇게 단조로운 풍경 속을 달리다 보면 스멀스멀 졸음도 몰려오고, 그럴 땐 쌍놈의 세상 잠이나 자자하고 두 손에 잡은 핸들을 턱 놓아버리고 싶은 생각마저 드는 것이다.

그는 핸들을 놓아버리는 대신 기름걸레를 집어들었다. 그리고 뿌옇게 흐려진 차창을 닦았다. 하늘은 좀 더 흐려져서 아직 어두워질 시간이 아닌데도 주위는 저녁 어스름만 같았다. 밋밋한 가로수의 나무둥치들이 휙휙 지나갔다. 비슷한 산언덕, 비슷한 구빗길이 지나가고 또 다가왔다. 금테 안경은 여전히 같은 얘기를 계속하고 있었다.

"……다른 얘기도 있지요. 마을 바로 앞에 향교가 있지요. 오래된 건데. 그 뒤뜰에 수백 년 묵은 수양버들이 있어요."

"수양버드나무라고요?"

"세 그루가 있는데 마치 상을 당한 여자가 머리를 풀어헤친 꼴이지요."

"남편 잃은 과부꼴이란 말인가요?"

"그렇지요, 침침한 밤에는 곡성(哭聲)이 들려오지요."

"곡성이라고요?"

"그 귀기(鬼氣) 때문에 남자들이 요절한다고들 하지요."

"호호, 웃기는군요."

여자가 웃었다. 웃기는군요. 그도 그렇게 생각했다. 웃기는 얘기였다. 웃겼다. 차가 다시 겅중 뛰었다. 웅덩이에 뒷바퀴가 걸린 모양이었다. 차의 시동이 푹 꺼져버렸다. 얼음 박힌 길이라 웅덩이가 많아서 조금만 부주의해도 이 꼴이었다.

"이 사람이, 무슨 일을 내겠는데 그래?"

이마가 좁은 사내가 신경을 돋구며 말했다.

"세 번 펑크에다 이젠 웅덩이에다 쑤셔박질 않나……"

작고 단단한 몸매가 당장이라도 콩 뛰듯 튀어올라 이마빼기라도 들이받을 듯한 험한 기세로 으르릉거렸다. 쬐그만 사람들이 늘 매운 법이다. 그는 그것을 알고 있었다. 축구선수였던 그는 싸움질도 무던히 했다. 키가 큰 친구들은 성격이 물러터져서 싸움이 끝난 뒤면 으레 먼저 손을 내밀며 사과를 청해 왔다. 그러나 키 작은 녀석들은 뱀처럼 잔뜩 독을 품고 상대방이 굽혀 오지 않는 한 절대로 먼저 손을 내밀지 않는다. 속으로 무엇인가 꽁꽁 맺혀 있는 것이다. 그래서 독하다. 그는 차를 뒤로 후진시켰다가 다시 앞으로 전진시키는 작업을 반복했다. 몇 차례 끙끙거려서야 마침내 차는 웅덩이를 벗어났다. 후유, 한숨이 나왔다. 이런 날씨에 웅덩이에 갇혀서 오도가도 못하게 되면, 그때는 정말 야단나는 판이었다. 마을도 없고 도와줄 사람도 없는 빙판길인 것이다.

"민아, 민아."

젊은 여자가 아들을 흔들었다.

"견딜만하니?"

여자는 금방이라도 울 듯한 표정을 지었다. 창백하게 질린 아들의 안색을 차마 못보겠다는 표정이었다.

"좀 쉬었다 가면 안 될까요?"

여자가 자신없는 듯한 목소리로 조그맣게 말했다.
"바람이라도 좀 쐬었으면 좋겠어요."
그는 흘끗 시계를 쳐다보았다. 벌써 네시였다. 이제는 정말 어두워지기 시작했다.
"시댁엔 결혼 후 처음이라고 하셨나요?"
그는 여자를 달래듯 그렇게 물었다.
"애기 아빠가 휴가를 얻지 못할만큼 늘 바쁘기도 했지요. 그리고 저도 차멀미를 심하게 하는 편이고요."
"삼대독자라니 무척 반가와 하겠군요."
"매년 한 번 다녀가라고 성화셨지요. 이핑계 저핑계로 버티어 왔지만 이번엔 어쩔 수 없게 되었지요. 시아버님의 회갑이니 말예요."
여자는 한숨을 쉬었다.
"내가 어쩌다 그런 살골로 시집을 갔는지……"
"친정은 어딘가요?"
"서울요."
어쩐지 여자의 목소리가 곱다 싶었다. 강원도 산골의 투박한 음색에 익숙해진 사람에겐 서울 여자의 고운 음색은 노랫가락 그 자체였다. 조그만 속삭임. 달콤한 음색. 꿀벌 같은 달콤함…… 하지만 손자가 네 살이나 되도록 시집에 코끝도 내비치지 않았다니…… 땅 팔아 공부시키고 취직시키고 장가들여 놓았는데 험한 산길이라고 사 년 동안이나 시댁엘 들르지 않았다니…… 삼대독자 손자놈을 네 살이나 되도록 얼굴 구경도 못하게 했다니…… 속사리 산골에서, 땅 파느라 허리가 굽어진 노인의 모습이 보이는 것 같았다. 주름투성이의 이마, 영양부족으로 노래진 얼굴. 자식에 대한 기대만으로 살아온 한 평생이 휴지처럼 구겨져서 뒹구는 것이다. 제기랄, 차는 좀 더 빠르게 내달렸다. 제기랄, 그의 인생도 그럴 것인가? 완행길을 빙글빙글 맴돌면서 자식새끼 키워서 장가보내 놓으면 이럴 것인가, 제기랄, 차는 더욱 씽씽 내달렸다.

"거짓말도 자주 하면 버릇된다고요."

주걱턱 여자가 말했다.

"거짓말이라니요?"

금테 안경이 펄쩍 뛰었다.

"거짓말이지 않고요."

"허 참, 거짓말이라니……"

"그게 사실이라면 말이죠. 그까짓 나무쯤 베어 버리면 되잖아요."

"그게 그런데 말이지요."

"흠, 잘 안된다는 얘기군요."

"마을 노인네들이 반대하는 거지요. 이 마을이 좌청룡 우백호는 제대로 되어 있는데 안산(案山)이 없다는 거요. 그래서 향교의 유식한 사람들이 중론을 모아 우선 빨리 자라는 수양버들을 심은 건데, 그걸 베어 내면 오히려 마을이 폭삭 망한다는 거지요."

"폭삭 망하는 것보담은 남자 몇 명이 죽는 게 낫겠군요."

"그런 셈이지요. 사람들이 그저 설왕설래하는 말들이라 다 믿을 얘기는 못 되겠지만 아무튼 50여 가구에서 남자들만 이래 죽고 저래 죽고 해서 남자들 씨가 마를 판이라 이거요."

"설마 그럴라고요?"

"허허, 모두들 그렇게들 말하지요. 믿지 못한다 이겁니다. 이런 걸 불신시대라 하는지 모르지만 내 말은 절대로 진실이라 그 말이요. 아무튼 남자는 씨가 말랐어요. 더구나 제대로 눈알

박힌 젊은 놈들은 모두 서울로 달아나 버렸으니, 허 참, 한심하게 됐지요."

"댁은 그렇지도 않겠네요."

주걱턱 여자가 히물히물 웃었다.

"풍신 좋겠다. 돈 있겠다……"

"돈이 좀 있긴 있지요. 자주 몸보신을 해야 하니께……"

중년 사내도 조금 허풍 섞인 목소리로 얘기를 받았다.

"여자도 여자지만, 요즈음엔 은근히 걱정이 되더라 이거요. 내 여편네도 과부가 되는게 아닌가 하고 말이요."

"설마요?"

"누군 죽고 싶어 죽나요. 여자를 끼고 누웠을 때도 복상사나 당하지 않을까 걱정되고, 차를 타면 어디 쑤셔박지 않을까 걱정되고 돈을 갖고 있을 땐 강도나 만나지 않을까 걱정되고……"

"그러면서도 몸은 조금도 축나지 않았군요?"

여자가 다시 히물히물 웃었다.

"내가 축났는지 안 났는지 댁이 어떻게 안단 말이요?"

"보면 알지요?"

"어떻게?"

"이렇게요."

주걱턱 여자가 남자의 다리를 슬쩍 건들어 보았다.

"허참 댁도 단수가 높은데."

금테 안경 사내는 아주 즐겁다는 듯 껄껄 웃었다.

"아뭏든, 나는 여자한테는 약하단 말씀이야, 그래서 조금 바쁘긴 하지요."

"조금만 바빠요?"

"허허, 내가 손들었수다. 솔직히 말하자면 제법 바쁜 셈이지요."

제기랄, 차가 다시 껑충 뛰어올랐다. 저렇게 여유작작하게 살아가는 사람도 있는 것이다. 제기랄, 차가 다시 껑중 뛰었다. 이번에도 깊은 웅덩이를 건너뛴 모양이었다. 상놈의 웅덩이는 곳곳마다 있었다. 웅덩이는 함정처럼 숨어 있다가 느닷없이 바퀴를 물고 늘어졌다. 그럴 때마다 버스는 놀라서 껑중 뛰었다. 미친 말처럼 높이 치뛰었다. 그렇게 치뛸 때마다 차는 무너질 듯 와장창 흔들리고 잠들었던 승객들은 손잡이에 이마를 들이받곤 했다.

오늘따라 상놈의 차는 높이 치뛰고 또 치뛰었다. 강원도, 상놈의 완행버스길은 언제나 없어질 것인가? 그는 속으로 투덜거렸다. 시멘트를 무더기로 쏟아내는 '쌍용시멘트' 회사도 강원도에 있는데 포장은 요원하고, 이놈의 완행길은 백년 전이나 다름이 없었다. 천 년 전 길에 노폭만 좀 넓어졌을 뿐이었다. 상놈의 웅덩이들…… 차는 껑중껑중 뛰고 있었다.

"아니 얘가."

갑자기 여자가 소리를 질렀다.

"민아, 민아. 자니?"

젊은 여자가 무릎에 늘어진 아이를 흔들었다. 아이가 꼼짝도 않았다. 그는 백밀러를 흘끔거리며 빠르게 차를 몰았다. 아이의 안색이 파리하다 못해 종잇장 같았다.

"얘야, 민아. 아니, 얘야?"

여자가 당황해하며 말했다.

"아저씨, 차를 멈추세요. 얘 좀 봐주세요."

그는 차의 속도를 줄였다.

"얘 좀 봐주세요. 얘를요."

그는 더욱 속력을 줄였다.

"애를요."
여자가 애원을 했다. 그는 마침내 차를 멈추었다.
"민아, 민아."
여자가 애의 이름을 불렀다. 몇 번이고 되풀이 불렀다.
"얘가 숨을 쉬지 않아요. 숨을요."
여자가 주위를 둘러보았다. 아무도 선뜻 나서는 사람이 없었다.
"우리 민일 좀 봐주세요."
뒷자석에서 졸던 몇 사람이 자리에서 일어나 앞으로 나왔다.
"아니, 얘야. 민아, 눈을 떠, 눈을 뜨라고."
여자는 정신없이 허둥거렸다.
"애 좀 봐주세요."
여자는 둘러선 사람을 향해 애원했다.
"우리 민이좀 봐주세요."
어떤 부인네가 아이를 흔들어 보았다. 아이는 꼼짝도 안했다.
"경끼(驚氣)로군."
누군가 그렇게 말했다.
"지친 데다가 놀란 모양이요."
"이를 어째, 이를 어쩌지?"
여자가 당황해서 울먹였다.
"뺨을 때려 봐요. 뺨을……"
여자가 그 말대로 아이의 뺨을 찰싹찰싹 때렸다.
"허, 그렇게 살살 만질 것이 아니라 좀 더 세게 때려요. 엄마가 마음을 독하게 먹어야지."
여자는 아이의 뺨을 좀 더 세게 찰싹찰싹 때렸다. 그러나 애는 새하얗게 질린 채 깨어나지를 못했다.
"이를 어째, 이를. 애가 숨을 쉬지 않아요. 숨을……"

여자의 두 눈에서 눈물이 쏟아지기 시작했다.
"호흡을 시켜 보아요. 코를 힘껏 빨아봐요."
누군가 말했다.
여자가 아이의 코를 입에 가져갔다. 여자는 아이의 숨구멍을 틔우려고 열심히 코를 빨았다. 비오듯 쏟기는 눈물이 아이의 얼굴을 적셔 놓았다. 아니 아이가 울고 있는 것 같았다.
"이를 어째요. 이를 어째요."
아이가 울고 있었다. 눈물이 흥건히 볼을 적셨다. 힘들고 먼 길에 지쳐서 울고 있었다. 여자는 다시 아이의 코에 달라붙었다. 몇 번이나 되풀이 같은 일을 반복했다. 그러나 아이의 숨구멍은 틔어지지 않았다.
"운전수 양반."
이마가 좁은 사내가 말했다.
"어서 차를 몰아요."
모두들 놀라서 사내를 쳐다보았다.
"여기서 법석을 떨 일이 아니란 말이요. 가다보면 마을이 나올거요."
모두들 사내의 말에 머리를 끄덕였다. 그리고 제각기 자기 자리로 돌아갔다. 차는 다시 출발하기 시작했다.
"좀더 빨리 몰 수 없소?"
이마가 좁은 사내가 위협하듯 말했다.
"애 좀 보세요. 애를요."
여자는 애를 흔들며 여전히 같은 목소리로 애원을 했다. 차가 달리는 건지도 모르는 듯했다.
"저기 집이 보이는군."
이마가 좁은 사내가 말했다. 그는 전쟁터에서의 야전 사령관

같이 침착했다.

"저기 집 마당에 차를 세워요."

그의 명령은 단호했고 굉장히 위엄이 있었다. 어딘가 군인 냄새가 난다고 생각했지, 그는 그렇게 생각했다. 생명을 다루는 데는 군인은 의사만큼이나 자신이 있었다. 죽음의 위기 속에서 늘 생활한 사람에게 죽음이란 그저 하나의 단순한 사건일 뿐인지 모른다.

"마당에 바짝 차를 세워요."

사내의 명령대로 그는 차를 세웠다. 이렇게 모두들 허둥거릴 때는 이런 단호한 사람이 필요하다는 생각도 들었다. 오랜 경험이 위엄처럼 굳어진 사람. 그래서 위엄이 두 어깨에 견장처럼 매달려 있었다. 초가집 마당에는 작은 계집애가 혼자 있었다.

"얘, 너희 아빠 계시냐?"

사내가 물었다. 계집애는 놀라서 둥그래진 눈으로 머리를 흔들었다.

"엄마는?"

여자애는 같은 모양으로 머리를 흔들었다. 집에는 아무도 없었다. 텅 비어 있었다.

"아뭏든 애를 내립시다."

사내가 마침내 말했다. 몇 사람이 몸을 가누지 못하는 여자를 부축했다. 그녀는 아이를 끌어안은 채 유령 같았다.

"이런! 방이 얼음짱이군."

사내가 말했다.

"군불을 좀 지피시오."

몇 사람이 뒤꼍으로 돌아갔다. 그들은 쏘시개로 쓸 솔가지와 마른 장작을 한 아름씩 안고 왔다. 매캐한 연기가 삽시간에 문틈으로 새어나왔다.
"애의 신발을 벗겨요. 단추를 벗기고 허리띠를 느슨하게 하란 말이요."
사내의 지시에 따라 애의 신발이 벗겨졌다. 단추를 끄르고 허리띠를 느슨하게 했다. 여자는 아이의 깊은 잠을 깨우려고 다시 아이의 코를 향하여 달려들었다. 숨이 들락거리는 숨구멍을 향하여 달려들었다. 그곳에 생명이 들락거리는 것이다. 생명의 실체가 그곳에 있는 것이다. 전에는 아무도 생각지 못했던 숨을 쉰다는 것의 의미를 새삼 실감하는 듯했다.
"마음을 독하게 먹어야지. 그렇게 울기만 하면 어쩔거요?"
사내가 여자를 핀잔했다. 마음을 독하게 먹어야 하는 거요. 마음을…… 여자는 다시 아이의 얼굴로 달려들었다. 여자의 몸은 와들와들 떨려서 아이의 코를 제대로 찾지 못했다.
"누구 없어요. 의사라든지. 이런 일에 대해서 좀 아는 분 말이요."
사내가 물었지만 아무도 나서는 사람이 없었다. 모두들 난감한 표정이었다.
"허참, 이런 산중에 병원이 있을 턱도 없고……"
"마냥 머물 수도 없고……."
사람들은 제각기 시계를 들여다보았다. 여섯 시가 훨씬 지나 있었다.
"살려줘요. 우리 애 살려줘요."
여자가 흐느끼며 애걸했다.
"민아. 민아. 눈을 떠, 눈을 뜨라고."
엄마는 아이에게 애원하며 명령했지만 아이는 눈을 뜨지 않았다. 결코 눈을 뜨지 못했다. 부엌에서 장작불 타는 소리가 탁, 탁, 들려왔다.

"허, 눈이로군."

누군가 말했다. 모두들 하늘을 쳐다보았다. 캄캄한 하늘에서 희끗희끗 눈발이 흩날렸다.

"이러다 길이라도 막히면 야단이겠는걸."

금테 안경이 걱정스럽다는 듯 말했다.

"그러게 말예요. 산골눈이란 갑자기 쌓이게 마련인데."

주걱턱 여자가 거들었다. 사람들은 불안한 시선으로 자주 하늘을 쳐다보았다. 하늘은 먹물처럼 캄캄했다. 아직도 몇 시간 길이 더 남아 있는데 벌써 캄캄했다. 누군가 운전수의 옷자락을 슬며시 잡아당겼다. 키 작은 사내였다.

"아무래도 틀린 것 같소."

그가 놀라서 쳐다보았다.

"그렇지 않소?"

"네."

"언제까지나 이러고 있을 수는 없지 않소?"

그는 그제야 사내의 말뜻을 알아챌 수 있었다. 그가 뒤를 돌아보니 승객들이 하나 둘 차에 오르고 있었다.

"아주머니, 경끼(驚氣)에는 침이 최곱니다. 여기서 좀 더 기다리다가 주인 내외가 돌아오면 의원을 청해서 아이를 보이시오."

사내가 말했다.

"의원은 어디 있지요?"

여자가 당장이라도 뛰어갈 듯 반문했다.

"주인 내외가 돌아오면 물어봐야지요. 어디든 침 정도는 놓을 줄 아는 노인쯤은 있는 법이니까."

"이집 말고 어디 다른 마을이라도 있나요?"

여자가 울먹이며 다시 반문했다.
"허참, 낸들 알겠수? 하지만 어디에 있기야 하겠지요."
키 작은 사내가 그렇게 말하며 혀를 끌끌 찼다. 그제야 젊은 여자는 승객들이 모두 차에 오르고 방에는 그녀만이 있음을 깨닫기 시작하는 모양이었다.
"아저씨. 어디 부근에 병원이 없을까요. 병원까지 우릴 태워주세요."
여자는 문밖에 우두커니 서 있는 그를 행해서 말했다.
"원. 이렇게 정신을 못 차려서야. 이봐요. 이 추운 날씨에 경끼한 애를 데리고 어딜 가겠다는 거요. 지레 죽이지 말고 애를 보살펴요. 방이 곧 따셔질테니…… 손발을 계속 주물러요. 그러면 혈색이 돌아올 거란 말이요."
키 작은 사내가 여자를 타박했다.
"숨이 돌아올까요?"
여자는 도무지 자신이 없는 표정으로 힘없이 말했다.
"그리고, 주인 내외가 돌아오면 침놓을 사람을 수소문해 찾으란 말이요."
사내의 말은 서릿발같이 차가와서 권위가 있었다. 이런 식으로 자신있게 말한다는 것은 참으로 어려운 일일 것이다. 그의 말에는 자신감이 넘쳤다.
그는 사내에게 등을 밀려서 밖으로 나왔다. 그리고 차에 올라 시동을 걸기 시작했다. 그때였다. 여자가 밖으로 뛰어나왔다. 그 경황에도 자신만이 혼자 버려진 것임을 깨닫게 된 모양이었다. 여자는 맨발인 채 달려와 차창에 매달렸다.
"저도 가야겠어요, 태워주세요."
눈물에 젖은 여자의 시선이 그를 거북하게 했다. 그는 여자의 시선을 외면했다.
"태워 주세요. 마을까지만이라도 좋아요."
여자가 차창을 탕탕 두들겼다.
"아저씨 마을까지만이라도요."
그는 차마 발차할 수 없었다.
"태워 줘요. 태워 주세요."
여자의 두 볼에 다시 눈물이 쏟아졌다. 그가 끝내 발차를 못하자 여자는 승낙의 뜻으로 여겼던지 방으로 뛰어갔다.
"이봐, 뭘하는 거야?"
키 작은 사내가 소리를 빽 질렀다.
"이때에 빨리 떠나지 않고."
"어서 차를 몰아요."
주걱턱 여자도 거들었다.
"이미 글른 건데 시체를 태우고 떠나려는 거요?"
키 작은 사내가 무섭게 호통쳤다.
"그래요. 글른 겁니다."
"운전수 양반 어서 떠나요."
좌석의 모든 사람들이 웅성웅성 떠들기 시작했다.
"떠나요. 떠나란 말이요."
그는 쫓기듯 차를 발차시켰다. 차가 조금씩 움직이기 시작할 때였다. 애를 추스려 안은 여자가 마루를 내려서다가 떠나는 차를 보자 후다닥 달려왔다. 그는 저도 몰래 속도를 높였다. 차는 폭음을 터뜨리며 앞으로 내달렸다. 달려오던 여자가 놀라서 멈추어 섰다. 맨발인 채 여자는 어리둥절한 표정을 지었다. 그러나 그 표정은 곧 원망으로 변하고 있었다. 그는 백밀러로 그녀의 변하는 표정을 순간적으로 감득할 수 있었다. 산발한 머리칼이며 눈물에 뒤덮인 얼굴, 눈초리가 백밀러에 언제까지나 붙박이로 달라붙어 있었다. 언제까지나……

　차는 먼지를 날리며 쫓기듯 달아났다. 달아나는 것이다. 그는 그렇게 생각했다. 여자의 시선으로부터 도망을 치고 있었다. 그래도 여자의 모습은 사라지지 않았다. 그는 더욱 힘껏 악셀을 밟았다. 차는 마침내 산모퉁이를 돌고 있었다. 그제야 그는 후유! 한숨을 쉬었다. 백밀러에 다시는 그 여자의 모습이 나타나지 않을 것임을 그는 알고 있었다. 그래야 하는 것이다. 차는 산굽이를 또 돌았다.

　"어째 눈이 심상치 않군."

　키 작은 사내가 마침내 말했다. 그 어감에는 이제야 한시름 놓았다는 안도감이 묻어났다.

　"공연히, 이런 날씨에…… 아무튼 남겨 놓기를 잘했지."

　주걱턱 여자가 말했다.

　"아무렴. 뜨끈뜨끈한 방안에서, 뜨끈뜨끈한 물이라도 떠먹이는게 낫지……"

　"하지만 틀린 것 같았어요."

　"틀렸지."

　차안은 갑자기 조용해지기 시작했다. 사람들은 아무도 입을 열지 않았다. 모두들 눈을 감고 있었다. 결국 지금껏 모든 일은 그냥 지나쳐 간 작은 사건일 뿐이었다. 그들은 눈을 감고 있었고, 그래서 그냥 지나쳐 간 일이었다. 결국은 모든 일은 지나쳐 가는 것이다. 눈을 감고 있는 동안 그렇게 지나쳐 가기 마련인 것이다.

　지금은 눈이 내리고 또한 차는 달리고 있는 것이다. 버스는 달리고 있었다. 어쩌면 여전히 달아나고 있었다. 여자의 맨발이 성큼성큼 다가오는 것이 겁나서 달아나고 있는 것이다. 아이의 귀중한 생명은 그녀의 것일 뿐이며 승객들과는 관계가 없었다. 관계가 없는 생명에 신경을 곤두세울 필요는 없었다. 모두들 자기 생명을 간수하기만 해도 정신없이 바쁜 처지인 것이다. 관계가 없었다. 정말 관계가 없는 것이었을까?

그는 머리를 흔들었다. 그는 더 생각하는 대신 발에다 더 힘을 주었다. 그래서 차는 순식간에 작은 산언덕으로 치달렸다. 아무튼 지금은 모두 지나간 일이었으며 그리고 예정보다 너무나도 지체된 시간이었다. 주위는 캄캄해서 암흑의 절벽만이 있었다. 도회의 불빛이 이 어둠의 절벽을 밀어보낼 것이다. 인간들이 득실거리는 도회의 불빛이 새삼 그립기조차 했다.

차는 씽씽 내달렸다. 헤드라이트의 불빛이 간신간신 어둠을 밀어내려고 했다. 그러나 깊은 계곡의 벼랑들이 누워 있어서 불빛은 허공에서 소멸되곤 했다. 어둠이 불빛을 잡아먹고 있는 것이다. 어둠이 불빛을 잡아먹었다. 그래서 버스는 캄캄한 어둠에 짓눌리고 있었다. 산짐승같은 어둠이 사방에 웅크리고 앉아서 음흉하게 버스를 노려보았다. 그 음흉한 눈초리. 눈초리……

버스는 점점 더 빨리 달렸다. 눈발이 차창에 날아와 나비처럼 달라붙었다. 아니 하루살이처럼 녹아서 죽어갔다. 순백의 눈나비가 죽었다. 시간이 지날수록 눈발은 더욱 거세어져서 금방 앞이 뿌예지곤 했다. 차안이 조용한 만큼 엔진소리만이 더욱 거칠게 들렸다.

상놈의 직업, 그만두어야 하는 건데, 그는 불쑥 그런 생각을 했다. 지금처럼 프로축구라도 있었더라면 그는 아직도 운동장에서 공을 차고 있을 것이다. 한때는 축구선수로 이름깨나 떨쳤지만 그 시절엔 학교만 졸업하면 그것으로 끝장이었다. 공부는 않고 공만 찼으니, 취직인들 제대로 될 턱이 없었다.

상놈의 것. 공이나 찼으면 좋았을 것을, 그는 그렇게 생각했다. 운동장을 누비며 달리던 때가 역시 제일 좋은 시절이었던 것 같다. 아무튼 마음껏 달릴 수 있었으니까. 그렇게 달리다 지치면 쓰러져 잠들곤 했지. 호랑이가 물어가도 모를 만큼 깊은 잠을 잤던 것이다. 깊은 잠을 잤다. 쌍, 요즈음처럼 잠 안 오는 긴 밤을 뒤척이는 일은 없었다.

헤드라이트의 불빛 속으로 수만의 나비떼들이 또다시 달려들었다. 여름 들판의 날파리처럼 불빛에 달라붙었다가 그 뜨거운 열기에 불타서 사라지곤 했다. 그래도 끊임없이 달려들고 끊임없이 불타 죽었다.

그는 승객들의 얼어붙은 침묵에 반발이라도 하듯 더욱 세게 악셀을 밟았다. 그래서 차는 미친 듯이 내달렸다. 이놈의 어둠을 빨리 지나치고 싶었다. 오늘은 아무래도 기분이 고약한 날이었다. 세 번의 타이어 펑크도 기록적인 것이었지만 생각지도 않게 아이가 죽었고, 그 아이와 엄마를 내려 두고 비겁하게 달아나고 있는 것이었다. 삼대독자라고 하지 않았던가? 모든 승객들과 그가 공모자가 되어 시체를 버려둔 채 달아나고 있는 것이다.

운수업엔 많은 금기(禁忌)가 따랐다. 날짐승은 태우지 않는다든지, 첫 손님으로 여자를 받지 않는다든지 그런 종류였다. 험한 산길을 달려야 하고, 뜻하지 않는 사고가 늘 생기기 마련인 사업이어서 어쩔 수 없는 일이었다. 하지만 이번 일은 정말 떨떠름한 일이었다. 기분이 고약했다. 고약한 기분을 참을 수 없었음인지 주걱턱 여자가 마침내 말했다.

"과부촌 얘기는 진짠가요?"

금테 안경도 기회를 얻었다는 듯 대답했다.

"귀한 밥 먹고 허언(虛言)을 왜 합니까, 진짜고 말고요."

"그런데도 그런 마을에 시집오는 여자가 있던가요?"

"있으니까 과부가 생기지요. 허허. 그래도 부촌이라 생활은 넉넉들 하거든요."

"그까짓 넉넉하면 뭘해요?"

"뭐 어떻습니까? 여자가 죽는 것도 아니고……"

"중들도 많고 그 말이군요."

두 사람은 똑같이 소리내어 웃었다.

"절간 이름이 뭐죠?"

"송라사라고 하지요."

"어쩜, 알만하군요. 그 절의 주지가 보신탕집엘 자주 드나들고 사하촌에 과부첩까지 두었다는 소문을 들은 것 같기도 한데……"

"소문이 빠르기도 하네요, 하지만 그건 과부가 아니라 처녀하고지요. 처녀가 시집을 안 가겠다고 버티어서 들통이 난건데…… 생과부가 하나 더 는 셈이지요."

"그 주지스님 복도 많으시네요."

"부럽거든 살러 오시오."

두 사람은 다시 웃었다. 다른 사람들도 마음이 풀리기 시작하는지 조금씩 이야기를 주고받기 시작했다. 버스 안은 다시 평상으로 돌아오는 듯싶었다.

"그래 그 주지스님은 어떻게 됐어요?"

"어떻게 되긴, 지금은 영전해서 아주 좋은 절간을 맡았지요. 공부깨나 했다는 녀석인데……"

"참말인가요?"

"허, 참말이구 말고요. 전번 파벌싸움 때 주지쪽 패가 이긴 모양입디다."

"중들도 그 모양이니……"

"뭐, 사람 사는 게 다 그렇지요. 허허."

금테 안경은 당연하다는 표정을 지었다. 하긴 사람 사는 게 모두 그렇고 그런 것이다. 그런 것이다. 승객들의 마음도 훨씬 편안해지고 있었다. 간간히 웃음소리도 들려왔다. 사람이라는 것이 다 그렇고 그런 것이다. 이런들 어떻고 저런들 어떠랴. 만수산 드렁칡같이 엉겨서 편안히들 살아가는 것이다.

"그래, 그 처녀도 따라갔겠군요."

주걱턱 여자가 아주 재미있다는 듯 큰 소리로 물었다. 다른 사람들도 호기심에 번들대는 눈을 하고 귀를 기울였다. 그러나 금테 안경은 선뜻 대답하지 않았다.

"딴 살림이라도 차렸나요?"

주걱턱 여자가 기다리지 못하겠다는 듯 재촉했다.

"자살을 했지요."

금테 안경이 마지 못한 듯 대답했다.

"자살을요?"

"향교 뒤뜰의 수양버들에 목을 매었어요."

"수양버들에요?"

"간혹 있는 일이지요. 여자들이 왜 거기에 목을 매는지 도무지 모르겠어요."

금테 안경이 한숨처럼 말했다.

"정말, 귀신이 있는 건지……"

정말 귀신이 있는건지…… 그 말은 이상한 억양이 되어 버스 안을 울렸다. 귀신이 있는 건지, 귀신이…… 승객들은 제각기 눈살을 찌푸렸다. 그리곤 다시 침묵 속으로 빠져들었다. 귀신이 있는 건지. 귀신이…… 차는 빠른 속도로 내달렸다. 다시 고약한 기분이 되고 있었다. 버스는 이제 속사리재를 오르고 있는 중이었다. 맥주의 원료가 되는 호프 재배장이 있어서 간혹 작은 초가집들이 어쩌다 보이곤 했다. 아무 일만 없었다면 지금쯤 서울여자는 지겨운 완행버스를 내리게 될 것이다. 그리고 아들을 낳은 며느리로서 당당하고 자랑스럽게 시집의 오두막으로 들어설 것이다. 결혼 후 한 번도 들르지 못한 시집이어서 조금은 미안해 하며 큰절을 올릴 것이다. 시부모는 며늘아기가 찾아온 것만이 기뻐서, 인형같은 삼대독자를 품에 안아보는 것만으로도 흡족해서, 지금껏 섭섭했던 모든 감정을 잊어버리고 희희낙락 즐길 것이다. 아가야 힘들었제. 워낙 험한 산길이라. 아가야 힘들었제. 아가야, 아가······

그는 순간적으로 속도를 줄였다. 산비탈 초가집에서 조금 떨어진 큰길에 누군가가 서 있었기 때문이었다. 헤드라이트의 불빛 속에 허리가 구부정한 노인이 서 있었다. 눈을 피하려고 도롱이를 걸친 모습이었다. 험한 비탈 밭일에 허리가 흠씬 휘어버린 촌노(村老)가 다가오는 버스를 물끄러미 쳐다보고 있었다. 마치 먼 길을 가려는 사람처럼······

그러나 노인은 손을 들어 차를 멈추지는 않았다. 그는 차를 계속 몰았다. 백밀러로 멀어 가는 노인을 지켜보면서 그는 젊은 여자의 시부(媤父)일는지도 모른다는 생각을 했다. 기다려도 오지 않는 자부(子婦)를 마중 나온 건지도 모른다. 삼대독자인 손자놈의 손목을 잡아보고 싶어 그처럼 서있는 건지도 모른다. 그와 승객들이 공모해서 축출해 버린, 그래서 영영 올 가망이 없는 사람을 기다리고 있는 것인지 모른다.

그는 쫓기듯 더욱 악셀을 세게 밟았다. 결국은 도망을 치는 것이다. 달아날 수밖에 없는 것이다. 차는 순식간에 재를 넘었다. 이제는 끝없는 비탈 내리받이 길이었다. 쌍놈의 속사리. 달아나고 보는 거다.

"이것 봐, 운전수."

작달만한 사내가 도저히 못참겠다는 듯이 소리를 빽 질렀다.

"차를 어떻게 모는 거야?"

그는 저도 모르게 사내를 힐끗 돌아보았다. 차가 휘청 흔들렸다. 그는 놀라서 핸들을 꽉 잡았다. 그때였다. 모퉁이 커브길에 무엇인가가 불쑥 튀어나왔다. 노루였을까? 헤드라이트의 불빛 속에 무엇인가 맑고 커다란 눈망울이 확, 다가왔다. 순간 물큰 차체에 짓눌리는 불쾌한 감각을 느낄 수 있었다. 뱀의 몸뚱이를 맨손으로 잡았을 때와 같은 불쾌한 감각…… 그는 엉겁결에 브레이크를 밟았다. 꽉 밟았다.

차가 급정거를 했다. 아니 급정거로 멈칫했던 차체가 허청 흔들렸다. 그러더니 차는 계속 내달렸다. 브레이크를 되풀이 밟아도 차의 속도를 멈출 수 없었다. 그는 순간적으로 브레이크 파열임을 깨달았다. 고삐 풀린 미친 말처럼 자동차는 앞으로 계속 내달렸다. 어떻게 손쓸 수가 없었다.

핸들을 급히 옆으로 틀었지만 여자가 우뚝 막고 서 있었다. 눈물을 잔뜩 머금은 여자였다. 방금 차체에 물큰 짓눌린 산짐승의 원망스런 눈망울이기도 했다. 청순한 산짐승의 눈망울과 겹쳐지면서 여자의 눈망울이 점점 확대되어 왔다. 차창을 가득 채우며 확대되어 왔다. 그는 그 원망스런 눈망울에서 결코 벗어날 수 없었다. 결코……

움직이는 산, 또는 제 물길 찾기

태풍 루사는 영동지방에 엄청난 피해를 남겼다.

루사는 태풍경보센터의 분류에 의하면 가장 강한 등급인 '수퍼급'으로 분류되었다. 그리고 영동지방의 중심인 강릉의 측후소 기상관측사상 최다인 하루 870여 미리의 비를 쏟았다. 이렇게 되면 말이 비지 그냥 하늘에서 물동이로 물을 퍼부어 대는 것과 다름이 없다.

태풍 '루사'가 이처럼 강력한 세력을 유지하게 된 원인은 남해상의 해수온도가 26℃로써 평년보다 2~3℃ 정도 높아서 태풍의 발달을 촉진하는 에너지원이 충분히 공급되었기 때문이다. 그리고 한반도 상층부의 기압이 동서로 북태평양 고기압 세력이 유지되고 있어서 태풍의 북상을 저지하였고, 특히 상층 기압골의 이동속도가 매우 느려서 태풍의 속도에 영향을 주었기 때문인 것으로 분석되었다.

태풍 '루사'는 강한 폭풍과 호우를 동반함으로써 이 지역 주민을 놀라게 했다. 이 지방의 연 평균 강수량이 1400여 미리라는 것을 감안할 때 870여미리라는 비의 양은 연 평균 강수량의 62%에 해당한다. 그런 비가 단 하루 만에 쏟아진 것이다. 특히 강릉지방은 시간당 100미리라는 기록적인 폭우였다. 이 폭우로 전국적으로는 사망 213명과 실종 33명 등의 인명피해를 냈으며, 이재민은 9만여 명에 달했다. 또한 재산피해가 5조 4천여억 원으로 역대 태풍 중 가장 큰 피해로 기록되었다.

이런 비의 피해는 과거에 노인들로부터 들은 바 있는 '병자년 물난리'가 전설만이 아니란 것을 일깨워 준 사건이기도 하다. 대부분의 사람들은 1936년 병자년에 있었다는 대홍수에 대해서 들은 바가 있다. 노인들은 특유의 느린 가락으로 말했다. 병자년 물난리에 산사태가 났었지. 그때 산동네 마을 대부분이 흙더미에 매몰되었네. 산동네 말고도 물난리를 겪은 마을이 한둘이 아니여. 들판에 있는 대부분의 큰 마을이 개천을 끼고 있지안남. 그런데 한밤중에 불어난 물이 뚝방을 무너뜨리고 마을을 휩쓴 거여. 대부분 태무심 잠들었다가 수천 명이 수중고혼이 되었네. 그때 마을을 등진 사람이 수천 명이고 그래서 읍이 면이 되고 면이 리가 되는가 하면 척박한 작은 포구가 읍으로 승격되기도 하는 등으로 지각변동이 있었네.

  그런 식의 이야기는 전설 같아서 실감이 나지 않았다. 사실 노인들의 이야기는 본인이 직접 겪은 것이라기보다 선대의 부모들로부터 전해 들은 것이어서 이야기하는 사람마저도 그리 믿지 않았던 것이다. 그런데 이번의 태풍 루사는 바람의 세기나 비의 양이란 측면에서 병자년 폭락보다 더 대단했던 것이다. 그 피해에 있어서도 엄청났다. 하늘이란 이처럼 때때로 인간이 미처 의식하지 못하는 때에 엄청난 재앙을 내리는 것이다.

  왕산골은 영서에서 영동으로 이어지는 대표적인 관문인 대관령과 삽당령의 중간에 위치한 깊은 계곡이다. 강릉에서 정선으로 가는 큰길은 삽당령을 넘어 임계를 거치게 되지만 여량으로 빠지는 경우는 왕산골을 지나 대기리를 경유하는 것이 지름길이다. 대기리에서는 평창군 진부면으로 빠지는 지름길도 있어서 사람의 발길이 더러 머물렀다.

  왕산골을 지나는 길은 계곡을 따라 이어지는 산판길이어서 교통이 매우 불편했다. 노선버스도 없어서 마을 사람들이 시내로 나가려면 차도가 있는 길목까지 20여리를 걸어야 했다. 그렇기 때문에 온 나라가 개발붐에 들떠 있어도 왕산골만은 예외였다. 대부분의 주민들은 예전의 화전민 시대처럼 산등성이를 넘어 한 가구씩 외따로 살았다.

이곳에서 마을의 형태를 갖춘 곳은 학교가 있는 작은 들판이 고작이었는데, 사람들은 이곳을 큰마을이라고 불렀다. 왕산골 골짜기 대부분이 개천을 끼고 도는 벼랑이어서 농작물 가꿀 밭이나 논을 보기 어려운데, 큰마을만은 10여 호의 집들이 있고 약간의 밭과 층계 논도 있어서 마을의 형태를 갖추고 있었다. 마을의 건물은 모두 허술한 한옥이지만 서쪽 둔덕에 새로 지어진 교회 건물만은 양옥집 형태에다 십자가가 우뚝해서 눈에 띄었다. 교회의 뒤쪽으로 이어지는 수리봉과 그 고개마루에 자리잡은 서낭당의 당집과 큰 고목나무가 마을을 안온하게 감싸주는 느낌을 주었다.

청수는 이곳의 이장이다. 비는 아침부터 줄창 내렸지만 처음엔 그저 무심했다. 비라는 게 많이 내릴 때도 있고 적게 내릴 때도 있는 것이지. 그런 정도의 생각이었다. 그런데 점심때가 되자 어딘가 심상치 않은 조짐이 드러나기 시작했다. 산에서 흐르는 물이 미처 개천으로 빠져나가지 못하고 마당을 가득 채우더니 부엌쪽으로 밀려들어오는 것이다. 마루에서 건너다보이는 아랫집 순덕이네는 아예 안방까지 물이 차고 있었다. 전에 없던 일이라 청수의 아내가 순덕이네를 향해서 놀리듯 말했다.

"순덕에미야. 안방으로 물이 들어가네. 복 받을라."
"사돈 남말하네. 그 집은 무사할까?"
"우리집은 높기나 하지."

그런 농담을 주고받는 사이에 청수네의 툇마루에도 물이 넘실거리기 시작했다. 산간마을이라 평소에 비가 많이 내려도 물이 고이는 일이 드물었다. 설혹 장대비가 쏟아지더라도 물이 쉽게 빠져나가는 지형이었던 것이다. 그런데 이번 비는 어딘가 심상치 않았다.

청수는 이장 일도 맡고 있는 터라 장화를 찾아 신고 마당을 나섰다. 개천쪽은 이미 범람 직전이었다. 그제야 청수는 개천 건너편에 새로 쌓은 방축 때문이란 것을 짐작할 수 있었다. 물이 예전의 하천부지였던 곳으로 빠지지 못하고 마을쪽으로 몰려오는 것이다. 그쪽은 재벌 2세라고 소문난 박혁이란 자가 폐교가 된 초등학교 건물을 사들이고는 높다랗게 방축을 쌓은 것이다.

청수는 이곳에 대대로 살아온 토박이인 데다가 이 마을의 이장이라는 책임감도 있어서 폐교 소문이 나돌 때 박혁은 폐교가 되어도 이곳을 활용해야 한다며 맹렬히 주장했다.

"학교는 우리 마을의 재산입니다. 폐교가 되어도 학교 건물은 사용할 일이 많습니다. 마을 사람들이 모여 회의를 한다든지 결혼식이나 장례식 같은 경우에 공동으로 쓸 수도 있고요. 아무튼 문화공간으로 다양하게 사용할 수 있습니다. 이곳이 없으면 마을 사람들이 한데 모여 회의 할만한 곳도 없지 않소."

그러나 마을 사람들의 반응은 의외로 시큰둥했다.

"박혁 사장이 그걸 사서 마을 사람들이 이용할 수 있도록 하겠다네."

"그게 같지 않습니다. 남의 손에 들어간 것을 빌리는 것과 내 것으로 쓰는 것과는 다르지 않겠어요?"

"이 조그만 산촌에서 공회당으로 쓸 일이 몇 번이나 되겠남?"

마을 사람들은 그저 태무심이었다. 그런지 얼마 되지 않아서 박혁이 폐교를 흥정하여 군 교육청과 계약을 끝냈다는 소문이 돌았다.

"박혁 사장이 이미 군 교육청에 돈을 지불하고 이전등기도 마쳤다는데. 거기다 새로 얻은 젊은 마누라를 위해서 도자기 작업실을 만들고 도자기 박물관도 세울 계획이라네. 이곳에 도자기 박물관이 생기면 그도 좋은 일이지."

"좋은 일일까요?"

"아. 이 산촌에 평소라면 어느 누가 코빼기라도 들이밀까? 여기에다 재벌이 도자기 작업실을 만들고, 도자기 박물관과 도자기 전시관을 세운다니 좋은 일 아닌가? 이 벽촌이 갑자기 관광지가 되는 거여."

박혁은 조강지처인 본 마누라와 이혼하고 도자기 예술가인 젊은 아내를 새로 얻었다. 그래서 그 아내가 원하는 대로 이곳에 도자기 작업실을 만들어주고 그것을 기화로 도자기 전시관, 도자기 박물관을 만들어 이곳을 관광명소가 되게 하겠다고 말했다. 그렇게 되면 대대로 궁벽한 산촌이던 이곳이 관광지가 되어 아주 살기 좋은 곳이 될 것이라고 선전을 했다. 산촌 사람들은 박혁의 말에 솔깃하여 그렇게 되면 마을의 영광이 아니겠느냐고 생각했다.

박혁은 자신의 선전이 그저 빈말만이 아니란 듯이 빠르게 일을 벌였다. 폐교를 사들이는 것을 연고로 해서 학교 쪽 하천부지를 모두 불하받고 거기에다 십여 채의 별장을 짓기 시작한 것이다. 그리고 큰 비를 염려해서 하천부지 쪽으로 제방까지 높게 쌓으니 맞은편에 있는 본래의 마을이 위험해지는 것이다. 이장인 청수가 그런 점을 지적해도 마을 사람들은 마이동풍이었다.

"병자년 물난리가 또 난다면 몰라도 이제 그런 일 없을 거네."

그리고 한숨 더 뜬다.

"박혁이 별장을 짓고부터 이곳 땅값이 3배로 뛰었네. 언제 이곳 땅값이 현재처럼 오른 적이 있남."

그건 사실이었다. 박혁은 십여 채의 별장을 짓는 것으로 끝내지 않고 물이 좋은 땅을 모조리 사들이면서 앞으로 이 계곡이 무릉도원이 되도록 하겠다고 떠벌렸다. 각종 관광시설을 갖추어서 여름 휴양지로서는 최고가 되게 하겠다는 것이다. 땅값이 오르니 마을 사람들은 이때가 기회라 싶어서 자신의 땅을 팔아치우고 도시로 옮아가기 시작했다. 마을의 주민이 줄어들수록 박혁의 입김은 그만큼 더 강해졌다.

박혁은 내심 상당한 야심을 지니고 있었다. 잘만 하면 이곳에 삼성의 에버랜드 같은 자신의 왕국을 건설할 수 있을 것 같다고 생각했다. 왕산골은 아직 세상에 별로 알려져 있지 않은 곳이다. 주민들은 아직 이곳의 가치를 제대로 알지 못하고 있다. 우선 이곳은 교통이 불편하다. 길이라고는 대기리로 이르는 산판길 뿐이다. 마을 사람들 대부분은 어떻게 하면 이 궁벽한 곳을 벗어나서 자식들이 살고 있는 도시에 가서 살 것인가가 관심사였다. 평생토록 버스도 드나들지 못하는 산촌에 갇혀 살았다는 인식 때문에 고향에 대한 애착이 별로 없었던 것이다.

그러나 재벌의 입장에서 보면 이곳은 가능성이 많은 곳이었다. 우선 그동안 세상에 알려지지 않아서 자연경관이 전혀 훼손되지 않았다. 계곡 따라 원시림이 빼곡하고 개천 따라 기암절벽이 즐비했다. 더구나 계곡이 깊고 흐르는 물의 양이 많아서 휴양지로서는 더 없는 좋은 조건을 갖추었다. 돈벌이란 입장에서도 기암절벽에 자라는 나무들은 한결같이 분재용 나무로 적격이었고, 개천의 풍부한 수량은 상품용 생수의 자원이 되었다.

별장지대로 개발해도 입지적 조건이 좋았다. 용평스키장과 골프장도 지척이고 동해바다도 승용차로 이십여 분밖에 걸리지 않았다. 영동지방의 중심도시인 강릉이나 주문진 포구도 그리 멀지 않았다.

박혁은 그런 점을 계산하여 우선 폐교가 된 초등학교를 사들이고 개축해서 젊은 아내의 도자기 작업실을 차렸다. 그리고 학교 건물 위쪽의 학교사택을 리모델링해서 그들의 살림집과 개인 사무실을 만들었다. 개축한 학교 건물엔 도자기 작업실, 도자기 전시관, 도자기 박물관의 팻말을 붙여 놓고 운동장엔 입간판을 세워 미래의 청사진을 그림으로 제시했다.

그는 재벌들이 항용 그러는 것처럼 지방자치단체의 행사에 얼굴을 내밀고 얼마큼의 기부금을 낸다든지, 관청의 공무원들을 불러 술추렴을 한다든지 하는 방법으로 시장이나 경찰서장 또는 직위가 높은 공무원들을 사귀었다. 그리고는 계획대로 그들의 도움을 받아서 왕산골 학교쪽 하천부지를 모두 불하받은 것이다.

학교쪽 하천부지란 그 일대가 원래 하천 바닥이었던 것이 세월과 더불어 물줄기가 다른 쪽으로 조금씩 이동하여 생긴 공지다. 병자년 폭락 때엔 이 하천부지 쪽이 개천의 중심이었다고 하지만 그 이후로 물은 조금씩 이동하여 예전의 하천이 띠처럼 길게 이어지는 농토가 된 것이다. 이곳의 주민들이 그 농토에 곡식을 심고 살았다. 임자가 없는 땅이라 부지런한 사람이 개간해서 자기 농토로 인정받은 것이다.

그런데 재벌 2세인 박혁이 느닷없이 뚝막이 제방공사를 한다는 것이다. 뚝을 막지 않아도 평소 물길이 닿지 않아서 밭으로 다락논으로 활용되던 곳이다. 그런데 박혁은 이곳에 부르도자로 하천에 뒹굴고 있는 바윗돌을 옮겨 놓고는 제방을 쌓았다.

그리고 하천을 새로 개간한 것처럼 서류를 꾸며서 띠처럼 생긴 하천부지를 모두 자기 땅으로 등기한 것이다.

주민들은 그 땅이 나라 것이지 자기네 것이 아니란 것을 잘 알고 있다. 비록 그들이 개간해서 농토로 이용하긴 하지만 개인적으로 소유할 수 있는 종류라고는 전혀 생각하지 못했다. 그런데 생면부지의 사람이 와서 하천에 흔한 돌덩이 몇 개 옮겨 놓고 모두 자기 땅이라고 하니 어안이 벙벙했다.

박혁은 그런 주민들을 요령껏 구슬렸다. 하천부지가 나라의 것이었다가 지금은 자신의 것으로 소유가 바뀌긴 했지만 주민들이 농토를 붙이던 기득권은 모두 인정한다는 것이다. 그러니 당장 땅을 내놓는 것도 아니고 다음 대에 가서나 해결을 보아야 할 일이니 그런 것에 너무 민감해할 필요가 없지 않겠느냐는 것이다. 그리고 현재 붙이고 있는 땅에 대해서도 기득권을 인정하여 일정액의 보상비를 드리겠다는 것이다. 주민들 입장에서는 어딘가 찜찜하긴 했지만 어차피 내것이 아닌 것은 마찬가지였다. 그리고 재벌이란 존재는 나라의 권력이나 마찬가지로 무소불위의 존재여서 감히 상대해서 권리를 다툴 상대가 아니라고 체념하는 것이다. 그렇게 하여 박혁은 왕산골의 대지주가 된 것이다.

청수는 이러다 마을이 송두리째 없어질 것 같아 안달이다. 흔히 들어온 돌이 앉은 돌을 빼낸다는 식으로 청수의 영향력이 자꾸만 줄어들었다. 사실 폐교가 된 학교가 팔릴 때도 청수는 끝내 반대했지만 어쩔 수 없었다. 그의 반대가 정당하다는 것이 후일에 더욱 드러나기 시작했다. 박혁이 학교 건물과 그 부지 일대를 사들인 값은 수천만원이었다. 그 학교 부지에 자라고 있는 관상용 전나무 같은 것은 값으로 치지도 않았다. 수십 그루의 전나무가 개교 이래로 학교의 울타리 구실을 했었는데 그게 모두 관상수처럼 자라서 보기에 여간 좋지 않았다. 그런데 박혁이 학교를 사들이면서 제일 먼저 한 일은 그 잣나무들을 팔아넘긴 것이다. 잣나무 한 그루가 백여만 원이 넘었다니 그것만으로도 학교를 사들인 값을 치르고도 남았을 것이다. 재벌이 돈을 버는 솜씨는 이렇게 뛰어났다. 산골사람들로서는 상상도 못했던 일이다.

  물이 범람하면서 왕산골 큰마을은 온통 아수라장이 되었다. 이장인 청수가 마을 사람들을 이끌고 비교적 높은 지대인 교회로 옮기는데 물줄기가 하늘로 치뻗는다. 산봉우리의 물이 밑으로 흐르는 것이 아니라 하늘로 치솟는 것이다. 산들이 모두 맹렬하게 물을 내뿜었다. 계곡으로는 큰 바윗돌이 굴러내린다. 바윗돌과 바윗돌이 부딪치면서 쾅쾅 소리와 더불어 번쩍번쩍 번갯불이 친다. 거대한 바윗돌이 서로 부딪치며 스파크 현상이 생긴 것이다. 돌을 쪼갤 때처럼 화약냄새가 고약하다. 바윗돌이 부딪치며 내는 냄새다. 냄새가 빠질 곳이 없어 골짜기 가득 넘친다. 전에 결코 겪어보지 못한 일이었다. 하늘이 놀라고 땅이 요동치는 엄청난 일이 벌어지고 있었다. 천지개벽이란 이런 때 쓰는 말인 모양이다.
  청수는 저도 몰래 선산이 있는 수리봉을 바라보았다. 청수네는 5대째 이곳에서 살아왔다. 5대조 할아버지가 난을 피해 이곳에 자리잡은 이래로 청수네가 이 마을의 터줏대감 행세를 해 왔다. 청수가 이장이 된 것도 그런 인연 때문인데 할아버지 아버지에 이어서 대물림 이장 일을 보게 된 것이다. 이장이란 게 지금은 그저 마을의 심부름꾼에 지나지 않지만 예전엔 마을의 어른으로 대접받는 자리였다. 그래서 이곳 왕산리 이장은 으레 전씨네가 맡아야 하는 걸로 알 정도였다.

수리봉은 대기리와 이어지는 길목이어서 마을에서 영을 넘자면 이 길을 반드시 거쳐야 한다. 그래서 마을의 서낭당도 수리봉 고개마루에 자리잡게 되었다. 큰마을에서는 해마다 5월 단오를 전후해서 이 서낭당에서 마을제사를 드렸다. 그리고 개인의 어려움이 있을 때에도 이 서낭당에서 치성을 드렸다. 그러다 보니 마을사람들은 어떤 어려움에 봉착할 때마다 수리봉을 쳐다보는 것이 습관이 되다싶이 한 것이다.

청수는 마을 사람들을 인솔하여 일단 둔덕에 있는 교회 건물로 대피시키고 개천의 뚝방쪽으로 발을 옮겼다. 마을이 물에 잠긴 일은 전고에 없는 일이다. 하천부지 쪽으로 물줄기가 넓게만 흘러도 이런 일은 없었을 것이니 박혁이 뚝방을 쌓아서 생긴 재난인 것이다. 사실 박혁이 뚝방을 쌓을 때도 청수는 그것을 반대했다. 반드시 이런 일을 예견했다기보다는 박혁이 이런저런 핑계로 일을 벌이는 것이 불안했던 것이다.

그러나 아무도 청수의 편을 드는 사람이 없었다. 하긴 있었다고 해도 박혁의 위세를 감당하지 못했을 것이다. 지금에 이르러 그런 일로 짜증을 부리면 무엇할 것인가? 청수는 그렇게 자신의 감정을 달래면서도 마을을 이 지경으로 만든 작자를 그냥 두어서 되겠느냐는 생각도 함께 떠올랐다. 아무리 산촌 무지렁이로 살아간다고 하더라도 당장의 피해가 방축 때문이 아니냔 말이다. 아무튼 이 작자를 물구덩이 속으로 처박기라도 해야 분이 풀릴 것 같았다.

청수가 그렇게 씩씩거리며 박혁을 찾아 나섰는데 정작 박혁은 물길이 마을을 덮쳐도 태연했다. 역시 선견지명이 있었다 싶었다. 제때에 뚝방을 높이 쌓은 덕택으로 자신이 사들인 하천부지 쪽은 매우 안심이었다. 지금 건너편 큰마을은 쑥대밭이다. 큰물 지난 뒤면 앞쪽 마을은 아예 개천바닥 같이 자갈돌투성이가 될 것이다. 그런 땅은 농사를 지을 수도 없다. 그런 곳에다 다시 집을 짓는다는 것은 엄두도 못 낼 일이다. 마을 사람들 대부분이 마을을 등지고 떠나갈 것이다. 병자년 대홍수 이후에 상당수의 마을이 폐쇄되고 주민들이 다른 곳으로 옮겨 간 것처럼 말이다.

박혁은 잘만 하면 왕산골을 송두리째 차지할 수 있겠다는 생각을 했다. 주민들 대부분이 모여 사는 큰마을이 폐허가 되어 주민들이 이곳을 떠나면 이런저런 민원을 피할 수 있을 것이기 때문에 쉽게 이곳을 소유할 수 있을 것이다. 큰비가 내려 왕산골 전체가 물난리를 겪는 것은 불행한 일이지만 일부러 자신이 비를 내리게 한 것도 아니고 하늘의 재앙인 것을 누군들 막을 수 있을 것인가? 그가 마음속으로 계획하고 있던 바가 이제 이루어지려는 것이다. 하늘이 기회를 주는 것이다. 삼성의 이병철에게만 기회를 주는 것이 아니다. 용인 골짜기에 삼성의 에버랜드가 들어서면서 그쪽의 땅들이 금쪽이 되었듯이 이 왕산골이야말로 이용하기에 따라서는 무릉도원이 될 수도 있을 것이다.

그는 그렇게 기대에 넘쳤다. 도도한 물줄기가 미친 듯이 광란했다. 물줄기뿐 아니라 그 물줄기를 따라 집채같은 바윗돌이 우랑퉁탕 굴러 내리는 것이다. 바위끼리 부딪는 소리가 천둥소리에 필적했다. 거기에다 바윗돌이 부딪치며 부싯돌 부딪듯이 불광마저 번쩍번쩍 했다. 그 불광과 더불어 매캐한 화약냄새가 골짜기를 뒤덮었다. 돌산을 캐낼 때 폭약을 터뜨리며 나는 냄새와 유사했다.

박혁은 승용차를 둑방에 세운 채 마을이 물에 잠기는 모습을 바라보았다. 그러자 청수가 물길을 철벅철벅 걸어 그에게로 다가오고 있었다. 주먹을 휘두르는 품이 너 죽고 나 죽자 하는 식이었다.
"저 친구 일내겠는데요."
몸집 좋은 수행비서가 걱정하자 박혁이 코웃음을 치며 말했다.
"화가 날만도 하지. 제놈의 집도 이제 지붕만 남았네."
뚝방이 아니라면 물이 예전의 하천부지로 넓게 흘러서 마을 전체가 물속에 잠기는 것만은 피할 수 있을 것인데 지금은 그렇지 못했다. 무엇이라 욕지거리를 내뱉으며 다가오던 청수가 저만치 멈추어 섰다. 워낙 거센 물줄기 때문에 뚝방까지 다가올 수 없는 것이다. 그러자 주먹을 휘두르며 욕지거리를 했다.
"개새끼야. 재벌이면 다냐? 이 마을이 물에 잠기는 게 안 보이냐?"
"저 새끼 손좀 볼까요?"
"그냥 둬. 제풀에 그만두겠지. 아무튼 대단한 비일세."
"그러게 말입니다. 비가 밑으로 쏟아지는 게 아니라 위로 치솟네요."
그 말 그대로다. 빗줄기가 위로 치솟는다. 그래서 산봉우리마다 폭포수다. 거기에다 거센 바람 때문에 나무가 꺾이고 바위가 굴러내리고 산이 무너져서 산사태가 나고, 그야말로 난리다. 그렇게 구경하고 섰는데 울탕퉁탕 굴러내리던 바윗돌이 새로 만든 뚝방의 다리에 쌓이기 시작한다.
"저런. 저러다 물길이 개천을 막겠어."
물길이 밑으로 흘러내려야 하는데 바윗돌이 새로 만든 다리의 교각을 들이박고 멈추면서 쌓이니 개울물이 폭포처럼 하늘로 치솟는다. 개천이 곤추서서 뻣뻣이 걸어온다는 표현이 적절하다. 그런 광경은 결코 전에 보지 못했다. 저러다 개천이 막히면 이제 마을은 쑥대밭이 될 것이다.

청수는 하늘로 치솟는 개천의 물길을 바라보며 발을 동동 구른다. 하천에 새로 현대식 다리를 놓을 때만 해도 상당수의 노인들이 그것을 말렸다. 예전엔 통나무 다리여서 큰물이 한 번 날 때마다 다리가 떠내려가서 해마다 새로 놓아야 했다. 그런 불편에도 불구하고 노인들은 말했다.

"병자년 홍수 때 이야기인데, 그 해에 학교가 새로 들어서는 바람에 남는 자재로 튼튼한 다리를 놓았다네. 그런데 홍수 때 산에서 뽑힌 나무들이 그냥 흘러가지 못하고 다리에 걸려서 개천을 막는 바람에 마을이 온통 물에 잠겼다는 게여. 오랜 예전 일이라 우리가 직접 겪지는 못했지만 예전 일이라고 우습게 볼 일도 아닌 게여."

그러나 그런 노인들의 이야기는 웃음거리에 지나지 않았다. 환경이 예전과는 다르다. 누가 매년 물에 떠내려가는 다리를 놓을 것인가. 자동차가 마음대로 다닐 수 있도록 콘크리트로 튼튼한 다리를 놓아서 영구적이게 하는 것이야말로 옳다. 통나무 다리로 늘 불편함을 참아야 할 시대가 아닌 것이다. 그런데 그 다리의 교각에 뽑혀내려온 통나무들이 가로막고 바윗돌이 가로막고 그래서 물이 제대로 빠지지 못해 물길이 하늘로 치뻗는 것이다.

청수는 뚝방으로 다가가지도 못하고 발만 동동 구르다가 물에 잠긴 큰마을을 바라보았다. 이제 개천의 물마저 마을 쪽으로 방향을 바꾸게 되면 마을은 하천바닥으로 변하게 될 것이다. 그리하여 병자년 대홍수때 그랬던 것처럼 새로운 물길이 만들어질 것이다. 마을이 개천이 되고 하천부지가 마을이 되는 개벽이 생기는 것이다. 박혁이란 한 인간이 만든 방축이 이런 큰 변화를 주도하게 되는 것이다. 분한 마음 같으면 지금 당장 낫으로 박혁의 모가지를 댕겅 잘라버리고 싶지만 당장 발 앞을 가로막고 있는 도도한 물길을 헤쳐 나갈 재주가 없었다.

청수는 절망적인 심정이 되어 수리봉을 바라보았다. 선대로부터의 선영이 모두 이곳에 있었다. 5대조, 고조, 증조, 조부모, 부모의 묘소가 한눈에 들어왔다. 마을의 터줏대감이라는 증표처럼 그 묘소들은 일정한 간격으로 배열되어 모두 마을을 한눈에 바라볼 수 있는 위치였다. 지나가는 사람들이 한 번씩은 눈길을 주는 그런 명당이라고 소문이 나 있었다. 그 묘소의 위쪽으로 서낭당 고목이 바람에 휘청거리고 있었다. 엄청난 폭풍과 폭우가 서낭당의 고목들을 송두리째 날려 버릴 것 같았다. 오랜 세월 마을을 지켜 온 신령이라 하더라도 이 폭풍과 폭우에는 속수무책이었다. 무슨 방도가 있을 것인가?

청수가 그런 절망적인 시선으로 선산을 바라보고 있는 바로 그 순간에 전혀 예상치 못한 일이 일어났다. 수리봉이 움직이기 시작한 것이다. 매우 큰 산이 스르르 움직였다. 산의 바윗돌, 소나무, 묘소들이 모두 그대로인 채 선산 봉우리가 큰 산줄기의 지맥에서 떨어지며 스르르 자리를 옮기는 것이다. 그러다 개천의 가장자리에서 멈추었다.

여느 때의 산사태와는 전혀 달랐다. 산사태란 것은 산의 한 모서리가 무너지며 흙과 돌덩이들이 쏟아져 내리는 것이다. 그런데 이번의 경우는 그렇게 흙과 돌덩이를 드러내지 않고 산 전체가 스르르 옮겨오는 것이다. 그렇게 옮겨 온 산이 개천의 한쪽을 막아섰다. 그러자 마을 쪽으로 쏟기던 물줄기가 뻣뻣이 곧추서서 반대편의 방축을 향해 달려들었다.

청수의 입에서 어어 하는 비명이 터졌다. 방축길에서 마을이 물에 잠기는 것을 구경하던 박혁도 놀라서 어어 하는 비명을 질렀다. 그 순간 물길이 방축을 뒤덮으며 방축의 한쪽에 펑, 구멍이 뚫리고 개천의 물이 순식간에 예전의 물길을 찾아 맹렬하게 흘렀다. 그리자 방축이 힘없이 무너지며 박혁이 탄 차도 물길 속에 갇혔다. 박혁이 차를 후진시키려고 몇 번 시도하는 중에 차체가 물벼락을 맞고 휘청 흔들리더니 그대로 물속에 처박혔다.

한 번 물꼬가 트이니 물줄기가 예전의 하천을 향해서 맹렬하게 흐른다. 막힌 자신의 영토를 찾아가는 모양이다. 순식간에 뚝방이 뚫리더니 하천 기슭에 있던 십여 채의 별장은 순식간에 물길의 소용돌이에 잠겨 버렸다. 그리고 물길은 약간 언덕에 있던 학교의 한쪽 기둥을 세차게 치고 나간다. 학교의 한쪽 기둥이 기울어지는가 싶더니 건물 전체가 물길에 폭삭 휩쓸린다.

박혁의 젊은 아내인 도자기 예술가는 그때 막 일터에서 벗어나고 있었다. 그녀는 폭풍이 지나가던 폭우가 쏟아지던. 아랑곳하지 않고 도자기 만들기에 여념이 없었다. 그리고 지금껏 만든 도자기를 어떻게 구울 것인가를 생각하며 막 교실을 나서던 참인데 우지끈 하는 소리와 더불어 학교의 기둥이 기울더니 그냥 물속으로 휩쓸리는 것이다. 너무나 놀라운 광경이었다. 그녀는 예전 학교 사택이었던 자신의 숙소로 달아나며 뒤를 돌아보니 학교 건물은 이미 흔적도 없었다. 그리고 도도한 물줄기가 예전의 사택을 향해서 무섭게 으르렁거리며 달려들고 있었다.

숙소에 들어와서도 좌불안석이었다. 으스름 저녁이라 어찌해야 좋을지 생각이 나지 않았다. 오들오들 떨고 있는데 무엇이 무너지는 요란한 소리가 들린다. 내다보니 사택의 흙담이 무너지는 소리였다. 그녀는 서둘러 밖으로 나와 산 위로 치달렸다. 한참 올라가면 절간 암자가 있다는 것을 알고 있었다. 그리로 가서 몸을 피해야겠다는 생각이었다. 그런데 산 위로 몇 걸음 오르던 그녀는 그것도 쉽지 않다는 것을 깨달았다. 물줄기가 산

위고 밑이고 없었다. 산 위는 위대로 폭포수고, 아래는 아래대로 폭포수였다. 거기에다 산의 바윗돌이 수시로 굴러떨어졌다. 구르는 바위에 발목이 엉겼다. 암자는커녕 단 몇 발자국도 걷기 어려웠다.

물에 휩쓸리지 않으려면 무엇이라도 끌어안아야 했다. 마침 오래된 굴참나무가 눈에 뜨이자 그리로 달려갔다. 그녀는 발밑으로 지나가는 물줄기를 피해 나무를 타고 올랐다. 바람에 나뭇가지가 휙휙 휜다. 더 이상 오르기도 어렵다. 겨우 굵은 나뭇가지에 올라탄 채 부들부들 떨었다. 바위돌 구르는 소리, 거친 물소리, 어둠 속에선 아무것도 분간되지 않았다.

바람에 쓸리지 않으려고 나무둥치를 죽어라 끌어안아야만 했다. 밤새도록 그렇게 떨었다. 용변도 나무 위에서 보았다. 방법이 없었다. 졸음도 없었다. 살아야 한다는 인식만이 온몸을 지배했다. 밤새도록 나무에서 떨던 그녀는 새벽녘에야 기진한 채 늘어졌다. 빗줄기와 바람이 잦아들기 시작했던 것이다.

밤새도록 요란한 빗줄기에 놀라서 떨고 있던 암자의 주지가 밤새 무슨 일이 일어난 것 같아 밑으로 내려오다가 나무에 매달린 박혁의 젊은 아내를 발견했다. 거의 기절 상태였다. 간신히 업어서 암자에 눕히고 방에 불을 지폈다. 그리고 의약품이라도 구해야겠다고 밑으로 내려오니 학교와 별장은 간 곳이 없었다. 학교 자리가 거대한 개천이 되었던 것이다. 병자년 대홍수 이전의 개천으로 돌아간 것이다. 개천의 물이 하천부지 쪽으로 몰려서 마을엔 물이 빠지기 시작했다.

마을 사람들이 무너져서 자리를 옮긴 수리봉을 바라보며 탄식한다.

"전가네 선산이 이 마을을 살린 거여."

그들은 그렇게 말했다. 산사태를 만난 수리봉은 여전히 바윗돌과 나무들이 그대로 서 있다. 묘소도 원래의 모양 그대로다. 마치 나무 둥치에서 나뭇가지 하나가 떨어져 나온 것처럼 그렇게 떨어져 나온 산. 그러나 어딘가 생명이 끊어진 것처럼 느껴졌다.

이곳 경찰서장이 재벌 2세인 박혁 사장의 실종 연락을 받고 직접 대원들을 이끌고 허둥지둥 왕산골에 나타났다. 암자의 중이 그에게 말했다.

"박 사장님의 사모님이요. 매우 놀란 모양이요. 암자에 눕혀 놓았는데 횡설수설 제정신이 아닌 것 같아요."

경찰서장이 급히 대원을 암자로 보내어 점검하니 박혁의 처는 너무 놀라서 정신이상이 된 것 같다는 보고다. 서둘러 들것에 태워 병원으로 옮기라고 지시를 내렸다. 마을 사람들이 박혁 사장의 실종과정을 설명하면서 청수네 선산을 가리켰다.

"저기 보세요. 마을의 선산이 옮겨와 개천을 막았어요."

"산이 옮겨 왔다고?"

경찰서장은 처음엔 그게 무슨 말인지 알지 못했다. 그러나 주민들이 손짓해 주는 것을 보고서야 사태를 확인했다. 산사태가 나서 산봉우리 하나가 통째로 자리를 옮겨서 개천의 한쪽을 막아섰다. 산봉우리의 바위나 숲이 그대로인 채 말이다. 그리고 그 산 때문에 왕산골 큰마을이 물길에 휩쓸리지 않을 수 있었던 것이다. 참으로 놀라운 광경이었다.

붕새의 출현과 그 울음소리

1.

— 북극 바다에 한 마리 고기가 있어 곤(鯤)이라 부르나니, 그 몸이 하도 커서 몇 천리나 되는지 알 수 없었다. 어느날 한 마리 새로 탈바꿈해서 붕(鵬)이라 이름하니, 붕새는 더욱 커서 그의 등짝만 해도 몇 천리나 되게 넓은지 도시 잴 길이 없었다. 푸드덩 하늘을 날면, 그 날개는 하늘에 드리운 구름장과도 같았다. 붕새는 바다가 뒤끓게 모진 바람이 일 때마다 남극 바다로 옮겼고, 무한히 넓은 남극 바다는 하늘의 못이라고도 불렀다. — 〈장자〉 소요편.

그러니 윤희가 그 이상한 새를 본 것은 고등학교를 휴학하고 쉬고 있던 그런 때였다. 그때 그녀는 죽음과도 같은 잠에서 막 깨어났다. 너무도 깊고 오랜 잠에서 헤맨 터라 아직 생시인지 꿈인지 잘 구분이 안된 상태이긴 했지만 그렇다고 방금 눈으로 보고 있는 것을 의심할 여지도 없었다. 처음에는 비행기의 그림자인 줄로 알았다. 커다란 검은 새가 지붕을 스치듯 쏠리더니 마당을 가로질러 앞마을의 지붕들을 타넘고 미군부대의 철조망에서 잠시 멈칫거리다가는 수락산 등성이 쪽으로 멀어지던 것이다.

세상에, 저렇게나 큰 새가 있을까? 윤희는 믿어지지 않았다. 지금껏 그렇게 큰 새가 있다는 말을 들은 적도 없었다. 대충 기와집 두어 채를 합친 것만큼이나 큰 새였다. 지금껏 그녀가 아는 제일 큰 새라야 솔개 정도인데, 그것의 열 배, 스무 배도 넘는다면 누가 믿어줄까? 그렇다고 방금 두 눈으로 똑바로 본 것인데 환상으로 돌릴 수도 없는 일이었다.

윤희는 서둘러 신발을 꿰어 신고 마당을 가로질러 앞집의 민희를 찾았다. 너 방금 집채만한 검은 새를 보았니? 민희는 머리를 흔들었다. 설마 그런 새가 있을까? 아니다. 분명히 보았어. 정말 큰 새였어. 윤희가 고집하니까 민희는 그럼 옆집의 진영에게 물어보자 하고 말했다. 진영도 머리를 흔들었다. 나는 방금까지 마당에서 일하고 있었는데, 그런 새가 지나갔다면 못 보았을 리가 없지. 그렇게 되어 그 옆집의 인주며 명애는 물론이고 미군부대 담장 옆의 마을에 사는 영수와 민철이 같은 남자애들에게도 모두 물어보게 되었다. 그러나 그런 새를 보았다는 애들은 아무도 없었다.

"쯧쯧. 헛것을 본 거여. 제 아비한테 발길에 채었다가 기절하지 않았남. 그러니 혼몽한 정신에 헛것을 본 게지"

민희의 어머니가 혀를 찼다. 그렇게 생각하는 것도 일리는 있었다. 그러니 윤희가 새를 본 그날, 아버지인 팔용이와 어머니인 연배네가 집이 떠나가라 싸움을 벌였다. 윤희네는 미군부대 옆이라 미군을 상대로 여관업을 하고 있었다. 그래서 접대부 여자를 여러 명 고용했는데 팔용이가 그 중 송희와 눈이 맞아서 같은 방에 있는 것을 발견하고 연배네가 악을 쓰고 달려든 것이다.

성질이 난폭한 팔용이가 연배네의 머리채를 잡고 방바닥에 머리를 짓찧으며 이년 죽여 버리겠다고 으르렁거리는데 머리칼이 뽑히고 피를 흘리는 어머니의 몰골을 보다 못한 윤희가 어머니 편을 든다고 아버지에게 달려들었다가 발길에 채어 기절했던 것이다.

온 마을 사람들이 달려들어 부부싸움을 말리긴 했지만 정작 기절했던 윤희는 그런 사실도 알지 못했다. 윤희가 기절한 상태에서 깨어난 것은 저녁 때였고, 팔용은 화를 삭히려 술집으로 가버린 후였고, 연배네는 찢어진 얼굴을 꿰매느라 병원에 입원한 상태였다. 여러 명의 접대부들마저도 밤손님 받을 준비를 하느라 모두 목욕탕으로 몰려가 있어서 집은 절간처럼 조용했다. 그래서 아무도 윤희가 보았다는 그 큰 새를 볼 기회가 없었다.

윤희는 제가 본 것을 그냥 속으로만 새겨둘 걸 그랬는가 보다고 후회도 되었다. 공연히 이 친구 저 친구에게 물어보느라 자신만 정신이 이상한 애로 취급을 받게 되었기 때문이다. 하지만 그런 놀라운 사실을 접하고도 어찌 속으로만 새길까? 분명 집채만한 검은 새였어. 그런 이상한 새의 모습에 놀라지 않을 수 없었던 것이다.

그런데 그게 헛것이라니? 그럴 수 있을까? 윤희는 자신에게도 반문해 보았다. 나이라도 어리다면 모를까? 내일 모래가 스물이었다. 아버지의 술 행패에 못이겨 고등학교를 잠시 쉬고 있긴 했지만, 그 시절엔 고등학생도 그리 많지 않았다. 그러니 사리를 분별할 정도로 꽤나 배운 처지였다.

더구나 한밤중에 본 것도 아니고 아직 햇발이 조금 남아 있는 저녁인데, 그것도 순간적으로 지나친 것도 아니고, 마당을 가로질러 앞마을의 지붕을 넘고 미군부대 담벼락 부근에서 머뭇거리다 수락산 등성이 쪽으로 멀어질 때까지 한참동안이나 저렇게 큰 이상한 새도 있을까 하고 궁금해하지 않았던가? 그 시간이 적어도 5분 이상은 될 것이다. 맹숭맹숭한 정신에 그런 헛것을 계속 볼 수가 있을까? 더구나 친구들을 찾아다니며 물어볼 정도로 뚜렷한 일인데 말이다.

하긴, 정상적인 정신상태였다고 할 수는 없었다. 아버지가 어머니를 개패듯 하였고, 어머니가 악다구니를 하며 달려들었고, 구경꾼들이 우르르 몰려왔고, 그녀 자신은 아버지의 발길에 채어 기절까지 하였으니 말이다. 팔용이는 입에 거품을 물고 이년, 죽일 년. 감히 남편 앞에, 하며 헐떡였고, 연배네는 죽여라, 죽여, 이 개같은 놈아. 하고 악다구니를 했고, 그래서 팔용이 연배네의 머리채를 잡고 방바닥에 짓찧으며 개처럼 으르렁거렸고, 연배네는 머리가 깨져서 피가 낭자했다. 그런 기억들의 소용돌이 속에 기절까지 했던 윤희의 정신상태가 온전하기를 바라는 것은 무리일 것이다.

그러니 잠시 헛것을 볼 수도 있었을 것이다. 그러나 헛것이란 비몽사몽간에 스쳐 지나가는 종류가 아니던가? 또는 한밤중에 꿈처럼 다가오는 종류라고 보아야 한다. 이번처럼 한참이나 기이하다고 쳐다보다가 끝내 궁금증을 이기지 못해 이 사람 저 사람 찾아다니며 물어볼 정도라면 비몽사몽간의 헛것과는 전혀 종류가 다른 것이다.

그러나 윤희의 뚜렷한 기억에도 불구하고 남들이 아무도 믿어주지 않으니 윤희는 그것을 증명할 방법이 없었다. 증명해 보아야 특별한 이득이 될 것도 없었지만 실제의 사실을 헛것이라고 이해해야 한다는 것은 쉬운 일이 아니었다. 윤희 자신도 그게 사실이면 어떻고 헛것이면 어때, 하고 잊어버리려 해도 그 생생한 광경이 자꾸만 떠오르는 것이다. 기와집 두어 채를 합쳐 놓은 것 같은 굉장한 크기의 검은 새가 마당을 가로질러 앞마을의 지붕들을 타 넘고 미군부대의 철조망 부근에서 잠시 멈칫거리다가 수락산 중턱으로 넘어가던 모습이 손에 잡힐 듯 뚜렷했다. 그래서 그 새의 상념에서 벗어날 수가 없었다.

2.

집채보다도 크고 검은 새. 누구의 눈에도 띄지 않은 이상한 새. 그것은 윤희만의 새가 되었다. 윤희는 늘 그 큰 새의 환영 속에 잠겨 있었다. 꿈을 꾸기도 했다. 어쩌면 사람들은 제각기 자기만의 새를 갖고 있는지 모른다. 그래서 아무도 몰래 자기만의 새를 마음속에 기르고 있는 것이다. 세월과 더불어 새는 자라고 색깔도 다양해지며 그리하여 더욱 자신과 친근한 개성적인 모습이 되는 것이다.

윤희는 통 말이 없는 아이가 되었다. 팔용이는 제가 저지른 죄가 있어서 딸의 머리를 쥐어박으며 호통쳤다. 이년아. 사람이 뭘 물으면 대답을 해야지. 주둥이만 열댓발 빼물고 갑자기 벙어리가 됐다는 게냐? 평소에도 그렇게 상냥한 성격은 아니었다. 그러나 벽창호처럼 뻔히 코앞에서 묻는 말에도 묵묵부답이니 속이 탈 만도 했다. 아비에게만 아니라 어미에게도 마찬가지였다. 연배네는 연배네대로 속이 탔다. 자식새끼가 많은 것도 아니건만 맏딸인 네가 잘해야지. 동생들 생각도 좀 해봐라. 윤희 밑으로 남동생 하나 여동생 하나가 있었다. 그런데 윤희가 그 모양이니 동생들도 얼굴에 풀기가 없고 비실대는 것이다.

이웃 사람들은 말이 없어진 윤희를 보고 제각기 쑤군거렸다. 아마도 아비의 발길에 채이면서 머리를 다친 모양이라고 말했다. 아비의 발길에 채일 때 얼마나 세차게 채었는지 아이가 붕 떠서 바람벽에 꽈당 부딪치는 것을 보았다고 말하는 사람도 있고, 더러는 그냥 방바닥에 나가떨어진 것이라고 말하는 사람도 있었다. 아뭏든 온돌방 구들짱이 옛것이라 굵은 돌판이어서 굉장한 충격일 것이라고들 했다. 또 더러는 팔용이가 목침 대신 사용하는 돌베개가 있었는데 거기에 정통으로 부딪친 것이라고 말하는 사람도 있었다.

윤희의 얼굴이 수척해지면서 말이 전혀 없는 아이가 되고 보니 집안의 분위기가 더없이 무거워졌다. 연배네는 모성적인 본능 때문인지 윤희가 이 꼴로 된 것이 아비탓이라 여겨 눈에 불을 켜고 남편에게 달려들곤 했다. 팔룡은 팔룡이대로 네년이 맨날 해악이니 영업꼴이 될게 뭐냐고 장사 안되는 것을 연배네 탓으로 돌려서 걸핏하면 발길질이요 손찌검이었다. 그러다 급기야는 살림을 따로 차렸다. 맨날 싸움질이니 여관 영업이 엉망이라는 것이다.

연배네가 아이 셋을 데리고 쫓겨난 살림방은 지하창고를 개조해서 만든 단칸 지하방이었다. 지하실이라 눅눅한 곰팡내와 습기 때문에 잠자고 나면 온 삭신이 쑤셨다. 거기다 연탄냄새가 잘 빠지지 않아서 날씨라도 궂은 날은 빠지지 않은 연탄냄새 때문에 머리가 빠개지는 것 같았다. 그뿐인가. 팔용은 영업이 안된다는 핑계로 생활비도 주지 않았다. 그런 형편이니 다니던 학교마저도 다닐 엄두를 못냈다. 연배네가 윤희를 보고 말했다.

"나야 어찌 살아도 좋다만 너희들은 학교에 다녀야 한다. 너도 고등학생이고 두 동생도 중학생인데 이처럼 모두 쉬게 할 수는 없다. 저 죽일 놈의 화상이 내가 굽혀 들어오기를 바래서 고의로 생활비도 대주지 않고 견뎌봐라 한다. 그리고 어쨌는 줄 아니. 네년의 자식새끼들 공부시키려면 여관으로 와서 식모살이를 하란다. 송희년을 주인으로 섬기고 나는 묵묵히 식모 노릇한다면 받아 준다는구나. 세상에. 그게 사람이니. 사람이야. 그렇지만 어떡거냐. 너희들 학교는 보내야지. 여기서 이렇게 굶고 앉아 있기만 할 수는 없는 일 아니냐?"

어린 동생들은 굶어 죽어도 좋으니 여관으로 다시 갈 수는 없다고 버티었지만 정작 윤희는 언제나처럼 묵묵부답이었다. 이미 혼이 뽑힌 아이 같았다. 병원에라도 다녀 보았으면 싶은데 돈이 없었다.

"에구. 복장 터진다. 아비가 저 꼴인데. 기둥이 되어주어야 할 네년마저 이 모양이니. 내가 속 터져서 어떻게 살 거냐?"

목구멍이 포도청이란 옛말처럼 연배네는 혼자서 살림 꾸릴 능력이 없다보니 결국 여관으로 다시 들어가기로 작정했다. 그러니 창녀이던 송희를 주인으로 모시고 식모살이를 하기로 결심한 것이다. 팔룡에게 굴복해 들어간 것이다.

"그럼 그렇지. 제년이 무슨 능력이 있어서."

팔룡은 그렇게 만족해했다. 송희란 계집을 드러내 놓고 즐길 수 있었고, 콧대가 꺾인 연배네가 부엌살림 맡아하면서 고분고분해진 것이다. 그런데 정작 윤희는 쓰다 달다 말이 없었다. 어미를 보아도 아비를 보아도 남보듯 하고, 학교도 다시 나갈 생각을 하지 않았다. 돈을 벌어 자식 공부시키는 재미란 게 있다. 더구나 윤희는 학교에서 줄곧 일등이니 꽤나 기대를 했던 처지라 그 점만은 팔룡도 불만이 없을 수 없었다. 그러나 제 어미 콧대에다 아비 고집까지 곁들여서 무슨 말도 듣지 않았다. 매를 대면 때리는 대로 맞았고, 굶기면 며칠이고 그냥 굶었다.

"세상에 저런 골패기도 있남. 저게 내 자식이 맞어?"

팔룡은 끝내 손을 들고 말았다.

3.

윤희가 그 이상한 새의 습격을 받게 된 것은 연배네가 팔룡에게 굽혀서 호원여관으로 다시 들어간 얼마 후였다. 윤희는 그날도 자신의 골방에서 검은 새의 환영 속에 잠겨 있었다. 반은 졸고 반은 깨어 있었던 것 같다.

"헤이 캄온."

밖이 어수선했다. 미군 부대가 코앞에 있어서 토요일이면 한낮부터 수시로 여자가 필요한 미군 사병들이 들이닥쳤다. 캄온. 캄온. 헤이 다링, 어눌한 영어 발음. 군화소리. 그리고 깔깔대는 여인들의 웃음소리. 여자 장사하는 여관이란 어디나 비슷했다. 말이 여관이지 옛날의 기와집을 개조하여 방을 트고 늘려서 만든 집이라 방음이 제대로 될 턱이 없었다. 제각기 여자를 하나씩 꿰차고 땀들을 흘렸다. 여자들의 과장된 몸짓과 신음소리. 그런 어수선한 토요일 오후였다.

윤희는 검은 새의 꿈을 계속 꾸고 있었다. 좁은 골방은 햇빛도 들지 않았다. 버려진 그녀의 방은 아무도 기웃거리지 않았다. 그래서 그녀는 날갯짓도 없이 비행물체처럼 지붕들을 타고 넘는 새의 광경을 활동사진 재생하듯 그렇게 재생하고 있었다. 그 새가 의미하는 바가 무엇인지 알 수 없었다. 그 새는 이제 윤희의 한 부분이 되어 있었던 것이다.

그런 혼몽함 속에서 검은 새가 골방으로 들어왔다. 문소리도 내지 않고 방을 가득 메우며 날개를 접었다. 너무 좁은 골방이라 날개를 펼 수도 없었을 것이다. 매의 부리와 솔개의 발톱, 그리고 고슴도치같이 따가운 털로 뒤덮인 새가. 그 순간은 흉측한 까마귀의 모습이었는지도 모르겠다. 노린내를 풍기며 이빨 썩는 냄새를 풍기며 그녀의 내장을 찢기 시작했다. 컥컥 숨이 막혔다. 한여름이었던가.

그녀의 하체로 강한 통증이 지나가고 그리고 피가 흘렀다.

질식한 상태에서 그녀는 깨어났다. 그리고 그대로 누워 있었다. 검은 새는 이미 그림자처럼 묽어지고 문틈으로 새어나간 뒤였다. 윤희는 찢겨진 살점이 이불자락에 흩어져 있는 것을 보았다. 그녀는 눈을 감았다. 입을 다물었다. 그녀에겐 아무런 설명이 필요 없었다. 새가 다녀간 것이다. 그 큰 새가 몸을 변형하여, 새는 때로는 색깔도 변형되고 모양도 변형되고, 아무튼 비행물체처럼 당당한 모습이 아니라 구겨지고 쪼그라진 모습으로 변형되어 그녀를 갈기갈기 찢어 놓았다.

그날 윤희는 혼몽함 속에서 그 이상한 새의 울음소리를 처음 들었다. 꾀꼬리의 목소리에 까마귀의 음조가 섞여 있다고 할까. 병든 새의 힘겨운 울음소리, 목구멍을 쥐어짜는 듯한 그런 음조였다. 이상한 억양의 그 울음소리는 그 덩치 큰 새의 모습과 그리 어울리는 것 같지가 않았다. 윤희는 병든 새의 이상한 울음소리에 몸을 뒤채면서 오래도록 한숨을 쉬었다. 그리고 자신의 운명의 깊이가 어디로 향하는지? 알 수 없는 두려움에 몸을 떨었다.

그날 이후로 그녀는 검은 새에게 길들여지고 있었다. 멕시칸 계통의 미군 하사가 싱긋 웃으며 말했다. 내 고향은, 캘리포니아지. 포도나무밭이 지평선 멀리까지 이어지고. 포도송이가 주렁주렁 끝도 없이 이어져서, 포도꽃이 필 때면, 향긋한 꽃향기가 들판 가득하고, 포도넝쿨 밑으로 노란 유채꽃이, 유채꽃도 향긋한 향내를 풍기지. 그 유채꽃이 끝도 없이 이어지지. 사과나무는 물론이고. 과수원은 항상 지평선 끝까지 이어지는데, 지평선 끝까지. 뭐든지 그래. 목장도 그렇고 채소밭도 그렇고. 누구나 그런 목장, 그런 과수원, 그런 포도밭을 갖고 있지. 부자가 아니라도 모두 그런 건 다 갖고 있어. 옥수수밭, 목화밭. 무엇이든

지평선 멀리까지, 그러니 해가 지는 저 멀리까지 목화밭, 포도밭, 옥수수밭, 그리고 채소밭도 있어. 뭐든 지평선 끝까지 이어진다니까. 농사를 짓겠다는 사람에게는 나라에서 공짜로 토지를 나누어 주는 거야.

제대 말년이라는 조이는 캘리포니아에는 무엇이든 지평선 끝까지 이어진다고 했다. 서툰 한국말로. 자기를 따라가면. 그곳에 가서 결혼하면. 지평선 끝까지 이어지는 밭과 목초지와 과수원과 목장과, 그런 게 기다리고 있다고 했다.

"한국 사람들은 믿지 못하지, 왜? 그런 걸 본 적이 없으니까. 들은 적도 없고. 한국이란 나라는 좁고 좁아서 한 걸음만 걸어도 산이 가로막고 두 걸음만 걸어도 개울이 가로막고, 캘리포니아엔 그렇게 가로막는 게 없다니까. 비유할 수 있는 것은 바다 뿐인데. 과수원도 바다 같고, 목장도 바다 같고, 포도밭도 바다 같고, 유채꽃도 바다 같고. 그런데 사람은 없어서, 사람만 가면 반겨하고, 먹을 건 무진장이고, 공부같이 골치 아픈 것 생각할 필요도 없고, 그래도 모두 잘 사는 곳. 캘리포니아는 그런 천국이라고 했다.

윤희가 조이를 따라나선 것은 그의 감언이설 탓만은 아니다. 집을 떠나고 싶은 그녀의 욕망이 앞섰기 때문이다. 낡은 여관집, 좁은 골방, 냄새나는 골목들. 그런 모든 것에서 벗어나고 싶었다. 과수원이 바다만 하지 않아도 좋았다. 바다의 반만이라도 충분했다. 포도밭이 바다만 하지 않아도 좋았다. 존재하기만 해도 좋았다. 과수원의 유채꽃, 사과나무, 그런 모든 존재가 그저 있기만 해도 충분했다.

그렇게 해서 윤희는 조이를 따라나섰다. 조이가 그녀를 데리고 간 곳은 캘리포니아의 해안지방이었다. LA에서 샌프란으로 가는 중간쯤에 살리나스강이 흐르는 연안에 벨몬트라는 어촌마을이 있었다. 한국의 동해안이나 서해안에서 볼 수 있는 그런 작은 포구였다. 강에서 바다로 이어지는 포구라 배가 정박한 부두는 파도를 피하기가 좋았다. 깨끗하게 페인트칠해진 크고 작은 배들이 빼곡했다.

그곳 어부들은 대개가 멕시칸 계통의 이민자들이었다. 불법으로 이민 와서 뱃사공이 되어 생계를 꾸리는 것이다. 조이도 그런 불법이민자의 집안이었다. 불법 이민자의 집안이지만 조이는 군복무를 마쳤기 때문에 미국시민 대접을 받을 수 있었다. 그는 시민권을 얻기 위해서 군복무를 자원한 것이다.

고향에서 조이는 젊은층에서 인기였다. 그래서 별명도 많았다. '건달 조이' '멋장이 조이' '놀기 좋아하는 조이' '도박왕 조이' '사기꾼 조이'. 그런 식의 별명으로 뱃사람들은 그를 조롱하기도 하고 즐기기도 했다. 조이는 무슨 별명으로 불리든 싱글벙글이었다. 낙천적인 데가 있었다.

그는 고향으로 돌아오자 본래의 직업인 어부가 되었다. 당장 먹고살기 위해 배를 타야 했다. 살리나스 강 하류의 포구에 정박한 어부들은 대부분 구리빛 나는 멕시칸이었고 어부들 특성 그대로 술과 마약과 싸움질을 했다. 언제나 싸움질이 그치지 않았다. 도박과 패싸움, 여자에게 돈 같은 것은 아예 벌어줄 생각도 않았다. 그가 호원여관에서 여관집 주인 딸을 겁탈할 수 있었던 것도 뱃놈다운 근성 때문이었고, 고등학교를 다닌 배운 여자를 데리고 살겠다는 허영을 갖게 된 것도 뱃놈다운 허영이었다. 그 자신은 초등학교도 다니지 못했다. 그가 그녀를 데리고 간 고향에서 그는 다음 날 당장 그녀를 음식점 종업원으로 팔아넘겼다.

"뱃놈들은 신기한 것을 좋아하지. 너는 적격이야."

조이는 너를 힘들게 미국 데려왔으니 돈은 네가 벌어라, 하는 식이었다. 한국 여자들은 미군만 보면 사죽을 못쓰지. 더구나 미국 데려간다고 하면 몸뚱이보다 더 한 것도 아끼지 않아. 그런 여대생도 많지. 그가 여대생을 만나서가 아니고 떠도는 소문만으로 그렇게 큰소리쳤다. 하지만 그런 공부 배운 것들, 이곳에선 쓸모가 없어. 너는 잘 해낼 꺼야. 너희 집에서 하는 것을 보았을 테니까.

식당 종업원을 하면서 필요하면 몸뚱이라도 팔아서 돈을 벌라는 것이다. 떠돌이 어부들은 신기한 작은 동양 여자들을 좋아한다는 것이다. 마음만 먹으면 돈벌기는 쉽다는 것이다. 그러니 조이는 윤희를 뚜쟁이질 시켜 돈을 긁겠다는 것이다. 그러나 윤희는 그럴 수 없었다. 호원여관에서 어머니인 연배네가 창녀인 송희 때문에 매 맞던 일이 눈에 선했다. 미국까지 와서 그런 짓으로 생계를 유지할 수는 없었다.

"그게 뭐 그리 어려운데."

조이는 못된 어부의 전형이었다. 패거리들과 어울려 다니며 술과 마약, 그리고 싸움질로 세월을 보냈다. 착실한 어부로 살기보다는 어쩌다 한몫 잡아서 벼락부자가 되는 꿈이나 꾸면서 도박판에 들락거렸다. 감옥살이도 다반사였다. 한국에서 군대 생활을 할 때는 엄격한 병영의 규율이 있어서 그런대로 잘 버티던 그였지만 고향 와서 망가지기 시작하더니 순식간에 폐인처럼 되어 버렸다.

그가 한국에서 약속한 넓은 땅, 포도밭, 과수원은 모두 꿈같은 소리였다. 물론 캘리포니아는 바다 같은 과수원, 바다 같은 포도밭, 바다 같은 목장이 있는 것은 사실이었다. 그러나 조이는 그것을 소유한 것이 아니었고 소유할 엄두도 내지 못했다. 설혹 나라에서 공짜로 땅을 준다고해도 힘든 농사일을 해낼 사람이 아니었다. 그 자신도 그런 농토를 자신이 소유하고 있다고 말 한 적이 없다고 버티었다. 캘리포니아엔 그런 게 있다고 했을 뿐이란 것이다. 아무렇거나 그런 것이 지금에 와서 무슨 의미가 있는가?

윤희는 그 포구의 제일 큰 식당에 속하는 '필립스 샵'에 고용되었다. 시-푸드로서 해물로 만든 멕시칸 식의 음식점으로, 고객들은 주로 이곳의 어부들이었다. 어부들은 낯선 모양새의 윤희를 좋아했다. 식당 주인은 그런 윤희의 장점을 재빨리 간파한 것이다. 윤희도 점차로 이곳 일에 적응하기 시작했다. 그러면서 하나의 가능성을 발견했다. 조이가 그나마도 미국 시민권을 가졌기 때문에 그녀도 시민권을 받을 수 있었고, 그것은 큰 자산이었다. 대부분의 어부들은 불법 이민자들이고 불법 취업자들이어서 그들이 돈을 받아도 달라로 환전할 수 없었다. 그리고 본국의 가족들에게 송금할 수도 없었다.

윤희는 미국 시민권자여서 그들의 돈을 달러로 환전할 수 있었고 그들 대신 그들의 본국으로 돈을 송금할 수 있었다. 그런 수고의 대가로 봉사료를 챙길 수 있었다. 그리고 필요할 때는 돈을 꾸어주고 이자를 챙기기도 했다. 그녀는 매우 열심히 성실하게 그리고 꾸준히 끈기있게 노력했기 때문에 점차로 돈이 쌓이기 시작했다. 돈이 쌓여가자 조이의 태도도 조금씩 달라지기 시작했다.

"땅을 사고 싶다."

조이가 말했다. 바다 같은 포도밭, 바다 같은 목장, 바다 같은 과수원. 캘리포니아에는 그런 것이 실제로 있었다. 과수원의 과목들은 지평선 멀리까지 줄을 섰다. 포도밭도 그랬고 목장도 그랬다. 그러나 그것은 농촌 부자들의 몫이었다. 대부분의 노동자들은 그 목장에서 그 포도밭에서 일당을 받고 일하는 일꾼들이었다. 돈이 생긴 것을 안 조이는 땅을 사고 싶어 안달했다. 어부의 생활을 청산하고 어엿한 지주가 되겠다는 것이다. 농사를 짓겠다고 하면 정부에서 보조금도 주고 은행에서 융자도 해주고 그런 특혜가 많다는 것이다.

윤희인들 땅에 욕심이 없을 수 없었다. 작은 나라 좁은 땅에서 살아온 윤희로서는 바다 같은 목장, 바다 같은 과수원, 바다 같은 농장은 그야말로 꿈이었다. 그래서 지금껏 악착같이 아끼고 모은 전 재산을 조이에게 건네었다. 땅을 사라고 말이다.

그러나 그것은 조이의 계략일 뿐이었다. 조이는 그 돈으로 잠적하고 말았다. 평생 어부로 자란 그에겐 땅은 흥미의 대상이 아니었다. 거기에다 한국에서 군대생활을 하면서 성격이 교활해진데다가 마약에 손대면서 도둑질도 죄로 여기지 않게 되었던 것이다.

후일에야 알게 된 일이지만 조이는 그 돈으로 라스베가스로 갔다. 그리고 평소 소원이던 도박판에서 몇 달이고 틀어박혀서 도박을 했다. 라스베가스에서는 도박꾼에게 술은 공짜다. 호텔의 방값도 비싸지 않았다. 그래서 흥청망청 마시며 밤새워 도박을 할 수 있었다. 낮동안은 호텔방에 죽음처럼 잠들었다가 밤이 되면 도박판 기계 앞에서 밤을 밝혔다. 한 종류의 기계에 싫증이 나면 다른 기계로, 그리고 같은 게임에서 싫증이 나면 다른 종류의 게임으로, 돈의 액수를 늘리면서, 그렇게 세월을 즐겼다.

라스베가스란 모래땅에 세워진 도박의 도시다. 한낮의 황막한 사막이 밤이 되면 네온싸인 찬란한 황홀한 불야성이 된다. 환락이란 어짜피 모래성이 아니던가? 라스베가스야 말로 인간이 상상해 낼 수 있는 가장 환상적이고 허무한 곳이다. 그곳에서 조이는 몇 달이고 버티었다. 가져간 돈이 모두 사라져 버릴 때까지.

4.

윤희는 살리나스강 연안의 어촌 벨몬트에 넌덜머리가 났다. 당장 떠나고 싶었다. 그런데 이곳을 떠나서 어디에 가서 살 것인가? 무엇을 해도 돈이 있어야 했다. 벨몬트에서는 그녀가 신용을 얻고 있었으므로 어떻게든 돈벌이를 할 수는 있었다. 그러나 이곳은 조이의 고향이고, 조이의 혈육들과 친구들이 있었다. 그들을 보면 조이를 떠올리게 되고 그러면 그가 갖고 달아난 돈의 액수를 생각하게 된다. 그럴 때마다 머리가 돌 지경이었다.

그렇지만 윤희는 벨몬트를 떠나기로 결심했다. 윤희가 새로 정착한 곳은 벨몬트에서 한참 떨어진 샌시몬이란 해변 마을이었다. 해수욕장이 있어서 휴양객들이 많이 몰렸다. 그래서 크고 작은 모텔들이 밀집되어 있었다. 이곳에서 윤희는 작은 수퍼마켓을 차렸다. 이름만 수퍼마켓이지 우리식의 구멍가게에 가까웠다.

수퍼마켓 경영은 쉽지 않았다. 기존의 상점들이 제법 있었고 윤희가 동양계라는 인종적 이유 때문에 장사가 쉽지 않았다. 윤희는 우선 다른 상점과 가격경쟁에서 이겨야 한다고 생각했다. 그리고 품목 경쟁에서 이겨야 한다고 생각했다. 그러자면 정기적으로 찾아와 공급해주는 물건만으로 상점을 꾸려서는 안된다고 생각했다.

그녀는 뻔질나게 LA까지 달려갔다. 시장을 기웃거리며 덤핑 판매하는 값싼 물건을 찾고, 신기한 물건을 찾고, 디자인이 멋있고 내용이 알찬 여러 종류의 물건 확보에 혈안이 되었다. 그렇게 노력한 결과 차츰 그녀의 수퍼마켓이 다른 상점과는 다르다는 인식이 퍼지기 시작했다. 거기에다 새로운 아이디어를 보탰다. 한국 출신인 그녀만이 할 수 있는 아이디어로 한국인 고객을 확보하자는 생각이었다.

그곳을 지나치는 한국인들이 머물 수 있도록 한국말 간판도 슬쩍 끼워 넣었다. '비디오 대여' '모텔 안내' 등의 글귀였다. 샌시몬은 LA에서 샌프란으로 가는 길목이라 한국인 여행객이 제법 있었다. '비디오 대여'라는 글귀는 근교에 흩어져 사는 한국 교포들의 발길을 끌어들였고, '모텔 안내'는 그곳을 지나치는 미국말에 서툰 한국 여행객의 발길을 머물게 했다. 한국 여행자들은 상점으로 들어와 윤희의 안내를 청하게 되고 그렇게 되니 모텔들도 윤희의 신세를 지려고 했다. 화장실 사용이 쉽지 않는 미국이라 한국인을 실은 관광버스도 잠시 멈추어서 화장실을 사용하고자 했다. 관광객들은 의외의 곳에서 한국인 가게를 만나게 된 것이 너무 신기해서 상점의 물건을 무더기로 팔아주기도 했다. 그렇게 차차 알려지면서 고객도 늘어나고 수입도 많아졌다. 더구나 해마다 한국인 관광객이 급증되는 추세여서 수입은 더욱 늘었다.

돈이 쌓이기 시작한 것이다. 돈이 벌리자 돈에 대한 욕심이 더욱 생기기 시작했다. 자신을 위해서 돈 쓸 일은 별로 없었다. 조이를 통해서 낳은 아들이 하나 있었지만 아직 학생이어서 따로 돈 들어갈 일이 없었다. 그러니 버는 것이 그대로 저축으로 남았다. 돈 쌓이는 재미만한 것이 또 무엇이 있을까? 돈을 더 쌓아서 업종을 바꾸는 게 새로운 희망이 되었다. 수퍼마켓은 새벽부터 시작해서 밤늦게 끝나는 힘든 업종이었던 것이다.

가장 안정적인 직업, 노후에도 안정적인 직업. 그것은 샌시몬에서 모텔을 경영하는 일이었다. 그녀는 오랫동안 숙박업에 뛰어들 준비를 하고 있었다. 그곳 모텔은 객실이 대체로 50여 개가 넘었다. 모텔을 세를 내서 경영하는 방법도 있지만 경우에 따라서는 사서 할 수도 있었다. 미국은 융자 제도가 잘되어 있어서 담보만 확실하면 상당한 융자를 받을 수 있었다. 세를 내는 돈에다 조금 더 보태면 살 수 있었다. 물론 벅찬 것은 사실이지만 그동안 버티어 온 끈질긴 노력과 정성을 기울이면 못할 일이 없었다. 그렇게 모텔에 눈독을 들이며 기회를 엿보고 있었다.

그런 때에 조이가 다시 나타났다. 수년 동안 얼굴도 비치지 않던 조이가 나타나서 그녀에게 빌었다. 마약도 끊고 참된 사람이 되겠다고 맹세했다. 무엇보다 하나 있는 아들의 아버지가 아닌가? 조이의 설득에 윤희의 마음도 조금씩 기울었다. 그는 비록 농사를 지을 위인은 못되지만 그의 건달기가 모텔을 운영하는 데는 도움이 될 것도 같았던 것이다.

마침내 기다리던 기회가 왔다. 샌시몬의 모텔 중에 해안도로와 면해 있고 해수욕장을 한 눈에 바라볼 수 있는 50칸 방의 모텔이 나온 것이다. 우연히 인터넷 창을 뒤지다가 발견한 것이다. 급매물이었다. 그래서 값도 보통 경우의 반밖에 되지 않았다. 물론 돈은 아직 많이 부족했지만 은행 융자며 그동안 신용을 얻은 터라 이웃들의 도움을 받으면 모자라는 돈을 보충할 수 있었다. 사업을 확장하는 일은 언제나 모험을 필요로 했다. 제 주머니 돈만으로 사업을 확장할 수는 없는 일이었다. 일을 먼저 저질러 놓고 모자라는 것은 갚아 가면 되는 것이다.

모텔은 건물만 있으면 따로 들어가는 돈이 많지 않았다. 방은 그냥 비어 있는 것이고, 매일 이부자리를 새로 깔아주고 방 청소만 새로 해주면 되는 것이다. 물론 아침식사 정도는 챙겨야 한다. 그런 것들은 정성과 노력으로 꾸려 갈 수 있는 일이었다. 더구나 윤희의 경우는 한국인 관광객들을 확보할 수 있었다. 윤희가 얼마나 들떠 있었던지 조이는 이해할 수 없어 했다.

"가난뱅이로 살아보지 못한 미국 사람들은 이해하지 못하지요. 왜 한국인들이 악착같이 돈에 매달리는지. 먹는 것만으로는 만족할 수 없어요. 자식공부도 시켜야지요. 하바드로 보낼 거요. 과외를 시켜서 하바드 법대로 보낼 거라고요. 고향 부모들, 친구들도 초청할 거요. 내가 얼마나 잘 사는지 보여 줄 거요. 미국에서 잘 산다는 게 한국과 어떻게 다른지 보여줄 거요. 그리고 나도 한 번쯤은 왕창 쓰고 싶다고요. 라스베가스로 갈 거요. 당신이 했던 것처럼 나도 라스베가스의 제일 좋은 호텔 방에서 밤새워 도박을 할 꺼요. 그렇게 왕창 쓸 꺼요. 평생에 한 번쯤 그런 호사도 해 봐야지요. 당신은 이미 겪었지만 나는 뭐냐고요. 돈 버는 기계였다고요. 그러니 후회하지 않도록 마음 푹 놓고 왕창 써보고 싶다니까요. 1억쯤 날릴 셈으로요."

그런 꿈을 실현하기 위해서는 그녀는 반드시 그 모텔을 사야 했다. 그녀는 돈을 챙겨주면서 남편을 닦달했다. 나머지 모자라는 돈을 구해 올 테니 당신은 당장 계약을 해요. 급매물이라 계약금에 중도금까지 포함되어 있어요. 소위 현금 박치기라는 거지요. 당신은 도박판에 몇 달이고 살았으니 그런 것 잘 할 테지요. 현금 박치기를 하라고요. 나머지는 융자받고, 이웃에 빌리고, 그렇게 또 어떻게 꾸리는 거지요.

윤희는 남들이 볼 때 제정신이 아닌 듯했다. 마치 그 모텔을 구입하지 못하면 당장 미치기라도 할 듯했다. 매물은 인터넷에 나온 것이었고 많은 사람들은 팔려는 사람의 급한 마음을 약점으로 삼아 나름대로 신중하게 값을 흥정하고 있는데, 윤희는 한 푼도 깎지 않고 그대로 응찰했다. 그렇게 과감한 응찰로 모두를 놀라게 했다. 비록 시세의 반값 정도로 헐한 물건이라고 하나 현금으로 응찰하는 것이어서 미국처럼 현찰이 귀한 처지에서는 쉽지 않았는데도 윤희는 도박꾼처럼 덤벼들었던 것이다.

5.

우리는 아주 결정적인 순간 운명이란 이름의 방해자를 만난다. 신이 개입하는 것이다. 그럴 때의 주연과 조연은 이미 정해져 있다. 윤희가 주연이라면 조이는 바로 조연이다. 조이는 윤희가 급히 마련해 준 돈으로 모텔을 사러 갔다가 그냥 사라지고 만 것이다. 라스베가스로 가고 싶은 심정은 윤희보다 조이가 더 했는지도 모른다. 윤희는 돈을 벌어서 안정적으로 수입이 들어온 것을 가지고 라스베가스로 가고 싶어했는데 조이는 있을 때 그대로 실천한 것이다.

인생은 짧고 기다릴 시간은 많지 않았다. 조이가 진짜로 라스베가스로 갔는지 우리는 알지 못한다. 그러나 도박판이 어디 라스베가스만인가? 아틀란타에도 있고 프로리다에도 있고 인디아나에도 있다. 인디안 원주민이 있는 곳이면 어디에든 도박판은 있다. 인디안을 보호한다는 명목으로 인디안들에게만 도박판 경영권을 주기 때문이다. 그것이 과연 인디안을 경제적으로 돕는 것인지는 분명하지 않다. 그러나 외형적으로 그런 느낌이 들게 하는 것은 사실이다. 정치란 그런 것이다.

조이가 정말 도박판으로 날랐는지 그것도 분명히 알 수는 없다. 그러나 윤희가 그처럼 악착같이 번 돈이 그만큼 쓸모 있는 곳에 쓰여지지 않을 것이란 것은 분명하다. 술집이든 마약이든, 싸움판이든 무엇이든 그것은 도박판의 아류가 아니겠는가?

윤희는 검은 새를 다시 보기 시작했다. 호원동 여관 앞을 나르던 검은 새. 윤희는 아무 것도 더 이상 생각하고 싶지 않았다. 그냥 그대로 사라지고 싶었다. 며칠을 멍하니 앉아 있던 윤희는 그녀가 꾸릴 수 있는 잔돈푼들을 모두 긁어모아서는 그녀 자신도 라스베가스로 떠날 것을 결심했다. 이번 기회에 못 가면 평생 못 갈 것이다. 돈 한 푼 벌지도 못한 조이는 남의 돈으로도 번번이 라스베가스로 가는데, 윤희는 더 이상 미룰 수 없다고 생각했다. 왕창 쓸 돈이 없어도 좋다. 그는 한 번도 캘리포니아의 해안지방을 벗어난 적이 없었다. 캘리포니어가 바다처럼 넓어서만도 아니었다. 그녀는 돈을 벌어야 했고 그래서 다른 세상은 넘겨다볼 엄두를 내지 못했다.
   이제 못 가면 영영 못 가리. 그런 강박관념 때문에 그녀는 서둘러 라스베가스로 가기로 결심했다. 그 해는 비가 많이 내렸다. 사막에도 비가 내렸다. 사막의 나무들, 가시가 촘촘한 선인장들이 비에 젖어서 후줄근했다. 그렇게 보아서 그런지. 비에 젖은 사막이란 어딘가 괴기스러웠다. 그렇게 비를 맞으며 캘리포니아의 서부 모하비 사막을 가로질러 네바다의 사막 라스베가스로 갔다. 그리고 소원했던 대로 일류 호텔 방을 예약하고 공짜로 주는 포도주에 취한 채로 도박판에 앉았다. 기계와 마주 앉아 마지막 인생을 위한 한 판 승부를 겨루고자 했다.
   깊은 밤에 그녀는 새의 울음소리를 들었다. 기계음이 섞인 간절한 울음소리. 그녀는 그 큰 새가 울음을 운다는 사실을 이미 알고 있었다. 서글픈 울음. 너무 커서 새의 목청 구조를 제대로 갖추지 못한 그런 울음이었다. 윤희는 잠결에 울음소리를 듣고 꿈인가 싶었다. 그러나 언뜻 잠들려는데 다시 울음소리가 들려왔다. 분명 꿈은 아니었다. 그녀는 몇 번이나 그 울음소리에 잠이 깨었다. 호텔 안에서 들리는 새의 울음소리. 그것은 비현실적이다. 호텔방 어디를 둘러보아도 새의 그림자도 볼 수 없었기 때문이다. 더구나 꾀꼬리 울음소리도 아니고 까마귀도 아닌, 두 새의 울음이 조합된 것 같은 그런 이상한 억양의 새 울음소리란 현실에선 불가능한 것이다. 환청이 아니고 꿈에서 만들어진 것도 아닌 현실에서 그런 울음소리를 듣는다는 것은 아무래도 이상했다.

윤희는 더 이상 참을 수 없어 호텔 경비원에게 전화를 걸었다. 이상한 새의 울음소리가 들린다고 했다. 경비원은 머리를 흔들었다. 호텔에서는 새를 키우지 않는다는 것이다. 윤희의 거듭되는 호소에 경비원이 방안으로 들어왔다. 그리고 방안을 샅샅이 뒤졌다. 그러나 새가 거처할 만한 곳은 어디에도 없었다.

경비원이 내려가고 막 잠들었다 싶은데 익숙한 새의 울음소리가 다시 들렸다. 환청이지 싶어서 묵살하고 그냥 자려는데 새의 울음소리가 간헐적으로 이어졌다. 자신을 보아 달라는 간절한 여망이 담긴 것이다. 윤희는 더 이상 참을 수 없어 새의 존재를 찾아서 방안의 곳곳을 살폈다. 침대 밑도 뒤지고 벽장도 뒤졌다. 새의 존재가 없을 것을 알면서도 같은 곳을 뒤지고 또 뒤졌다. 분명, 새의 울음소리였어. 예전에 보았던 그 검은 새의 울음소리. 환청일 리가 없지. 아직 잠든 건 아니니까. 그런데 어디에 있을까?

방안 구석구석을 뒤지던 윤희는 지친 몸으로 창가에 붙어섰다. 질척질척 내리는 비가 아직 내리고 있었다. 그런데 이게 웬 건가, 라스베가스 일대의 사막이 모두 물에 잠겨 있는 것이다. 거대한 바다가 형성되어 있었다. 바다가 사막으로 변한다든지, 사막이 바다로 변한다든지 하는 경우는 천지개벽 때나 가능한 것이다. 캘리포니아의 땅들이 몇 만 년 전에는 바다였다든지 하는 말은 버스 여행 중에 가이드를 통해서 들은 말이다.

그러나 지금 당장 사막이 바다로 변하고 있다는 것은 믿을 수가 없었다. 자신이 큰 새를 보았다고 했을 때 남들이 모두 믿지 않았듯이 아마도 저기 빗줄기 속에 사막이 온통 바다로 되어 있다면 누가 믿을 것인가? 우리 속담에 상전벽해란 말이 있다. 오랜 세월이 지나면 큰 뽕나무밭이 바다로 변해 있더라는 말이다. 그건 오랜 세월이 흘렀다는 상징적인 이야기이지 현실적인 이야기가 아니다. 그런데 윤희는 분명 사막이 바다로 변해 있는 것을 똑똑히 볼 수 있었다.

이것도 환상이란 말인가? 윤희는 자신을 향해 물어보았다. 그녀가 본 검은 새가 환상이듯이 이것도 환상이란 말인가? 그런 회의에 잠겨 있는데 다시 검은 새의 울음소리가 들려왔다. 자신의 존재를 발견해 달라는 간절한 염원이 담긴 울음소리였다. 기계음이 약간 섞인 이상한 억양의 울음소리였다. 저승새인 모양이구나. 윤희는 그런 생각이 퍼뜩 들었다. 사막이 바다로 변하는 이 믿을 수 없는 순간에 나타난 검은 새의 간절한 울음소리. 꿈에나 나타나던 새의 울음소리가 그렇게 선명할 수 없었다. 새의 울음소리는 한참을 계속되었다. 그러다 아무도 들어주지 않으니까 슬픔 속에서 슬그머니 사라지는 것이다.

윤희는 그제야 그 새의 울음이 저승의 저 끝에서 자신을 향해서 다가온 것임을 알 수 있었다. 힘들게 살아온 자신을 데려가기 위해 그 꿈같은 큰 새가 라스베가스의 그 먼 데까지 다가온 것이다. 빗줄기를 타고 사막의 바다를 헤엄쳐서, 곤이 붕새가 되듯, 그렇게 사막을 헤엄쳐서, 사막이 바다로 된 이야기는 한 번도 들은 적이 없지 않은가? 천지개벽이 되고 있는 것이다. 자신의 운명이 끝나고 있는 것이다.

'내가 죽을 때가 되었구나.' 윤희는 죽음이 자신을 에워싸고 있음을 느끼기 시작했다. 남편 조이며, 아버지며, 어머니며, 형제가 모두 꿈의 잔영들이었다. 그녀의 마지막 운명이 저승새의 모습으로 또는 그 울음으로 그녀의 내면으로 빗줄기처럼 스며든 것이다. 죽으면 요단강 건너가 만나리. 사막이 거대한 강이 되어, 바다가 되어, 그녀의 혼백이 떠날 뱃길이 되어 펼쳐있는 것이다.

윤희는 창문을 열었다. 그리고 파도가 출렁이는 바다를 향해서 훌쩍 뛰어내렸다. 검은 새 한 마리가 재빨리 다가와 그녀를 태웠다. 구만리 장천을 날아가는 것이다. 붕새로 변한 곤이 그녀의 죽음을 줄기차게 기다리다 이제야 자신의 임무를 마감하는 것이다.

6.

다음 날 라스베가스의 호텔 경비원은 모랫바닥에 떨어진 시체 한 구를 발견했다. 경찰에 신고를 하자 경찰 수사관이 와서 호텔을 점검했다.

"이상한 여자였지요. 호텔방에서 새가 운다고 몇 번이나 전화를 했어요. 경비원이 두어 차례나 와서 자세히 살폈지만 새는 없었어요. 호텔방에서 새를 키우지는 않거든요."

"그렇겠지. 새를 키울 입장도 아니고"

수사관이 무슨 흔적이라도 찾을까 하여 침대 구석구석을 뒤지는데 어디선가 새의 울음소리가 들렸다. 쓰레기통 안에서였다. 경찰이 쓰레기통을 뒤엎으니 작은 금속 물체가 툭 떨어졌다. 어느 손님이 잊고 간 휴대폰인 모양이었다.

"여기서 들린 것 같은데. 문자 호출 때 나는 모양인데, 문자가 찍혀 있군. 미국말은 아니로군."

"죽은 여자는 동양계 얼굴이었어요."

"그건 나도 확인한 것이고."

"어느 나라 문자일까요?"

"알게 뭐람."

경찰이 휴대폰 버튼을 눌러서 통화를 시작했다. 그러나 통화가 되지 않았다. 몇 번의 시도 끝에 통화가 되지 않자 수사관은 그냥 자신의 주머니에 간직했다. 휴대폰이 새는 아니었기에 이번 일과는 아무 관계가 없는 듯했다. 여자가 찾은 것은 새였지 휴대폰이 아니었음이 분명하기 때문이었다.

"요즈음 이상하게 자살자가 많아."

수사관은 그렇게 말하며 우울한 시선으로 창밖을 바라보았다. 라스베가스 전체가 물바다였다. 사막에 이처럼 많은 비가 쏟아지기로는 백 년만의 일이라고 신문에서 떠들썩했다. 이곳은 예전에 바다였다가 지각변동으로 융기하여 육지가 된 곳이다. 그러니 바다 중에서도 저지대라 오랫동안 바닷물이 호수처럼 고여 있다가 수분이 증발하면서 딱딱한 소금이 모래와 엉겨서 염분 덩어리가 된 그런 곳이다. 그러니 비가 내려도 다른 모래땅처럼 쉽게 물이 스며나가지 못하고 그냥 고여 있는 것이다. 그래서 이처럼 뜻밖의 비가 내렸을 때는 그냥 물바다가 되는 것이다. 예전의 바다 모습으로 변하는 것이다.

"사막이 바다로 변했다는 말은 처음 들어요. 바다가 융기해서 사막이 되었다는 말은 들었지만."

호텔 종업원이 무료함을 달래려고 수사관을 보고 말했다.

"바다가 육지로 되었다면 다시 바다가 될 수도 있겠지.."

수사관은 주머니에 간직했던 휴대폰을 꺼내서 종업원에게

건네며 말했다.
"누군가 임자가 찾아오면 돌려주라고. 찾으러 올 것 같지도 않지만."
그들은 바다가 된 사막을 바라보며 한 여자의 죽음 같은 것은 더 이상 생각하지 않기로 했다.

아버지의 땅

1.

고향의 장조카로부터 요양병원에 입원했던 형님이 갑자기 퇴원했다는 소식이 왔다.
"병세가 많이 호전된 것인가?"
일단 진행된 파킨슨병은 좀처럼 호전되기 어렵다고 들어왔던 나는 의아하게 여겨 그렇게 물었다.
"웬걸요."
소식을 전한 장조카는 손사래를 치듯 황급히 말했다. 그리고 전하는 이야기는 전혀 엉뚱했다. 형님이 예전에 살던 고향집터에 컨테이너박스로 임시 가건물을 짓게 하고 그곳에 기거하기로 했다는 것이다.
"요양병원보다 불편한 게 많을 텐데."
"불편한 게 한두 가지가 아니지요. 간병인도 그렇고요. 하지만 워낙 그곳만을 고집하시니 어쩔 수 없었습니다."
장조카의 딱했던 입장이 눈에 잡힐 듯 선했다. 예전의 고향집터는 오랫동안 버려진 땅이어서 가건물을 짓고 환자가 기거할 만한 곳이 못되었다. 영진리 바우재의 제법 높은 언덕 위라 전망이 넓게 트인 곳이긴 하지만 상대적으로 평지에 있는 우물까지 거리가 멀어서 식수를 해결하기가 쉽지가 않았고, 더구나 마을로 이르는 길이 가팔라서 보행이 불편한 환자가 걷기에는 여간 어렵지 않았다. 내가 그 점을 지적하자,

"마당에 파이프를 박아서 펌프우물을 하나 만들었고요, 장애인용 전동차를 구입해서 마을 나들이에는 불편하지 않게 하였습니다. 간병인 구하기가 쉽지 않았는데 다행히 마을 사람 중에서 요양사 자격을 갖춘 사람이 있어서 채용했습니다."

장조카는 경제적으로 비교적 풍족한 편이어서 그런대로 형님이 불편하지 않도록 최대한 배려를 한 모양이었다. 장조카가 전화 끝에 덧붙였다.

"시간 나시면 한번 들르시지요. 아버지가 보고 싶다고 하시던데요."

장조카의 그 말에 코끝이 찡- 했다. 장조카가 전하려고 한 핵심이 바로 그 말일 것이라는 생각이 들어서였다. 부모님 살아생전에 우리 형제들은 우의가 돈독하다고 소문이 났었다. 삼형제 중 막내는 나이 차가 제법 되었지만 형님과 나와는 겨우 여섯 살 차이었고 남들이 입학하기 어렵게 여기던 고향의 사범학교를 함께 다닌 선후배 사이었다. 그래서 시골 초등학교 교사생활도 함께 했기 때문에 서로 어울릴 기회가 많았다. 술을 좋아해서 때로는 둘만이 대포집에 들어가 주거니 받거니 대작했다. 그러다 아는 사람을 만나면 함께 합세해서 판을 키웠다. 그러다가도 형님의 친구들이 몰려오면 내가 술값을 치르고 슬그머니 달아나고 내 친구들이 몰려오면 형님이 술값을 치르고 슬그머니 물러나는 것이다. 그래서 남들이 모두 부러워할 정도였다.

그러던 중에 내가 대학 진학을 위해서 교사직을 그만두고 서울로 생활의 터전을 옮기게 되고 형님은 형님대로 결혼해서 4남매의 자식들을 기르느라 힘든 와중에 점차로 거리가 멀어져서 형제가 만나는 일도 뜸해졌다. 기껏 부모님의 기제사에 얼굴을 마주하는 게 고작이었다.

그러다보니 형님이 파킨슨병에 걸린 것을 알게 된 것도 병의 진단을 받고도 몇 년이나 지나서였다. 기제사 때 제주가 되어 술잔을 올리는 모습이 어딘가 부자연스럽게 보여서 무심코 여쭈어본 것이 발단이었다.

"노인이 되니 어쩔 수 없는 모양이다. 몇 년 전부터 손이 매우 떨린다."

"평소 약주를 너무 많이 드셔서 그런 거라요."

막내동생이 뻔-하다는 투로 끼어들었다.

"그래 말이다. 아버지의 주량을 닮아서 술 없인 하루도 견디기 어렵다."

형님뿐 아니라 우리 삼 형제가 모두 술을 좋아하고 주량도 엄청 세어서 주위 사람들이 세 형제가 모두 아버지의 주량을 닮았다는 말을 자주 들었다. 형님은 그런 이웃들의 힘담을 농담 삼아 전하며 웃었다. 주량이 센 세 형제는 제사가 끝나자 음복주를 핑계로 술잔을 주거니 받거니 하며 술판을 키웠다. 술판이 쉽게 끝날 것 같지가 않다고 느꼈던지 평소와 달리 좌불안석이던 장조카가 형님이 화장실로 간 사이에 몰래 슬그머니 귀띔하는 것이었다.

"술 너무 권하지 마세요. 파킨슨병 진단을 받은 지 몇 년 되거든요. 술 취하시면 제대로 몸을 가누지 못합니다."

장조카의 말에 우리는 아연 놀라서 서로를 쳐다보았다. 파킨슨병이란 게 진행이 비교적 늦은 만성이라 처음엔 주위 사람들이 잘 알지 못하는 경우가 대부분이었다. 그런데 형님의 경우는 제법 진행된 상태여서 걸음을 제대로 걷지 못한다는 것이었다. 파킨슨병은 치매나 당뇨처럼 대표적인 노인병인데다가 아직까지 이렇다 할 치료약도 개발되지 못한 터여서 그냥 속수무책으로 요행만을 바랄 뿐이라고 했다. 의사의 처방도

가급적 술을 삼가고 운동을 많이 하라는 게 고작이라는 것이었다.
 "저런. 의사가 술을 삼가라고 했다고?"
 나와 동생이 동시에 그렇게 반문했다. 형제가 만나면 으레 술로 회포를 풀었던 터라 술을 권해서는 안 된다는 것이니 당황하지 않을 수 없었다. 집안의 기제사나 결혼 잔치 같은 특별한 때에나 어쩌다 만나게 되는데 그렇게 만난 형제가 술 없이 서로 얼굴만 멀뚱멀뚱 바라보아야 한다는 것은 상상도 못 할 일이었다. 그렇다고 일단 형님의 병을 알게 되고도 모른 척 술을 권할 수는 없지 않은가.
 형님의 병을 알고부터 우리 형제는 가급적 술좌석을 피할 수밖에 없었다. 그러다 보니 어쩌다 만나게 되어서도 바쁜 일정이 있다는 핑계로 슬그머니 자리에서 일어나게 되었다. 이래저래 그동안 형님과 만나는 일도 드물었고 서로 대화를 나누는 일도 매우 뜸했다. 형님은 그게 매우 아쉬웠던 모양이었다. 나는 장조카의 말을 전해 듣고는 잠시도 머뭇거릴 수 없어서 다음날 바로 고향 가는 버스를 탔다.

2.

 고향인 영진리로 가자면 우선 강릉까지 가는 직행버스를 타야 했다. 그리고 강릉버스터미널에서 주문진 가는 완행버스로 옮겨 타야 한다. 시골이라 차편이 드물어서 30여분 넘게 기다려서 겨우 주문진행 버스를 탈 수 있었다. 버스는 정류장마다 머물러서 한두 사람씩 기다리고 있는 승객들을 빠짐없이 태웠다. 그렇게 느린 속도로 달리던 버스가 연곡면사무소의 정류장에 도착한 것은 12시가 지난 시간이었다. 점심식사 전에 도착하려고 아침 7시부터 서둘렀는데도 어쩔 수 없었다.
"서둘지 마라. 늦은 점심이면 어떠냐?"
스마트폰으로 들려오는 형님의 목소리였다.
"홍질목에 추어탕집이 생겼다. 내가 그곳까지 마중 나가 있으마."
그러면서 추어탕집의 위치를 자세히 설명하기까지 했다. 면사무소에서 서낭당길로 넘어오다 보면 서낭당을 막 지난 위치에 새로 생긴 추어탕집 간판이 보일 것이라고 했다.
"주변에 그 집밖에 없으니까 착각하거나 하지는 않을 게다."
형님이 가르쳐 준 서낭당길은 영진리 바다에서 면사무소로 이어지는 가장 중심 도로이고 어릴 적 초등학교 다닐 때는 매일 다니던 길이었다. 주위에 소나무가 우거지고 한적해서 한낮에도 혼자 다니기에는 으스스한 느낌을 주는 곳이었다.
"서낭당은 마을의 수호신이 머물러 있는 곳이어서 돌멩이 하나라도 정성을 바쳐야 한다."
어른들은 늘 그렇게 말씀하셨다. 의사가 귀한 시대여서 마을에 돌림병이 돌거나 하면 서낭신밖에 믿을 곳이 없었다. 그래서 마을의 어머니들은 닭 울기 전 새벽에 서낭당에 정화수를 떠놓고 자식들의 병이 낫기를 빌었다. 너무 이른 시간에 혼자 서낭당엘 갔다가 호랑이를 만났다는 소문도 있었다. 솔숲이 우거져서 한적한 데다가 오대산의 연봉들과 잇다아 있어서 때로는 큰 짐승들이 출몰하기도 했던 것이다.
시내버스를 내려 서낭당길로 들어서니 솔숲이 더욱 우거져서 한적하기가 예전보다 더 심했다. 서낭당을 지나자 바로 '홍질목 추어탕'이라는 커다란 입간판이 눈에 띄었다. 몇 대의 자동차가 주차할 수 있도록 된 넓은 마당에 형님의 장애용 전동차가 보였다.

"이제 오는구나."

형님이 환-하게 웃었다.

"여기에 음식점이 생기리라고는 예상하지 못했겠지?"

사실 이곳은 서낭당길로 이어지는 한적한 곳이라 사람의 통행이 별로 없어서 음식점이 들어서기에는 적당치 않아 보였다. 하긴 요즈음은 자가용 시대여서 맛집이라면 어디든 가리지 않고 음식점이 붐비는 것도 사실이었다.

'홍질목'이란 지명은 음식점 이름 이전에 이미 있어왔는데 서낭당길로 들어서는 언덕에 제법 넓은 공터가 있어서 '넓은 길목'이란 뜻에서 생긴 이름으로 여겨진다. 광복절 기념식 같은 때 마을 사람들은 이곳에 솔문을 세웠다. 마을에 이보다 더 넓은 길목이 없었기 때문이다. 아이들은 이곳에 모여서 전쟁놀이도 하고 군사 훈련도 받았다.

"이 추어탕집이 맛집으로 소문나서 사람들이 제법 붐빈다."

형님의 말이었다. 점심때가 한참 지난 때여서 손님은 별로 없었다. 추어탕 두 그릇을 시키고 형님이 덧붙였다.

"소주 한 병도 주소."

"술 하셔도 돼요?"

내가 놀라서 반문하자

"모처럼 널 만났는데 술 한 잔 하자꾸나."

형님의 대답이었다. 술과 술잔이 나오자 형님이 먼저 내 술잔에 철철 넘치도록 술을 따랐다.

"참 오랜만이구나."

형제가 만난 것을 말하는 것인지 아니면 술을 함께 하게 된 것을 말하는 것인지 얼른 감이 잡히지 않았지만 시시콜콜 따질 일도 아니었다. 맛집이란 말대로 추어탕의 맛이 소주 한 잔 마시기에는 아주 적격이었다.

"한 병 더해야 하겠다."

형님의 병이 술을 감당하기에 쉽지 않을 것이란 우려에도 불구하고 형님의 기분을 망치고 싶지 않아서 나는 그냥 술잔을 받았다. 그렇게 두 병의 소주를 비우고 자리에서 일어났다. 형님은 지팡이에 의지해서 간신히 몸을 일으켰다. 그러나 전동차에 오르자 익숙하게 차를 몰았다. 홍질목 언덕에서 비탈길로 조금 내려가면 철둑길을 가로지르는 다리가 나왔다. 형님은 다리의 중간에 차를 멈추더니 지팡이로 주문진 쪽을 가리켰다.

"주문진으로 이르는 저 철둑길의 모양새를 보아라."

형님이 철둑길이라고 말하는 이 길은 원래 일제시대 만들어진 길이다. 부산에서 포항으로 이어지는 철로의 동해 남부선과 양양과 청진으로 이어지는 동해 북부선의 중간지점으로 강릉에서 주문진을 거쳐 양양까지 이어지는 동해선의 일부다. 둑길을 만들고 레일을 미처 깔지 못한 상태에서 해방이 되었기 때문에 레일은 깔리지 않았어도 철길의 모양새만은 제대로 갖추어져 있었다.

"예전에 헌병대 검문소가 있던 자리에서부터 이곳으로 오는 길이 조금 구불어져 있지 않니? 그곳에서 길이 직선으로 이어졌으면 예전의 우리 집은 흔적도 없이 모두 사라졌을 게다."

헌병대 검문소가 있던 자리는 강릉에서 주문진으로 이어지는 국도와 철둑길이 서로 교차되는 지점인데 오랫동안 헌병과 경찰이 합동으로 검문을 했던 곳이다. 주문진 쪽에서 일직선으로 뻗어오던 철둑길이 그 지점에서 내륙 쪽으로 조금 굽었다. 육안으로도 느껴질 정도였다. 그 이유를 언젠가 나도 들은 기억이 있었다.

자수성가로 재산을 모은 아버지가 욕심껏 좋은 집을 지었다. 이 마을에서는 보기 드물 정도로 잘 지은 건물이라고 했다. 그때 일본인 철도기술 책임자가 집에 세를 살았는데 일제시대라 대접하느라고 그 일본인 기사에게 안방을 내주었던 모양이다. 그 기사는 철길이 일직선으로 뻗으면 집이 그대로 없어져 버리기 때문에 아깝게 여겨서 그어진 도면의 선을 조금 변형했다고 한다. 그래서 허물어질 뻔했던 우리 집이 구제될 수 있었다. 우리 집과 절개된 산의 비탈과는 우마차 한 대가 겨우 지나칠 정도의 공간밖에 되지 않았다. 아버지는 집에 바짝 다가선 절개지 벼랑에 아까시아를 심고 가꾸었다. 산사태가 나거나 해서 집이 무너지는 일이 없도록 예방하기 위해서였다.
　"그런 집인데 말이다."
　형님은 더 이상 말을 잇지 못했다. 그런 집인데 말이다. 아버지는 고아로 자라서 자수성가하여 평생소원이던 제대로 된 좋은 집을 지었다. 그러나 만년에 자식들의 교육을 위해서 강릉 읍내로 이사를 가야 했다. 초등학교 교사로 근무하던 형님의 강력한 권고를 아버지가 받아들인 것이다. 형님은 그런 자신의 권고를 이제 후회하고 있었다.
　다리를 건너 언덕에 오르자 바우재 마을로 이르는 오솔길이 나왔다. 마을이라야 달랑 네 집인데 제일 위쪽이 우리 집이고 그 밑으로 세 집이 올망졸망 이어졌다. 오솔길 옆 비탈엔 아까시아가 숲을 이루었다. 우리 집의 대문 옆에 있던 미루나무는 더욱 껑충하게 키가 자라서 바람에 금방 꺾일 듯 심하게 흔들렸다. 그 너머로 철둑길이 다시 눈에 들어왔다. 주문진 쪽에서 이어져 온 철둑길이 남쪽으로 계속 뻗어나가는 모양새였다.
　형님과 나는 한참동안 그 둑길을 바라보며 서 있었다. 철둑길은 들판의 밭들을 양쪽으로 거느리고 남쪽으로 길게 뻗었다. 그리고 가로막힌 연곡천을 지나서 넓은 들판과 그 너머 솔숲 사이로 아스라이 멀어져갔다.

해변의 솔숲에는 공동묘지가 있었고, 그 옆에 문둥이 마을이 있었다. 문둥이들은 아침저녁으로 깡통을 들고 마을로 와서 음식을 구걸했다. 코가 떨어져 나간 문둥이의 콧구멍은 하나뿐이고 하늘을 향해 있었다. 귀가 아예 없거나 쪼그라진 쪽박귀 하나뿐인 문둥이도 있었다. 더러는 손가락이 떨어져 나간 조막손으로 팔에 깡통을 꿰들고 다녔다. 얼굴은 대개가 상처로 짓뭉개진 곰보였다.

문둥이들은 두세 명씩 짝을 지어 다니기도 했는데 매일 아침저녁으로 대하다 보니 낯이 익은 경우가 많았다. 마을 사람들은 대부분 가난하고 어려웠지만 식은 밥 한덩이는 남겼다가 이들의 깡통에 덜어주곤 했다. 아이들은 문둥이만 보면 돌팔매질을 하며 그들을 쫓았는데 그때마다 어른들에게 야단을 들었다.

"이놈들. 죄받는다. 아예 그런 짓 마라."

그렇게 문둥이를 괴롭힌 날 아이들은 문둥이에게 쫓기는 꿈을 꾸곤 했다. 문둥이는 한사코 따라오는데 발걸음이 떼어지지 않았다. 진땀을 흘리며 헛소리를 하기도 했다. 문둥이들은 사람의 간을 먹으면 병이 낫는다고 했다. 그래서 만만한 아이를 몰래 잡아간다고 했다. 문둥이들은 아이들의 꿈속을 비집고 들어와 한사코 쫓아왔다.

연곡천의 쪽다리 위쪽으로 빨래터가 있었다. 개천의 물이 활처럼 휘어져 흐르는 곳인데 수양버드나무들이 제법 자랐다. 그곳에 둥글고 넙적한 바위들이 무리를 이루었는데 여인네들이 빨래하기에 안성맞춤이었다. 어머니나 누나들이 이곳저곳 넙적바위에 나누어 앉아 빨래방망이로 빨래를 두드렸다. 더러는 비누를 칠하고 바위에 뻑뻑 문지르며 비누거품을 일구기도 했다. 개천가 모래밭에서는 화덕을 걸고 양잿물에 빨래를 삶아내기도 했다.

어른들의 빨래터는 아이들의 놀이터였다. 물장구질을 치면서 종일 물속에 있어도 힘든 줄을 몰랐다. 한여름에는 썩은 감자를 우려서 녹말을 만드느라 여러 개의 항아리가 개천가에 늘어 서 있었다. 감자 썩는 고약한 냄새가 코를 후볐다. 그곳에선 삼나무를 삶아내기도 했다. 집집마다 베옷을 짜기 위해 삼나무를 심었는데 마을 사람들은 날을 받아서 큰 가마솥을 걸고 삼나무를 삶았다. 대마초에서 나는 특이한 냄새가 오랫동안 잊혀지지 않았다.

눈에 들어오는 풍경들은 예전과 크게 다르지 않았다. 일직선으로 곧게 뻗은 철둑길과 그 길을 반토막 내는 연곡천 그리고 그 너머의 들판과 솔숲, 바다, 수평선, 나지막한 구라미 언덕까지도 예전 그대로였다. 하지만 솔숲 가장자리 공동묘지 입구에 있던 문둥이 마을은 자취를 감추었고, 들판 가득 채운 듯하던 과수원도 반으로 쪼그라들어 있었다. 그처럼 유년기의 추억들도 매우 쪼그라든 듯한 느낌이 들었다.

3.

예전의 집터에는 잡초가 무성한 채였는데 그 한쪽에 서너 평 됨직한 컨테이너박스가 자리잡고 있었다.

"잡초는 그냥 두라고 했다. 어차피 돋아나는 놈들을 일일이 뽑을 능력도 없고."

예전의 화단 자리며 장독대 그리고 잿간이나 두엄자리까지도 잡초로 뒤엉켜서 어디가 어딘지 구별이 되지 않았다. 그런 중에도 벽돌 몇 장을 출입문 앞에 두어서 신발의 흙먼지를 털 수 있게 했다. 출입문을 열고 안으로 들어서니 제법 안정된 분위기를 느낄 수 있었다. 방은 깨끗하게 도배되어 있었고 그 한 쪽에 침대가 놓여 있었다. 그리고 다른 쪽에 싱크대가 놓여 있고 펌푸물도 쓸 수 있었다. 그 옆 출입문으로는 작은 화장실마저 마련되어 있었다. 임시 거처로서 생활하기에는 그리 불편하지 않아 보였다.
　그런 중에도 내 눈에 들어온 것은 침대 모서리에 놓인 족보책이었다. 내 시선이 그 책에 머물고 있는 것을 알았던지 형님이 미소를 지으며 물었다.
　"너는 할아버지 존함을 알고 있니?"
　형님의 갑작스런 질문에 나는 얼굴이 붉어졌다. 할아버지의 이름을 모르고 있었기 때문이다. 할아버지는 아버지가 다섯 살인가에 병으로 돌아가셨다고 한다. 아직 20대 전반의 젊은 나이였던 할머니는 친정엘 왔다가 보쌈을 당하여 재가했다. 그래서 아버지는 고아처럼 자라지 않을 수 없었다. 그러다 보니 우리의 기억에 할아버지는 전혀 존재하지 않았다. 그렇긴 하지만 내 자신이 고희의 나이에 접어들었는데 아직까지 할아버지의 존함마저 알고 있지 못한다는 것은 아무래도 부끄러운 일이 아닐 수 없었다. 형님은 나를 침대가의 의자에 걸터앉게 하고 족보책을 펼쳐 보였다.
　"여기 부친 이름이 있지 않니? 창(昌)자 표(杓)자. 임인년 정월 14일생이라고 되어 있다. 그러니 1902년 출생이다. 어머니는 전주 이씨 무신(戊申) 7월 28일생이니 1908년 출생이다. 두 분의 나이 차는 6년이다. 그 위의 할아버지 존함은 함자가 순관(淳寬),

자(字)를 혜오(惠五) 계유 12월 6일생, 기(忌) 정월 10일 묘석 동백암(洞白岩) 등(嶝) 간좌(艮坐) 배(配) 평택(平澤) 임씨(林氏) 을해(乙亥) 3월 6일생, 그리고 나와 너만 족보에 올라있는데 나는 병자(丙子) 3월 9일생으로 너는 임오(壬午) 정월 18일생으로 되어 있구나. 그동안 더 이상 족보를 손보지 않은 탓이다. 증보를 통하여 계속 보완해야 하는데 60여 년이 넘도록 그냥 방치해 두어서 부친과 모친이 돌아가신 연도도 기재되어 있지 않구나. 그리고 할아버지가 돌아가신 해는 나오지 않고 기일(忌日)만 기재되어 있으니 제사를 잊지 말라는 뜻도 되겠지."

족보에 대해서 나는 전혀 아는 바가 없었다.

"족보를 처음 만들게 된 것도 아버지가 우겨서 시작한 일이라고 한다. 자수성가로 재산을 일군 아버지께서는 어중이떠중이 다 양반타령 하는데 족보가 없으니 어디 가서 행세할 수가 없다고 하시면서 친척 형들을 졸라서 족보를 만들게 했다는 것이다. 족보에 이름을 올리는 조건으로 한 사람당 쌀 한 가마씩을 내게 했는데 가난하고 어려웠던 시절 그게 쉽지 않은 일이어서 쌀을 내지 못한 친척이 많았던 모양이다. 그 모자라는 비용을 아버지가 많이 감당하셨다고 한다. 그래서 족보에 이름은 올랐어도 대부분 족보책은 주지 않았던 모양이다."

"족보책을 만들기가 어려웠던 모양이지요?"

"지금처럼 인쇄를 하게 되면 너도나도 나누어 가질 수 있었겠지만 예전엔 일일이 필사해서 책자로 묶었기 때문에 책을 만들기가 쉽지 않았다. 그래서 족보책을 가지고 있는 집이 안골 큰집이라고 부르는 원표(元杓) 육촌과 댓골 큰집이라 부르는 건표(建杓) 사촌 그리고 아버지만이 간직할 수 있었다는 것이지."

한참 뜸을 들였다가 형님은 말을 이었다.

"그 어려운 시기에도 집안의 뿌리를 제대로 간직하려고 아버지는 막대한 재물을 투척해서 족보책을 만들었던 것이다. 그런데 살만큼 된 우리는 정작 그 책을 읽지도 않았으니 말이다. 새삼 죄책감이 없을 수가 없구나."

듣고 보니 그랬다. 아버지는 무학이었다. 다섯 살에 고아가 되었으니 글을 배울 기회가 있을 턱이 없었다. 그래도 조금 잘 살던 육촌형과 사촌형의 틈바구니에서 어깨너머로 배워 언문을 깨치고 진서인 한문은 들은 풍월로 말참견할 정도는 되었다. 내가 어렸을 때 아버지가 《춘향전》이나 《숙향전》 또는 《삼국지연의》 같은 언문소설을 큰 소리로 낭독하시던 일이 귀에 쟁쟁하다. 그래서 걸핏하면 조자룡이 어떠니 유현덕이 어떠니 조조가 어떠니 하면서 《삼국지연의》의 내용을 들어 훈계를 하시곤 했다. 고단한 농사꾼 집안에서 구수한 목소리로 글 읽는 소리가 흘러나오는 것은 아마도 우리 집이 유일했을 것이란 생각도 든다.

형님은 족보책을 뒤척이며 덧붙였다.

"기왕 이야기가 나왔으니 우리 선대에 대한 기록도 살펴보자꾸나. 그러니 너와 내가 문정공 할아버지의 35세손이고 아버지 창표(昌杓) 34세손, 할아버지 순관(淳寬) 33세손, 그렇게 거슬러 오르면 증조 종욱(鐘稶) 32세손, 재록(在祿) 31세손, 득섭(得燮) 30세손, 병초(秉初) 29세손, 일연(逸淵) 28세손, 계찬(啓贊) 27세손으로 되어 있다. 그런데 계찬 할아버지의 경우도 출생년도만 나와 있고 생일이 없다. 그나마도 배우자가 김해 김씨로 되어 있고 묘지가 양양군 현북면 웅곡으로 되어 있다. 그리고 그 이전으로 올라가면 남의 족보에 의탁된 것이 아닌가 싶다."

형님은 족보책을 처음으로 돌려서 다시 검토했다. 남양 홍씨

세계(世系) 1세, 홍은열(洪殷悅), 2세 동주(東周), 3세 곡(穀), 4세 호(灝), 5세 덕승(德升), 6세 관(灌), 7세 지유(至柔), 8세 원중(源中), 9세 사윤(斯胤), 10세 진(縉), 11세 규(奎), 12세 순(順), 13세 운수(云遂), 14세 유용(有龍), 15세 덕보(德輔), 16세 후(厚), 17세 응(應), 18세 상(常), 19세 백경(伯慶), 20세 윤우(允佑), 21세 인수(仁壽), 22세 사효(思斅), 23세 이일(履一), 24세 중형(重亨), 25세 서정(敍政), 26세 선원(善源), 27세 계찬(啓纘)으로 이어지고 있었다.

"내 생각에는 계찬 할아버지까지가 양양군 인구리의 우리 선대 족보로 여겨진다. 우리의 선조가 인구리에 와서 숨어 지냈기 때문에 정확한 족보를 가질 수 없었다는 말을 안골 큰아버지로부터 들은 기억이 있기 때문이다. 그런데 계찬 할아버지 이전의 선대는 묘소가 양양과는 거리가 멀고 대부분 삼척 맹방으로 되어 있다. 근동에서 가장 양반 가문이 삼척 맹방 홍씨다. 그래서 그쪽 집안에 줄을 댄 것이 아닌가 싶다. 대종보를 보면 26세 선원(善原) 할아버지는 후사가 없다. 그러니 그쪽 집안의 양해를 구해서 접을 붙인 모양이다. 그게 그냥 되는 일이 아니거든. 아마도 상당한 사례를 하였을 것이다. 그리하여 우리도 다른 세도 양반가문처럼 자랑스런 족보를 갖출 수 있게 된 것이다. 선대들의 이런 노력을 생각하면 너나 나의 경우 너무 부끄러운 일이 아니냐? 그 어려운 시기에 힘들게 만든 족보를 명색이 대학까지 나온 우리들은 아예 읽기조차 않았으니 말이다. 족보를 만드는 일은 당대를 위해서가 아니다. 후대의 후손들에게 자부심을 심어주고 그 자부심이 본인의 발전의 원동력이 되는 것이거든. 세계적으로 자신의 혈통을 가장 내세우는 민족이 유대민족이 아니냐? 그들은 자신을 하느님의 적통이라고 주장하고 그 근거로 구약의 족보를 내세운다. 구약성경이야 말로 유대민족 왕족의 족보라고 할 수 있다. 벼슬한 집안만이 만들 수 있었던 족보는 따지고 보면 후손 대대로 복록을 누리려는 근거이기도 하다. 그런데 일반 서민들이 그런 세계를 넘보기 시작한 것은 구한말 이후부터이고, 그 영향으로 우리 아버지 대에서 족보를 만들기에 이른 것이다. 결과적으로 그런 선대의 노력을 우리가 제대로 이어가야 하지 않겠니?"

형님의 그런 애착은 전혀 짐작도 못한 바였다. 형님은 족보에 대해서 매우 열성적이었다.

"족보를 처음 만드는 게 어렵지 이렇게 만들어진 족보에다 그동안 빠진 부분을 채워 넣는 일은 그리 어려운 일이 아니다. 보통 족보는 한 세대에 해당되는 20년 단위로 늘 증보해야 하는데 우리는 3세대가 지나도록 손을 대지 않았으니 그동안 태어나고 죽은 혈족들이 하나도 기록되지 않아서 족보의 구실을 제대로 하지 못하고 있는 것이다. 내가 이렇게 병들어서 제대로 운신을 못하니 참으로 한스럽다."

형님의 비통해하는 모습을 보니 나도 가슴이 뭉클했다. 그동안 먹고살기에 바빠서 족보 같은 것은 생각해 볼 겨를이 없었다. 결과적으로 친척을 찾거나 하는 일도 거의 없었던 것이다. 아버지는 고아가 되어 4촌이나 6촌 형제들에게 의지하며 살아왔는데 그 후손인 우리는 친척의 누구도 찾아보지 못한 채 어영부영 지금까지 살아온 것이다. 형님은 그 점을 지적하고 있는 듯했다.

"이 족보를 보아라"

형님은 아버지의 이름을 지적하며 말을 이었다.

"아버지는 임인(壬寅)년 출생이니 1902년생이다.

할아버지는 계유(癸酉)년이니 1883년생이고 할머니의 경우는 을해(乙亥)년이니 1885년생이다. 할아버지와 할머니의 나이 차는 2살이다. 이런 계산에 의하면 아버지가 출생하게 된 것은 할아버지가 19세, 할머니는 17세 때라고 보아야 한다. 예전엔 조혼이 일반화된 때이니 특별히 일찍도 아니라고 보아야 할 것이다. 아무튼 아버지가 5살 때 할아버지가 질병으로 갑작스레 돌아가셨다고 하니 할아버지 나이 24세 할머니는 22세 정도일 것이다. 22세 나이에 과부가 된 할머니의 입장이 얼마나 딱했을 것인가는 짐작이 된다."

형님은 그런 식으로 이야기를 계속했다.

"할머니의 본가는 연곡면 방내리였다. 할아버지의 정확한 사인은 알려지고 있지 않지만 아마도 병사한 것으로 보인다. 그렇게 되자 젊은 새댁인 할머니는 연곡면 방내리에 있는 친정집에 자주 와서 머물렀다. 아직 20대 초반인 청상과부의 몸이었다. 그런 중에 매파가 들락거렸다. 이웃 마을의 홍주사가 상처한지 제법 되어서 새로 혼처를 구하던 중이었다. 말로는 보쌈당하듯 했다고는 하지만 아마도 친정 부모들의 묵인하에 그리로 보내기로 약조되었던 것으로 보인다. 혼자 살기에는 너무 젊은 나이었던 것이다."

모친이 친정에 왔다가 갑자기 개가하게 되자 아버지는 고아처럼 자라지 않을 수 없었다. 처음엔 모친을 따라 방내리 홍씨네에서 살았지만 일곱 살 때인가부터 눈치가 보이기 시작했다. 이복형제들의 괄세를 견디기 어려웠던 것이다. 그래서 기억을 좇아 현남면 인구리에 있는 옛집으로 찾아갔던 모양이다. 방내리에서 인구리까지는 40여 리의 거리니 그리 먼 곳은 아니었다.

아버지는 어린 시절 댓골 사촌이나 안골 육촌 형제들과 친동기같이 어울리던 기억을 잊을 수 없다고 했다. 형들과는 서너 살 차이였고, 그 외는 동갑나기거나 또는 서너 살 밑의 동생들이었다. 삼촌인 순택 아저씨, 오촌인 순석 당숙은 매우 온화한 분이었다. 그래서 아버지를 친자식같이 돌보아 주었다. 숙모나 당숙모도 아버지가 얼마나 견디기가 어려웠으면 이렇게 찾아왔을까 싶어서 각별히 친절히 대해주었다.

그렇게 되어 아버지는 모친을 따라가지 않고 인구리에서 사촌, 육촌들과 어울리며 머무적거렸다. 그렇게 친척 틈에 끼어 살자니 나름대로 성실하지 않을 수 없었다. 삼촌이나 오촌 또는 숙모나 당숙모의 심부름을 도맡아 하기도 하고 소를 먹이거나 소의 꼴을 베는 일도 마다하지 않았다. 그렇게 인구리에서 어린 시절을 보냈다.

후일 아버지는 자식들에게 댓골 사촌 형님댁이나 안골 육촌 형님댁도 모두 큰댁으로 부르게 했다. 어린 시절 아버지를 도와준 그들을 모두 친동기간으로 여겼던 것이다. 그래서 우리는 아버지가 시키는 대로 댓골 큰댁, 안골 큰댁이라고 불렀고 두 분 모두 큰아버지라고 불렀다. 지금 따지면 오촌 당숙, 칠촌 재당숙이라 불러야 할 것이지만 모두 그냥 큰집 큰아버지로 통했던 것이다. 오촌 당숙이나 칠촌 재당숙도 우리를 친동기간의 자식들로 대했다. 고아나 다름없었던 아버지가 자수성가해서 제대로 일가를 이룬 것이 참으로 대견했던 것이다.

현남면 인구리에서 친척들에게 얹혀살던 아버지가 다시 영진리로 오게 된 것은 댓골 큰집으로 불리고 있는 사촌 형수의 주선이었다고 한다. 그 형수는 영진리의 바닷가가 고향이었다. 어머니와는 이종사촌간이다. 형수의 소개로 아버지는 어머니 집안에 데릴사위라는 이름으로 들어가게 되었다. 말은 데릴사위지만 아녀자뿐인 집안의 농사를 모두 책임지는 일종의 머슴이라고 보아야 할 것이다.

어머니의 집안은 연곡면 영진리에서 대대로 터주대감이라고 불릴 정도의 집안이었다. 당시는 대가족제도여서 연지봉의 큰집과 더불어 살았다. 어머니의 큰집은 그 시절에도 해운업을 했고 일본을 드나드는 상선을 소유할 정도였다. 외할아버지인 종하(鍾夏)는 딸 다섯과 막내로 아들 하나를 두고 일찍 세상을 떴다. 자식들이 점차 성장하자 외할머니가 분가를 원했고, 집안의 가장인 큰아버지는 재산의 상당부분을 떼어주었다. 당시 재산이라야 모두 전답이라 외할머니 혼자서 감당하기에는 여간 벅차지 않았다. 더구나 줄줄이 딸만 다섯이고 막내로 어린 아들이 하나 있었으니 농사일에는 전혀 도움이 되지 않았다. 머슴을 둘씩이나 두고 농사를 지었지만 남의 손으로 짓는 농사라 감당하기가 여간 어렵지 않았다.

그러던 차에 고아로 자라고 있는 아버지를 소개받은 것이다. 아버지는 셋째 딸의 데릴사위라는 명목으로 머슴살이를 마다하지 않았다. 첫째와 둘째 딸은 이미 과년해서 곧 시집을 보내야 할 처지였다. 그렇게 되니 아버지로서는 신바람이 나지 않을 수 없었다. 평소에도 건실한 분이었지만 목표가 뚜렷해지면서 그야말로 황소처럼 일했다고 한다.

형님은 아버지의 어린 시절에 대해서 소상하게 말했다. 형님은 집안의 맏이었고 나이도 나보다 한참 위여서 아버지에 대해서 훨씬 많이 알고 있었던 것이다.

4.

형님의 이야기를 듣는 동안 어느덧 저녁때가 되어가고 있었다.
"저녁 식사도 할 겸 이웃 마을도 한번 둘러 보자꾸나."
형님이 힘들게 몸을 일으켜 전동차에 올랐다. 내가 전동차를 밀며 그 뒤를 따랐다. 전동차가 바우재의 아까시아 구릉을 넘자 바다로 이어지는 큰길이 나왔다. 큰길은 곧장 두 갈래로 나뉘는데 하나는 어촌마을로, 다른 하나는 새말을 거쳐 갯목쪽으로 꺾어졌다.
형님은 새말 쪽으로 방향을 잡았다. 새말은 바닷마을과 큰 등성이 하나로 간격을 두고 있어서 바다와 등지고 있는 모양이지만 논밭들이 이어진 들판으로 열려 있어서 연곡천의 큰 개천과 강변 모래밭 그리고 개천 건너의 모래 둔덕과 솔숲, 먼 바다가 함께 바라다 보이는 아늑한 지형이었다.
갈래길 바로 옆에 작은아버지의 집이 있었다. 아버지의 막내동생인데, 그러니 할머니가 개가해서 낳은 둘째 아들이었다. 아버지는 결혼 초에 살던 이 집을 막내에게 넘겨주었다. 같은 홍가여서 나는 중학생 때까지도 아버지와 작은아버지 사이가 부친이 다른 형제인 것을 알지 못했다. 작은아버지는 지병으로 일찍 돌아가셨고 아들이 둘 있었는데 큰아들이 제천의 공장으로 직장을 갖게 되어서 모두 그리로 솔가해서 집은 그냥 비어 있었다. 사람이 살지 않는 낡은 초가집이라 금방이라도 허물어질 듯이 기우뚱했다.
"아버지는 모친이 개가한 후에 낳은 자식인 두 동생들을 모두 가까이 불러 결혼을 시키고 집이며 논밭도 장만해 주어서 밥 먹고 살도록 도와주셨다. 개가해서 힘들게 사는 어머니를 돕고 싶어서였지. 그런 점에서 아버지는 정말 효자였다."
할머니는 개가해서 두 아들을 낳았지만 나이 든 남편이

돌아가시자 그 집안에서 빌붙고 살기 어려웠다고 한다. 나이 든 전실 아들들의 박대가 심했기 때문이다. 그래서 아버지가 모시기로 했는데, 할머니는 잘 사는 장남에게 폐가 되는 것이 싫다며 가난한 막내아들네 집에서 평생 살았다. 그래서 할머니가 돌아가시기까지도 나는 친할머니인 줄 모르고 작은집 할머니라고 불렀던 것이다. 집안의 그런 복잡한 가족사에 대해서 말해주는 사람은 아무도 없었다. 내가 너무 어린 나이였기 때문일 것이다.

"너 기억나니? 할머니의 장례식 말이다."

내가 초등학교 1학년 때쯤인 것 같다. 할머니가 돌아가셨다. 집 마당에 차일이 두 개나 쳐졌고 조문객들이 구름처럼 몰려들었다. 마을의 아낙네들이 모두 몰려와서 음식 장만을 거들었다. 차일이 쳐진 멍석자리에는 술과 음식상이 연신 차려지고 호탕한 웃음소리가 끊이지 않았다. 어린 나이의 우리들은 집안에 큰 잔치가 벌어지는 것으로 느낄 정도였다. 카바이드로 밝힌 간드렛불이 여러 곳에 켜져 있어서 밤도 한낮 같았다.

"형님이 그때 카바이드불에 덴 것 같은데."

"흠. 너, 그것을 기억하는구나. 다 쓴 카바이드라고 생각해서 재를 쏟아내려고 했는데 갑자기 펑- 하고 불길이 치솟아서 온통 얼굴을 데었었지."

카바이드의 가스가 갑자기 폭발해서 형님은 온통 얼굴을 데었다. 형님은 애지중지하는 귀한 아들이었다. 위로 딸만 내리 셋이었는데 어머니가 용하다는 점쟁이를 찾아가 굿을 하고 치성을 들여 낳은 아들이었다. 귀하게 낳은 아들의 생명을 제대로 지키기 위해서 무당어미를 점지해서 늘 정성을 쏟았다. 그런 아들이 다쳤으니 집안이 발칵 뒤집혔다. 급히 건장한 머슴의 등에 업혀 연곡 면사무소 옆에 있는 병원으로 옮겨졌다. 이곳 면에서는 하나밖에 없는 병원이었다.

그런 경황에도 장례의식은 조금도 흔들림 없이 계속되었다. 초상에 따르는 각종 의식, 절을 하고 곡을 하고 상석을 올리고…. 장례식 날은 수십 개의 만장이 상여의 앞을 섰다. 상여는 영진리 온 마을 사람들이 마중하는 가운데 선산인 현남면 인구리로 향했다. 영진리에서는 40리 길이다. 상여는 주문진으로 향하는 길목인 장실에서 노제가 차려졌다. 술과 떡이 푸짐하게 준비되었고, 상두꾼에게는 노자돈도 듬뿍 주어졌다. 영진리에서 지금까지 그처럼 성대한 장례식이 없었다. 길가에는 술취한 마을 사람들이 여기저기 드러누워 있었다. 3일씩이나 상가에 머물러 마셔댔기 때문이다.

"허, 대단한 장례식이야."

사람들은 그렇게 혀를 찼다.

"너도 기억하니? 그렇게 성대했던 장례식 말이다."

"나도 그 생각하고 있었어요."

그러니 작은집 할머니가 아니라 내 친할머니 장례식이다.

"할머니는 어린 아들을 두고 개가한 것이 늘 마음에 죄가 되었다. 그래서 큰아들이 잘 살게 되었어도 큰아들네로 오지 않고 막내아들네와 살았다. 그러다 임종이 가까와지자 큰아들의 간청을 차마 거절하지 못했다. 그래서 마지막날 임종을 앞두고 우리집으로 옮아온 것이다."

나는 어린 나이어서 왜 갑자기 작은집 할머니의 장례식이 우리집에서 있게 된 것인지도 알지 못했다.

"그런데 더욱 중요한 문제가 있었단다."

형님은 그렇게 덧붙였다.

"할머니의 시신을 어디로 모실 것이냐의 문제였다. 방내리의 본가에서는 당연히 자신들의 선산으로 모셔야 한다고 주장했다. 그러나 거기에는 전실 부인이 있었기 때문에 묘자리를 잡기가 마땅치 않았다. 아버지는 그쪽 집안 형제들을 찾아가 여러 말로 설득하며 타협을 했다. 오래전에 돌아가신 할아버지의 묘가 홀로 있으니 현남면 인구리의 선산에 할머니를 모시겠다는 것이다. 할머니의 혈육인 두 동생들을 시켜 강력히 그렇게 하도록 종용했다. 마침내 아버지의 설득이 받아들여져서 할머니는 현남면 인구리의 선산으로 모실 수 있었다. 아버지는 잃어버린 어머니를 찾아서 아버지에게 돌려주는 심정이었던 것 같았다."

아버지로서는 마음의 큰 멍울 하나를 해소하는 순간이기도 했다. 아버지는 독신이었고 집안에 이렇다 할 행사가 없었다. 그래서 남의 집 경조사에 하나도 빠진 적이 없었지만 정작 당신을 위한 경조사는 전혀 없었던 것이다. 그러니 할머니의 상을 당하자 집집마다 빚갚기로 떡을 하고 술을 빚었다. 만장 한 폭씩도 보내왔다. 나는 후일 여자의 장례식엔 만장이 두세 개 밖에 없다는 사실을 듣게 되었다. 그럼에도 할머니 때의 그 많던 만장은 결국 그동안 부조를 받고도 빚 갚을 길이 없었던 마을 사람들이 집집마다 빚갚기로 보낸 결과였다. 그래서 동네 아이들이 모두 서너 개씩의 만장을 포개 들고 상여의 뒤를 따랐던 것이다.

그러나 할머니의 시신은 할아버지의 무덤 옆에 묻히지 못했다. 할아버지가 돌아가신지 워낙 오래 되어서 합장할 운세가 되지 못한다고 지관이 말했기 때문이다. 어쩌면 당시의 풍습으로 개가한 여인을 다시 불러 합장하는 것이 어색했는지도 모르겠다. 할아버지의 무덤이 인구리에서도 백암봉이라는 높은 봉우리에서 바다를 내려다보는 명당자리인데 비해서 할머니는 그저 나뭇꾼들이 오르내리는 양지바른 야산 길목이었다.

"아버지는 두 분을 합장하지 못한 것을 못내 아쉬워하셨다."

형님은 그렇게 말하며 멀리 내다보이는 들판과 그 너머 솔밭과 먼 바다를 한참동안 바라보았다.

"할아버지의 묘가 명당자리여서 더욱 그랬는지 모른다."

아버지가 다섯 살에 돌아가신 할아버지의 경우 그 장례식은 집안 형제들이 대충 꾸려줄 수밖에 없었다. 그래서 상주가 앞으로 커서 제구실을 하면 그때 선산에 모시기로 하자면서 임시로 해변 솔밭 공동묘지에 가매장 했었다. 아버지는 비록 어린 나이였지만 그것을 퍽 마음 아파했다. 그래서 자수성가해서 돈을 좀 모으게 되고 집안에 대한 발언권도 조금 얻게 되자 할아버지의 묘 이장을 종가 형제들에게 소청했다. 그러나 선산이 제법 컸지만 모두들 그게 뭐 그리 급한 일이냐며 차일피일 미루었다. 그러던 것을 해방이 될 무렵 증조할아버지의 묘를 이장하게 되었다. 증조할아버지의 묘가 집안 선산에 있지 않아서 선산 쪽에 명당자리를 발견한 지관의 권유로 이장하게 된 것이다. 아버지는 산역에 참여하여 묘의 이장을 도왔다. 그런데 아버지에겐 조부인 증조할아버지의 묘를 파헤치는 순간 흰 연기같은 수증기가 풀썩 오르는 것이다. 그것을 지켜본 지관이 땅을 쳤다.

"아뿔사. 여기가 바로 진짜 명당인 것을."

아버지는 그 말을 엿듣자 다음날부터 친척 형들을 설득했다. 할아버지가 떠난 빈 무덤에 부친의 시신을 모시겠다는 것이다. 그곳은 비록 할아버지의 묘가 있던 곳이긴 하지만 사유지가 아니고 군이 관할하는 국유지였다. 그러니 친척들이 선산으로 내세울 입장도 못되었다. 아버지는 그 점을 파고들었다. 살고 있는 집이 변변치 못한 아들이 집을 비워두고 이사 간 아버지의 빈 집에 가서 살겠다는데 뭐가 무리냐는 것이다. 그렇게 매일같이 설득을 거듭하니 형제들도 난감해하지 않을 수 없었다. 문제는 그 자리가 명당이라는 점에 있었다. 모두들 욕심을 낼 만한 곳이었다. 그러나 그것은 나중의 일이고 당장 필요한 사람을 박대할 수 없었다. 그렇게 몇 날을 설득해서 마침내 아버지는 뜻을 이룰 수 있었다. 아버지는 공동묘지 한 쪽에 버려지듯 했던 부친의 유골을 선산 옆에 모실 수 있게 된 것이 너무나 자랑스러웠다. 더구나 인근에서 찾아보기 어려운 명당이라지 않던가?

아버지는 그 명당에 모친도 함께 모시고 싶어했지만 지관이 안 된다는 결론을 내니 어쩔 수 없었다. 아버지는 그것을 늘 한스럽게 생각했다. 꽃다운 나이에 사별한 모친을 부친의 옆에 함께 모시고 싶었던 아버지의 소망은 그래서 이루어지지 못했다.

"아버지야말로 드문 효자가 아니겠냐?"

형님은 그렇게 거듭 말하며 나를 돌아보았다. 아버지에 비해서 우리가 부모를 생각하는 마음이 너무 부족한 게 아니냐는 회한이 묻어나는 눈빛이었다.

5.

형님의 전동차가 갯목 쪽으로 내쳐 가고 있었다. 오대산에서 발원하는 연곡천은 소금강이 있는 청학동의 개천과 합수져서 수량이 제법 많았다. 여름철엔 은어 가을철엔 연어 등이 떼를 지어 몰려왔다. 그런데 이 연곡천이 곧바로 바다로 흐르지 못하고 연지봉 기슭으로 바짝 붙어서 휘돌이를 친 다음 겨우 바다로 빠져나갔다. 거센 파도가 모래를 쌓아올리기 때문이었다.

갯목으로 이르는 모퉁이 길에 작은 초가집이 있었다. 아버지의 육촌인 상표 아저씨댁이다. 항렬로 따지면 칠촌이지만 아버지가 시키는 대로 우리는 그저 작은아버지라고 불렀다.
"작은집 형제들은 모두 잘 지내는가요?"
"작은아버지는 일찍 돌아가셨고 장남이 읍내로 다니면서 장사를 한다고 들었다."

상표 아저씨는 선산이 있는 인구리에서 살다가 먹고 살기가 너무 어려워서 아버지의 도움을 받기 위해 영진리로 이사를 왔다. 아버지는 고아 시절 자신을 도와준 친척들에 대한 고마움을 잊을 수가 없었다. 그래서 그 동생에게 아버지가 개간하던 하천부지의 땅을 주어 살게 했다. 하천부지라 땅이 개천을 따라 길게 띠처럼 이어졌다. 상표 아저씨는 근실한 사람이라 연지봉 기슭의 아까시아의 뿌리를 캐내고 개천에 잇닿아 있는 땅에 흙을 돋우고 해서 집을 지었다. 마당 앞의 개천에 큰 돌을 쌓아 빨래터도 만들고 목물하기 좋게 웅덩이도 만들고 해서 제법 운치가 있었다.

아저씨네 집 바로 앞에 우리 밭이 있었는데 8백 평쯤 되었다. 연곡천의 물길이 갯목으로 빠지기 위해서 휘어 도는 곳이라 물길이 완만해서 장마철엔 어김없이 물이 찼다. 이곳도 하천부지여서 예전엔 모랫벌이던 곳을 아버지의 근실한 노력으로 밭으로 개간한 곳이다.

"이 밭은 지금 누가 붙여요?"
내가 그렇게 묻자 형은 잠시 뜸을 들이다가 말했다.
"작은집에서 붙인다."

밭을 팔려고 했을 때 사려는 사람이 많았다고 하다. 마을에서 가깝고 반듯한 평지인데다가 평소 아버지가 퇴비거름을 많이 해서 땅이 기름졌기 때문이다. 아버지는 그것을 남에게 팔기가 아까와서 육촌 동생에게 강제로 맡기다시피 했다고 한다. 돈이 모자라는 것은 나중 갚기로 하고 당신이 쓰고 있는 집터는 덤으로 붙여주기로 했다. 집을 헐어서 강릉 읍내로 옮겨가는 것이기 때문에 집터도 처분해야 할 입장이었다. 젊어서 힘들게 마련한 집터라 남에게 팔기도 그렇고 해서 동생에게 덤으로 얹어준 것이다. 상표 아저씨는 아버지가 집터를 마련하던 어린 시절을 잘 알고 있어서 그 집터만은 임시로 맡아 있다가 아버지가 돌아가신 다음에 다시 돌려준 것이다.

"혈혈단신 고아로 자라서 처가살이 5년 만에 겨우 마련한 집터인데 자식들 때문에 처분해야 하는 아버지의 마음을 그때는 전혀 짐작도 못했었지."

형님의 목소리에 울음이 맺혀 있었다. 사실 우리가 강릉 읍내로 이사를 하게 된 것은 형님의 주장 때문이었다. 형님은 그때 사범학교를 졸업하고 초등학교 교사로 근무하던 중이었다. 형님의 유학으로 가세가 매우 기울어져 있었는데 동생들을 교육시키기가 아무래도 쉽지 않았다. 그래서 강릉에서 학교에 다녔던 형님의 제안으로 집을 강릉 읍내로 옮기고 어머니가 하숙을 치면 동생들의 숙식을 해결할 수 있고 자신이 학비를 감당하면 부모님이 농촌에서 큰 고생을 하지 않아도 되겠다는 생각을 한 것이다.

"그것이 아버지의 생업을 빼앗는 것이라고는 상상도 하지 못했었다."

아버지로서는 농토야말로 생명과 다름이 없었다. 평생 고아로 컸던 아버지로서는 흔히 말하는 송곳 꽂을 만한 한 뙈기 땅이라도 있었으면 하는 것이 소망이었고 그런 소망을 위해서 평생을 노력했었다. 데릴사위로 5년 살았던 품삯격으로 처가에서 준 논 닷 마지기를 키워서 논이 열 마지기가 되고, 그리고 당신의 손으로 개간한 8백여 평의 밭, 그리고 바우재의 야산 자락에 아늑한 집터를 장만한 그것만으로도 아버지는 행복했었다. 거기에다 사랑하는 아내가 있었다.

그런데 문제는 자식의 교육이었다. 어머니의 형제들, 큰이모네나 둘째 이모네가 모두 당대의 갑부였다. 돈이 있고 보니 자식들 교육에 전적으로 힘을 쏟았다. 모두들 중학교부터 서울로 유학을 시키고 대학까지 보냈다. 그런 처지니 같은 형제인 어머니가 교육에 대한 욕심이 없을 수 없었다.

아버지도 교육에 대해서도 관심이 컸다. 당신이 평생 종사하던 농사일이 너무나 힘들었기 때문에 자식들만은 농사를 짓지 않고 살 수 있게 하고 싶었다. 그러자면 면서기나 은행원으로라도 취직을 해야 하는데 그것은 배워야만 가능한 일이었다. 서울은 언감생심 엄두를 못내지만 강릉 읍내의 중학교만이라도 보내야겠다는 생각이었다.

이모들도 거들었다. 큰이모가 학비를 빌려주는데 앞장섰다. 강릉의 둘째이모는 형님을 아예 자신의 집에서 다니도록 주선했다. 그렇긴 하지만 하숙비조로 매달 쌀 서너 말 정도는 보내야 했다. 부모님은 맏아들이 강릉 유학하면서 6년이나 신세를 졌는데 다음 자식들을 더 이상 신세지기도 어렵다고 생각했다. 그래서 맏아들의 권고대로 아예 강릉 읍내로 이사를 하기로 한 것이다.

"자식들 교육이란 게 뭔지…"

형님은 한숨을 쉬었다. 영진리 바우재에서 밥술 먹기 어렵지 않은 중농의 가정이었는데 자식들 교육이라는 덫에 빠져서 목숨처럼 여기던 농토도 잃고 그게 상심이 되어서 남보다 일찍 소천하게 되니 자식된 도리로서 너무나 한스러운 일이 아닐 수 없었기 때문이다.

형님의 전동차는 개천을 끼고 갯목쪽으로 굴러갔다. 연지봉을 끼고 갯목에 이르렀을 때 형님은 잠시 차를 멈추었다. 연곡천의 물길이 바다로 빠져나가는 갯못엔 예전에도 이미 방파제가 있었는데 효용성이 없다고 방치해서 지금은 그저 여러 개의 돌무더기로만 보였다. 형님은 울적해진 마음을 바꾸기라도 하려는 듯이 큰 목소리로 말했다.

"저기 저 바위 말이다."

"섭바위 말인가요?"

"그래. 너도 그렇게 불렀구나."

"바위에 고양섭이 많이 붙었었지요."

우리가 고양섭이라고 부르는 것은 작은 홍합을 말한다. 많은 정도가 아니라 바위 전체가 고양섭으로 따닥따닥 했다. 파도가 그 위로 넘실거렸는데 개울물과 합수지는 곳이어서 물고기가 많이 잡혔다. 낚시꾼들이 서둘러 자리를 잡는 곳이기도 했다. 낚시를 좋아했던 형님은 낚시를 핑계로 고향을 자주 찾았고 그때는 으레 그 바위에서 낚시를 했다고 한다.

"한번은 말이다. 큰 장마가 막 끝났을 때였지. 바다는 아직도 산더미 같은 파도가 밀려와서 아무도 바다 근처엔 얼씬도 않았었지. 그런데 나는 몸이 근질거려서 견딜 수 없더구나. 그래서 대나무 막대에 낚싯줄을 매단 낚싯대 하나를 만들어가지고 어슬렁거리며 이곳엘 왔었지. 그런데 말이다. 장마에 모래가 밀려온데다 파도가 모래를 쌓아서 섭바위가 그냥 육지처럼 붙어 버린 거라. 평소에도 신발을 벗고 경중거리면 섭바위까지 갈 수 있는 곳이지만 이날은 신발을 신은 채로 갈 수 있었어. 바위틈에 기어다니는 갯강구 몇 마리를 잡아서 장난삼아 낚싯대를 드리웠지. 그런데 낚시를 드리자마자 큰놈이 덥석 무는 거라. 손에 엄청난 중량감이 느껴지더란 말이다. 낚싯대를 들어올리니 한자가 넘는 놀래미가 불쑥 솟구치더군. 놀래미가 그렇게 큰놈은 좀처럼 드물거든."

바닷물고기는 민물고기와 달라 미끼를 갖고 물고당기는 손맛이 별로 없다. 그냥 불쑥 솟구치는 것이다. 그리고 얌전히 끌려온다.

"미쳐 미끼를 갈아 끼울 틈도 없을 정도야. 낚시를 넣기 바쁘게 물고 매달리는 거라. 아마도 스무 마리가 넘을 거야. 한 구멍에서 그렇게 많이 잡은 거지. 처음에 잡은 것이 제일 큰놈이고, 그 다음 차례대로 작은 놈들인데 온 가족이 다투어 낚시를 물었던 것 같애. 큰 장마에 오래 굶었던 놀래미 가족들이 한 구멍에 모여 있다가 모두 잡힌 모양새야."

형님은 잠시 말을 멈추었다가 다시 이었다.

"뜻밖의 횡재에 나는 아주 신바람이 났었지. 그런데 물고기를 꿰들고 집으로 돌아와서 한바탕 자랑을 늘어놓았는데 아버지의 표정이 그리 좋지 않았어. '모두 한 가족 같은데 몇 마리는 남겨두지 그랬었냐?'"

어머니도 거들었다.

"그래 말이다. 우럭이라면 또 몰라도."

사실 당시에는 놀래미는 제대로 고기축에 끼지도 못했다. 큰이모네가 영진리의 배를 모두 소유한 선주여서 우리는 생선을 풍족하게 대할 수 있었던 것이다. 그래서 놀래미 정도는 낚시하는 재미로밖에 잡지 않았던 것이다.

"나는 아버지나 어머니가 별로 좋아하지 않던 기억이 오래도록 잊혀지지 않더구나. 그래선지 그 다음부터 낚시를 할 때는 여러 곳으로 자리를 옮겨 다니면서 잡는 습관이 생겼지."

형님과는 달리 나는 낚시를 별로 좋아하지 않았다. 좋아하지 않다기보다 그럴 겨를이 없었다. 그저 늘 책상에만 붙어 있었다. 공부를 잘해서 늘 일등을 하는 아들을 부모님은 매우 흡족히 여기셨고 이웃의 자랑거리였다. 그런 기대에 부응하기 위해서라도 책상에만 붙어있었던 것이다. 그러다 보니 운동신경이 둔하고 남보다 유약한 편이었다. 농촌에서 자라면서도 볏단 하나 제대로 나르지 못했다.

"아버지는 개천 건너 들판에 들렀다가는 꼭 솔숲이 우거진 궁바다쪽 해변을 한 바퀴 들러서 오신다."

내가 생각에 젖어 있는데 형님이 덧붙였다.

"파도가 센 날 바다에는 쓸만한 목재들이 파도에 밀려오는 경우가 많았다. 그런 것 하나도 모두 챙기시는 분이었지. 그러다보면 센 파도에 밀려와 해안에 뒹굴고 있는 심퉁이를 서너 마리씩 주워 오기도 하셨지."

심퉁이는 요즈음 도치라고 불리며 매우 귀한 생선으로 치지만, 당시만 해도 시골 사람들은 먹을 줄 몰랐다. 어부의 아낙네들 중에 심퉁이를 요리할 줄 아는 사람도 별로 없었다. 그러나 영진리 바다에서 태어나서 자란 어머니는 생선에 대해서 너무나 잘 알았다. 아버지가 주워온 심퉁이를 대꼬치에 꿰어 처마에 매달아 두었다가 꾸들꾸들하게 말린 다음에 찜통에다 쪄내면 특별한 맛이 있었다. 그 맛을 잊지 못해 아버지는 늘 해안을 한 바퀴 돌아오시는 것이다.

"어떨 때는 큰 물고기에게 쫓긴 멸치떼들이 새까맣게 몰려오기도 했지."

그럴 때는 아버지가 개천 건너에 있는 상표 아저씨를 소리쳐 불렀다. 어서 마을 사람들에게 알려서 뜰채를 들고 오라고 했다. 그러면 마을 사람들은 뜰채는 물론이지만 대광주리 같은 것들도 제각기 챙겨들고 해안으로 달려와서는 해변에 팔짝팔짝 뛰고 있는 멸치들을 마구 주워 담았다. 아무튼 당시에는 물고기가 많았다.

6.

영진리 포구에는 부두에 바짝 붙어서 '영진리 횟집'이 있었다.
"외부에 많이 알려져서 여러 대의 관광차들이 손님을 태우고 몰려오기도 한다."
형님의 말을 뒷받침하듯 횟집 유리창에는 유명 방송국에서 맛집으로 소개했다는 사진들이 여러 장 붙어 있었다.
"예전에 이곳이 큰이모네가 선박 출입사무소로 쓰던 곳이란 것을 너도 기억하니?"
영진리의 배들을 모두 소유한 선주였던 큰이모네는 이곳에 사무실을 두고 선박이 들고나는 것을 점검했다. 출어를 하기위해서 준비해야 할 것도 많았고 배들이 입항하면 잡아온 생선을 처분해야 하는 일도 많아서 몇 명의 서기들이 이곳에서 상주했다.
"저 맞은편에 있는 막걸리 양조장 말이다."
형님은 턱으로 창밖으로 바라보이는 옆집을 가리켰다.
"그것도 원래는 큰이모네 것이었지."
나는 의아해서 반문했다.
"큰이모네가 양조장도 했었던가요?"
"넌 아직 몰랐던 모양이구나."
형님은 푸짐하게 차려진 음식에는 눈길도 주지 않고 이야기를 이어갔다.
"그러니 아버지가 데릴사위로 들어간 첫 해에 큰이모가 결혼을 하게 되었다. 큰이모부는 이곳 마을에서 한다하는 건달이었지."
 "이모부가 건달이었다고?"
 "젊은 시절엔 그랬다는구나. 집안은 이곳에서 알아주는 경주 이씨네 둘째 아들인데 맨날 놀음방으로만 떠돌았다는 거야. 외할머니는 말같은 딸이 줄줄이 다섯이나 되니 어떻게든 여위긴 해야 하는데 마땅한 사윗감이 없더란 거지. 그러던 차에 매파를 통해서 혼인 말이 들어왔는데 상대가 놀음방으로만 나도는 소문난 건달이란 것을 빤히 아는 터라 고민이 없을 수 없었겠지. 집안으로는 나무랄 데가 없지만 마을에 소문이 안 좋은 데다 체구마저 왜소해서 영 마음에 안 들더란 거지. 그런데 정작 결혼할 본인은 별로 반대하지 않더라는군. 셋째의 몫으로 데릴사위까지 본 터이니 어떻게든 물꼬를 터야 할 의무감도 있었던 게지. 아무튼 그렇게 혼사가 되어서 논 닷 마지기를 떼어주고 잘 살기를 바랬다는군."
 외할머니는 딸 다섯에 막내로 아들 하나를 두고 남편이 세상을 떠났지만 부자였던 부모로부터 상속받은 재산이 제법 되었다고 한다. 그때의 상속 재산이란 게 주로 논밭이었다. 외할머니는 대가 센 분이라 머슴 둘을 두고 당차게 감농했지만 아무래도 힘에 부쳤다. 그러던 차에 아버지를 소개받았고 어차피 딸을 시집보내야 할 처지라 데릴사위라는 조건으로 함께 살면서 농사일 전부를 감농케 했다.
 아무튼 그렇게 논 닷 마지기를 주어서 첫째 딸을 결혼시켰지만 큰이모부는 농사일이라면 질색하는 성미라 매양 밖으로만 나돌더라는 것이다. 결혼을 했어도 예전처럼 노름방으로만 나도는 것이다. 그러다 일 년도 안 되어 처가에서 준 논 닷 마지기를 모두 들어먹고 말았다. 그렇게 되어 부쳐 먹을 논도 없고 보니 농사일은 아예 젖혀두고 아침부터 저녁까지 놀음판에만 붙어살았다. 그나마 다행인 것은 술은 아예 입에도 못 대는 판이라 집으로 돌아와 행패를 부리거나 하는 일은 없었다. 그저 손님처럼 불쑥 들어왔다가 잠깨기가 바쁘게 불쑥 사라지는 것이다. 그렇게 사라져도 가는 곳은 빤했다. 영진리 포구 근처의 부둣가 오막집에서 그만그만한 사람들이 모여 앉아 화투짝을 죄는 것이다. 그러던 어느 날 큰이모부가 셋째 처제인 어머니에게 불쑥 말하더라는 것이다.
"처제, 술 한 말 담궈주지 않을래?"
술이라고는 밀밭 근처에도 못가는 양반이 난데없는 술타령이니 놀라서 물었단다.
"마실 줄도 모르는 술은 왜요?"
"그냥."
평소 누구에게 무엇을 부탁하는 일이 없는 양반의 부탁이라 술 한 말을 담궜단다. 쌀이 넘쳐나게 많은 부자라 그런 것은 그리 어려운 일이 아니었다. 술이 만들어지자 노름방으로 가져오라고 했다. 앞으로 동서가 될 아버지가 술 한 동이를 노름방으로 날라갔다. 술맛을 본 노름꾼들이 너도나도 달려들어서 금방 술이 동이 났다. 이모부는 치재에 밝은 사람이라 한 됫박 또는 한 사발에 얼마씩 하는 식으로 술을 팔았던 것이다. 그게 빌미가 되어 어머니는 매일 술을 담그고 그 술은 매일 노름방으로 보내졌다. 돈벌이에 재미가 붙은 이모부는 노름방 옆의 오막살이를 사서 미음자 모양의 양조장을 차렸다. 영진리에 처음으로 술도가가 만들어진 것이다. 일제시대라 밀주 단속이 심한 때였는데도 아무튼 어머니가 담근 밀주를 밑천으로 해서 마침내 버젓한 술도가를 차렸다.

장사가 큰이모부의 취향에 맞았던 모양이었다. 건달이던 큰이모부가 막걸리 도가로 돈을 벌기 시작하자 매우 다른 모습으로 변하기 시작했다. 돈을 악착같이 모으는 것이었다. 그렇게 하여 모은 돈으로 영진리에서 주문진 읍내로 나가는 길목에 정식으로 소주를 굽는 신식 양조장을 만들었다. 당시에는 강릉 읍내에만 '경월'이라는 소주를 굽는 양조장이 있었는데 큰이모부는 큰이모의 이름을 따서 '매월'이라는 소주를 출하했다. 당시로는 신식 술인 독한 소주는 뱃사람들이 즐겨 마셨고, 또 무진장 마셨기 때문에 '매월소주'는 불티나게 팔렸다. 이모부의 상술도 뛰어났다. 주문진의 기관장마다 소주를 몇 박스씩 선물하기를 잊지 않았다. 그래서 공무원들 회식 같은 때가 되면 기관장이 먼저 선수를 쳐서 '요즈음은 독한 매월소주가 제격이더군' 하는 말로 '매월소주'를 주문했다. 당시 경월은 알콜도수가 25도였는데 매월은 30도였다.

양조장으로 떼돈을 번 이모부는 어느 순간 양조장을 처분하고 어업에 눈을 돌렸다. 당시 영진리에는 낡은 어선 서너 척이 고작이었다. 이모부는 전수진이라는 대목장이를 찾아서는 배의 건조를 부탁했다. 그는 일본에서 정식으로 배 만드는 기술을 배운 사람이었다. 영진리 모랫벌에 전에 보지 못하던 조선소가 차려졌다. 관청의 허가를 받고 산판을 벌여서 좋은 나무들을 베어 날랐다. 그렇게 하여 배들이 만들어지기 시작했다.

처음엔 두 척으로 시작했는데 새로 건조한 배라 어부들은 모두 그 배를 타고 싶어 했다. 큰이모부는 영진리 어부들에 대해서 잘 알고 있었으므로 힘 좋고 건실한 어부들을 선발하고 유능한 선장을 모셔왔다. 술도 않고 깐깐한 성격이라 사람을 고르는 것이 매우 엄격했다. 그렇게 선발된 선장과 어부들이어서 출어를 나가자 그날부터 계속 만선이었다. 노후한 배로는 갈 수 없는 먼 곳까지 갈 수가 있었고, 노련한 선장의 지시대로 낚시를 드리우니 물고기가 많이 잡힐 수밖에 없었다.

두 척의 배가 네 척으로 그리고 여섯 척, 열 척으로 불어났다. 한창 때는 열 다섯 척이나 되었다. 돈이 벌리는 대로 배를 새로 건조하고 낡은 것은 수리하고 해서 영진리 마을 앞은 아예 조선소가 되어 늘 송진 냄새와 콜타르 냄새가 끊이지 않았다. 어선에는 대체로 장정 8명이 탔다. 그러니 당시 어촌마을 모든 장정들이 모두 큰이모네의 배를 탈 수밖에 없었다. 큰이모네는 영진리 선주로서뿐 아니라 주문진 일대에서도 소문난 부자로서 명성을 쌓았다.

큰이모부는 치재에 특별한 재주를 가지고 있었다. 어부들이 잡아온 고기는 선주가 모두 일괄 사들였다. 그리고 트럭을 한 대 사서 잡은 생선을 바로 서울로 싣고 가게 했다. 당시는 운송시설이 제대로 되어 있지 못해서 서울의 생선값이 비쌀 때였다. 트럭으로 구불거리는 대관령을 넘어 서울까지 가는 데는 열 시간도 넘게 걸렸다. 일반인들은 운송수단이 없어서 싱싱한 생선을 취급할 능력이 없었다. 그렇게 서울의 도매시장에 생선을 팔고는 서울에서 포목이며 설탕 등을 트럭에 싣고 오게 했다. 시골 사람들에게 필요한 생필품들이었다.

나는 어렸을 때 어머니를 따라 큰이모집에서 자라다시피 했다. 어머니가 이모네의 살림을 도맡아 관리했기 때문이었다. 큰이모네는 저녁이 되면 사랑방에서 어른들이 모여 앉아 수판알을 튕기고 돈다발을 세었다. 파릇파릇한 지폐 다발이 푸대자루에 쟁이는데 몇 푸대씩 되었다. 셈이 끝나면 밤 9시가 넘는 경우가 많았고 그때에 밤참이 나와서 모두들 떡이며 술이며를 나누며 잡담을 나누다가 잠자리에 드는 것이다. 겨울이면 밤참으로 과즐이나 홍시감도 나왔는데 술을 들지 않는 이모부가 좋아하기 때문이었다.

"건달 노름꾼이 벼락부자가 되리라고 누군들 짐작이나 했겠느냐?"

형님은 그렇게 말하며 웃었다. 사실 학교 훈장 노릇하면서 성실하게만 살아온 우리로서는 엄두도 못 낼 일이었다.

저녁식사를 끝내고 횟집을 나오는데 빗발이 제법 거세었다. 바람도 제법 있어서 파도가 거세게 일었다. 먼바다에서 다가온 파도가 방파제에 부딪쳐 하얀 포말이 방파제 안쪽으로 쏟아졌다. 우리는 우산을 준비하지 않은 터라 횟집의 처마에서 비를 그으며 허옇게 흩날리는 파도의 포말을 바라보았다. 바람이 점점 거세어지고 파도도 그만큼 거칠게 밀려왔다. 5시가 겨우 넘은 시간이어서 아직 어두울 때는 아니다 싶은데 바깥은 캄캄 어둠이었다. 먼바다에는 그래도 몇 개의 등불이 깜박였다. 바다를 항해하는 화물선인 모양이었다.

형님과 나는 어둠에 묻힌 방파제를 한참이나 바라보았다. 그러자 먼 어린 시절 이렇게 비오는 바다를 바라보던 기억이 꿈결처럼 떠올랐다. 바람과 비가 매우 거세게 몰아쳤다. 마을 사람들은 우비를 뒤집어쓰고 모두 부둣가로 몰려나왔다. 지금의 방파제 자리에 예전엔 큰 바위가 일정한 간격으로 늘어서서 방파제 구실을 했다. 영진리 포구가 이곳에 형성된 것도 이 자연적인 바위 방파제 때문이었다.

멀리서 가물가물 불빛이 가까워졌다. 배가 바위 방파제에 가까워질수록 파도는 더욱 높이 치솟고 흰 포말을 흩뿌렸다. 당시에는 전등불이 없어서 배엔 카바이드로 된 간드렛불이 있었다. 그 불빛이 파도를 따라 높이 치솟았다가 물속 깊이 잠겼다가를 반복했다. 부두에 늘어선 어부의 가족들도 간드렛불을 손에 잡고 흔들며 배가 무사히 방파제 안으로 들어오기를 기원했다. 제일 궁금한 것은 지금 들어오고 있는 배의 선장이 누구냐였다. 거기에 자신들의 남편이 타고 있기 때문이었다.

"거, 뉘 배고. 뉘 배고?"

부두 쪽에서 간드렛불을 흔들어대며 소리를 질렀다. 그러면 배의 갑판에서도 역시 간드렛불 흔들며 뭐라고 마주 고함을 질렀다. 어부들도 부두의 가족들이 무슨 말을 듣기를 원하는지 알고 있었다. 그러나 좀처럼 무슨 말인지 알아들을 수 없었다. 거친 파도가 바위를 때리는 벼락치는 소리와 쌩쌩 부는 바람소리 그리고 좌락좌락 쏟기는 빗줄기 소리까지 뒤엉켜 있어서 배에서 소리치는 말을 알아들을 수 없었던 것이다.

그런 중에도 언뜻 들려오는 말귀를 잡고는 원중이 배다. 원중이 배야. 분명 그렇게 들었제. 부두가의 사람들이 반신반의하며 그렇게 확인하기도 했다. 원중이가 선장인 배라는 뜻이다. 그러는 중에 배의 양현에 늘어선 어부들이 죽을 힘을 다해서 노를 저었다. 그러다 배가 바위 방파제 안쪽으로 기우뚱 쏟아져 들어왔다.

부두가의 사람들은 순간 숨을 죽였다. 파도와 더불어 쏟아져 들어온 배가 기우뚱 몰속에 잠기는가 싶다가 다시 불쑥 솟구쳐 오르는 것이다. 와- 함성이 일었다. 살았다. 살았어. 원중이가 선장으로 있는 배의 가족들이 서로 얼싸안고 엉엉 울었다. 다른 가족들도 함께 기뻐했다. 그러나 금방 다시 팽팽한 긴장이 감돌았다.

또 한 척의 배가 바위 방파제 쪽으로 다가오고 있기 때문이었다. 가물가물한 불빛이 하늘로 치솟았다가 파도 골짜기 깊숙이

사라졌다가를 반복하며 멈칫멈칫 다가서고 있었다. 그러다 바위방파제를 지나치는 거센 물줄기에 휩쓸리면서 기우뚱 기울어졌다가 끝내 복원되지 못하고 물속으로 사라져 버렸다. 부두에는 온통 통곡소리로 가득했다. 가족들은 바로 눈앞에서 벼랑으로 떨어져 내리는 가장의 죽음을 목격해야 했다.

어촌마을은 때아닌 통곡소리가 넘쳤다. 그렇다고 언제까지 통곡만으로 지새울 수는 없었다. 선주네가 중심이 되어 바다에 빠져 죽은 혼을 건지는 굿을 하기 마련이다. 굿은 대체로 사흘동안 계속되었다. 부둣가 옆의 모래사장에 차일을 치고 굿당이 차려졌다. 영진리 단골무당은 째보네 패였다. 대대로 세습무당인 째보네는 동해안 일대에서 굿 잘하기로 소문난 무당패거리다. 아랫입술이 찢겨진 언청이 시아버지가 장고채를 잡고 신바람을 내면 예쁘게 치장한 째보 며느리가 덩실덩실 춤을 추며 굿판을 주름잡았다.

"어쩜 저리도 고울까?"

어촌마을 사람들은 째보 며느리의 화사한 모습에 연신 감탄한다. 째보 며느리의 의상은 굿거리마다 달라진다. 철릭에 전모를 쓰고 칼을 들고 나타나기도 하고 비단옷에 부채와 방울을 들고 나타나기도 한다. 째보 아내의 사설 또한 볼만하다. 억울하게 수중고혼이 된 영혼과 일일이 대화를 나누며 유족들을 울린다.

굿판이 벌어지면 영진리 마을 사람뿐 아니라 면 소재지며 그 위에 퇴곡 삼산의 산골 사람들도 소문을 듣고 몰려든다. 아니 주문진읍의 어항인 소돌이나 사천의 진리 같은 바닷마을 사람들도 소문을 듣고 몰려온다. 당시의 굿판은 지금의 연극이나 영화와 마찬가지로 흥행성이 매우 강한 종류였다. 떡과 과일은 물론 술까지 넉넉하게 공급되었다. 굿판을 찾아온 아이들에게도 떡이나 과일을 나누어주었다.

　사람들은 근래에 보기 드문 큰 굿이라는 둥, 이번처럼 그렇게 잘하는 굿은 처음이라는 둥 자랑을 늘어놓는다. 구경꾼들은 죽은 사람의 원혼을 달래기보다 굿판의 무당이나 무당의 사설을 온통 화제로 삼는다. 그러다 보면 유족들도 망인에 대한 슬픔을 조금씩 잊게 된다. 그리하여 점차로 일상의 생활로 돌아가게 된다. 형님도 그런 생각을 했던지 불쑥 말했다.

　"6·25 다음 해던가 싶다. 그해 마을굿도 째보네 무당패들이 와서 했는데 굿 구경을 하던 미군 병사 하나가 그만 째보 며느리에 반해서 굿당으로 뛰어들어 째보 며느리를 덜렁 안고 자신의 지프차에 태우는 거라. 사람들이 놀라서 달려들자 그 병사가 허리춤에 찼던 권총을 꺼내 허공에다 빵빵 쏘아대니 모두 놀라서 오금이 붙어버렸지. 그러자 유유히 차를 몰고 사라져 버리더군."

　째보 며느리는 그 길로 미군 병사에게 잡혀서 몇 년 동안 얼굴을 드러내지 않았다. 3년쯤 지나서 째보 며느리는 그동안 아무 일도 없었던 듯이 다시 굿판에 나타났다. 그 사건은 굉장히 떠들썩한 사건이었는데 나는 소문만 들었었다. 아마도 형님은 현장에 있었던 모양이었다.

7.

　밤이 깊어지자 바람이 더욱 세차게 불고 빗줄기도 더욱 거세어졌다. 집터에서 바다는 제법 떨어져 있었지만 땅을 뒤엎는 파도소리와 더불어 지축이 부르르 떨리는 울림이 느껴졌다. 바다가 잔잔할 때는 파도소리가 전혀 들리지 않는 곳이었다. 거센 바람과 파도소리 때문에 잠이 오지 않았다. 잠깐 잠들었던가 싶으면 큰 파도가 바우재의 언덕까지 치달아 몰려오곤 했다. 미쳐 피할 틈이 없어 바닷물의 포말 속으로 빨려 들어갔다가 간신히 몸을 지탱하곤 했다. 이곳에서는 그렇게 파도가 밀어닥치는 해일을 미데기라고 했다. 미데기가 마을을 삼켜 버리고 바우재 언덕 위로 하얗게 몰려오는 꿈을 몇 번이나 꾸면서 몸을 뒤채고 있는데 형님이 문득 물었다.

"너도 잠이 오지 않는 모양이구나."

그러고 보니 형님은 아예 창가에 있는 의자에 앉아서 바깥 어둠을 바라보고 있었다. 나도 침대에 걸쳐 앉아서 아직도 칠흑 어둠인 창밖을 바라보았다.

"예전에도 창문을 열면 저 멀리 궁바다와 솔숲이 한눈에 보였었지."

그뿐 아니다. 철둑길 옆으로 붓끝처럼 뾰족한 모산봉이 있고 그 모산봉을 감돌아 흐르는 연곡천도 한눈에 내려다보였다. 연곡천을 건너면 구라미 언덕까지 넓은 들판이 펼쳐졌다. 들판의 개천 쪽으로 제법 큰 과수원이 있었는데 마을 아이들은 개천의 모랫벌에 소를 먹이며 과일 서리에 열을 올렸다. 아침에 눈을 뜨면 동해에서 솟는 해가 곧바로 창문을 밀고 들어와서 주위를 환하게 했다.

"저 모산봉 있지? 그 모산봉이 붓끝처럼 생겼지 않니? 우리집은 안산격인 모산봉을 정면으로 바라보는 위치여서 앞으로 큰 인물이 날 집터라고 했단다."

형님은 농사꾼인 아버지가 자식에 대한 기대가 얼마나 컸었던지를 말하고자 했다.

"아랫집 말이다. 인제네 할아버지가 이 집터를 욕심냈다는군. 그래서 이미 집터를 잡고 집 지을 재목들을 모두 들여 놓고 주춧돌까지 박아놓았는데 말이다."

나도 언젠가 어머니에게 들은 적 있는 이야기를 형님은 공들여 말했다.

"아버지가 워낙 호인이고 술을 좋아하시니까, 이 노인이 아버지에게 술을 잔뜩 먹이고 집터를 가로챘다는 거야. 미리 준비한 계약서에 도장까지 받아두어서 꼼짝없이 집터를 뺏기게 되었다지. 다음날 술이 깨고 보니 기막힌 일이지. 호인인 아버지는 술김에도 자신이 한 일이 분명하고 도장까지 주어서 날인까지 마친 상태라 꿀먹은 벙어리가 되어 한 마디도 못하는데 어머니가 악을 쓰고 싸웠다는군. 집 지을 재목까지 다 쟁여놓고 주춧돌까지 박아놓은 것을 생짜로 가로채려는 날도둑놈아. 그렇게는 안 된다. 사람을 술 취하게 해서 인사불성 만들어놓고 도장 받았다고 다냐? 그렇다면 법으로 하자. 법정에 가서 따지자."

인제네 할아버지도 이곳에서 어머니의 집안이 얼마나 울리고 사는 줄이야 잘 아는 터이니 한 발 물러서지 않을 수 없었다. 그래서 500평 되는 집터의 반이 넘게 인제네에게 넘기고, 우리집은 본래 위치에 그대로 짓게 되었다고 한다.

한학에 밝은 인제네 할아버지가 그토록 욕심냈던 집터였건만 아버지의 자식들은 그렇게 출세하지는 못했다. 아버지의 소망대로 농사꾼은 되지 않았지만 세 형제 모두 교육공무원이 되어 그저 평범하게 살아가고 있었다. 그런 내 속마음을 읽었던지,

"혹시 아냐? 우리 아들 대에는 그럴듯한 인물이 나올 수 있을런지…."

모두들 그런 기대를 갖고 그냥저냥 사는지 모른다.

"저길 봐라. 궁바다 솔숲 말이다. 도깨비불이 보이지?"

형님이 가르쳐 보이는 궁바다 솔숲에서 시퍼런 불길이 빗줄기

속을 어른거렸다. 때로는 이 나무에서 저 나무로 훌쩍 옮겨가기도 했다. 아주 어린 시절 누님들과 도깨비 이야기를 들으며 보던 도깨비불이었다. 자란 후에는 그것이 사실은 공동묘지의 사람 뼈나 오래된 나무에 있던 인(燐)이 빗줄기에 그렇게 흔들려 보이는 것이란 말을 듣긴 했지만 아직도 으스스한 기분은 떨치기 어려웠다.

"이렇게 바람이 불고 비가 거센 날에는 귀신들이 모두 몰려와 장난을 친다고도 하지."

형님은 상표 아저씨가 들려주더라면서 이야기를 계속했다.

"작은집은 연지봉 바로 밑이 아니냐? 6·25 전쟁 때 미처 도망치지 못한 공산당들이 떼죽음을 당한 곳이지."

국군의 진격이 너무 빨라서 미처 달아나지 못한 지방 좌익들과 공산군 패잔병들은 연지봉에 파둔 토치카에 숨었다. 육지가 봉쇄되었기 때문에 그곳에 은신했다가 배를 훔쳐 해안으로 달아날 생각을 했던 것이다. 그러나 마을의 우익들이 진격하는 국군에게 그 정보를 넘겨서 국군들이 연지봉을 포위하고 숨은 자들을 전원 사살했던 것이다.

"죽은 귀신들이 이런 날 밤이면 우- 몰려다니며 전쟁놀이를 한다누만. 야, 이 새끼야. 어서 숨지 못해. 너 죽고 싶어. 그렇게 소리치기도 하고 악, 악 하며 죽는 비명을 지르기도 하고. 때로는 깔깔 웃기도 해서 도무지 잠을 잘 수 없다고 했다."

상표 아저씨네는 갯목에 이르는 외딴 모퉁이집이어서 한낮에도 으슥한 느낌을 주는 곳이었다. 연지봉으로 오르는 비탈에 소나무가 우거져서 바람이 불면 나뭇가지가 서로 부딪쳐 부러지기도 하고 또 갯목 쪽의 급류가 심한 바람과 비에 부글거리며 요란한 소리를 내었다. 거기에다 파도소리까지 합세하니 듣기에 따라서는 전쟁 때 생생하게 기억되는 그날의 전투 모습이 현실에 재현되는 듯했던 모양이다.

"사실 지금이야 말이지만 그때 작은어머니가 도와주지 않았다면 우리는 모두 죽은 귀신이 되었을 게다."

우리 집안은 선주인 큰이모네의 영향도 있어서 모두 우익인데 비하여 상표 아저씨는 좌익 쪽이었다. 집이 외지고 으슥해서 좌익들이 숨어서 모의하기 좋았다. 그렇게 되어 포섭되었는지 모른다. 아무튼 9·28 수복 때도 마을의 좌익들과 공산군들이 그 집에 모여 사태가 위급하니 오늘 밤 안으로 우익들을 모두 처치하고 도망가기로 의논이 되었다고 한다.

그들은 우익들을 처치하러 떠나기 전에 뒷마당에서 닭을 잡고 술을 내고 해서 한바탕 잔치를 벌였다. 당숙모가 그들이 떠드는 소리를 엿듣고 옆집에 간장 좀 빌려 오겠다며 슬며시 빠져나와서 십여 분 거리에 있는 우리집으로 달려와 모두들 숨으라고 귀뜀했다. 어머니는 그 길로 마을을 돌며 우익들이 모두 피하도록 연락하고 아버지와 형은 상표 아저씨네 골방으로 들어가 쌀독 속에 숨었다.

그런 사실을 알지 못한 아저씨가 밀가루 한 됫박을 퍼와야겠다고 도장방으로 들어와 쌀독을 더듬었다. 기겁을 한 당숙모가 호통을 쳤단다. 이 양반아. 그런 건 여자가 할 일이요. 어서 바가지 이리 주고 나가란 말이요. 하고 등을 떠밀었단다. 술을 들며 왁자하게 떠들던 좌익들이 크게 웃으며 상표씨는 한 가락 하는 장산데 마누라한테는 고양이 앞에 쥘세. 하고 놀라더라는 것이다.

밤참을 해먹은 좌익들과 공산군은 더러는 총을 들고 더러는 죽창을 들고 우익들의 집을 뒤지기 시작했다. 그러나 그때는 모두

종적을 감춘 뒤였다. 한 사람도 잡지 못한 좌익들이 분기탱천해서 헤매는 도중에 날이 밝기 시작했고 이어서 국군들이 들이닥쳤다. 좌익들은 급한 대로 모두 연지봉으로 숨었다. 그리고 그곳에서 모두 몰살당했다.

상표 아저씨는 그 와중에도 용케 살아남았는데, 집이 바로 연지봉 밑이라 이곳 지리에 밝아서 숲속 골짜기로 몸을 숨기며 새벽녘에 집으로 돌아온 것을 당숙모가 몰래 여장을 시켜서는 우리집으로 숨어들게 했다. 그는 우리집 방공호에서 몇 주일을 숨어 지냈다. 국군들에 의해 마을의 집집마다 집뒤짐을 당했지만 우리는 마을에서 우익의 대표격이어서 집뒤짐을 면할 수 있었다.

"그때야 붙들리면 그냥 총살이지. 죄가 있고 없고를 따지지도 않았어. 전쟁이란 그런 거 아니겠냐? 그런 기억이 지금도 남아 있어서 비가 오고 바람 부는 날은 그때 죽은 귀신들이 모두 몰려와서 병정놀이하는 거라고 착각하는 게지."

모두들 어려운 시기를 용케 살아남았다. 지나고 보면 모두 다정한 이웃들이지만 전쟁 때는 서로를 원수처럼 여겨서 상대방을 죽여야 내가 산다는 식으로 악착하기가 그지없었다. 참으로 살벌하기 그지없는 추억이었다.

창밖으로 바라다보이는 궁바다 솔숲에는 예전엔 문둥이 마을이 있었다. 아마도 십여 채가 넘었을 것이다. 문둥이가 아이들을 잡아먹는다는 소문이 파다했다. 그래서 우리들은 문둥이 마을 근처에는 얼씬도 않았다. 하지만 때로는 솔숲의 송진 알갱이를 줍다 보면 자신도 모르는 사이에 문둥이 마을 근처에까지 이르기도 했다.

"문둥이닷!"

큰아이 중에 장난끼가 발동해서 그렇게 소리치며 냅다 달아나면

걸음이 빠르지 못한 키 작은 아이들은 엄마야! 하고 비명을 지르며 달아났다. 신발이 벗겨지는 것도 몰랐다. 넘어져서 무릎을 다치기도 하고 발목을 삐기도 했다. 그렇게 절뚝거리며 냇가에 이르면 큰아이들은 모랫벌을 데굴데굴 구르며 재미있어 했다.

큰아이들이 학교를 파하는 것이 늦으면 혼자서 바닷가로 나가기도 했다. 한번은 송진알갱이가 욕심 나서 무섬증을 무릅쓰고 문둥이 마을 근처까지 이르렀는데 키 작은 여자애가 솔숲에서 불쑥 나왔다. 내가 놀라서 쳐다보니 여자애는 조갑지 같은 작은 주먹을 내밀었다. 거기에는 한 주먹의 송진알갱이가 있었다. 작은 여자아이는 분명 문둥이의 자식일 테지만 문둥이 같지는 않았다. 옷도 그리 남루하지 않았고 두 눈이 크고 동그랬다. 가슴이 몹시 두근거렸다.

그 이후 자신도 몰래 궁바다 솔숲으로 혼자 나가는 버릇이 생겼다. 그럴 때마다 여자아이는 어디선가 불쑥 나타나서 송진알갱이를 건네주곤 했다. 그러던 어느 날 학교에서 돌아와 보니 문둥이 마을이 온통 불타고 있었다. 군인들이 문둥이 마을을 에워싸고 무차별 총질을 했다. 문둥이 마을에 공산군 첩자가 숨어 있었다고 한다. 한 명도 아니고 여러 명이었다고 한다. 문둥이 마을 문둥이들은 한 명도 남김없이 모두 사살되었다. 아마도 그 어린 계집애도 그때 죽고 말았을 것이다. 전쟁이란 참으로 잔인하고 비정했다. 우리는 그런 죽음의 늪을 헤치며 지금껏 살아온 것이다.

8.

아침이 되니 언제 비가 내렸느냐는 듯이 날씨가 활짝 갰다.
"날씨가 좋으니 바닷마을이나 한 바퀴 돌아보자."

형님의 전동차가 앞장을 섰다. 바닷마을로 이르는 언덕받이에 어머니의 친정인 외갓집이 있다. 빨간 함석지붕의 외가집은 예전의 새집처럼 잘 단장되어 있었다. 외가의 외삼촌도 우리가 이사를 한 다음 해에 집을 팔고 강릉읍으로 이사를 했다. 아이들 교육 때문이었다. 그런데도 워낙 탄탄하게 지은 집이라 몇 사람의 새로운 집주인을 거치고도 아직도 새집 같았다. 이번에 새로 인수한 주인은 초등학교 퇴직 교장이라고 했다. 기역자 집인데 안채는 원래의 모습으로 두고 마구간을 거실로 개조하고 한쪽 벽 전체를 통유리로 만들어서 시원해 보였다.

"너도 외할머니를 기억하지?"

형님이 그렇게 물었다. 외할머니는 매우 건장한 분이어서 남자처럼 집안 살림을 꾸리셨다. 자식들이 모두 외할머니를 닮아서 허우대가 컸다. 우리의 기억엔 없지만 외할아버지도 매우 건장한 분이셨다고 한다. 그런 집안이어서인지 큰이모는 칠척장신이고 손발이 웬만한 여자의 두 배나 되는 편이어서 발에 맞는 신이 없을 정도였다. 그래서 항상 남자 고무신을 신었다. 자매들이 차례대로 조금씩 작았는데 그래도 다른 집과 비교하면 뼈대가 굵고 건장한 체격들이었다. 막내인 외삼촌도 칠척장신이었다.

외가집에서는 연지봉이 한눈에 바라보였는데 그 연지봉 기슭에 미음자 모양의 검은 함석지붕의 저택이 어머니의 큰집이다. 이곳 어촌마을은 모두 일자 집의 서너 칸 방이 고작인데 이 집은 대문과 중문을 갖추고 안방에 커다란 대청과 툇마루가 있었다. 문간방도 여러 개 되었는데 행랑채엔 머슴들이 살았다.

이 집에 대한 기억은, 그러니까 어머니의 큰아버지 생일이었던 모양이었다. 면내의 기관장들이 모두 참석했다. 지금으로 말하면

면장과 경찰 지서장, 지역 헌병대장 그리고 초등학교 교장선생님 등이었다. 모두들 일본식 군복에 각반을 두른 모습이었는데 전쟁의 막바지여서 그런 군복차림이었던 것 같았다. 그들은 음식을 끝내고 나오면서 대청마루에 일렬로 도열하더니 천황 만세를 외치며 만세 삼창을 했다. 그런 모습은 다른 곳에서는 보기가 매우 어려운 것이어서 서너 살도 채 되지 않았던 내 기억에 오래 남아 있다.

외할아버지 이종하(李鐘夏)의 형님 되시는 어머니의 큰아버지는 전주이씨의 긍지를 지닌 분이다. 영진리의 토박이이지만 어촌사람들의 재산이란 게 모두 고만고만한 어려운 처지인데 어머니의 큰아버지인 종만(鐘萬)씨는 대대로 내려오던 농토의 상당부분을 팔아서 당대의 사람들로서는 엄두도 내지 못할 화륜선을 구입했다. 그 화륜선으로 일본을 오가며 무역에 손을 댄 것이다. 당시 우리에게는 모자라는 생필품이 너무나 많았고 그래서 일본에서 물건을 구입해오면 불티나게 팔렸다. 재물이 불일 듯 일었다. 그 돈으로 인근의 농토를 많이 구입해서 떼부자가 되었다고 한다.

그렇게 넘치는 재산으로 연지봉 위에 대궐 같은 집을 지었다. 연지봉 기슭에 원래부터 살던 미음자집이 있었지만 재물이 넘치다 보니 더 큰 집에 대한 욕심이 생겼던 것이다. 연지봉은 영진리 마을이 한눈에 내려다보이는 동그란 봉우리다. 그 산 위는 평퍼짐하고 연못마저 있어서 마을의 상징 같은 곳이었다. 종만 씨는 그곳에 큰 대궐 같은 집을 지은 것인데, 바로 영진리 마을이 한눈에 내려다보이는 위치였다. 연지봉의 꼭대기에 있는 제법 큰 수렁도 축대를 쌓고 연못으로 개간해서 연당을 만들었다. 연꽃 뿌리도 옮겨 심어서 제철이 되면 연꽃이 만발했다.

"마을과도 떨어져서 산봉우리에 혼자 덩그렇게 지은 집이라 어딘가 허하기 이를 데 없었는데, 밤이면 집이 뒤틀리는 소리가 꽝꽝 울려서 모두들 기겁을 했단다."

어머니는 분가하기 전에 큰집에 붙어살았기 때문에 이 집에서 살았다고 한다. 집을 급히 짓느라 재목들이 충분히 마를 겨를이 없이 사용되었기 때문이다. 그래서 날씨라도 궂은 날이면 맞추어 놓은 대들보와 기둥이 서로 어긋나고 뒤틀리는 소리가 그렇게 크게 들렸다는 것이다. 모두들 귀신이라도 나온 줄 알고 잠을 못 자고 부들부들 떨었는데 그럴 때면 대가 센 큰아버지가 온 방과 대청에 불을 밝히게 하고 지팡이로 대청마루를 꽝꽝 짚어대며 어정거리기도 하고, 기침소리도 크게 내고 하인을 불러 야단도 치면서 집안의 기를 눌렀다고 한다. 그렇게 되면 놀란 가슴이 진정되고 모두들 평안한 잠을 잘 수 있었다고 한다.

그래도 계속 넘치는 재물이 문제였다. 본처에게서 아들이 없어서 첩을 둔 것까지는 어쩔 수 없었는데, 서울에서 소문난 기생첩을 들인 것이 사단이었다. 이 기생첩은 그야말로 용모가 양귀비 같았다고 한다. 어촌마을의 여자들은 햇볕에 그을려서 시커멓고 강릉의 말씨 또한 투박해서 멋대가리가 없었다. 그런데 이 기생첩의 사근사근한 서울 말씨며 사람을 호리는 눈짓에 남자들의 얼이 빠질 정도였다. 거기에다 간교하기 이를 데 없어서 서울기생첩을 둔지 삼년도 안 되어 집안의 재산의 반이나 거덜났다는 것이다. 집안에서는 매일 술판이요 노래소리가 그치지 않은 것은 그렇다고 치고, 어떻게 그 많던 재산이 눈 녹듯 스러지는지 이해할 수 없을 정도였다. 그때는 큰아버지도 연만하고 병증도 있어서 골골해지기 시작했는데 기생첩은 큰아버지가 어떻게 되기 전에 재산을 모두 빼돌릴 작정을 했던지 집안의 오빠라는 사람을 집사처럼 두고 재산을 교묘히 가로챘다. 아무튼 3년이 지나고 재산이 반쯤 거덜 난 다음에 기생첩은 자취를 감추고 큰아버지도 몇 해 지나지 않아서 병사하고 말았다.

그나마도 본처 몫으로 남겨두었던 예전의 미음자 집은 그대로 남아 있어서 예전 부자의 흔적만은 아직도 조금 남아 있는 셈이었다. 집안의 가장이 돌아가시자 그 많던 재산에 대해서 어린 자식들이 알 길이 없어서 예전부터 전해오던 전답 이외에는 남아난 것이 없었다. 연지봉의 큰 기와집도 사람이 거처하지 않으니 빈집으로 버려졌다가 점차 허물어지고 그리고 마침내 흔적도 없이 사라지고 말았다. 다만 연당만은 아직 남아 있어서 제철이 되면 연꽃이 만발했다.

형님의 전동차는 외갓집에서 나오자 곧장 영진리 어촌마을 쪽으로 방향을 잡았다. 비탈길로 내려가자 곧바로 마을이 한눈에 내려다보였다. 연지봉의 반대편 산자락에 큰이모네의 커다란 저택이 한눈에 들어왔다. 산의 능선을 일부 깎아내고 들어앉은 집이어서 어촌마을 어디에서 보아도 덩그렇게 솟아 보였다.

전동차가 마당 위로 올라서자 제일 먼저 눈에 띄는 것은 마당 가장자리의 우물이었다. 예전처럼 도르래와 드레박이 그대로 남아 있었다. 지금은 폐기되어 사용하지 않고 있는 듯했다. 넓은 마당의 한쪽에 화단이 눈에 들어왔다. 화단에는 여전히 꽃들이 자라고 있었다. 화단 가운데 있던 예전의 석류나무는 이제 고목이 되어 있었다.

겨울철이면 우물 가까운 마당에서는 마을의 아낙네들이 갓 잡아온 명태의 내장을 따느라 분주했다. 어부의 아낙뿐 아니라 농촌 부녀자들도 대거 몰려와서 고기 내장을 땄다. 군데군데 풍로에 불을 피우고 물을 끓였다. 아낙네들은 추위에 언 손을 이따금씩 끓는 물에 담그어 곱은 손가락을 폈다. 그렇게 하여 품팔이한 값으로 자신이 딴 내장은 모두 갖고 갈 수 있었지만 명태알만은 선주네에게 내야 했다. 명태의 배를 따는 일이 끝나갈 무렵이면 몇 개의 나무통에 명태알이 가득가득 넘쳤다. 어머니는 그 명태알에 소금을 듬뿍듬뿍 뿌리는 일을 했다. 그렇게 소금을 뿌리고 밀봉해서 며칠 두면 그대로 명란젓이 되었다.

아버지는 남자 일꾼들을 지휘해서 내장이 따진 명태를 우물물을 길어서 대충 씻은 다음 그대로 덕대에 올리는 일을 했다. 추운 날씨라 우물물에 씻기는 동안 명태는 바짝 얼었다. 덕대는 대체로 이층으로 되어 있는데 수천 두름의 명태가 덕대 가득 널렸다. 큰이모네의 마당이 그처럼 넓게 느껴졌던 것은 동태가 가득 널린 덕대의 규모와 풍로에 불을 피우고 펄펄 끓는 물에 가끔씩 손을 녹이며 일하던 그 떠들썩함 때문이 아니었던가 하는 생각도 든다.

집은 일본식 기와집이다. 안방과 건넌방이 모두 두 칸으로 이어진 복집이다. 중간방이 있고 그 옆으로 큰 다다미방이 있다. 기역자로 구불어진 바깥채에는 큰이모부가 거처하는 사무실방이 있고 그 옆엔 마작이나 바둑, 장기판이 놓여진 오락실방이 딸려 있다. 부엌 쪽으로 머슴이 거처할 수 있는 방이 두 개 붙어있다. 거기에다 일본식 목욕탕도 있었다. 부엌 아궁이에서 불을 지피면 목욕통에 물이 끓었다. 어른들이 먼저 씻고 아이들이 뒤에 씻었다. 그러니 십여개가 넘는 방들이 복도를 끼고 잇달아 있었다.

부엌방 옆에는 소 외양간이 딸려 있었다. 안방 가까운 쪽 복도에는 여자들만 사용하는 화장실이 따로 있고 사무실 방쪽으로 양변기가 놓인 남자용 화장실이 있었다. 이는 모두 복도로 연결되었다. 복도의 밖으로 유리창이 있어서 학교 건물을 연상케 했다.

집은 앞이 확 트인 디귿자 모양인 셈인데, 집 뒤로 창고가 역시 디귿자 모양으로 병풍처럼 둘러 있었다. 그물, 낚시 등의 어구를 쌓아둔 곳과 쌀가마니를 쟁여둔 곳, 겨울 장작을 쌓아둔 곳 등 모두 십여 개가 넘었다. 뒷마당에 이어있는 광은 깊은 지하실을 갖춘 곳으로 멸치젓 같은 젓갈을 담는 저장고로 이용했다. 워낙 단단하게 지은 집이어서 아직 옛 모습 그대로 남아있었다. 예전의 집주인은 모두 세상을 떠나고 다른 사람의 소유로 되어 있었다.

어린 시절 나는 주로 큰이모집에서 지냈다. 어머니와 아버지가 자주 이모네 일을 거들다 보니 아이들도 이모네에 자주 머물렀지만 내가 동생들과 조카들을 잘 돌보고 어울렸기 때문이기도 했다. 내가 집으로 가려 들면 조카들이 함께 있자고 매달렸다. 동생들이 초등학교에 다니기 시작하면서는 동생들의 공부도 도와주어야 했다. 그러다 보니 큰이모는 나를 아예 이모네집에 머물러 살게 했다.

"너는 집에 갈 생각 말고 여기서 자라."

당시 큰이모의 한 마디는 그대로 무게 있는 명령이었다. 후일 내 바로 밑, 두살 터울의 여동생이 어쩌다 내가 집으로 돌아가면 큰이모집 오빠가 왜 여길 왔을까 하고 의문을 가졌다고 말할 정도였다. 그런 관계로 나는 큰이모네 형님과 누님들 그리고 동생들과 조카들과도 친형제나 친남매같이 깊은 정이 들었다.

나와는 달리 형님은 초등학교를 마치고 바로 강릉 읍내로 유학을 갔고, 둘째 이모네 집에서 6년 동안 하숙을 했다. 그러다 보니 둘째 이모네 형제들과 각별한 사이었다. 둘째 이모네는 강릉의 변두리 농촌에 집이 있었는데 대농인 셈이었다. 그런 데다가 이모부가 시장에 포목점을 열었는데 몫이 매우 좋은 곳이어서 장사가 매우 잘 되었다.

아무튼 잘 사는 이모네의 영향으로 우리는 그저 평범한 농사꾼 집안이었지만 생활의 규모는 큰이모네나 둘째 이모네와 차이가 없었다. 그래서 강릉에 유학하는 동안 형님은 남들이 부자집 도령님으로 착각할 정도였다고 했다.

큰이모네 집을 한 바퀴 돌아본 후에 형님의 전동차는 영진리 어촌마을로 내려갔다. 영진리 어촌마을은 지금은 3백여 호의 집단 부락이다. 작은 초가들이 어깨를 맞대고 옹기종기 모여 있다. 집들이 워낙 다닥다닥 붙어있어서 지금 다시 돌아보면 참으로 규모가 작은 마을이었다. 어릴 때는 이 마을이 근동에서 제일 큰 집단부락이어서 엄청 큰 마을로 여겨졌었다. 영진리 농촌마을은 골짜기 하나씩을 지나서 집들이 두세 채씩 모여 있는 한적한 마을이지만 이곳 어촌마을은 생선비릿내와 왁자지껄한 소음이 가득 넘쳤다.

고기잡이를 나갔다 돌아온 어부들은 매일 엄청 마신 술로 고주망태가 되어 욕지거리를 내뱉으며 치고받고 싸우는 게 일이었다. 그런 어른을 닮아서 아이들도 걸핏하면 욕지거리이고 주먹질이었다. 좁은 골목길 여기저기에 아이들이 함부로 싸질러놓은 똥냄새와 들끓는 파리떼들로 넘쳐났다. 집에 화장실이 없는 경우도 많았고, 있어도 재래식 화장실이라 제 때 청소를 하지 않아서 똥물이 치솟는 바람에 아이들이 변소에서 변을 볼 엄두를 못 내고 으슥한 골목길에다 똥질을 하는 것이다. 부녀자들도 걸핏하면 서로 머리채를 휘어잡고 죽일 년, 살릴 년 소리치고. 나 죽는다- 하는 아우성소리가 그칠 사이가 없었다.

지금 돌이켜 생각해 보면, 그런 악다구니가 악착한 삶의 모습 같아서 마을 전체를 생기에 넘치게 했던 것으로 보인다. 쥐죽은 듯 조용한 농촌마을은 어촌마을에 비해서 생기가 부족했다. 그래서 농촌 아이들도 같은 또래의 어촌 아이를 대할 때는 한 풀 기가 꺾이기 마련이었다. 그래서 학교에서나 어떤 모임에서 주도권을 잡고 뒤흔들어대는 것은 으레 어촌마을 아이들이었다.

어촌마을을 활기 있게 만드는 그 생기의 주역이 바로 선주네였다. 어부들은 잡아온 생선을 몽땅 선주네에게 넘겼다. 선주가 그날의 생선값을 정했다. 그러면 그 값과 맞바꾸어서 쌀이나 잡곡을 가져갔다. 당장 양곡이 떨어진 어부의 부녀자들은 우선 배를 채울 수 있는 양곡을 원했다. 현금은 남편의 술값으로 뜯길 것이기 때문에 양곡이 더 나았다. 생선을 팔았다 해도 실제로 가져갈 돈도 없었다. 고기를 잡으면 갚는다는 조건으로 이미 선주에게서 쌀과 잡곡을 꾸어갔기 때문이다.

농촌 같으면 마름이란 제도를 두고 쌀을 꾸어가면 몇 푼의 변리를 물고 갚는 식이지만 여기는 그런 것이 없었다. 다섯 말 꾸어가면 다섯 말을 갚으면 된다. 농사를 지어서 그 소출로 갚는 것이 아니라 물고기를 잡으면 그것으로 갚는 것이다. 물고기가 잡히지 않을 때면 어부의 아내들은 선주네 집으로 달려와 당장 굶어 죽게 되었다고 아우성이었다. 쌀이 모자라면 잡곡으로라도 꾸어주지 않을 수 없었다. 그렇게 몇 말 몇 가마를 꾸어주어도 바다란 게 한탕이면 끝난다. 한철 오징어가 잘 잡힌다든지 명태가 잘 잡힌다든지 하면 순식간에 해결된다.

그래서 농촌과 달리 지주와 소작인 사이에서 겪게 되는 그런 갈등이 많지 않다. 선주는 은혜를 베푸는 입장이긴 하지만 다만 시간문제였다. 생선이란 언젠가는 왕창 잡히기 마련이었다. 그렇게 매사가 현물로 이루어지니 정작 어부들은 술 마실 돈이 없었다. 그래서 어떻게든 외상술을 마시게 되고 그 값은 또한 어떻게든 아내가 꾸려야 한다. 돛을 달고 항해하는 목선이란 풍랑에는 너무나 약해서 어느 때 몰살당할지 알 수 없었다. 그러다 보니 뱃사람들의 성미는 더 없이 거칠었다. 그래서 작은 시비도 참을 수 없어서 그걸 빌미로 치고받고 싸운다. 그렇게 싸우다 정신을 잃고 쓰러졌다가도 아침이면 툭툭 털고 바다로 향하는 것이다.

선주의 입장도 그렇다. 생선이란 항상 풍성하지 않다. 마치 가뭄에 흉년이 들 듯 물고기가 씨알도 보이지 않는 때가 부지기수다. 그런 날이 몇 달이나 이어지기도 한다. 선주의 재산이란 농촌처럼 따로 곳간에 쟁여둔 것이 아니다. 바다에 떠다니는 물고기가 재산의 전부다. 고기가 잡히지 않아도 어부들을 굶어죽게 해서는 안 된다. 그들이 어느 순간 재물을 풍성하게 쌓아주는 화수분이기 때문이다. 그렇긴 하지만 가뭄에 흉년 들 듯 고기를 구경도 못할 때는 간이 바작바작 타들어간다. 바다란 엄청난 도박이다. 어떨 때는 난파당하여 가라앉을 듯 위험한 시기도 있지만 그 고비를 넘기면 갑자기 물고기가 떼지어 몰려오는 것이다.

큰이모네의 재산이 줄어들기 시작한 것은 해방이 되고 토지분배제도가 생긴 것과도 관계가 있다. 큰이모네는 십여 척 넘는 어선을 통하여 벌어들인 막대한 자금을 모두 농토에다 쟁였다. 그것이 가장 안전하다고 여겨서였다. 그런데 해방이 되고 정부수립과 더불어 토지의 분배제도가 생김으로써 대부분의 농토를 소작인들에게 분배해 주어야 했다.

그렇긴 하지만 6·25가 나기 전까지는 여전히 엄청난 부자였다. 서울에 두 아들을 유학시키느라 집을 사고 택시 영업을 했다. 강릉에 세 딸들을 유학시키느라 넓은 정원을 낀 독채 집도 마련했다. 여전히 배들은 고기를 잡아오고, 그것을 트럭에 싣고 서울로 보내서 팔고 설탕이나 광목 같은 생필품을 사오는 일종의 도매장사는 여전히 잘 되었다.

그러다 6·25 전쟁이 터졌다. 지금껏 경험해 보지 못한 전쟁이었다. 집안 곳곳에 쌓아두었던 현금이나 다름이 없던 말린 오징어나 명태는 물론이고 창고에 가득가득 쌓였던 쌀이며 그 밖의 생필품들도 모두 약탈당했다. 아예 곳간을 열고 원하는 대로 가져가게 했다. 전쟁의 상처가 엄청난 후유증을 남겼다.

거기에다 시대는 빠르게 변했다. 점차로 돛배인 목선의 시대가 가고 발동선이 어선의 주류로 바뀌기 시작했다. 그러니 어부들도 위험한 노를 젓는 돛배에서 벗어나 주문진으로 가서 발동선을 탔다. 큰이모네도 어쩔 수 없이 목선들을 처분하고 발동선 두 척을 사서 두 아들에게 하나씩 나누어 주었다. 그렇게 되니 마을의 어부들로부터 물고기를 싹쓸이하던 것도 불가능하게 되었다. 공판제도가 생기면서 어부들은 잡아온 생선을 부두에서 공판에 붙였다. 돈을 많이 써내는 사람에게 생선의 임자가 차례 갔다. 예전에 누리던 선주로서의 기득권도 누릴 수 없게 되었다.

세월이 지나면서 부자의 재산은 손사래로 빠져나가는 모래알처럼 흘러내리고 마침내는 영진리의 큰 저택을 감당할 수 없을 정도로 가세가 기울고 말았다. 큰이모네는 영진리의 가산을 정리하고 주문진 읍내에 주택을 마련해서 부모님도 솔가시켰다.

그러나 큰이모부는 자식을 따라가지 않았다. 칠십객이 되도록 예전의 정어리공장 부지에 남아있는 사무실에 구멍가게를 내었다. 영진리의 가장 번화가인 셈이어서 사람의 왕래가 많은 곳이었다. 졸무래기 아이들이 와자하게 떠들며 노는 곳이라 구멍가게는 곧잘 운영되었다. 더구나 담배 가게도 있어서 어른들도 자주 들러 담배를 샀다. 코묻은 돈이지만 모두 현찰이어서 예전의 선주다운 통 큰 부자는 아니어도 노년의 심심풀이로 가게를 운영하면서 현찰을 가장 많이 만지는 노인으로 알려졌다. 머구리라고 불리는 잠수배 한 척도 마련해서 매일 부두로 나갔다. 가두리어장 하나도 맡아두어서 아침이면 전마선이 잡어들을 실어왔다. 큰이모부는 예전의 전성기 때를 되새김질하면서 그런대로 노년을 보람있게 보냈던 것이다.

"큰이모부는 역시 치재에 대단한 분이셨다. 죽는 순간까지도 가게의 작은 금고에는 현찰이 수북했었다. 그러다 주문진에서 손자들이 놀러 오면 듬뿍듬뿍 쥐어 주었다지. 술도 담배도 않는 당신은 돈 쓸 일이 없어 악착같이 모으기만 했고 그 돈을 그저 손자들에게 주는 재미로 노년을 보내신 분이다."

형님은 그렇게 말했다.

9.

영진리 어촌마을을 한 바퀴 돌고 나서 형님의 전동차는 다시 바우재언덕을 올랐다. 어린 시절 등굣길이나 하교길에도 늘 이 언덕을 지났다. 아버지는 새벽같이 이 언덕을 지나서 마을로 가셨다. 그리고 농사일이 끝나면 이 언덕을 지나 집으로 돌아오셨다. 이 언덕은 우리 집을 들고 나는 입구였다. 이 언덕에서는 주문진 쪽으로 뻥 뚫린 철둑길도 한눈에 들어왔고 그 길은 곧장 남쪽으로 뻗어서 넓은 들판을 지나고 큰 개천인 연곡천을 가로지르고, 그리고 멀리 구라미언덕 너머로 사라졌다.

이 철둑길은 아버지와 특별한 인연이 있었다. 철둑길 공사기술 책임자가 우리 집에 하숙하게 된 것을 계기로 아버지는 공사판 토목사업에 참여할 수 있는 기회를 얻은 것이다. 아버지는 그가 권하는 대로 우차를 하나 구입해서 공사판 흙을 나르는 작업을 하게 되었다. 당시의 우차는 요즈음으로 말하면 흙을 운반하는 덤푸트럭 쯤 되는 셈이었다. 당시 농촌에서는 소작한 농산물을 시장에 파는 것 외는 돈이 될 만한 것이 없었다. 유통이 제대로 되지 않을 때라 농산물 가격이 매우 신통치 못했다. 그런 시대에 지속적인 수입이 있다는 것은 큰 행운이었다.

요즈음으로 치면 토목사업에 하도급 업자로 참여한 셈인데 그 수입이 짭짤했다. 그래서 마을에서 제법 잘 산다는 말을 들을 정도가 된 것이다. 그래서 마음이 있어도 갖추기 어려운 각종 농기구를 모두 갖출 수 있었다. 벼를 터는 탈곡기나 곡식 껍질을 가리는 풍구, 삼베나 목화로 옷을 짜는 베틀 같은 농기구는 물론이고 잿간 옆에 디딜방아도 있었고 화장실 옆에 새끼 꼬는 기계도 있었다. 마을 사람들이 그런 우리 집의 농기구를 빌려서 사용하곤 했다.

마구간에는 우차를 끄는 큰 황소와 밭일을 하는 암소도 있었다. 머슴도 둘이었는데 박문수라는 이름의 어른머슴과 잔심부름을 하는 바우라는 아이였다. 식모도 있었다. 어머니가 부지런하고 과년한 딸자식도 셋이나 되었지만 부엌일을 도와줄 식모도 필요했던 것이다. 어린시절 아이 머슴인 바우가 나를 데리고 자주 개천으로 나갔다. 다람쥐 두 마리를 넣은 상자를 함께 갖고 갔었는데 종일토록 냇가에서 다람쥐와 놀았던 기억이 난다.

일을 끝내고 집으로 돌아오신 아버지는 다른 농부들처럼 남의 사랑방에 가서 어울리거나 하는 일이 별로 없었다. 깨끗한 바지저고리로 갈아입으시고 조끼까지 단정히 걸치시고 등잔불 심지를 잔뜩 돋운 다음에 《삼국지연의》나 《춘향전》, 《숙향전》, 《구운몽》 같은 언문소설을 소리 내어 읊으셨다. 겨울에는 사랑방에 자리를 옮겨 놓으시고 왕골자리를 엮으셨다. 외출하실 때는 흰 광목 두루마기를 입으시고 테두리가 있는 회색 모자를 쓰셨다. 머리는 빡빡 깎을 때가 많았지만 수염만은 반드시 길렀다. 훤칠한 키에 묵중한 체격이셨는데 힘이 좋다고 소문이 났다. 남들과 팔씨름해서 져본 적이 없다고 하셨다. 한 번은 황소가 미쳐서 날뛰는데 그걸 제어하지 못해 머슴 둘이서 쩔쩔맸는데 아버지가 두 손으로 황소뿔을 잡고 힘겨루기로 버티니 결국 황소가 무릎을 굻고 말더란 것이다. 아버지에 대한 이런 기억들은 화목하고 단란했던 유년기적 가정의 모습이기도 하다.

아버지는 자식들의 교육에 특별한 관심을 보였다. 자식들이 학교에 입학하면 제일 먼저 개별적으로 책상을 마련해주었다. 자기 책상에서 공부할 수 있도록 해주신 것이다. 저녁을 먹고 나서는 안방에 큰 둥글반을 펴 놓고 아이들은 공부를 해야 했다. 남포불을 밝히고 저녁 늦도록 함께 숙제하고 책을 읽었다. 그럴 때면 아버지는 새끼를 꼬거나 자리를 매었고 어머니는 길쌈을 하거나 옷을 깁거나 했다. 밤이 이슥해지면 밤참이 나왔다. 김치볶음밥이 나오기도 하고 동치미 국수가 나오기도 했다. 식혜를 나누어 마시기도 하고 삶은 감자를 먹기도 했다. 그러고는 모두 함께 잠자리에 드는 것이다.

그런 단란했던 집안의 가세가 기울기 시작한 것은 순전히 형님의 교육 때문이었다. 형님은 머리도 좋고 재주도 많았지만 매사에 요령을 잘 부렸다. 특히 공부는 우직하게 달라붙어야 하는데 온갖 핑계로 책상에 붙어있지 않았다. 더구나 초등학교를 졸업하고 유학을 핑계로 강릉 이모네에 하숙하고 있어서 부모의 간섭을 받을 기회도 없었다. 형님은 당시 강릉읍에서 명문이던 농업중학교에 보결로 입학했고 명문 사범학교로 전학을 할 때도 상당한 기부금을 내야 했다. 시골 돈이란 게 힘이 없어서 무엇이라도 하나씩 팔지 않으면 안 되었다.

그렇게 재산이 줄어들자 아버지는 농촌에서 사는 재미를 잃게 되었다. 거기에다 정작 공부 잘하는 둘째 아들은 강릉 유학길이 막히지 않을까 하는 걱정까지 하게 되었다. 그렇게 되어서야 집안 형편을 알게 된 형님이 강릉 읍내로 이사할 것을 주장하게 되었고 아버지와 어머니는 어쩔 수 없이 그 말에 따랐던 것이다. 결국 맏아들이나 둘째 아들 모두가 아버지의 죽음을 재촉한 결과가 되고 말았다.

아버지는 추석 명절이나 날 받아서 하는 전사 때가 되면 한 번도 거르지 않고 인구리의 선산으로 갔다. 형님이 강릉 유학 중이어서 아버지를 따라나서는 것은 으레 나의 몫이었다. 당시에는 버스 편이 신통치 못해서 인구리까지 40여 리 길을 걸어가야 했다. 통금 해제 사이렌이 울리는 새벽 4시쯤에 길을 떠났다. 주위는 아직 칠흑 어둠이었다. 아버지가 앞장을 서고 그 뒤를 종종걸음으로 따르노라면 숨이 가빴다. 마을의 작은 초가집들을 지날 때는 발자국에 놀란 개들이 컹컹 짖었다. 헌병대 검문소를 지나면 군부대의 막사가 길게 이어지는 옆을 지나야 했다. 군부대라는 느낌 때문에 어딘가 으스스한 느낌이 들기도 했다. 부대의 가건물들을 지나치면 주문진읍으로 들어가는 큰다리가 나온다. 철둑길은 마을을 우회하는 길이어서 읍내의 번잡한 시가지를 비켜갔다.

주문진을 지나면 향개라 부르는 큰 호수가 나오고 이윽고 지경이라 부르는 곳이 나오는데 예전 강릉과 양양의 경계지대인 셈이다. 지경을 지나면 그림같이 아름다운 포구인 남애리가 나온다. 외숙모의 고향이기도 하다. 남애리를 지나쳐 좀 더 걷다

보면 광진리의 바다가 나오고 그때쯤엔 날이 희부연히 밝아져서 선산이 있는 산의 능선들도 뚜렷이 윤곽을 드러낸다.

산쪽으로 치우쳐 있는 댓골 큰집에 이르면 이미 어른들은 선산으로 떠난 뒤였다. 큰어머니가 서둘러 음식을 차려서 아버지를 대접했다. 아버지는 큰 사발로 막걸리 한 잔을 들이키고는 그제야 숨통이 트인다는 듯한 표정을 지었다. 그리고 곧바로 큰집의 뒷산으로 이어지는 산길을 따라 선산으로 향했다. 산등성이 길로 십여 리를 가다 보면 선산 묘지들이 나오고 이미 제사 준비가 되어 있었다. 사촌이나 육촌 형인 큰아버지들이 배운 분들이어서 전사를 격식 갖추어 지냈는데 그렇게 제사가 끝나면 봉게(奉揭)라고 해서 떡과 과일을 골고루 조금씩 담아서 전사에 참석한 모두에게 한 봉지씩 나누어주었다.

아버지는 젊은 나이에 갑작스레 병사하신 할아버지 생각을 자주 했다. 그래서 효자소리를 들을 정도였다. 할아버지 제사가 끝난 다음날 아침이 되면 온 마을 어른들을 초청했다. 형님과 나는 새벽같이 마을을 돌며 제사 음식을 드시러 오시라고 일일이 연락을 해야 했는데 매우 귀찮고 번거로웠지만 엄한 아버지의 심부름이라 소홀히 할 수 없었다.

"이곳에 서 있으니 술취하신 아버지의 모습이 생각난다."

형님은 멍하니 영진리 마을 쪽을 내려다보았다. 아버지는 일이 끝나면 으레 술에 취했다. 힘든 농사일이라 하루의 일이 끝나면 농주가 나오기 마련이고 술 좋아하시는 아버지는 사양하시는 법이 없어서 으레 대취하기 마련이었다. 그렇게 취하시면 멀리서부터 흥얼흥얼 노래를 읊조리다가 집이 내려다보이는 언덕마루에 올라서면 고래고래 고함을 질렀다.

"가장이 일하다 늦게 돌아오면 마중을 나와야지. 집구석에

박혀서 뭉그적대다니. 이 연놈들아. 가장이 봉이냐?"

그렇게 불호령소리가 나면 집안이 발칵 뒤집혔다. 어머니와 누나들이 신발짝을 거꾸로 신고 내달아서 아버지를 마중했다. 고함을 버럭버럭 지르며 집안으로 들어온 아버지는 조금이라도 눈에 거슬리는 것이 있으면 사정없이 집어던졌다. 그러다 드르렁드르렁 코를 골며 곯아떨어졌다. 아침이 되면 어머니가 잔소리를 했다.

"술을 드시면 곱게 드셔야지 온 동네 창피하게 소리는 왜 그리 질러요?"

"내가 언제 그랬어."

아버지는 계면쩍어 하시며 서둘러 밭일을 나가셨다. 그렇게 대취해서 물건을 집어 던지긴 했지만, 사람을 다치게 하는 일은 없었다. 물건도 부서져도 괜찮을 것만을 골라서 내던졌다.

"그렇게 고주망태가 되어서도 깨질 물건은 용케 피하데요."

"허, 공연한 소리."

술 취하지 않았을 때 아버지는 더 없이 호인이었다. 한 번도 누구와 다툰 적이 없었다.

"술이 취하셔도 너를 끔찍이 예뻐해서 집안 식구들이 모두 숨어버리고 너만 방안에 덩그렇게 놓아두곤 했단다. 아버지가 혼자 울고 있는 너를 보면 얼른 안아서는 어르다가 그만 먼저 잠드시곤 하셨지."

그러다 덧붙였다.

"한번은 아무리 달래도 울음을 그치지 않으니 말이다. 너도 황소고집이었지. 눈 쌓인 마당으로 덜렁 던져 버리지 않겠니? 숨어서 엿보던 가족들이 가슴이 철렁 내려앉을밖에. 그런데 나중에 보니 눈이 깊이 쌓인 곳이라 다친 데가 전혀 없이 멀쩡했었지. 너도 놀라서 울음을 뚝 그치고. 그게 두고두고 놀림감이 되었지. 어쩜 그렇게 술이 취해서도 아이가 다칠 것을 염려해서 눈이 많이 쌓인 곳을 골라 던졌느냐고."

형님은 잠시 말을 끊었다가 조그만 소리로 말했다.

"그러시던 아버지가 딱 한 번 어머니의 뺨을 후려쳤단다. 집과 농토를 팔고 시내로 이사를 가자고 어머니가 주장했을 때란다."

아버지는 어머니를 끔찍이 사랑하셨지만 그것만은 받아들일 수 없었다. 얼마나 힘들게 마련한 집이고 농토이던가? 그런데 아내는 잘 사는 이모형제들을 본받아 자식들 교육을 제대로 잘 시키겠다고 모든 것을 팔자고 한 것이다. 맏아들의 제안에 찬성한 것이다.

아버지는 어머니의 뺨을 한 차례 후려친 후 집을 나가서 며칠 동안 술만 마셨다고 한다. 전에는 결코 없었던 행동이었다. 그러나 결국은 어머니의 주장대로 집터도 팔고 농토도 팔았다. 어머니의 주장을 한 번도 꺾어 본 적이 없는 아버지였다. 강릉 둘째 이모집의 도움을 받으며 읍내 초등학교 울타리 옆에 새 집터를 마련했다. 영진리의 집이 워낙 좋은 재목을 쓴 것이어서 그대로 옮겨 짓기로 했다. 마구간도 방으로 들여서 하숙을 치면 충분히 자식들을 교육시킬 수 있다는 설명을 부정할 수 없었다. 형님을 유학 보내서 공부시키느라 가세가 많이 기울기도 했었지만 아버지의 근력도 예전만 못했다. 어린 나이 때부터 고된 일로 시달려서 건강도 그리 좋지는 못했던 것이다.

"나는 물론이지만 어머니도 동생들을 제대로 교육시킬 것만 생각했었지. 농토가 아버지의 생명이나 다름이 없다는 것은 상상도 못했었다. 어머니는 어려서부터 소문난 부자집에서 자랐고, 당대에도 잘 사는 큰언니의 후광으로 편히 살고 있어서 농토에 대한 아버지의 집념은 알지 못했다고 보아야지."

그게 아버지를 죽인 것이야. 형님은 그렇게 말하고 싶은 듯했다. 강릉 읍내로 이사를 하자 하숙을 치는 일은 어머니의 몫이었다. 마구간도 방으로 개조해서 방이 여섯 개나 되었다. 우리 가족들은 안방 두 개면 되었다. 건넌방과 마구간을 개조한 방을 합쳐 네 개였는데 주로 시골에서 유학 온 고등학생들을 하숙시켰다. 학생들은 하숙비로 한 달에 쌀 서너 말을 내었다. 그것으로 우리 가족의 식생활이 해결되었다.

그런데 정작 농사꾼이던 아버지는 할 일이 없었다. 다섯 살 때부터 고아가 되어 형제들의 눈칫밥을 먹으며 늘 열심히 일해서 먹고살던 아버지가 갑자기 일거리를 잃으니 바보같이 되어 비실거렸다. 하루종일 방구석에 우두커니 앉았거나 아니면 부엌에 쪼그려 앉아서 시간을 보냈다. 정 무료함을 견디기 어려우면 도살장이 있는 골말 언덕을 넘어 농촌마을로 가서 허드레일을 자청해서 도와주었다. 그러나 겨울이 되자 그런 허드렛일마저도 없었다. 이사를 간 다음 해 겨울이 돌아오자 아버지는 견디기 어려웠다. 그래서 매우 추운 날씨인데도 나무를 하러 가시겠다고 하셨다.

"이 추운 날씨에 나무는 무슨?"

"마른 나뭇가지라도 주워오면 낫지. 군불이라도 뜨시게 때야지."

일을 손에 놓고는 견디지 못하는 아버지를 잘 아는지라 어머니는 더 말리지 못하고 주먹밥 하나를 크게 만들어 주루막에 넣어드렸다. 평소 아버지의 식성을 잘 아는지라 주먹밥 안에는 고추장을 많이 넣고 겉은 참기름을 조금 바르고 불에 살짝 구워서 맛을 내었다.

"그런데 그 주먹밥이 문제였지."

아버지는 날씨가 워낙 추워서 먼 산엔 가지 못하고 야산에서 고사목이 된 나무등걸을 골라모아서 겨우 한 짐 만들었다. 몹시 추운 날씨였다. 입김이 턱수염에 얼어붙을 정도였다. 바삐 걸어서 집으로 가야겠다고 생각했다. 집에서 떠날 때도 이미 늦은 시각이었다. 땔감을 찾아 어정대느라 시간이 금방 흘러서 어느덧 저녁때가 되었다.

아버지는 바람이 비켜가는 산모롱이 양지에 지게를 벗어 놓고 잠깐 쉬려니까 갑자기 주먹밥 생각이 났다. 아내가 정성껏 마련해준 것인데 먹지 않고 그냥 가져가기가 좀 그랬다. 워낙 추운 날씨라 주먹밥은 꽁꽁 얼어 있었다. 집에 가서 따뜻한 물과 더불어 먹어야 할 것 같았다. 집까지는 빠른 걸음으로 걸으면 채 삼십 분도 안 될 거리였다. 하지만 사랑하는 아내가 정성껏 마련해준 그 정성을 생각해서라도 먹고 가야 할 것 같았다.

그래서 얼음덩이처럼 딱딱한 주먹밥을 그냥 씹어 삼켰다. 갑자기 무리하게 삼킨 때문인지 가슴이 탁 막혔다. 복통이 일었다. 눈앞이 캄캄해졌다. 온몸에 경련이 일었다. 피가 돌지 못해 피부가 새까맣게 변색되었다. 아니 하늘도 새까맣게 죽어 있었다. 후일 의사는 급체에서 오는 심장마비라고 했다.

날이 어둑해지도록 아버지가 돌아오시지 않자 어머니는 안절부절 했다. 그래서 학교에서 막 돌아온 나를 시켜 급히 마중 나가게 했다. 그때 형님은 군대에 가 있어서 집에는 나밖에 심부름할 사람이 없었다. 나는 추위에 눈물을 찔끔거리며 아버지가 나무하러 다니시던 우추리길을 되짚어 달렸다.

"우리 아버지 못 보셨어요? 나뭇지게를 지셨는데요."

어쩌다 길손을 만나면 그렇게 물었다. 도살장을 지나고 공동묘지를 지나 우추리길을 줄곧 달리는데 어느 모퉁이 길에서 한 사람이 말했다.

"나뭇지게를 괴어 놓고 어떤 장정이 누웠더라."

"그게 어디지요?"

"저 위. 우추리 개좆바위 옆이다. 누군가 쓰러져 있길래 내가 거적을 덮어주었느니라."

우추리 개좆바위 옆의 모퉁이길 양지에 아버지는 마른 등걸나무를 한 짐 곱게 괴어 놓고 그대로 까맣게 얼어 있었다. 누군가가 덮어준 거적에 덮여 있었다.

객사한 사람은 집안에 들이지 못한다는 풍습 때문에 아버지의 시신은 방안으로 들어와 보지 못하고 마당 가장자리에 안치되었다. 너무나 추운 날씨여서 화톳불을 피우고 언 몸을 녹여야 했다. 소식을 듣고 친척들이 몰려왔다.

"이런 변이 있나?"

형님이 군대에 가 있어서 고등학교 1학년생인 내가 상주노릇을 해야 했다. 아들로는 막내동생이 있었지만, 아직 초등학교도 들어가지 않은 상태였다. 친척들의 주선으로 어떻게든 장례의식은 치루고 있었지만 장지가 문제였다. 할아버지를 공동묘지에 모셨다가 후일에 제대로 선산에 이장해 본 일이 있는 친척들은 아버지의 시신도 공동묘지에 임시로 매장하자고 했다. 군대에 간 큰아들이 오면 그때 의논해서 제대로 모시자는 것이 대세였다. 그러자 이모부들이 반대하고 나섰다. 큰이모부와 둘째 이모부가 큰아버지를 닥달했다. 큰어머니가 어머니쪽으로 이종사촌간이어서 큰아버지는 이모부들과도 이종사촌 동서간이었다.

"이보게 선산이 있잖는가? 아이들이 자라서 제대로 이장하려면 어느 천년에 가능하겠는가? 선산 한 자락 내놓게."

댓골 큰아버지가 동서들이 닦달하자 어쩔 수 없다면서 당신이 갈 곳으로 잡아 놓았던 묘자리를 내주기로 했다. 큰아버지가 상청에 엎드려 울면서 호통치던 모습이 지금도 생생하다.

"이놈이 내 묘자리를 빼앗으려고 먼저 죽은 거여."

댓골 큰아버지는 아버지의 사촌이지만 아버지가 다섯 살에 고아로 홀로 되어 모친과 살지 못하고 돌아오자 함께 자란 친형제나 다름이 없었다.

"어려서부터 고아로 자란 이 불쌍한 녀석이 이렇게 어이없이 죽다니."

그러면서 방바닥을 치며 애통해하셨다. 큰아버지의 배려로 아버지는 큰아버지가 맡아놓은 양지바른 좋은 자리에 묻혔다. 할머니 묘자리의 건너편이었다. 큰아버지가 당신의 묘자리로 터를 닦고 사초를 하고 잘 다듬어 놓았던 곳이었다.

인구에 사는 친척들이 상여를 급히 마련했다. 자동차로 강릉에서 인구리까지 운구하고 그곳 저자거리에서 노제를 지낸 다음에 친척들이 상여를 메었다. 어린 시절 함께 자라고 절친했던 친구들이 너도나도 상여꾼으로 자청해서 상여꾼이 제법 많았다.

선산으로 가자면 논둑길을 지나서 비탈 경사가 심한 야산을 올라야 했다. 상두꾼들의 발길이 자꾸만 휘청거렸다. 상여에 올라타고 요령을 흔들던 대추골 아저씨의 눈에 눈물이 맺혔다. 목이 잔뜩 쉬었다. 이곳 장례식 때마다 단골 요령꾼이라 피할 수 없어 상여에 올랐지만 남의 집집마다 눈칫밥 먹고 자라던 친척 동생의 불쌍한 모습이 떠올라 목이 메고 눈물이 앞을 가렸다.

"다섯 살에 고아 되어 이 집 저 집 눈치밥인들 오죽했을꼬
어흐 어야 어허야 어야
대처에 나가 한 살림 장만했다더니 칠성판 신세 웬 말인고

어흐 어야 어허야 어야"

후렴을 따라 부르는 상두꾼들의 눈에서도 눈물이 흘렀다. 대추골 아저씨의 구슬픈 목소리와 사설이 예전 친구들의 가슴을 쳤기 때문이다. 상여는 언 논둑길에서 비척거리고 야산비탈에 미끌어지면서 한낮이 되어서야 겨우 장지에 이르렀다. 눈발이 펄펄 날렸지만 친척들이 먼저 와서 미리 땅을 파고 묘자리를 만들어 두었다. 묘자리를 둘러본 지관이 말했다.

"망인의 짧은 수명은 안됐지만 이곳 묘지만은 명당일세. 이 명당을 차지하려고 서둘러 가신 모양일세."

지관이 그 증거로 지적해 보인 것은 봉분자리의 흙이었다. 주변의 검은 부식토와는 다른 노란 색깔의 찰흙이 그리 깨끗할 수 없었다. 봉분은 남쪽 멀리 바다를 바라보고 있었다. 지관은 지세를 자세히 설명했다.

"저 남쪽 저 봉우리가 안산이고 그 뒤쪽 산이 조산일세. 그리고 저 학바위 쪽이 좌청룡이고 이쪽 소나무가 선 봉우리가 우백호여. 산의 뒤로 북쪽 진산이 조금 낮긴 하지만 이런 자리는 좀체로 찾기 어렵네. 후손이 아주 잘 될 명당일세."

유족들을 위로해 주려고 하는 말같이 들렸지만 설명을 듣고 보니 그럴 듯하기도 했다. 돌이켜 보니 할아버지의 산소자리와도 비슷했다. 할아버지의 산소는 이곳에서 산등성이 길로 5리쯤 더 높은 곳에 위치해 있지만 산세는 매우 흡사했다. 멀리 남쪽으로 바다가 바라보이고 안산과 조산, 좌청룡 우백호, 진산이 뚜렷이 모양새를 갖춘 곳이었다.

"네 애비가 어린 시절 이 길로 나무하러 다니던 곳이니라."

큰아버지는 감개 어린 표정으로 말씀하셨다. 동네의 형제들과 산등성이 길로 걸어서 나무를 하러 다녔는데 늘 다니던 길목이라고 했다.

"명당자리 차지하려고 서둘러 가셨는지는 모르겠다만 자식들이 아버지를 죽게 했다는 생각만은 지을 수 없구나."

형님은 그렇게 말하며 그 자리에 오래 서 있었다. 평소 똘똘하다고 소문났던 형님이 우둔한 바보처럼 변한 것은 아버지의 죽음 이후였다. 나는 어려서 미처 몰랐지만 형님은 아버지를 죽게 한 것이 자신이었다는 자책감에 몹시 시달렸던 모양이었다. 초등학교 교장까지 지내긴 했지만 매일 술이었고 술이 취하면 예전의 아버지처럼 고래고래 고함을 질러서 온 가족들을 놀라게 했다고 장조카가 전했다. 이제 형님은 파킨슨병의 말기에 들어서고 있어서 그런 호기마저도 부리지 못하고 조용히 사위어 가는 듯했다.

10.

형님은 나를 마중하시겠다면 홍질목 추어탕집까지 따라오셨다. 거기서 추어탕 한 그릇과 소주 한 병씩을 비우고서야 나는 형님과 작별했다.

"와 주어서 고맙다. 언제 또 볼 수 있을지."

"공연하신 말씀. 자주 오지요."

"그래. 자주 와라."

그러던 형님은 전동차에서 족보책을 꺼냈다.

"깜박 잊을 뻔했다. 족보책이다. 내가 갖고 있어 봐야 더 소용될 것 같지도 않고. 요즈음 아이들은 이런데 관심도 없으니 말이다."

"그래도 형님께 필요할 테지요."

"아니다. 혹 기회가 되면 내가 못한 족보의 증보를 부탁한다."

형님은 아마도 그 말을 하려고 오랫동안 별렀던 것 같다. 나는 더 이상 사양하지 않고 족보책을 받았다. 장자인 형님의 몫을 내가 인계받는 느낌이었다. 형님은 스스로 오래 살 것 같지 않아서 내게 넘기려는 것인지도 모른다. 형님은 어쩌면 이 족보책과 족보의 증보를 부탁하기 위해서 나를 만나기를 청했을 것 같기도 했다. 정든 고향길이기도 한 서낭당 오솔길을 한참 걷다가 서낭당 앞에 이르러 뒤를 돌아보았다. 형님은 그때까지도 전동차에 의지한 채 나를 바라보고 있었다. 내가 돌아보자 어서 가라고 손짓했다.

장르 경계 허물기와 에세이소설
- 홍성암 작가의 또다른 작품세계

김봉진 (문학평론가)

이번에 펴내는 홍성암 작가의 소설집 《불면증》은 1부와 2부로 나뉘어져 있다. 1부는 수필, 꽁트 형태를 띤 소설작품들로 이루어져 있고, 2부는 심리소설과 전기소설로 이루어져 있다. 특히 1부에 실려있는 작품들은 작가와 관련 맺은 사람들이나 사건들에 대한 내용이 중심을 이루고 있어서 작가 개인의 내면세계를 잘 보여주고 있다. 이처럼 작가의 자전적인 내용을 담아 그린 작품들을 작가는 '에세이소설'로 이름 짓고 있다. 이들 작품들은 어떻게 보면 색다른 형식의 소설양식을 제시하고 있는 작품들이라고 할 수 있는데, 일본의 '사소설' 형식을 띤 소설이라고 할 수 있다.

1920년대 일본에서 서양소설의 영향을 받아 쓰여지기 시작된 '사소설(私小說)'은 1920년 무렵에 서양의 사실주의와 자연주의 문학이 일본에 들어왔을 때 일본의 일부 작가가 자연주의 문학의 연장선에서 자기 내면의 체험을 자연주의 소설 형식으로 쓰기 시작하면서 나타났다. 그 뒤 유행처럼 수많은 일본 소설가들이 그런 형식의 작품을 소설로 발표하기 시작하였고, 일본 근대문학을 대표하는 독특한 문학형식으로 자리잡게 되었다. 이처럼 '사소설'은 작가 자신의 체험과 내면을 사실적으로 드러내는 자전적인 내용을 담고 있는데, 자신의 실제 경험과 감정, 인간관계, 심리적 고뇌 등을 작가가 거의 그대로 작품화하고 있다. 즉, 이들 작품들은 허구보다는 사실적인 내용을 많이 담고 있으며 주로 작가 자신의 고백과 반성,

자기 폭로가 중심을 이루고 있다.

　이같은 일본의 사소설이 지닌 특징으로는 작가 자신이 실제로 겪은 연애사나 개인의 가난이나 병력을 비롯하여 가족 관계와 친구 관계를 거의 그대로 다루고 있다는 점이다. 즉, 이들 작품들은 작가가 겪고 있는 현실 상황을 더 중시하면서 내면고백적 성격을 지니고 있다. 특히 죄의식이나 삶의 무력감, 그리고 성적 욕망 등을 솔직하게 드러내고 있는 이들 작품들은 외적인 사건보다 내면의 심리 변화를 중시한다. 또 일반적인 소설형태인 기승전결의 방식을 따르지 않고 작가 내면에 흐르는 의식의 변화를 중요시하면서 내밀하고 솔직하게 작가의 내면세계를 나타내고 있다. 이같은 경향을 보여주는 대표적인 소설로는 시마자키 도손(島崎藤村)의 《신생(新生)》과 시가 나오야(志賀直哉)의 《암야행로(暗夜行路)》, 다자이 오사무(太宰治)의 《인간실격(人間失格)》을 들 수 있다.

　우리나라에서는 작가 개인의 내밀한 삶의 모습을 그린 소설작품들이 1980년부터 조금씩 나타나기 시작하였다. 이러한 경향에 대해 평론가 김윤식이 문제제기를 하면서 약간의 논쟁이 일어나기도 했지만, 크게 문제가 되지는 않은 채 지나갔다. 1980년대 김윤식은 황순원에 쓴 일부 소설작품에 대해 '합리적인 논리를 바탕으로 하는 소설세계에서는 결코 용납될 수 없는 소설 형식'이라고 비판하였고, 황순원은 이에 대해 '합리적인 논리를 바탕으로 하는 세계에서 용납될 수 없는 것을 다루는 것이 소설'이라며 김윤식의 논리를 반박하기도 했다. 김윤식이 '합리적인 논리'의 틀로 소설을 보는 것에 대해 황순원은 '소설이 보여주는 비합리적인 세계가 은유적이고 상징적인 진실을 드러내는 것'이라며 비판한 것이다.

　1990년대에 최인훈은 기행문이나 일기를 소설형식으로

발표하는 등 소설형식에 대한 다양한 장르적 실험을 시도하였다. 이에 대해서도 김윤식은 전통적인 소설장르의 틀에서 벗어나 소설형식의 본질을 흐리고 있다고 비판하였다. 특히 1990년대에 발표된 최인훈의 소설작품 《화두》에 대해 김윤식은 소설가소설로 불리고 있던 작가 자신을 소재로 한 이같은 자전적인 소설을 '소설이 아니다'라고까지 비판하였다.

　이같은 논쟁이 일부 있긴 했어도, 소설장르에 대한 다양한 시도는 여러 소설가들에 의해서 계속 이어져 왔다. 특히 자전적인 내용을 소설 형식으로 발표하는 경향은 계속되어 왔다. 2024년에 노벨문학상을 탄 한강도 2018년에 '하얗다'를 주제로 하여 자전적인 경험과 여러 추억들을 수필형태로 써서 《흰》이라는 소설집으로 발표하였다. 이처럼 우리 문학계에서는 자전적이거나 수필형태로 이루어진 작품들을 소설로 발표하는 일이 있어 왔는데, 이번에 발표된 홍성암의 에세이소설집 《불면증》도 그러한 경향을 이어받았다고 할 수 있다.

　에세이소설집 《불면증》 1부에 실린 작품들은 작가가 살아온 과정에서 겪었던 개인의 경험을 바탕으로 하고 있는데, 이들 작품 중에서 〈강릉 남대천의 은어떼〉 〈어머니의 꿈〉 〈숨어서 피는 작은 꽃들〉 등은 고향에서 겪은 경험을 다룬 작품들이고, 〈대학교의 혼란과 총장직무대행〉 〈어느 화가의 죽음〉 〈달리던 기차도 멈추게 한 송별연〉 〈은사님의 뒷모습〉 등은 스승과 제자로 이어지는 학교사회의 경험을, 〈문단 데뷔와 창작 동인〉 〈강릉사범학교 그리고 강릉 문인들〉 등은 동료 작가들인 벗과의 경험을, 〈고향의 꿈〉 〈다리가 없는 통닭〉 〈바보식당〉 〈파리들의 웃음소리〉 〈미루나무와 까치집〉 등은 우리 시대를 살아가는 사람들의 모습을 다루고 있다. 그리고 2부에서는 개인의 심리와 가족사를 소재로 하여 개인의 내면에 작용하는 심리를 사람간의 관계와 의식의 흐름 관점에서 묘사하고 있다. 그 중에서 〈불면증〉〈환상과 환청〉〈완행버스/강원도①〉 같은 작품들이 인물들의 내면심리를 다루고 있다면, 〈붕새의 출현과 그 울음소리〉〈아버지의 땅〉은 인물들의 전기적 삶을 그려보이고 있다. 이처럼 작가자신의 다양한 경험세계나 상상적 세계를 진솔하게 드러낸 이번 작품집은 작가의 자서전적인 소설집이라고도 부를 수 있다.

홍성암 소설가는 이번에 자서전적인 경향의 작품들을 모아 묶어 펴내면서 에세이와 소설을 결합시켜 '에세이소설'이라는 표현으로 또하나의 장르실험을 시도하고 있다. 이때 문제가 되는 것은 에세이와 소설을 구별짓는 요소인 상상력과 허구성을 어느 한도까지 정할 수 있을까 하는 문제라고 할 수 있다. 소설은 상상력과 허구성을 요구하는 장르인 반면에 에세이는 자기내면의 경험과 사실성을 요구하는 장르이기 때문이다. 평론가 김윤식이 소설가 개인의 체험이나 고백을 표현한 소설인 소설가소설 또는 자기고백소설을 두고 소설로서의 자격을 문제 삼았을 때 바로 이 점을 지적한 것인데, 이것을 장르확산이나 장르융합으로 다르게 볼 수 있지 않을까 생각한다.

에세이와 소설을 결합시킨 이러한 '에세이소설'이 우리 소설의 폭을 넓히는 길이 될 것인지 아님 하나의 흐름으로 지속되다가 끝나게 될 것인지는 작가의 노력도 필요하지만 독자들의 호응 여부에 달려 있지 않을까 생각한다. 고려시대나 조선시대에 쓰여진 많은 글들이 시대상황과 독자들의 반응 여부에 따라 생성과 소멸이 되면서 작품에 대한 평가가 달라진 것처럼, 결국 독자들의 반응 여부에 따라 장르의 생성과 소멸이 이루어지기 때문이다.

홍성암

1942년 강원도 강릉에서 태어났다. 강릉사범학교를 졸업하고, 한양대학교 대학원 국문과에서 석,박사과정을 수료하고 〈한국 근대역사소설 연구〉(1988)로 문학박사학위를 받았다. 1980년에 〈겁화경(劫火經)〉으로 월간문학지 신인상을 받았고, 1981년에 〈조기(弔旗)〉가 현대문학지에 추천완료되어 소설가로 문단에 데뷔했다. 한국문인협회, 한국소설가협회 최고위원, 한민족문화학회 회장 등을 역임했고 동덕여자대학교 국문과 교수, 총장직무대행을 역임했다. 단편집으로 〈아직도 출렁이는 어둠을〉(1981), 〈큰물로 가는 큰고기〉(1988), 〈어떤 귀향〉(1997), 〈모깃불〉(2001), 〈영진리 마을의 개〉(2008), 〈영진리 블루〉(2018)가 있고, 꽁트집으로 〈다리가 없는 통닭〉(2008), 중편집으로 〈가족〉(1999), 대하역사소설로 〈남한산성〉(전9권)(1992)이 있다. 그 외의 장편소설로 〈세발 까마귀의 고독〉(2003), 〈한송사의 숲〉(2018), 〈피안으로 가는 길〉(2020)이 있다. 한국소설문학상(1997), 한국비평문학상(2003), 둔촌 이곡문학상(2017), 녹색문학상(2018) 등을 받았다.

불면증

지은이 : 홍성암
펴낸이 : 김봉진
꾸민이 : 김봉우
펴낸날 : 2025년 12월 15일 펴냄
펴낸곳 : 도서출판 비움과 채움
   (우) 06764 서울시 서초구 태봉로 2길 5,
    502-1201
   전화 02-999-0053 전송 0508-954-3622
전자주소 : ranto@hanmail.net
ISBN 978-89-93104-55-4
값 25,000원